U0909284

Clean China

——如何建设廉洁社会

贺有利等　编著

蘭州大學出版社
LANZHOU UNIVERSITY PRESS

图书在版编目（CIP）数据

廉洁中国 ：如何建设廉洁社会 / 贺有利等编著. --
兰州 ：兰州大学出版社，2015.11
ISBN 978-7-311-04831-0

Ⅰ. ①廉… Ⅱ. ①贺… Ⅲ. ①廉政建设－中国 Ⅳ.
①D630.9

中国版本图书馆CIP数据核字(2015)第264598号

策划编辑 陈红升
责任编辑 李 丽 马继萌
封面设计 郇 海

书 名 廉洁中国
——如何建设廉洁社会
作 者 贺有利等 编著
出版发行 兰州大学出版社 (地址:兰州市天水南路222号 730000)
电 话 0931-8912613(总编办公室) 0931-8617156(营销中心)
0931-8914298(读者服务部)
网 址 http://www.onbook.com.cn
电子信箱 press@lzu.edu.cn
印 刷 甘肃北辰印务有限公司
开 本 710 mm×1020 mm 1/16
印 张 26.25
字 数 437千
版 次 2015年11月第1版
印 次 2015年11月第1次印刷
书 号 ISBN 978-7-311-04831-0
定 价 52.00元

前 言

中国曾经有文景之治、贞观之治、康乾盛世，但腐败将盛世变成了衰败，给中华民族带来了深重的灾难，导致中国积贫积弱，导致中国近代的深重苦难。腐败是中国衰败的关键原因，腐败是国家持久繁荣的天敌，腐败是人民幸福的天敌，腐败会导致亡党亡国。

1998年曾去香港地区考察，2001年曾去新加坡考察，我一直思考中国可以铲除腐败吗？中国可以建成廉洁社会吗？中国如何实现持久繁荣？中国如何破除“繁荣—衰败”的循环魔咒？中国最大的敌人是什么？

经过18年的苦苦思考和探索，我终于明白：中国学习借鉴新加坡、香港地区成功的肃贪经验，结合自己的实际，能够铲除腐败这个最大的敌人，能够建成廉洁社会，能够建成法治社会，能够实现持久繁荣，打破“繁荣—衰败”的循环魔咒。

本书想告诉读者：中国最大的敌人是腐败，中国最大的危险是腐败；中国反腐败的最终目标是建成真正的全面的廉洁中国，建成真正的全面的廉洁社会；真正的全面的廉洁中国就是群众希望的“人人不求人、事事不求人”的公开、公平、公正的廉洁社会。

本书想告诉读者：中国“不患寡而患不均，不患贫而患不安”，小康社会解决“寡”和“贫”，廉洁社会、法治社会解决“不均”和“不安”。群众对廉洁社会、法治社会的期待甚至超过小康社会。群众温饱得到解决后对公平、公正的期望更加迫切，因此，应该共同建设小康社会、廉洁社会、法治社会。

本书想告诉读者：由于腐败，社会出现了“事事求人、人人求人”的现象。求人让人感到不快，让人感到耻辱，求人的人很烦很累，被求的人也很烦很累，大家都感觉很烦很累，大家都感到活得不轻松，过得不舒心。腐败牺牲了大家的幸福。

本书想告诉读者：国内腐败蔓延引起了社会各界的高度警惕，社会各界都积极支持严厉打击腐败，党中央严肃查处各类严重违法违纪案件，世界各国包括西方国家对中国的反腐追逃追赃给予了很大的支持，目前是建设廉洁中国千载难逢的最佳时机。

本书想告诉读者：新加坡“国父”李光耀认为，习近平总书记应该属于纳尔逊·曼德拉级别的人物。因此，在习近平为总书记的党中央坚强领导和坚定支持下，在中央纪委的具体领导下，必将能够抓住建设廉洁中国千载难逢的最佳时机，全国人民共同努力，必将能够建成廉洁中国，必将能够全面建成廉洁社会。

本书想告诉读者：廉洁中国、法治中国事关中国的复兴，事关中国的持久繁荣，事关中国的持久强大。廉洁中国、法治中国的建设功在当代，利在千秋，必将造福中华民族，必将彪炳史册，万古流芳，其空前绝后的丰功伟绩是不朽的丰碑。

本书想告诉读者：当前社会上流传着反腐亡党论、腐败没治论、西式民主反腐论、东方社会腐败论、华人社会腐败论等错误论调，其主要观点包括东方社会、华人社会容易滋生腐败，根本无法铲除腐败，只有西式民主才能根治腐败，反腐败就会亡党等等。

本书想告诉读者：新加坡、香港地区是以华人为主的社会，是东方社会，没有实行西式民主。新加坡是一党长期执政的国家，香港过去是港督长期专制集权的地区。在市场经济的条件下，在腐败很严重的情况下，新加坡、香港地区打造独立、专业、强大、垂直的反贪利器，持之以恒地反贪倡廉，建成了廉洁社会，建成了法治社会。

本书想告诉读者：新加坡人民行动党坚决反腐，对腐败实行零容忍，受到新加坡民众的欢迎和支持，用事实证明非西式民主的东方社会、华人社会的政党可以遏制腐败，可以铲除腐败，建成廉洁政党，建成廉洁社会，建成廉洁国家。反腐不仅没有亡党，也没有亡国，而且反腐兴党兴国。

本书想告诉读者：过去新加坡、香港地区的贪腐非常严重，特别是香港地区的贪腐达到令人发指的程度，内地现在的腐败状况不及当时的香港。在党中央的坚强领导下，中央纪委等反腐机构坚决反腐，打一场反腐败的人民斗争，一定能够建成廉洁中国，一定能够全面建设廉洁社会。

本书郑重建议紧紧抓住廉洁中国、法治中国建设的最佳时机，坚决依法查处存量腐败，果断依法从严惩治增量腐败，加快廉洁社会、法治社会建设，争取用五年时间初步建成廉洁社会、法治社会，用十年时间建成廉洁社会、法治社会，用二十年时间全面建成廉洁社会、法治社会。

本书想告诉读者：与新加坡、香港地区开始廉洁社会建设时相比，中国现在廉洁社会建设的基础、领导、司法方面都具有优势，但在体量方面存在劣势。综合分析，中国具有建成廉洁社会的可行性，经过坚决的反腐倡廉，中国能够建成廉洁社会。

本书想告诉读者：腐败=权力÷监督。腐败与权力正相关，权力越大，腐败的风险越大；权力越小，腐败的风险越小。腐败与监督负相关，监督越强，腐败的风险越小；监督越弱，腐败的风险越大。腐败与权力相伴相生，加强权力监督是铲除腐败的关键。

本书郑重建议尽快制定《反贪污贿赂法》，探讨将最高人民检察院的反贪污贿赂局、渎职侵权检察厅及相关部门划归中央纪委、监察部，成立反贪污贿赂部，实行垂直管理，打造独立、专业、强大、垂直的反腐利器，对新的腐败必须给予坚决有力的惩治。

本书想告诉读者:朱元璋严厉肃贪,肃贪成果斐然,但后世没有坚持肃贪,使肃贪成果前功尽弃。新加坡、香港地区始终如一,坚定反贪,都建成了廉洁社会。我国反腐倡廉必须一以贯之,惩治力度和节奏不能变,才能防止前功尽弃,建成廉洁中国,建成廉洁社会。

本书想告诉读者:持久繁荣昌盛的关键是廉洁社会、法治社会、市场经济,是廉洁、法治、市场。廉洁社会、法治社会、市场经济互相依托、互相促进、缺一不可,确保了新加坡的持久繁荣昌盛,确保了香港的持久繁荣昌盛,也能确保中国的持久繁荣昌盛。

本书想告诉读者:廉洁是法治的根本和关键,世界所有的法治社会都是廉洁的,没有哪个法治社会是腐败的。铲除腐败特别是执法者的腐败是建设法治社会的根本和关键。小康社会、廉洁社会、法治社会相互依托、相互促进,缺一不可,必须共同建设。

本书想告诉读者:新加坡将廉洁作为国家战略,作为国策,以肃贪倡廉为龙头,坚定反贪,实现了廉洁,促进了法治,吸引了投资,推动了经济发展,建成了廉洁社会、法治社会、富裕社会。我们要紧紧抓住反腐倡廉这个龙头,通过反腐推进廉洁,促进法治,推动经济发展,共同建设廉洁社会、法治社会、小康社会。

本书想告诉读者:中国必须坚持市场经济,必须坚持改革开放。奴隶社会、封建社会没有实行市场经济,苏联、东欧没有实行市场经济,但仍然存在严重腐败,腐败不是市场经济造成的。腐败是权力得不到有效监督导致的,绝对的权力导致绝对的腐败,市场接替计划配置资源,减少了官员的权力,减少了官员的腐败机会,减弱了官员的腐败程度,市场经济遏制了腐败。

本书想告诉读者:要建成廉洁中国、廉洁社会,必须有坚强的反腐领导,必须有坚定的反腐意志,必须有独立、专业、强大、垂直的反腐利器,必须有广大群众的有效监督,必须有新闻媒体的真正监督,必须有法治社会作为保障,必须有市场经济作为基础。

本书想告诉读者:中国需要进行新的"精兵简政"。地方的党务机构、政府机构、社会团体臃肿,官民比越来越高,财政供养人口比重加大,财政收入增速却在下降,"不必腐"需要提薪,为了使地方政府不破产,必须尽快进行"简政减官减员"。

本书想告诉读者:高薪养廉是个伪命题,高薪有利于廉洁,但不能保证廉洁,廉洁的关键是及时有效的监督与惩治。反腐败是磨刀不误砍柴工,有利于经济和社会的长期健康发展。反腐败必须猛药去疴、壮士断腕,必须采取霹雳手段,"惩前毖后、治病救人",实质是"菩萨心肠"。

本书郑重建议实行行政机构、事业单位、国有企业财务人员统一调配,实时监管公有资金、公有财产的流动,建议所有具有审批权力的公务人员必须申报个人事项,建议采取有效措施,切实加强新闻监督,切实加强全民监督。

本书郑重建议垄断行业和企业(包括垄断收费的企业化管理的事业单位)的平均工资不应高于所在地公务人员平均工资的120%,要把垄断行业和企业的高工资、高收入降下来,实现社会公平。垄断利益使这些行业成为特权行业,这实质是行业腐败。

本书依据史实认真忠实编写第一章——《以史为镜:朱元璋的廉政》,介绍了朱元璋为什么严厉反贪惩贪,介绍了检校、锦衣卫的特务反贪,介绍了惩治贪官"剥皮揎草"的"皮场庙",介绍了洪武一朝的欧阳伦驸马案、空印案、郭桓案;说明朱元璋时期人治反贪取得了一定成效,但朱元璋后世子孙皇帝没有坚决肃贪,使朱元璋严厉肃贪的成果前功尽弃。

本书依据资料认真忠实编写第二章——《他山之石:廉洁的香港》,介绍了香港廉政公署的简要情况、成立背景、反腐实绩等;介绍了廉署查办的总警司葛柏、公屋危楼、联交所舞弊、律政署高官、谢霆锋"顶包"等贪腐案;介绍了廉署调查特首曾荫权;介绍了港警暴动砸廉署,被迫特赦旧贪腐，廉署坚决查处新贪腐，成功铲除了香港的贪腐。

本书依据资料认真忠实编写第三章——《攻玉之石：廉洁的新加坡》，介绍了新加坡的反贪核心、反贪利器、反贪根本、反贪关键，介绍了新加坡严明规定、廉洁教育、净化官场、高薪养贤、积薪防贪、权力制衡等有效的肃贪倡廉措施，介绍了新加坡"国父"李光耀将廉洁作为国策，以身作则，以肃贪倡廉为龙头，坚定反贪，建成了廉洁国家。

本书依据资料认真忠实编著第四章——《廉洁关键：廉洁的坚强支柱》，介绍了坚强领导、反腐利器、新闻监督、群众监督、法治社会、市场经济等廉洁的六大坚强支柱，阐述了廉洁与坚强领导、反腐利器、新闻监督、群众监督、法治社会、市场经济的关系，特别阐明了建成廉洁社会的首要因素是最高领导对反腐倡廉的坚强领导、坚决支持、坚定意志。

本书按照中央有关反腐倡廉的精神，认真忠实编著第五章——《廉洁指向：廉洁中国的组成》，简要介绍了廉洁、腐败，简要介绍了廉洁中国；阐述了廉洁中国由廉洁的党、廉洁的政府、廉洁的军队、廉洁的社会组成，缺一不可，相互补充；阐明建设廉洁中国要坚决查处团伙腐败、家族腐败、国企腐败，要坚决打击行业腐败、单位腐败。

本书按照中央有关反腐倡廉的精神，认真忠实编著第六章——《廉洁路径：廉洁中国的道路》，介绍了廉洁中国建设的最佳时机；建议加强完善廉洁中国的领导，健全完善廉洁中国的法律和纪律，建设严明高效的执纪机构，打造独立强大的反腐利器，统一廉洁中国建设的思想；建议对腐败存量坚决依法查处，对新的违法违纪腐败从严惩治；建议用好巡视这把反腐利剑，打一场反腐的人民斗争，共建小康社会、廉洁社会、法治社会；建议切实落实简政减官减员，加强公有资金资产监管，探讨建立新公积金制度，加强对腐败的新闻监督和全民监督；特别是对廉洁中国建设路径进行了探讨，提出了二十九条具体措施。

微信时代的到来，使笔者更加了解普通群众对贪污腐败的痛恨，对廉洁社会的向往；更加了解一些人的所谓反腐亡党论、腐败没治论、西式民主反腐论、东方社会腐败论、华人社会腐败论等错误观点；更加坚定笔者编著《廉洁中国——如何建设廉洁社会》的决心。

笔者编著《廉洁中国——如何建设廉洁社会》是为了向敬爱的读者郑重说明：腐败是中国最大的敌人，中国可以铲除腐败，破除“繁荣—衰败”的循环魔咒，实现持久繁荣。中国可以建成廉洁社会，这在理论上切实可行，在实践中可以努力实现。

本书力求说理清楚，简明扼要，按照创新的精神，进行了严谨的学术探讨，提出了一些新建议、新观点。需要说明的有三点，一是本书的观点建议，希望能够引起大家思考；二是本书有重复强调，希望大家能够关注；三是本书主要是说明新观点，希望大家进一步探讨。

今年是抗日战争胜利70周年，日本军国主义为什么能够大肆侵略中国？答案是腐败造成了国家的衰败，腐败造成了国家的积弱。坚决铲除腐败、建设廉洁社会是我们的历史使命。谨以此书纪念中华人民共和国成立66周年，谨以此书纪念中国抗日战争胜利70周年，谨以此书纪念中国共产党成立94周年。

2015年10月1日

目 录

引　言　腐败:中国现代社会的拦路虎

家事国事天下事,事事关心。国家的繁荣与衰败,事关每一个家庭、每一个人的幸福与磨难。试问日本法西斯大肆侵略中国,占领大半个中国,中国有多少家庭是幸福的?中国有多少人是幸福的?

繁荣—衰败的循环魔咒

中国经历了夏王朝的繁荣、衰败、灭亡,经历了商王朝的繁荣、衰败、灭亡,经历了周王朝的繁荣、衰败、灭亡,经历了秦帝国的繁荣、衰败、灭亡,经历了大汉的繁荣、衰败、灭亡,经历了东汉的繁荣、衰败、灭亡,经历了三国魏、蜀、吴的繁荣、衰败、灭亡。

中国经历了西晋、东晋的繁荣、衰败、灭亡,经历了南北朝宋、齐、梁、陈、北魏、东魏、北齐、西魏、北周的繁荣、衰败、灭亡,经历了隋王朝的繁荣、衰败、灭亡,经历了大唐的繁荣、衰败、灭亡,经历了五代后梁、后唐、后晋、后汉、后周的繁荣、衰败、灭亡。

中国经历了北宋、南宋、辽、金的繁荣、衰败、灭亡,经历了元帝国的繁荣、衰败、灭亡,经历了明王朝的繁荣、衰败、灭亡,经历了清王朝的繁荣、衰败、灭亡。

中国历史出现“繁荣—衰败—灭亡—繁荣—衰败—灭亡”的规律,中国出现“繁荣—衰败—繁荣—衰败”的魔咒，也就是黄炎培先生所说的“其兴也勃焉，其亡也忽焉”。

中国最大的敌人是腐败

中国历史上王朝衰败灭亡的具体原因很多，但中国历史上王朝衰败灭亡的关键原因是腐败，中国近代苦难深重的关键原因是腐败，甲午海战失败的关键原因还是腐败。

中国各个王朝在初期都狠抓反贪腐，吏治清明；中期后反贪腐渐渐有名无实，成为形式；末期贪污腐败猖獗，民不聊生，引起群众反抗，王朝覆灭。这是历朝历代兴亡周期出现的关键原因。

中国为什么会出现“繁荣—衰败—繁荣—衰败”的魔咒？答案是腐败。不根除腐败，中国就不能实现持久的繁荣和强大，必将继续“繁荣—衰败—繁荣—衰败”，必将继续“其兴也勃焉，其亡也忽焉”。

腐败是中国衰败的关键原因，腐败是国家繁荣的天敌，腐败是人民幸福的天敌，腐败会导致亡党亡国。从历史看，从长期看，中国最大的敌人不是哪一个国家，中国最大的敌人是腐败，中国最大的危险是腐败，腐败这个内因才是关键，才是根源，许多外因都是通过腐败这个内因起作用的。

中国可以彻底铲除腐败

微信时代来了，在微信上看到了当前社会上流传的反腐亡党论、腐败没治论、西式民主反腐论、东方社会腐败论、华人社会腐败论等错误观点，在微信上看到了个别否定改革开放的言论、个别将腐败和不公归咎于市场经济的言论、个别将腐败和不公归咎于改革开放的言论……

在中国共产党的领导下，我国正在走向复兴，正在走向繁荣，我国能够实现持久的繁荣吗？我国可以铲除腐败吗？我国可以建成廉洁社会吗？我国如何实现持久繁荣？我国如何破除“繁荣—衰败”的循环魔咒？这是我一直苦苦思索的问题。

家事国事天下事，虽然属于草根，位低而身在基层，但更了解基层的腐败情况，更了解腐败对群众幸福的破坏。作为一个学者，翻阅《中国反腐史》，翻阅中外历史，腐败毁去盛世，腐败亡党亡国。路漫漫其修远兮，吾将上下而求索，我进行了18年的苦苦探索。

我终于明白：中国必须坚持市场经济，必须坚持改革开放。奴隶社会、封建社会没有实行市场经济，但腐败令人发指；苏联、东欧等社会主义国家没有实行市场经济，仍然存在严重的腐败。因此，腐败和不公不是市场经济和改革开放造成的。

我终于明白：中国学习借鉴新加坡、香港地区成功的肃贪经验，结合自己的实际，能够铲除腐败这个最大的敌人，能够建成廉洁社会，能够建成法治社会，能够打破"繁荣—衰败"的循环魔咒。

我终于明白：如果中国彻底铲除了腐败这个最大的敌人，建成真正的全面的廉洁中国、廉洁社会，建成真正的全面的法治中国、法治社会，中国必将实现复兴，必将全面建成小康社会，必将建成富裕社会，中国必将实现持久的繁荣和强大。

学习借鉴成功成熟经验

新加坡是一个长期一党执政的国家，没有实行西式民主，是一个以华人为主的国家。新加坡在经济领域实行市场经济。新加坡的腐败曾经非常严重，在新加坡人民行动党的坚强领导下，新加坡贪污调查局坚决反贪腐，新加坡建成了廉洁社会。

香港过去是一个长期没有选举、没有民主的地区，是一个港督长期专制集权的地区，也没有实行西式民主，是一个以华人为主的地区。香港在经济领域实行市场经济。香港的腐败曾经达到了令人发指的地步。港督在市民反腐游行的巨大压力下，建立了廉政公署，坚决反贪腐，打造了廉洁社会，打造了廉洁香港。

中国是一个一党执政多党参政的国家。改革开放后，中国在经济领域实行了市场经济，取得了巨大的辉煌成就。但前一段时期却腐败蔓延，出现了许多问题，可以说是"成绩辉煌、腐败蔓延、问题许多"。

中国完全可以铲除腐败。在习近平为总书记的党中央坚强领导下，中央纪委等反腐机构坚决反腐倡廉，我们学习借鉴新加坡、香港地区的成功经验，打一场反腐败的人民斗争，建设一个廉洁的中国，建设一个法治的中国，确保中国的持久繁荣。

持久繁荣昌盛的关键点

新加坡、香港地区都没有实行西式民主，在市场经济的条件下，新加坡是一个长期一党执政的国家，香港过去是一个港督长期专制集权的地区，但经过反腐机构的坚决反贪，都建成了廉洁社会、法治社会，实现了持久的繁荣昌盛。

实现持久繁荣昌盛的关键是廉洁社会、法治社会、市场经济，是廉洁、法治、市场，三者缺一不可。市场可以配置各种资源，这是没有实行市场经济的奴隶社会、封建社会不能持久繁荣昌盛、建成廉洁社会和法治社会的根本原因。

中国已实行市场经济，在习近平为总书记的党中央坚强领导下，中央纪委等反腐机构坚决反腐倡廉，能够建成廉洁社会、法治社会，廉洁社会、法治社会、市场经济互相依托、互相促进，可确保中国持久繁荣昌盛。

反腐目标应为廉洁社会

中国反腐的目标应是建设真正的全面的廉洁社会，应是建设真正的全面的廉洁中国。廉洁中国的标准应该是“不敢腐、不能腐、不想腐、不必腐”，廉洁中国的组成应该是廉洁的党、廉洁的政府、廉洁的军队、廉洁的社会。

要实现“不敢腐”的关键是有效的监督和有效的惩治，要实现“不能腐”的关键是科学有效的“防腐”制度，要实现“不想腐”的关键是廉洁教育，要实现“不必腐”的关键是逐步提薪，要实现“没有腐”的关键是实现“不敢腐、不能腐、不想腐、不必腐”。

适当提高公务人员的薪资有利于“不必腐”，但前提是“精政减员”“精政减官”。现在公务机构这么臃肿，如果实行高薪，地方政府就会破产。必须一边坚决反腐倡廉，一边逐渐有序“精政减员”“精政减官”，一边逐步提薪，只能是“先廉洁、再提薪、后高薪”。

廉洁社会必将彪炳史册

中国的深重灾难是腐败带来的,中华民族的深重灾难是腐败带来的,腐败是中国灾难的根源,是中华民族灾难的根源。腐败能够将一切成就化为乌有,腐败能够将盛世变成衰败,腐败能够将好事变成坏事,腐败必将导致亡党亡国。

建设廉洁中国、法治中国事关中国的复兴,事关中国的持久繁荣,事关中国的持久强大。廉洁中国、法治中国的建设功在当代,利在千秋,必将造福中华民族,必将彪炳史册,万古流芳,其空前绝后的丰功伟绩是不朽的丰碑。

苏联和东欧悲剧的教训

社会主义国家苏联解体和东欧剧变的关键原因有三点:第一是腐败蔓延,贪污腐败盛行,造成许多严重的社会问题,共产党失去群众的拥护;第二是法制不健全,一些官员徇私枉法,共产党失去群众的拥戴;第三是实行计划经济体制,没有实行市场经济体制,经济没有搞好,共产党将失去群众的支持。

多民族的苏联和南斯拉夫不仅发生巨变,还出现国家分裂、国家解体,出现了战争——车臣战争、波黑战争、科索沃战争等,造成巨大的人员伤亡,造成经济的巨大破坏。苏联和南斯拉夫的解体与战争值得多民族的中国认真借鉴。

廉洁关键是惩治与监督

腐败=权力÷监督。腐败与权力呈正相关,权力越大,腐败的风险越大;权力越小,腐败的风险越小。腐败与监督呈负相关,监督越强,腐败的可能性越小;监督越弱,腐败的可能性越大。

高薪养廉是个伪命题,高薪有利于廉洁,但不能保证廉洁。中国国企的高管们拿着几十万甚至几百万的年薪,他们都做到了廉洁吗?没有,个别高管非常腐败,大肆挥霍国有资产，大肆贪污国有资产，大肆收受各种贿赂。

缺乏及时有效的监督，缺乏及时有效的惩治，多高的薪金都无法满足贪欲。保证廉洁的基础是及时有效的监督与惩治，没有及时有效的监督与惩治，再高的薪金都没法满足腐败的贪欲。新加坡的经验是“先廉洁后高薪”。

反腐是磨刀不误砍柴工

有人说，反腐败影响经济发展。反腐败遏制了公款的消费，遏制了奢靡的消费，遏制了腐败的消费，可能会对当前的GDP增速有一点点影响。笔者认为，节省的巨额“三公经费”可以投向民生领域，可以投向经济领域，有利于经济和社会的长期健康发展。

我们不需要腐败的GDP，腐败产生的GDP是饮鸩止渴，腐败的GDP需要付出巨大的经济代价和社会代价，腐败常常引发社会动乱、安全事故等，还可能付出生命的代价，腐败会导致亡党亡国。最后需要强调的是，反腐败是磨刀不误砍柴工，反腐败不会影响经济发展，反腐败有利于经济和社会的长期健康发展。

反腐肃贪必须壮士断腕

有人认为，现在反腐败的力度过大，官心惶惶。我认为，现在反腐败的力度、强度正好，没有力度、强度，腐败就会继续蔓延。官心惶惶充分说明“不敢腐、不想腐”的氛围正在形成。

对于腐败，我们必须坚持零容忍、全覆盖、无禁区、强警示，以猛药去疴的决心、壮士断腕的勇气、坚忍不拔的毅力，坚决查办腐败案件，特别是十八大以来新的腐败案件，坚决遏制腐败蔓延势头，坚决打击各种腐败现象。

霹雳反腐实为菩萨心肠

反腐败如果不采取霹雳手段，腐败就会继续蔓延，继续泛滥，成亿的群众就会继续受害，一些干部就会继续腐败，一些干部就会违法。霹雳手段反腐败就会使许多干部“不敢腐、不想腐”，就会使成亿的群众“不受害”。“失之于软”“失之于宽”，从长期来看，会使更多的群众受害，会使更多的干部违法。

反腐败必须采取霹雳手段，保持反腐败的力度和强度，必须坚决查办各类新腐败案件，这是为了“惩前毖后”，这是为了“治病救人”，这是为了“群众不受害”，这是为了“干部不腐败”，这是为了“干部不违法”，这实质是“菩萨心肠”。

第一章　以史为镜:朱元璋的廉政

在我国历史上,反贪决心最大、力度最强、办法最多、惩处最严的,莫过于明朝的朱元璋了。朱元璋出身贫苦,对贪官污吏深恶痛绝,其于洪武一朝展开的严厉的反贪运动,为中国历朝历代所鲜见。朱氏反贪也确以颁布种种律令为特色,有规定,有案例,如贪污银六十两,除了枭首,还要剥皮制作标本以警示后人。他不但坚决实施各项反贪规定,还要求全国官民认真学习诵读规定,时时检查、对照,甚至将规定铸成铁牌,立于大庭广众之中。

第一节　朱元璋的反贪情结

朱元璋(1328—1398),出生于元末贫农之家,小时候为地主放过牛,后当过化缘和尚,受尽风栖露宿之苦,受尽贪官污吏搜刮和盘剥,对官吏贪污腐败深恶痛绝。朱元璋当上明朝开国皇帝后,就不遗余力地反腐肃贪,为我国2000多年的封建社会历史上杀贪官最多的皇帝。有学者估算,在朱元璋当政的31年中,有10万到15万的贪官人头落地。

腐败元朝

创立元朝的蒙古人武功之盛可谓超迈古今,他们横扫亚欧大陆,建立起疆域空前的大帝国。元朝建立后，也许是出于对自己武力的过分自信，蒙古统治者忽视了征服与治理之间的天壤之别，“以马上得之，又以马上治之”。其固有的社会组织根本不能适应新形势的需要，同时又不注意建立与健全相应的制度与机构，由此导致统治秩序的脆弱与紊乱。

在元世祖忽必烈死后，政治危机时常将帝国推向风雨飘摇、动荡不宁的境地。最突出又最激烈的冲突便是皇位之争。蒙古与色目大臣拥有兵权，公然参与皇位之争，互相屠戮，混战不休。据粗略统计，从忽必烈去世到元顺帝即位，在约40年的时间里，有10位皇帝走马灯似的登上帝位。这种兵戎相见的皇族恶战，对元朝统治秩序及社会伦理产生了极其恶劣的影响。

皇位往往被称为“国本”，是保证封建王朝正常运转的轴心，对皇帝的忠诚与尽职尽责又是封建社会伦理道德的基石。皇位缺乏稳定性，必然导致整个社会的躁动不安。与此同时，挥霍奢侈之风在元朝皇室及贵族中间盛行，其程度达到骇人听闻的地步。

元朝最高统治集团的内讧和肆意妄为，从根本上决定了元朝官场的风气。元朝政府公开卖官鬻爵，按官位高下各有定价。这些上任的官吏自然将任职作为巧取豪夺的良机，货贿公行，“惘然不知廉耻为何物”。各级官吏巧立名目，公开索要贿赂。如下级拜见上司就需交拜见钱，无事白要为撒花钱，逢节则索要追节钱，庆贺生辰则要生日钱等等，名目繁多，不一而足。就连负责纠察百官的肃政廉访司的官员进入衙门后，也根本不问政事与百姓疾苦，只是带着手下检秤地方官员奉送的银两，而奉送的银两数量就直接决定着官员的仕途。官场如同市贩，政治腐败已到了无可救药的地步。

皇族、权贵及各级官吏的挥霍浪费及贪污腐化都是建立在搜刮民脂民膏的基础上的，当时有民谣云：

> 官法滥，刑法重，黎民怨。人吃人，钞买钞，何曾见！贼做官，官做贼，混愚贤。哀哉可怜！

地方官吏满足自己的贪婪及上司的索要，如狼似虎地搜刮民财，敲骨吸髓，无所不用其极。在平民百姓看来，这些冠冕堂皇的官员同那些打家劫舍的强盗一样凶残。层层加码的盘剥与敲诈使亿万平民陷入了水深火热之中，明太祖朱元璋就是元朝残暴统治的无数受害者之一。

洪武十一年（1378）四月，身为万乘之尊的朱元璋已是苍颜皓首，但依然无法忘却童年悲惨的记忆，特撰《御制皇陵碑》文，真切地记录了他童年的遭遇。这篇自传性质的文章至今读来仍令人心中充满酸楚：

昔我父皇，寓居是方，农业艰辛，朝夕彷徨。俄尔天灾流行，眷属罹殃，皇考终于六十有四，皇妣五十有九而亡。孟兄先死，合家守丧。田主德不我顾，呼叱昂昂。既不与地，邻里惆怅。忽伊兄之慷慨，惠此黄壤。殡无棺椁，被体恶裳，浮掩三尺，奠何肴浆。……

朱元璋出身贫苦的佃农家庭，一家人终年辛勤劳作，却依然无法摆脱一贫如洗的状况。元朝至正四年(1344)春，其故乡淮北地区发生严重自然灾害，大旱之后蝗虫又起，加之瘟疫肆虐，朱元璋的父母及长兄相继过世，孤苦伶仃的他找不到一块安葬亲人的墓地。幸得一位好心人慷慨相助，朱元璋才有一片荒地掩埋亲人，但"殡无棺椁，被体恶裳"，草草了事。

接踵而至的天灾人祸，使年幼的朱元璋陷入了家破人亡的绝境，万般无奈之下，他与仲兄洒泪而别，各自逃命。为讨得口粮，朱元璋经邻人介绍进入僧庙做杂役。可是时过不久，连寺庙僧众也逃荒而去。孤苦无依的朱元璋只得四处乞讨，尝尽了人生的悲苦与坎坷：

仰穷崖崔嵬而倚碧，听猿啼夜月而凄凉。魂悠悠而觅父母无有，志落魄而泱佯。西风鹤唳，俄淅沥以飞霜。身如蓬逐风而不止，心滚滚乎沸汤……

杀尽贪官

曾挣扎于死亡线上的朱元璋在经历了这些刻骨铭心的苦难后，对那些只知贪污盘剥，丝毫不体恤百姓的官吏产生了切齿的仇恨。即位之后，朱元璋常常对左右侍臣讲到这一点。他说："从前我在民间，常常看到州县官吏个个贪财好色，日日驰逐饮酒为乐，对百姓疾苦漠不关心，我心里十分痛恨。"因此，朱元璋宣布：今创业之初，若不严立法度，革除奸弊，百官定然因循故习，不能振举。今后，凡遇到官吏蠹害黎民者，绝不宽恕。

明朝建立之初，经过连年战乱，经济遭到了严重破坏，人民生活困苦不堪，阶级矛盾依然非常尖锐。因此新生的明王朝面临着迅速恢复和发展经济、缓和阶级矛盾，以巩固政权的艰巨任务。而要完成这一任务，必须实行"休养生息"政策，解决明初的贪污受贿问题。因此，朱元璋称帝后更加注意倡廉肃贪，从思想上对倡廉肃贪予以高度重视。

官吏廉洁与否关系民心向背和国之存亡。朱元璋认为,王朝的兴亡取决于民心向背,而民心向背则取决于官吏的廉贪,“民数扰必困,民困则乱生”,民之贫困在于“徭役之重及吏民因缘为奸”。朱元璋还认为,元朝的灭亡乃由于政奢官贪,即如他对臣下所说,“元季君臣,耽于逸乐,循至沦亡,其失在纵驰”,“人皆苦元政,不恤其下也”。正是由于汲取了元朝灭亡的教训,他特别注意倡廉肃贪,以此赢得民心。

朱元璋提出了主奢臣贪、主荒臣专的思想。朱元璋认为,“人君主宰天下,辨邪正,察是非”,若人君奢侈腐化、贪婪成性,必然导致政事荒怠、纪纲紊乱,大臣跋扈、奸贪横行。他说:“当元之季,君则宴安,臣则跋扈,国用不经,征敛无艺,天怒人怨,盗贼蜂起……向使元君克畏天命,不自暇逸,其臣各尽乃职,罔敢骄奢,天下豪杰虽欲乘之,其可得乎?”“元氏(指元朝)主荒臣专,今宜鉴之。”

政奢官贪会加剧统治阶级内部矛盾,导致统治机能的丧失。朱元璋认为:官吏贪墨,则“法出而奸生,令下而诈起”,“吏诈则政蠹,政蠹则民病”,“惟廉者能约己而利人,贪者必腹人而厚己,有才敏者或尼于私,善柔者或昧于欲,此皆不廉致之也”。只有官员廉洁奉公、恪尽职守,国家机器才能正常有效运转;否则国家机能必将丧失,统治秩序必将紊乱。

朱元璋把官吏廉洁与否提高到了事关国之存亡的高度,立下了“杀尽贪官”的决心,采取了强有力的措施。朱元璋写有一首著名的《菊花诗》:

百花发时我不发,我若发时都吓杀!要与西风战一场,遍身穿就黄金甲。

要把百花“都吓杀”,表明了心态的冷酷。“要与西风战一场”,“西风”代表什么呢?显然是黑恶势力。“遍身穿就黄金甲”,多么气派!这诗写得又粗豪又有些风韵,与他的性格一致,颇像个草莽英雄。

提倡节俭

朱元璋出身于贫苦农民,经过穷苦日子,能体谅农民生活的艰辛,深知物力的艰难,因此,在称王称帝后带头倡导节俭,身体力行。陈友谅被消灭后,江西行省把他的一张镂金床献给朱元璋。朱元璋指着镂金床对侍臣说:“这和孟昶(五代时后蜀国君)的七宝尿壶有什么差别呢?一张床就如此精巧,其余可想而知。穷奢极侈,怎能不亡!”命令把床毁掉。

至正二十六年(1366),在南京营建宫室,负责工程的人把图样打好后拿给朱元璋看,朱元璋把雕琢考究的部分都去掉。完工后,叫人在壁上画了许多触目惊心的历史故事作为装饰,也警诫自己注意吸取历史上的教训。有个官儿想讨好他,说某处出产一种很好看的石头,可以用来铺宫殿的地面,被他狠狠地训了一顿,讨了个没趣。

朱元璋用的车舆器具服用等物,按惯例该用金饰的,他都下令以铜代替。主管的官员说,这并不需费多少金子。朱元璋说:“朕富有四海,岂吝惜这点黄金,但是,所谓俭约,非身先之,何以率下?而且奢侈的开始,都是由小到大的。”他睡的御床与中产人家的睡床没有多大区别,每天早膳,只有蔬菜佐餐。

朱元璋不但自己节俭,要求别人也如此。宫中的后妃也十分注意节俭。她们从不过分打扮,穿的衣裳也是洗过几次的。有一天,一个内侍穿着新靴在雨中走路,被他着实骂了一顿。另一个散骑舍人穿了一件极华丽的新衣,朱元璋问他:“这衣裳费了多少钱?”答说:“五百贯。”朱元璋训斥他说:“五百贯是数口之家的农夫一年的费用,而你却用它来做一件衣裳,骄奢如此,实在是太糟蹋东西了。”告诫他今后不能这样奢侈。

关心民间疾苦

朱元璋把唐朝李山甫写的《上元怀古》写在屏风上,朝夕吟诵,警示告诫自己。诗中说:

南朝天子爱风流,尽守江山不到头。总为战争收拾得,却因歌舞破除休。尧将道德终无敌,秦把金汤可自由?试问繁华何处在,雨花烟草石城秋。

朱元璋亲身受过压迫和剥削,在死亡线上挣扎了多年,对农民的疾苦有深切的了解。并且,元末农民起义的巨大力量也教育了他,使他认识到老百姓如果压之过甚,就会铤而走险,懂得了“步急则蹶(摔跤),弦急则绝,民急则乱”的道理。因而,在他当了皇帝之后,还能在一定程度上注意到农民的疾苦。

朱元璋曾命人带着太子朱标到农村视察,看一看农民的住处饮食用具。回来以后,他对太子说:“现在你可知道农民的劳苦了吧!农民身不离田亩,手不释犁耙,终年勤劳,不得休息。但是,他们住的是茅房草屋,穿的是粗布衣裳,吃的是菜羹粝饭,而国家的一切费用又全都落在他们身上。”他严肃地教育朱标说:“凡居处食用,一定要想到农民的劳苦,取之有制,用之有节,使他们不苦于饥寒。如果不顾农民的劳苦,对他们横征暴敛,则农民不堪活命矣!”

凡是各地闹灾荒歉收的,朱元璋即下令蠲免租税,灾情特别严重的,还叫地方官贷米，或赈济米、布、钞。丰年无灾荒，也优免地瘠民贫地区的赋税。如果发生灾荒，地方官隐瞒灾情，特许耆民申诉，处地方官以死刑。蠲免赋税这一措施自然是对地主最有利，但在当时奖励垦荒的政策下，农民也握有一定的土地，自耕农数量大为增加，因而，这一措施使农民也得到了一些好处。

第二节　朱元璋的反贪体系

在任何社会，要制止贪污腐化现象的发生，仅依靠决策者反贪的决心是远远不够的，还必须建立一套行之有效、便捷灵活的反贪机制。明朝建立后，随着全国的统一和社会经济的恢复和发展，各项制度的建设日益提上日程，反贪机制也亟待完备。在这种情况下，朱元璋顺应时代之要求，从各方面加强了反贪机制的建设。

完善立法

朱元璋很早就重视王朝法制的建设，曾强调“礼法为国家纲纪，礼法立则人心安”，建国之初，以此为先务。这项工作早在朱元璋称帝前就已开始了，但是由于这时全国仍处于混乱状态，明政权尚未建立，还未有充足的时间和精力从事制度建设，因此这时的反贪机制还很不完备。

早在洪武元年（1368），朱元璋就命左丞相李善长为议律官，“定律以绳顽”，制定了《律令》，后来又加以修订，于洪武七年（1374）制成《大明律》颁行天下，此后又屡经修改，至三十年正式颁布。《大明律》中包含着大量惩治贪官污吏的条文，规定“凡官吏受财，计赃科断”，如受有事人财物而曲法科断者，“一贯以下杖七十”，至“八十贯绞”。朱元璋建立了一套由《明律》《大诰》《铁榜》以及律文以外的一些诏令，单行科条组成严密的法律体系。

《刑律》为《大明律》的主体部分。其中专设了“受赃”门，规定犯“枉法赃”，官“八十贯，绞”，吏“一百二十贯，绞”。犯“不枉法赃”至一百二十贯杖一百，流三千里。同时规定：“凡监临官吏挟势求索借贷所部内财物者，并计赃准不枉法论，强取者准枉法论，财物给主。”若是执法御史及督抚这类的“风宪官吏”犯赃，加二等治罪。犯赃官吏，官除名，吏罢役，永不叙用。至于监守自盗仓库钱粮的贪污行为，明律规定“并赃论罪”，并于犯官右小臂刺“盗官钱（粮）”字样，耻辱终身，赃四十贯处斩。明律对官吏索贿也规定了严厉的处罚。

明律还规定了对负有监察之责的都察院、监察道、在外按察的御史之官贪赃枉法的，要加重处罚。《大明律》只有对官民犯罪如何惩治的法律条文，这无疑对官吏能发挥警诫和威慑作用，而活生生的现实和具体的案例则会更有惩前毖后之功效。

朱元璋又先后制定并颁布了《大诰》《大诰续编》《大诰三编》和《大诰武臣》。《大诰》三编和《大诰武臣》是以惩治贪官污吏为主的案例汇编，除了公布贪官污吏的罪行及处罚外，朱元璋还在《大诰》三编和《大诰武臣》中制定了一系列防范官吏贪污的措施。

严明官吏职守，防范其伺机贪污。《大诰三编·农吏第二十七》规定："今后诸衙门官，凡有公事，能书者，务必唤首领官于前，或亲口声说，首领官著笔，或亲笔自稿，照行移格式为之，然后农吏誊真，署押发放。……凡百公事，若吏无赃私，一切字样差讹，与稿不同，乃吏誊真之罪。设若与稿相同，主意乖违，罪做官长，吏并不干。"

《大诰续编·民拿经该不解物第五十五》规定："凡在官之物起解之际，须差监临主守者。若是布政司、府、州、县不差监临主守，故差市乡良民起解诸物，因而卖富差贫……族诛之。"《大诰续编·钱钞贯文第五十八》规定："钞法之行，皆云贯锭，铜钱之行，皆云万千百文"，其"故生刁诈、广衍数目，意在昏乱掌钞者"，即"治以重罪"。

《大诰续编·关隘骗民第六十五》规定："各处关隘把截去处，巡检、弓兵将逃军逃囚一概受财，纵令逃去。及至拿住赃盗，不行火速解官，却乃教唆诬指平民。拿获私盐，尤其骗诈民甚。此等不才，《诰》布之后，仍前为事不公，事发到官，治以重罪。"

严禁官吏下乡扰民，不许有司呼唤下级、里甲人等亲诣衙门听事。《大诰续编·民拿下乡官吏第十八》规定：官吏中"贪婪之徒，往往不畏死罪，违旨下乡，动扰于民。今后敢有如此，许民间高年有德耆民，率精壮拿赴来京"。《大诰续编·有司不许听事第十一》规定："凡诸司衙门，如十二布政使司，不许教府州县官吏听事，府不许教州官吏听事，州不许教县官吏听事，县不许教民间里甲听事。呜呼！听事之名，实贪赃之巨祸，所以民误生理，官废公务。敢有如此，许民赴京面奏。"

对官吏犯贪赃罪者，要层层追查，彻底挖出有关案犯。"如六部有犯赃罪，必究赃自何而至。若布政司贿于部，则拘布政司至，问斯赃尔自何得，必指于府。府亦拘至，问赃何来，必指于州。州亦拘至，必指于县。县亦拘至，必指于民。……其令斯出，诸法司必如朕命，奸臣何逃之有哉。”“天下仓廒并库藏等处，官攒斗级人等有犯赃私，问赃自何而得……凭招勾纳户到官，加倍追赔。当该法司不行如敕究问追征，罪如犯者。”

设重法防范官吏贪赃害民。《大诰·官民犯罪第二十九》规定：官吏“贿赂出入，致令冤者不申，枉者不理，虽笞亦坐以死”。《大诰·冒解罪人第四十》规定：“所在有司官吏，上司着令勾解罪人，往往卖放正身，将同姓名良善解发。今后若此，该吏处以重刑。”《大诰三编·官吏长押卖囚第十九》规定：“卖放囚徒者，本身处以极刑，籍没家产，人口迁于化外。”

《大诰续编·路费则例第六十一》规定：“每岁有司官赴京，进纳诸色钱钞并朝觐之节，朕已定下各官路费脚力矣。若向后再指此名头科民钞锭脚力物件，官吏重罪。”《大诰续编·庆节和买第七十六》规定：有司“指以庆节为由，和买民物……不还民钱……拿赴来京，斩首以除民患。”《大诰续编·造作买办第七十七》规定：承办朝廷诸色造作，“指名要物，实不与价……将该吏斩首。”《大诰三编·巡阑害民第二十》规定：“为巡阑者，倚侍官威，剥尽民财……本人凌迟。”

禁止“官民勾结”。《大诰续编·闲民同恶第六十二》规定：“今后敢有一切闲民，信从有司……私下擅称名色，与不才官吏同恶相济，虐害吾民者，族诛。……有司凌迟处死。”

专设监督机构

朱元璋通过各种手段加强对官员权力的监督，借此防止和发现官吏贪污不法现象，从而予以重处。主要是设立御史台（后改为都察院），监督地方政府，考察地方“官吏之贤否，政事之得失，风俗之美恶，军民之利病”，以“绳愆纠谬”，并逐步把七品监察都御史提升为正二品。另设六科给事中掌行政监察，监督六部，与十三道监察御使合称“科道之官”。

1.都察院

早在吴元年（1367），朱元璋就已仿元制设立了御史台，设左、右御史大夫各一人，从一品，御史中丞一人，正二品，另有侍御史、治书御史、殿中侍御史、监察御史等官。朱元璋设御史台的目的主要是整饬吏治，这从他对御史中丞刘基的敕谕中可看出：“国家设立三大府，中书总政事，都督掌军旅，御史掌纠察。……而台察之任尤清要。卿等当正己以率下，忠勤以事上，毋委靡因循以纵奸，毋假公济私以害物。”洪武十三年(1380)，朱元璋在废除中书省的同时，将御史台也一并撤去。

到洪武十五年(1382)，又置都察院，都察院设左、右都御史各一人，正二品，左右副都御史各一人，正三品，左右佥都御史各一人，正四品，其属官有经历、司务、照磨、司狱等。又设隶属于都察院的监察御史，以后几经增罢，至宣德十年(1435)，定为十三道监察御史，共为一百一十余人。都察院作为全国的最高监察机构，总揽监察事务，是皇帝的耳目风纪之司，不仅对中央机关的官吏实施纠察，还监督京城以外的各级地方政府，主管十三道监察御史等。都察院的最高长官都御史还负责会同吏部考核官员，进退官吏，与刑部、大理寺共同审理重大案件，奉旨出巡外省等。

隶属于都察院的十三道监察御史，官秩仅正七品，但其权力极大，其主要职责是纠察内外百司官吏，监督仓场、内库、茶马、盐课、钞关、屯田，遇有军事行动则监军纪功，监临科举考试，审理疑难大案等。仓场、内库、茶马、盐课、钞关和屯田等方面的官吏，职衔虽低，但却属于“美差”，大有油水可捞，常常成为贪污之渊薮，而科举考试的各级主考官利用手中的权力向士子收受贿赂更是屡见不鲜，将监察御史监察的重点放在这些事务上，主要是为了杜绝和减少贪污受贿现象的发生，防止国家财产流向私人腰包。

要对地方官吏实施有效的监督，高高在上是不行的，必须亲历地方巡访民间，御史巡按制度就是适应这一要求而产生的。早在洪武年间，朱元璋就多次派御史出巡，但此时御史巡按尚属临时派遣性质，还未制度化。永乐时，“遣御史分巡天下，为定制”。这标志着御史巡按制度的正式确立。御史巡按自永乐年间形成定制后，历经洪熙、宣德和正统几朝的完善，形成了一套非常严密的制度。

点差。点差就是御史的选派，具体做法是：先由都察院拟定两名监察御史做候选人，都御史在朝会时将二人引至御前，由皇帝亲自点差其中一员。明代御史出巡根据责任的轻重、事务的繁简和道里的远近，分为大、中、小三等。御史出巡必须先任小差，然后中差，再大差。

巡察事项。巡按御史“代天子巡狩，所按藩服大臣、府州县官诸考察，举劾尤专，大事奏裁，小事立断。按临所至，必先审录罪囚，吊刷案卷，有故出入者理辩之。诸祭祀坛场，省其墙宇祭器。存恤孤老，巡视仓库，查算钱粮，勉励学校，表扬善类，翦除豪蠹，以正风俗，振纪纲”。可见巡按御史的权力很大，职责也很广泛，但其主要职责还是考察和举劾官吏。洪武二十六年(1393)规定御史巡按“凡至所在，体知有司等官,守法奉法廉能昭著者,随即举奏,其奸贪废事蠹政害民者,究问如律"。

巡按期限。御史巡按的期限一般为一年,即所谓"岁一更代"。这种规定是为了防止时间长了监察官有可能与地方官吏相勾结,做出贪赃枉法之事。对此顾炎武有过精辟的评论:"又其善者在于一年一代。夫守令之官不可以不久也,监临之任不可以久也。久则情亲而弊生,望轻而法玩。"对于政绩卓著的巡按御史则不拘泥于"岁一更代"的规定,而是期满后可再延长一至二年,这样既防止了因御史任期太长而有可能带来的贪赃枉法之弊端,又克服了"岁一更代"的局限性。

出巡注意事项。为防止巡按御史贪污受贿,朝廷对御史出巡的注意事项做了规定,这就是正统四年(1439)颁布的《宪纲》。《宪纲》规定:"监察御史巡历去处不许出廓迎接","凡监察御史、各道按察司出巡、审囚、刷卷,必须遍历,不拘期限","监察御史巡历去处,如有陈告不公等事,须要亲行追问","巡按所至博采诸司官吏行止,廉能公谨者,礼待之,荐举之。污滥奸佞者,戒饬之,纠劾之","分巡所至,不许多用导从,饮食供帐只宜从简"。此外还规定巡按御史所巡之处,须用防闲,未处理公事之前,不得接见任何闲杂人员。分巡所至不得打听地方官此地有何特产,不得令官府人员代购货物,不得大张筵席、邀请亲朋好友。所有这些规定都有助于防止地方有司和御史之间行贿受贿、贪赃枉法,有助于保证御史监察职能的发挥,诚如嘉靖年间南京都察院右都御史张琮所说:"御史寡交游,则无私谒;少宴会,则无请托。"

回道考察。御史巡按期满回京,要接受都察院考核,考核称职者回道管事,不称职者则奏请罢黜,称为回道考察。御史巡按期间如果贪赃枉法,要加重处罚,即所谓"风宪官吏受财,及于所按治去处,求索借贷人财物,若买卖多取价利,及受馈送之类,各加其余官吏罪二等"。

2.六科

明代中央监察机构除都察院外,还有六科给事中。洪武六年(1373),为直接有效地对分管全国各类政务的六部实行监察,朱元璋将给事中按六部分为六科,每科设给事中二人,品秩定为正七品。洪武二十四年(1391),明太祖更定科员,每科设都给事中一人,正八品,左右给事中二人,从八品,给事中各科四至十人不等,共四十人,俱从九品。六科一度曾隶承敕监和通政使司,以后又独立自成机构。建文元年(1399),改都给事中正七品,给事中从七品,不置左右给事中,增设拾遗、补缺。

成祖初,革拾遗、补缺,仍置左右给事中,仍从七品。此后,各科给事中的人数基本确定下来。

明朝以前,给事中属于言谏之官,掌侍从规谏和封驳制诏,无纠举官邪、监察百官之权。明朝建立后,给事中不仅具有规谏和封驳职能,还拥有了监察百官之权,而且以监察权为主,监察权中又以纠举弹劾贪官污吏为其一项重要职责。六科给事中还实行对口监察:吏科给事中参与地方官吏的考选,奉旨出任地方官的官吏要先在吏科给事中处登记,内外官在对自身政绩做出鉴定后,吏科给事中与其他各科给事中一起对官吏进行考察,纠其不称职者;户科给事中负责监督光禄寺每年的金银及谷物收入、钱粮杂物,纠察私占田产等;礼科给事中监督制定礼仪制度,记录大臣纠劾贪官事迹,作为奖赏升迁的依据;兵科给事中监督、考察武将;刑科给事中在每年二月下旬,根据司法机构报告将罪犯的数目上奏皇帝等;工科给事中巡阅军器局,巡视节慎库,稽查宝源局等。

由上可见,明代六科不仅纠察从中央到地方的各级官署和大小官员,而且对六部实行对口监察,六部日常行政事务,不论巨细,皆须经由本科,或监察,或检验,或鉴署,如有贪赃枉法,即指实参奏,因此大大提高了监察的效能,有效地控制了贪污腐化现象的发生。

3.按察司

明初在建立和完善中央监察机构的同时,也加强了地方监察机构的建设。明朝建国初期,沿袭元朝旧制,在地方上建立行省,总管一省行政、军事和司法监察事务。这种政治体制既不利于监察机关独立自主地行使自己的权力,也不利于中央对地方的控制。有鉴于此,朱元璋进行了改革,于洪武九年(1376)废除行中书省,设立三司:承宣布政使司、提刑按察使司和都指挥使司。这样司法机关就从行政和军事机关中独立出来,能够有效地行使监察权。明初,按察司职专权重,与都察院内外均权,有"外台"之称。

洪武十年(1377),朱元璋对来朝的按察司官说:"朕以天下之大,民之奸宄者多,牧民官不能悉知其贤否,故设风宪官为朕耳目,激扬浊清,绳愆纠谬,此其职也。"从这里可以看出:虽然按察司的职责包括司法和监察两个方面,但以监察为主,按察司官"总理各道,肃清郡县","凡贪官污吏,蠹政害民,及一切兴利除害之事,有益地方者,务在举行。"按察司在明初的倡廉肃贪运动中同样发挥着重要的作用。

从上可以看出,明代监察制度具有双重性。在中央,六科与都察院互相独立又相为表里,共同监督;在地方,按察司与巡按御史各行其政,又互相配合,都负监察之责。非唯如此,各监察机构之间亦互相监察纠劾,同一监察机构内部上下同样互相监督,这些对有效地打击和预防贪污,防止监察官的腐败,从而保证监察机关有效地发挥监察职能无疑具有重要作用。

明朝的各监察机关在明初的反贪运动中起了积极的作用,中央的御史和六科给事中通过京察和大计弹劾、罢免贪官污吏,而派往各地的巡按御史更是承担了同地方官吏贪腐做斗争的艰巨任务。这一时期出现了一批铁面无私的巡按御史。如宣德中,御史黄润玉"出按湖广,斥两司以下不职者至百有二十人"。御史陈宪巡视江西时,江西吉安守御千户臧清贪淫酷虐,杀人破家,殆不可胜纪,都司受其贿赂,常曲意庇护。陈宪不与地方都司同流合污,毅然将臧清械送京师,"一郡晏然,舞忭于道"。

明初吏治的澄清在很大程度上得力于体系完备、运作灵活的监察机制。直到成化时,吏部尚书王恕还说:"天下贪官污吏强军豪民所忌惮者,惟御史耳。"监察官员尤其是巡按御史在明初倡廉肃贪中的作用由此可见。

特务反贪

为反贪,朱元璋甚至始创了特务政治,让特务们监督官员,运用特务机构参与对官吏的监察和惩治。主要特务机构是检校、锦衣卫,职责是"专主察听在京大小衙门官吏,不公不法,及风闻之事,无不奏闻",以此暗中纠察贪官污吏。

一个是检校。检校这些人遍布全国各地,来源也很复杂,主要都是些社会闲散人员,也有文武官员,甚至还有朱元璋的老相识——和尚。这些人互相不认识,只受朱元璋调遣。一旦发现官员有贪赃枉法等问题即可上奏,即使情报送到京城已经是半夜,他也会立刻起床接见。甚至有的贪官今天刚收红包,第二天就会被抓问论罪。

另一个是锦衣卫。锦衣卫在明朝是令人谈虎色变的机构。它原本只是一支军队,是皇帝的亲军二十六卫之一(二十六卫中还有孝陵卫,就是守坟的亲兵)。锦衣卫由皇帝本人指挥,是皇帝的耳目,负责打探情报和惩处大臣。他们还掌管着"廷杖",负责惩处违反皇帝意志的大臣。洪武年间,如果大臣家有锦衣卫上门来叫,很可能就会一去不返。锦衣卫的另一个可怕之处在于,他们不受司法机关的管辖,可以自己抓捕犯人,如有反抗,可格杀勿论,并审判判刑。无论刑部还是大理寺,见到锦衣卫都避而远之。

从史料来看,锦衣卫、检校的窃听和跟踪手法十分高明。比如国子监祭酒宋讷有一天上朝,朱元璋问他为什么前一天晚上不高兴,宋讷大吃一惊。朱元璋拿出一幅画,正是宋讷前一夜生气表情的画像。大家可以想象一下,在没有照相机的当年,深更半夜,你坐在自家房里,居然就有人正在偷偷一边看着你,一边帮你画像。这能不让人毛骨悚然吗?这些人无孔不入,捕风捉影,甚至制造了一些冤案,杀的人越来越多。

绑贪官上京

朱元璋建立民拿害民该吏制度,以此借助民众的力量监督腐败不法现象。洪武元年(1368)令:若官吏额外科敛,"许民拿赴有司,有司不理,拿赴京来议罪而枭令。"洪武十九年(1386),又令说:"今后有司官吏,若将刑名以是为非,以非为是",或"赋役不均,差贫卖富"或"造作科敛","许民间高年有德耆民率精壮拿赴京来","敢有阻挡者,其家族诛"。

让人惊讶的是,在朱元璋时期,百姓是可以绑贪官上京治罪的。朱元璋发动了中国历史上空前绝后的壮举:皇帝号召底层民众起来,痛击腐败的官僚主义。朱元璋在《大诰三编·民拿害民该吏三十四》中发出了这样的号召:"我设各级官员的本意,是为了治理人民。然而,过去我所任命的所有官员,几乎都是不才无稽之徒。……现在,我要靠你们这些年高有德的地方上的老人以及乡村里见义勇为的豪杰们,来帮助我治理地方。如果要靠当官的来给百姓做主,自我登基如今十九年,我还没见到一个人!"

一开始,朱元璋赋予百姓的是监督权:百姓可以直接向他举报官员们的违法行为。并且许诺,皇帝会根据普通民众的意见来奖励和惩罚官员。洪武十九年,朱元璋的政策又大幅度地前进了一步,他令人吃惊地宣称,在他的帝国之内,任何一个百姓都可以冲进官府,捉拿他所不满意的腐败官员。《大诰》另一章中又规定:百姓只要发现贪官污吏,就可以把他们绑起来,送京治罪,而且路上各检查站必须放行。如果有官员敢于阻挡,不但要处死,还要"诛九族"!

百姓有这样的特权,这是一个以往封建统治者想都不敢想的政策,但朱元璋让明朝的百姓实现了。朱元璋兴起的捉贪运动在各地兴起。在通往南京的路上,经常出现一群衣衫褴褛的百姓押解着贪官污吏行走的情景。也有贪官逃回家里,被亲戚捉住,送到京师。于是,大明天下出现了这样的情景:一直作威作福的贪腐官员们对百姓下跪求饶。

第三节　朱元璋的皮场庙

现在的人可能很少会有人听说过皮场庙,可要是在明代,这会令很多贪官夜不能寐、寝不能安。何谓皮场庙?就是将贪官剥皮充草并展示的地方。

皮场庙

明朝洪武年间曾担任基层官吏的叶子奇在《草木子》中记载:“凡守令贪酷者,许民赴京陈诉,赃至六十两以上者枭首示众,仍剥皮实草。府、州、县衙之左,特立一庙以祀土地,为剥皮之场,名曰‘皮场庙’。官府公座旁,高悬一剥皮实草之袋,使之触目惊心。”说的就是把贪官“剥皮揎草”,然后把这个装满杂草的“人皮口袋”放置在衙门内的官座之旁。为了行刑方便,也为了起到震慑的作用,各府州县衙的左边,都要建一座土地庙,如有踩了红线的贪官,即押赴这里,当众剥下这个贪官的人皮,所以,这处土地庙也被称为“皮场庙”。

衙门的布局中有大门、戒石、鼓楼、二门这些结构,在大门和二门之间多设置了一个土地祠。这个土地祠就是剥人皮的地方。朱元璋命令,官员贪污被处死后,还要把贪官的皮剥下来,然后在皮内塞上稻草,做成稻草人,并挂于公座之旁,供众人参观。这就是剥皮揎草成语的由来。

朱元璋真的对贪污六十两的官员施行剥皮实草的酷刑了吗?这个问题在史学界曾引发过讨论。现在,越来越多的证据表明,明初确实执行过剥皮实草的刑罚。2001年,香港中文大学陈学霖教授《史林漫识》在大陆公开出版,其中《明兴野记》作为该书的附录一同与读者见面,里面就多次记载了剥皮实草的案例。洪武六年(1373)六月,中书省右丞杨希武因为“奸党”一事败露,被锁在天界寺山门前,身上刺“奸党杨希武”,然后把皮剥下来,套在凳子上,放置于省府台堂之上,以示警诫。洪武十一年(1378),都督毛骧因为收受贿赂,败坏法制,朱元璋命人在他的胸背刺上“奸党毛骧”四个字,被剥皮贮草,摆放在都府大堂之上,警示后任官员。此外,该书中还有几处明确执行了“剥皮”之刑的记载。

官吏的铨选

法律的制定、监察机构的完善只是为倡廉肃贪提供了制度上的保障，但是要真正维持一支清正廉洁、奉公守法的官僚队伍，还必须把好官吏选拔这道关口，同时加强对官吏的考核。官吏考核分为以京官为对象的京察（6年1次）和以地方官吏为对象的“大计”（3年1次）。此外，还实行回避制度等有效措施。在这些方面，明初统治者也做了许多努力。

1.明初官吏的铨选制度

明初在选举官吏方面，荐举、学校和科举三途并用。不论哪种方法，都把德行作为选任官员的首要条件。洪武六年（1373），朱元璋下诏要求有司荐举贤才时说：“山林之士德行文艺可称者，有司保举，备礼遣送至京，朕将任用之，以图至治。”同年，他又下令有司察举贤才必须“以德行为本，而文艺次之”。

建国之初，国子监也是官吏的重要来源。史载：“府、州、县学诸生入国学者，乃可得官，不入者不能得也。”因此国子监就成为明初培养官员的重要基地。朱元璋特别强调以儒家思想培养监生的道德品行，他还把孔子的言论作为学校守则，要求教师和学生都要以儒家思想作为修身养性的依据。

明初科举制度于洪武三年（1370）正式建立。科举更是注重以儒家思想作为选拔人才的标准，儒家经义是考试的主要内容。由于明初选拔官吏时注重道德品行，总体来看，当时的官吏道德素质较高。虽然仍有很多贪官污吏，但大部分贪官都是元朝归附的旧吏和开国功臣及其子弟。严把官吏选拔关的做法无疑对当时吏治的澄清具有积极作用。

2.明初官吏的考核制度

明初建立了一套严格的官吏考核制度。考核由吏部负责，吏部尚书掌天下官吏选授、封勋、考课之政令，以甄别人才，赞天子之治。其对官吏的考核主要分考满和考察两种。除定期的考满和考察外，中央派往地方的巡按御史还可以随时考察官吏。

考满是对每个官吏分别进行的专门考核。具体办法是官吏任职满三年为一考，三考为满，即三年为初考，六年为再考，九年为通考。考核结果分为称职、平常、不称职三等，以此作为官吏升降的依据。考察是对全体官吏一起进行的统一考核，考核标准有八项，“曰贪、曰酷、曰浮躁、曰不及、曰老、曰病、曰罢、曰不谨”，以此处理有贪污行为的官吏。

考察又分为京察和大计两种。京察是对京官的考核，六年一次，四品以上者自陈以取上裁，五品以下由吏部尚书和都察院负责。在考察前，吏科给事中咨访调查被察官员的政绩，为考察提供依据。大计是对地方官吏的考察，三年举行一次，地方官吏朝觐时，命吏部负责其事。但是并非所有的地方官吏都三年一考，如仓场库官，三年一考则时间太长，容易发生监守自盗现象，因此规定一年一考。教官属于清水衙门，贪赃枉法现象相对较少，因此规定九年一考。

明初，为政是否清廉是评定升官加爵和确定赏罚的重要内容。“广布耳目，访察廉贪，以明黜陟”，“旌廉能，黜贪酷”。明朝考核制度之完备和严密为前代所不及。明初通过考核制度的认真贯彻和执行，惩处了一大批贪官污吏，同时提拔了一批清正廉洁之士，在明初的倡廉反贪中具有重要作用。

3.明初官吏的回避制度

在封建社会，官吏往往利用职务关系、亲属关系和地域关系，营私舞弊、贪赃枉法，严重侵蚀着国家政权的肌体。为防止这种弊端，明初继续实行官吏的回避制度。

在各种回避制度中，最重要的是官吏任用中的回避制度。明初，朱元璋为防止大臣亲属把持科道监察机构，规定大臣子弟亲属不得任监察官，如有这种情况，应“对品改调”。朱元璋还规定，凡父子、兄弟、叔侄在同一机构或同一系统机构中任职有上下级关系者，应根据官职品级的高低，按照小官避大官的原则，调小官到其他机构中任职。

在任职地区上，洪武十三年(1380)正月，确定南北更调用人之法：“命吏部以北平、山西、陕西、河南、四川之人，于浙江、江西、湖广、直隶有司用之。浙江、江西、湖广、直隶之人，于北平、山西、陕西、河南、四川有司用之。广西、广东、福建之人，亦于山东、山西、陕西、河南、四川有司用之。”

这种任职地区的回避，有效地防止了官吏利用本籍亲族关系图谋私利、贪赃枉法的弊端。官吏即使不在本地做官，任职太久也易与地方势力拉帮结派，通同作弊，贪赃枉法，为此明廷又规定府州县的长官在某一地方的任期以三年为限，三年后另调其他府州县，对于经管钱粮等财物的官吏，回避期限更短，有的为一年，有的甚至仅三个月，如“户科，监光禄寺岁入金谷，甲字等十库钱钞杂物，与各科兼莅之，皆三月而代”。

为防止司法和监察机关滥用权力、贪赃枉法，明朝对司法监察中的回避事宜也做了具体规定。在司法方面规定：“凡官吏于讼诉人内，关有服亲及婚姻之家，若得受业之师及旧有仇嫌之人，并听移文回避，违者笞四十。”监察机关的回避更为具体，除如前所述规定“大臣之族不得任科道”之外，还规定巡按御史应回避原籍和按临之人与自己有仇隙者。正统四年(1439)又进一步规定“先曾历任寓居处所，并须回避”，就是说先前做过官或居住过的地方也要回避。“监临乡、会试及武举”是监察御史的一项重要职责，但是如果有兄弟子侄亲属应试，应回避出任监视官。

除了官吏的任用和司法监察中的回避制度外，明代科举考试官的回避也相当严格。洪武十七年(1384)颁布科举条令，规定：“凡试官不得将弟男子侄亲属入试徇私取中，违者讦指实陈告。”后来又规定：“凡内外帘入场官，有宗族子弟及翁婿入试者，皆应回避。”明朝还规定士子必须按籍贯所在地到本省省城应试，不许冒籍到他省应试，否则取消录取资格，甚至“终身不许入试”。

财税防贪

官吏贪污的手段很多，但归纳起来不外乎收受贿赂和利用各种制度的漏洞及职务之便侵吞国家财产两种方式。其中利用制度漏洞中又以利用财政漏洞为主。因此，加强财政制度的建设对预防贪污具有重要的意义。明初在财政制度方面的反贪机制主要有以下两个方面。

1.赋役制度

明朝建国之初，地主豪强与地方官吏互相勾结，抢占田地，逃避赋役。针对时弊，朱元璋建立和完善了赋役制度。洪武元年(1368)，朱元璋“以国立之初，经营兴作，恐役及贫民，及议验田出夫”，确定役法，编成《均工夫图册》。同年他还遣周铸等一百六十四人往浙西核实田亩，确定税额，以防止“过制以病吾民”和官吏对地方百姓“有所妄扰”。

洪武十四年(1381)，朱元璋又下诏编制赋役黄册作为征收赋役的根据。为此，朱元璋还颁布了关于户籍统计的法规，规定：凡攒造黄册，必须按规定填写，若官吏通同里甲隐瞒人户者，连同家长一并处死；各处户口每岁必须取勘明白，分豁旧管、新收、开除、实在总数，县报于州，州类总报于府，府类总报之于布政司，最后再由布政司汇总送交户部。凡违反编报程序者，依律处死；凡私受财物、偷抄、洗改黄册者,比照盗制书一款惩处,不分首从者皆斩。黄册每十年编造一次,并"岁命户科给事中一人、御史二人、户部主事四人厘校讹舛"。

洪武三十年(1397),朱元璋又派国子生于淳等到各地丈田绘制鱼鳞图册,凡田亩方圆、四周界至、土地肥瘠悉书于册。政府征收赋役时以鱼鳞图册为经、黄册为纬,如果有司作弊、贪赃枉法,放富差贫,则给以法律处分。

明初在田赋征收手续上也进行了改革。洪武初年,明廷规定税粮由州县官吏直接征收,纳粮人家则"亲赴州县所在交纳"。在征收过程中,官吏大肆贪污,同时许多农民不堪运粮劳苦,往往委托别人去州县代纳,于是产生了"揽纳户"。揽纳户多系地方无赖,他们不仅向粮户索取很重的手续费,还将税粮"不行赴各该仓库纳足,隐匿入己"。

为了革除官吏的贪污和揽纳户对税粮的侵吞,洪武四年(1371),朱元璋建立了粮长制度,"命户部令有司料民土田,以万石为率,其中田多者为粮长,督其乡之赋税",以为"此以良民治良民,必无侵渔之患"。粮长除了征收田赋外,还须负责解运。朱元璋还禁止粮长以任何借口向纳户勒索。

赋役制度的制定虽然是为了保证国家有固定的财政收入,但是对整齐制度,堵塞漏洞,防止各级官吏巧立名目、贪污侵吞国家税收无疑具有积极的意义。

2.财政统计制度

明初继承唐宋的上计制度,每岁终在逐级汇总上报的基础上,由各布政司及府州县委派计吏到户部送审统计报告,奏销一年的钱粮军需诸事,由户部集中审核。经户部审核无误后,便书写回批,加盖印鉴,准予报销;否则予以驳回。如发现贪污舞弊问题,即交都察院惩处;如属于计算或编报错误,则退回重编。上计吏得到户部审理回批,归报其主管官员后,一年来的财政统计工作始告结束。

明朝的这种统计报告,官方通称之为"钱粮账簿"。这种账簿必须按"旧管、新收、开除、实在"四柱格式编制,并发展成为定期编制的统计报告。统计报告的重点放在钱粮支出部门,计有月报、二月报、季报、半年报、年报和三年报等。这种财政统计制度对官吏贪污舞弊同样起到了有效的防止作用。

训导官员

这位贫民出身的皇帝打小苦惯了,坐了江山之后,不单自己节俭,而且对手下也抠门儿,明朝官吏的正式工资大约是我国历史上最低的。司局级干部每年的工资是192石大米,月薪大约是4000元;县处级的七品官每年工资是90石大米,月薪大约1800元。

据史料记载:一次,朱元璋心血来潮,想到属下家中私访。于是,事先没告诉任何人。他微服简出,来到了弘文馆学士罗复仁的家里。像罗复仁这样的学士,在明朝一般都是官居五品的大员。可朱元璋来到罗家一见,大吃一惊。罗复仁家的房屋又旧又破,室内仅有几件旧家具。罗复仁本人在家中,登梯爬高正忙着粉刷墙壁。一见皇上驾到,罗复仁赶紧从梯子上下来,吩咐夫人给皇上搬椅子。可室内的家具太破,无奈之下,只好让大明皇帝坐了回板凳。朱元璋未曾料到弘文馆学士的官邸如此寒酸,顿时动了恻隐之心,旋即赏给罗复仁一处豪宅。

其实,朱元璋对官员工资菲薄心知肚明,不过,他有自己的一套理论。每逢官员上任,他总要召见赴任的官吏教诲一番:"朕自即位以来,法古命官,布列华夷,岂期擢用之时,并效忠贞,任用既久,俱系奸贪。朕乃明以惠章,而刑责有不恕。以至内外官僚,守职维艰,善能终是者寡,身家诛戮者多。"这番话的大意是:我朱元璋效法古人,任命官员派往各地。这些官员刚刚提拔任用之时,既忠诚又坚持原则。可是,当官的时间一长,他们便又奸又贪。我对此早已有言在先,严格执法,决不姑息。结果是,能善始善终者少,而身败名裂、家破人亡者多。

朱元璋给部下算了一笔账,晓以利害:"老老实实地守着自己的薪俸过日子,就像是守着井底之泉。井虽不满,可却能每天汲水,长久不断。若是四处搜刮民财,闹得民怨沸腾,你就是手段再高明,也难免东窗事发。而一旦事发,你就要受牢狱之苦,判决之后,再送去服劳役。这时候,你得到的那些赃款在哪里呢?也许在千里之外你妻子儿女手中,也许根本就没有了。不管怎么说,这些钱反正不在你手里,而在他人手中。这时候,你想用钱,能拿到手吗?你都家破人亡了,赃物都成别人的了,那些不干净的钱还有什么用呢?"

尽管朱元璋苦口婆心地把话讲明了,把账也算清了,可照样有想"拔鸟毛""挖树根"的腐败分子。这伙贪官徇私枉法,贪污受贿,卖官鬻爵,奢靡腐化,把朱元璋的话当成了耳旁风。为了遏制腐败,朱元璋一改"刑新国用轻典"的做法,干脆宣布国家进入"紧急状态",把惩治贪官污吏作为头等大事,大开杀戒,以儆效尤。凡贪赃六十两以上者,枭首示众,然后将其剥皮,里面填上稻草,挂在官衙左边,让每个为官者早晚瞻仰,知有警惕。

贪官惶惶

据说,洪武时期的大臣在每天早朝前,定要与妻子诀别,安排好后事,犹如上法场一般,意谓此去凶多吉少。下朝后阖家欢悦,庆贺又活过一天。真是“度日如年”。有经验的大臣都知道,上朝时朱元璋将玉带高抬在胸前,即表示心境平和,不会轻开杀戒。如果将玉带按于腹下,肯定怒火中烧,当朝必有不少人难逃杀身之祸。生活在当代社会的人们恐怕永远也难以体味“伴君如伴虎”的悲凉!

到洪武十九年(1386),全国十三个省从府到县的官员很少能够做到任满,被杀死的官员有几万人,也就是说能平平安安地活到退休就已经很不错了。可是杀完一批,又来一批,效果还是不甚理想。“我欲除贪赃官吏,奈何朝杀而暮犯,今后犯赃的,不分轻重都杀了。”

朱元璋忘了,老子云:“民”不畏死,奈何以死惧之?朱元璋当皇帝当到第十八个年头,终于发出了如下感叹:“朕自即位以来,法古命官,布列华夷,岂期擢用之时,并效忠贞,任用俱久,俱系奸贪。”皇帝不明白,为什么自己提拔重用的人,当官久了,都成奸贪之人了。

有学者估算,在朱元璋当政的31年中,有10万到15万贪官人头落地,朱元璋是我国2000多年的封建社会中诛杀贪官最多的皇帝。朱元璋实施的律法内所规定的刑罚手段,其残酷程度骇人听闻。不少贪官被凌迟、阉割、钩肠、剁指、断手、砍脚、挑筋,诸多汉代即遭废除的肉刑被再次起用,更有一些则是全新的发明。

第四节 朱元璋的“三大案”

朱元璋的治国理想就是要建立一个廉洁的、高效率的政府,因而在惩贪问题上毫不留情。但是在明王朝建立不久,就接连发生了影响广泛的三件大案。第一个大案是空印案,第二个是郭桓案。洪武三十年(1397)又发生了一个大案,这个案子我们说它大,不是因为它涉及的金额大,范围广泛,而是因为在这个案子当中朱元璋表现出了他肃贪的果断和坚决。什么案子呢?欧阳伦驸马案。

欧阳伦驸马案

明初，因经济萧条，为了增加国家财政收入，立法规定：茶叶是国家重要的出口物资，凡私贩茶叶者，一律置以重法。兰州城地处丝绸之路要冲，西北与中原地区在此开展的茶马互市交易一直较活跃。它有效地解决了西北地区缺少茶叶和中原一带缺少战马的问题，贸易利润十分丰厚。因而，尽管明太祖明令禁止走私贩茶，仍然有一些重利忘法的商贩违背禁令，到兰州一带私贩茶叶。驸马欧阳伦便是其中的典型。

欧阳伦是朱元璋三女儿安庆公主的丈夫，进士出身，官封驸马都尉。他天资聪颖，博古通今，才华出众，深受明太祖的器重，可谓前途无量。但是，他依仗皇亲国戚的优势，置禁令于不顾，下令手下的官员为他收购茶叶，并于洪武十年(1377)四月派几十辆官车往兰州走私贩运。一路上，官卡纷纷放行，不料车队到达兰州黄河桥头时，却被河桥吏拦住。河桥吏不惧淫威，拒不放行，并上奏皇上，揭发了欧阳伦私贩茶叶的罪行。朱元璋获悉后，勃然大怒，亲自在金銮殿上升堂问案。欧阳伦吓得魂不附体，如实交代了自己私贩茶叶的罪行，并连连磕头谢罪，痛哭流涕地请求岳父大人免其一死。对朱元璋如何处置欧阳伦，朝廷上下拭目以待。

颇受朱元璋信赖的兵部左侍郎奏道："请万岁爷看在与欧阳伦九年翁婿的分上，且其无大错，宽恕了他吧。"安庆公主更是哭成了泪人，一次又一次地请求父皇看在自己的分上，饶恕了夫君，表示只要能保住夫君的性命，她保证从此以后与欧阳伦归故里当平民百姓去就是了。朱元璋阴沉着脸，连连摇头。他知道，为了禁贩私茶，《大明律》制定后，又颁《大明律例》，并发布《大诰》，天下百姓户户备有，还多次下旨督促地方官员带头在乡民集会上宣告律令，为的是让天下百姓皆遵纪守法啊！

朱元璋又想起，元末贪官污吏横行，百姓身受苦难，民不聊生，顺应天下民心，他冒杀身之祸揭竿而起，征战多年，历尽千辛万苦，才夺得帝位。扪心自问，他是喜欢欧阳伦这位才华横溢的女婿的。但得江山易，守江山难啊。谁叫欧阳伦一时糊涂，闯下了大祸呢？如不杀他，如何向天下百姓交代？再说，身为皇帝，如果徇私枉法，又怎能令天下百姓信服？只见朱元璋仰头叹一口气，气愤地说："将欧阳伦押下去，午门候斩。谁再求情，与之同罪！"就这样，欧阳伦这个明朝开国皇帝的爱婿，因为财迷心窍走私贩茶，将自己送上了断头台。

“空印案”

“空印案”发生于洪武十五年（1382）。根据明代的财政制度，每年各个布政使司及下属府州县都要派出审计官吏前往京师户部，核对其所在衙门交纳中央官府的钱粮、军需事宜。在审核过程中，户部常常会发现双方账目不符之处，一旦如此，就要驳回原册，勒令该地计吏重新填报，盖上原衙门的印信，重新上交审批。

大多数地方与京师相距遥远，远则六七千里，近亦三四百里。在当时交通条件相当落后的情况下，这种往返会耽误十几天、几十天，甚至几个月的时间。为避免不必要的奔波之苦与时间浪费，各地计吏均带着盖有官印的空白册页，预备遭户部驳回时，遵照户部数额，立即重新填报。

这本来是衙门中习以为常的惯例，没想到细心的朱元璋发现后，认为这是各级官吏营私舞弊、欺上瞒下的恶劣行径，立刻勃然大怒：“吏员竟敢如此欺朕耶？户部主事容隐，各省自然胆大妄为。”朱元璋下令处死户部尚书及各地布政衙门的主印长官，佐官杖一百，发配边地。涉嫌“空印案”被处死者有数百人，受杖发配者达数千人，一时震动天下。

空印案给朱元璋如此大的触动，他认为这些官员们轻视他的权力，藐视他的权威。于是全国十三个省、一百四十多个府、一千多个县的主印官员全部被杀，副手打一百杖充军。连各省按察使司的言官因监管不力，也多有获罪者，成为名副其实的“一扫光”。

在这次空印案中很多素有清廉之名的好官也被杀掉了，最有名的就是千古忠臣方孝孺他爹方克勤。他为政清廉，平时肉都舍不得多吃，衣服上满是补丁，就因为他是主印官，糊里糊涂地就没了脑袋。空印案，实际是官员们为工作上便利采取的一种变通手法，后演变成了一件大案。

“郭桓案”

“郭桓案”发生于洪武十八年（1385）。朱元璋十分痛恨不时出现的贪污现象，他判断朝廷中掌管钱谷、刑名等事的六部，是天下官吏贪污的最主要源头，因此对六部官员倍加提防。郭桓为当时的户部侍郎，洪武十八年，有人揭发他与北平（今北京）官吏李彧、赵全德等人通同舞弊，吞盗官粮。朱元璋闻之大怒，下令锦衣卫拷讯涉嫌官吏，结果这些人供认：与他们勾结的还有刑部尚书王惠迪、兵部侍郎王志、工部侍郎麦志德等人。

据记载,这些人的主要犯罪事实为与十三布政使司盗卖入仓官粮,及接受浙西等府贿赂、卖放秋粮等。对于牵涉面如此广泛的重大案件,朱元璋的处理是十分果决的,六部中凡有官吏与此案有染者,“举部伏诛”,同时,十三布政使司中管理官粮的官吏也尽数斩杀,“系死者数万人”。

《明史·刑法志》在记载郭桓案起因时,曰:“帝(朱元璋)疑北平二司官吏李彧、赵全德等与郭桓为奸利。”可见,这件涉及全国的重大案件的发案仅仅是出于朱元璋本人的怀疑,然后又依据这些疑犯的交代,广事株连。试想“欲加之罪,何患无辞”,重刑之下,焉有不诬?朱元璋并不追究这些人所述的真伪,便大开杀戒,礼部、刑部、兵部、工部等的官吏,不问青红皂白,“举部伏诛”。

“郭桓案”事发后,一时间偌大的官僚机构尽被诛杀一空,其惨况已是令人难以想象。但六部官吏必须与地方官吏携手方能盗卖官粮,因此,天下各级衙门中与钱粮之事有涉者均在劫难逃。朱元璋概不留情,“死徙数万人”,真是血流漂杵,惨不忍睹!朱元璋还郑重其事地追究被盗卖的官粮,其依据同样是被拘官吏的交代,结果“寄染遍天下”,各地中豪之家皆被牵连,无不倾家荡产。

朱元璋对“郭桓案”的审理与处置,引起了一些不满与愤怒,参与弹劾的御史全敏、丁廷举等人成了朝野谴责的众矢之的。朱元璋为了平息天下人的怨气与不平,他连忙着手挽回局面。他一方面亲自下诏公布郭桓等人的罪状,另一方面将负责审理此案的吴庸等人处以极刑,并宣言道:“朕下诏责令有司诛除奸恶!没想到他们竟做出这等奸扰百姓之事,今后凡有此事发生,遇赦不宥。”

朱元璋的廉政点评

朱元璋坚决肃贪倡廉,对腐败官吏严厉惩处,甚至采取“剥皮揎草”,把装满杂草的“人皮口袋”放置在衙门内的官座之旁,在府州县衙的左边建“皮场庙”,以警示、震慑官吏贪腐,实现了“吏治澄清者百余年”。但大明朱家后世子孙皇帝没有坚持肃贪倡廉,使朱元璋严厉肃贪的成果前功尽弃。反腐倡廉必须一以贯之,一直坚持下去,才能防止前功尽弃,才能建成廉洁社会,才能建成廉洁中国。

肃贪成果斐然

朱元璋确乎是铁石心肠，在他“御宇”的三十一年间，“无几时不变之法，无一日无过之人”，毫不留情地诛杀贪官，是中国历史上治贪最严、出手最重的一位皇帝。朱元璋为了朱家天下的长治久安，对危害朱家天下的贪官污吏进行严厉惩处，客观上防止了贪官污吏对百姓的盘剥，有利于社会的稳定和发展。

元末的官吏极其腐败，贪官污吏到处都是，朱元璋做得尽管有些矫枉过正，但的确收到了明显成效，应该说是肃贪成果斐然，当时那些贪官污吏们终日胆战心惊、怵惕无时，即使吃了豹子胆，恐怕也不敢再顶风作案了。

史书上说，“一时守令畏法，洁己爱民……吏治焕然丕变矣”，这大体是不差的。又说，这种气象一直延续到仁宗、宣宗时代，即所谓“吏治澄清者百余年”，这也似乎是史实。毫无疑义，朱元璋有决心、有办法、下狠手“澄清吏治”，一项反贪政策能收百年之长效，开创了中国历史上长达一百多年的廉政时代。

难逃人治窠臼

“重典治吏”可能会在一时起到一定效果，但随着时间的推移，其最初的威慑作用大大削弱，而且随着既得利益阶层的增多，反对者或明或暗地予以抵制，最后只好不了了之。正如朱元璋哀叹说：“我欲除贪赃官吏，却奈何朝杀而暮犯。”

朱元璋反腐，尽管颁布了许多律令与规定，却脱不出人治的窠臼。《大明律》《大诰》等法律规章是朱元璋及其统治集团少数人制定的，且管不着他朱皇帝，他可以为所欲为，权大无边。朱元璋在反腐过程中，凭一时之怒，“法外加刑”，任意滥杀达数万千计，他自己也觉得过分，晚年曾找理由加以开脱，表示“以后嗣君统理天下，止守《律》与《大诰》”。当然在皇权至上的制度下，这属于空话。

皇权的独揽、律法的制约和思想工作的开展并不足以使朱元璋对各级官吏放心。朱元璋怀疑所有人特别是权力极大的重臣，把皇权发展到高度集权的地步，废除中书省与丞相，几乎一手总揽天下事务。这样的做法，使得严刑峻法的实施，并不仅仅是依赖官僚机构的制度化操作，皇帝本人所起到的作用才是最大的。由此，出现了一个问题，那就是相对健全的立法与极不完善的执法权、监督权分离的问题。

并非“依法治国”

在明朝,朱元璋颁布的一系列律法其出发点并非本着“以法治国”的目的,而依然是中国历史上惯常的“以权谋治国”的方式方法的延续。在他的眼里,律法仅仅是诸多治国权谋中的一种,正如“百姓利益”在一些“高层人物”那里通常只是一种途径而非目的,只是一种口号而非本质一样。

我们拿一个广为人知的故事来加以说明:太子朱标曾经劝说朱元璋不要杀人太多,朱元璋气愤地把一枝荆棘摔在地上,让太子捡起来。荆棘多刺,太子难以下手。朱元璋把荆棘上的刺全部削光,把光秃秃的荆棘塞到太子手里,说:“我这些做法,都是在为你削除荆棘上的尖刺啊。”可想而知,朱元璋的许多做法,一是倡廉肃贪,二是铲除异己、打压反对派,以维系保障皇权的绝对地位和世袭统治。如此的反腐,亲疏立见,肯定难以真正公平、公正。

在这种大环境下,反腐或多或少带有了不确定性。正是这种“不确定性”让人担忧。你虽然有可能成为一场上层社会博弈的受益者,也同样可能被牵连进去,成为受害人。由于诛戮过甚,两浙、江西、两广和福建的行政官吏,从洪武元年(1368)到十九年(1386)竟没有一个做到任期满的,往往未及终考便遭到贬黜或杀头。用朱元璋自己的话说:“自开国以来,两浙、江西、两广和福建设所有司官,未尝任满一人。”

反腐一旦牵涉了利益集团的博弈,难免会出现扩大化的趋势。反腐会有许多腐败官吏受到惩处,会有许多为富不仁者受到制裁,也会使许多地方得到相对的太平,老百姓欢欣鼓舞,而究其原委,这些所谓“战果”却大多是权谋斗争之下的成果。

缺乏标本兼治

反腐缺乏标本兼治,一味酷刑严律,只能是前“捕”后继。虽然惩贪措施如此严厉,腐败却从来没有绝迹。朱元璋没有想到或者不愿想到的是,造成腐败继续的根本原因不是他的惩贪措施不严厉,而是对权力的监督不到位、贪渎文化过于根深蒂固。在传统中国社会,因为政治权力笼罩了社会生活的方方面面,而对权力的制约乏力,腐败机会遍地皆是。

朱元璋的低薪制又加剧了腐败的蔓延,史称明代“官俸最薄”。正一品官月俸米八十七石,正四品二十四石,正七品七石五斗。合成银两,一个县令月收入不过五两。我们要知道,这五两银子不光要负担县令个人的生活,还要供养家庭,支付师爷们的工资。

朱元璋从道德高度出发,认为官员应该不计报酬、敬业奉献;朱元璋相信对贪腐的严厉惩处可以造成一个绝无贪污的纯而又纯的世界。面对强大的腐败传统,面对官员最薄的官俸,坚持惩贪工作的高要求,就变得越来越困难,变得没有自觉遵守的制约力。

反腐境界有好几个层次,只有严律酷刑让人不敢贪是不够的,还要有制度与监督使人不能贪,有待遇与责任使人不必贪,有自觉与道德使人不想贪,才能真正抑制贪腐之心,遏制贪腐之行。毕竟,惩处不是目的,制度保障和生活保证,辅以价值体现、精神满足,才是治理贪腐的根本之道。

第二章　他山之石:廉洁的香港

1974年以前,香港贪污腐败盛行,达到令人发指的地步,引发长达半年声势浩大的“反贪污,捉葛柏”大游行,港英政府被迫在1974年2月成立廉政公署。廉政公署打响反贪第一战——成功捉拿葛柏,开始大力肃贪。港英政府迫于警察的暴动对1977年1月1日前的贪污实行特赦,廉政公署对新贪腐坚决执行零容忍,努力实现“逢贪必抓”,打造了廉洁社会,打造了廉洁香港。

第一节　廉署的成立背景

20世纪60年代末70年代初,香港经济开始快速发展,这是香港一个极其特殊的时期。随着一批华商在香港商界脱颖而出,香港社会的上层结构开始悄然改变。这是一个经济腾飞的时期,社会各行各业均呈现快速发展的势头。

经济腾飞

香港经济腾飞的原因是多方面的。抗战胜利后,英国对香港地区的殖民统治力度较从前有所减弱,也开始逐渐推行一些民主制度。随着内地战争的结束,大量的人口带着巨额财富涌入香港;他们在香港消费,促进了香港社会的商品交流和货币流通;他们在香港发展生产,增强了社会的造血功能。

人口的暴增又导致了住房的紧张,形成了潜在的房地产市场。经过十几年的发展,香港形成房地产业、金融业、制造业、转口贸易以及海洋运输业等支柱产业。香港开始迅速发展,高楼大厦多了,街上的汽车多了,香港迅速变富了。

香港迅速变富的同时,香港的贫富悬殊越拉越大,富人多了的同时,穷人更穷了。在这个经济快速发展的时期,许多人想跟着富起来,不想失去快速致富的机会,普通大众产生了一种对金钱的疯狂,不顾一切地赚钱。不正当甚至是不合法的赚钱门道因此派生,非法的赚钱门道普遍存在于香港黑道。

黑道猖獗

香港黑道是一个极其复杂的概念,与香港的地域政治有着极其紧密的联系。鸦片战争后,英国对香港实行殖民统治,为了统治当地的中国人,英国人采取了极其强硬的措施。中国人在香港地位非常之低,生活异常艰难。为了生存,他们不得不和英国人斗争,要和英国人斗争,没有组织不行,因此,他们之中便产生了帮会组织。

香港的这些帮会组织渐渐演变,有一部分演变成了以占地盘和掠夺经济利益为目标的黑社会组织。蒋介石掌握国民党政权以后,国民党方面派出一个少将军官,前往香港组建了一支黑社会帮会性质的部队,这股势力后来成为香港黑道的新锐力量。国民党逃往台湾之后,这个组织与国民党切断联系,成了一个真正的黑社会帮派。

警匪一家

黑社会的生存离不开警察的保护。没有警察队伍,尤其是高级警察的腐败,黑社会组织根本不可能有存在的土壤。到了20世纪60年代,香港便形成了警匪一家、沆瀣一气的情况。世界范围内,黑社会组织的生存主要靠两大财源,一是黄赌毒,二是收取保护费。

香港黑社会组织的数量太大,市场太小,经营黄赌毒以及收取保护费不足以维持黑社会组织的日常支出,黑社会组织的经营活动因此扩大到所有可生利部门,包括娱乐业和交通运输业等。

由于社会缺乏公正透明的游戏规则,众多的小经营者开始受到冲击,黑道组织找他们收保护费,警察也找他们收保护费。收保护费在香港被称为“收数”。腐败开始在这块土地上滋长,并且像某种毒菌一般迅速蔓延。

腐败严重

据有关资料记载，当年香港地区腐败的重灾区，在执法团队中，整个警察队伍全军覆没，到底严重到了何种程度，没有人能够准确地估计。在香港警察队伍中，严重的腐败自上而下，人人如此，谁都不觉得这是在犯罪。如果说这些人是罪犯的话，不可能将整个香港警察一窝端！

韩德于1954年进入警察序列，成为一名警司，至1973年因腐败入狱，从事警察职业19年，期间共攫取非法财产500万港元。他在入狱时面对记者显得十分坦然，说："我只是运气不好，碰到点子上了。贪污在香港警察队伍中是一种生活方式，就像晚上睡觉、白天起床刷牙一样，非常自然的一件事。"

在服务业领域，虽然不可能像执法团队那般容易来钱，可性质显得更为恶劣。比如在香港住院，病人如果不掏钱给医生，医生则会看着病人在死亡线上挣扎，拒不施救；病人如果不掏钱给那些护理人员，连开水以及便盆都得不到。一个病人如果要做手术，就得排队，何时轮到上手术台，不在于医院是否有空余的床位，而在于病人家属是否打点好了方方面面。

在运输业领域，当时香港经济快速发展，对运输服务的需求量极大，但社会运输车辆较少，且需要支付各种税收以及管理费用等，成本居高不下，大量的非法营运车辆进入了市场。非法营运车辆如黑中巴之类，警方如若有力打击，他们是根本不可能立足的。由于贪污之风盛行，非法营运者只要向警察或者中间人送去一定的贿金，便可以高枕无忧，甚至在某种程度上，比那些有营运证照者还有底气。在葛柏案中，收取非法中巴业主的贿赂，便是贪腐的重要途径。

香港制造业快速发展的原因是巨大的市场需求，既然有市场，非法生产者自然不会放过，他们便拿出一点钱收买警察保护自己，再向有关注册部门行贿，便可以正常开业。

更令人发指的是，连消防队救火也要给黑钱。一旦发生火灾，报警之后，消防员会立即到场，但到场之后，他们却按兵不动，只有收了"开喉费"后，才会打开"水喉"（消防水枪）。业主如果不掏钱，消防员可以看着大火吞噬一切而无动于衷。

一个巨大的受贿市场的存在，自然是因为巨大的行贿市场的存在，两者相辅相成。据有关统计表明，20世纪六七十年代的香港，整个警务系统从黄赌毒行业所获得的贿金，每年高达10亿港元，最大的收入来自毒品。

据估计,当年香港约有8000名吸毒者,每年从金三角输入香港的大麻在50吨上下,而市场价格极为可观,每磅吗啡制剂的市场价格为1万港元,而每磅3号海洛因的价格则高达2万港元。这些生意主要为香港六大黑社会组织控制,为了保证这一交易的顺利安全,这些黑社会组织均要申请警方的保护,警察收走了这些钱的五成以上。

反腐机构腐败

香港当时形成的严酷的社会现实是,大家都在贪,大家都在腐,贪腐已经公开化,你不贪、你不腐你就吃亏了。但贪腐行为毕竟是违法的,香港当时有一个反腐部门——反贪污室,设在警察署内部,是香港警察的下属机构,整个警察系统全腐败了,反贪污科、反贪污室也腐败了。

反贪污科原先是警察署的二级机构,1970年提升级别,组建了反贪污室,成为警察署的一级机构。反贪污室的反腐就是走走过场,只有那些没有门路的贪腐者,只有那些没有背景的贪腐者,才会被"绳之以法",稍微有点后台、有点势力的贪腐者,根本不可能被法办。

20世纪六七十年代,香港的贪污受贿状况确实令人发指,而反贪部门其实早已经成为专门的贪污机构,他们贪污的情况比其他政府机构更为严重。贿赂反贪污部门的代价比贿赂政府雇员要高得多,而且每一个贪官污吏,他们在反贪污部门都有一个同伙。为了掩盖自己的贪污罪行,这个贪官便会和反贪污部门的同伙合作,事前讲好价钱,同伙便会替他安排好一切,从而使他轻易过关。

反贪部门官员和其他部门的贪官污吏沆瀣一气,内外串通,贪污之风才会大炽,而贪污行为亦得不到惩治。尤其特别的是,贪污行为甚至发展到了产业化和集团化,一些警务部门就像黑社会组织"收数"一样,形成了极其专业的贪污集团。

被迫成立廉署

因为贪腐情况非常严重,最终引起香港社会的极大不满。1973年,涉嫌巨额贪污的香港前总警司葛柏在被调查期间脱逃出境,成为香港市民反贪污的导火索。市民们纷纷走上街头,举行声势浩大的"反贪污,捉葛柏"大游行。港英政府迫于市民压力,于1974年2月成立香港廉政公署,开始大力肃贪。

第二节　廉署的简要介绍

香港廉政公署(简称廉署,英文缩写ICAC)以肃贪倡廉为目标,采取防止、教育及调查等方式执行肃贪倡廉。廉署的反贪经验引起全球关注,反贪模式为全球很多反贪机构所效仿。精确的职能定位、合理的制度设计、严格的法律规定和科学的程序保险,为香港成就"廉政品牌"奠定了坚实的基础。

廉署的成立

香港的贪腐情况越来越严重,最终引起香港社会的极大不满。1973年,涉嫌巨额贪污的香港前总警司葛柏在警方的调查期间,公然潜逃回到英国。消息见报,积怨已久的市民爆发,来自各阶层的市民们纷纷走上街头抗议,举行声势浩大的"反贪污,捉葛柏"大游行。

迫于市民压力,为平息民愤,当时的港督麦理浩爵士委任高级副按察司百里渠爵士成立调查委员会。百里渠爵士的调查委员会用很短的时间提出了调查报告,调查报告反复强调、详细阐述了反贪部门存在于警察机构内部的弊端,建议建立一个独立的反贪机构,并且实施更为严厉的反贪污法。

1973年10月,港督麦理浩爵士的港英政府采纳了百里渠爵士的调查委员会提出的建议,于1974年2月成立了独立于警务处及其他政府部门的廉政公署,致力于打击贪污,开始大力肃贪。

香港廉政公署成立之初,其核心人员主要来自英国军情五处、六处,苏格兰场或中情局等特工组织,有些甚至原本就是特工组织的主要负责人。因此,廉政公署具有明显的警察特色,具有明显的情报调查特色。廉政公署的调查非常专业,这也是香港法治的要求,否则律政司可能拒绝检控,法院可能判定无罪。

廉署的领导

香港廉政公署的英文名称意思是"独立反贪公署",是一个独立于政府架构之外的独立的反贪机构,"独立"是廉政公署的精髓。香港回归前,廉政公署的中文名称是"总督特派廉政专员公署",廉政专员直属总督一人,只向总督一人负责,专门从事公私所有机构的反贪任务,拥有极大的调查权力。

香港回归后,廉政公署只向香港特首一人负责,理论上只接受特首一人的领导。特首对廉政公署的工作并不过问,廉政公署基本处于一种“自为”的状态。这是因为廉政公署有很强的独立性,有成熟的运作机制。

廉署的组成

廉政公署下设三个部门,执行处、防止贪污处和社区关系处,其中最重要的部门是执行处。目前廉政公署共有1300余人,执行处是廉政公署最大的部门,有900多人,占总人数的70%以上。

执行处的职责是查处贪污行为,下设四个调查科,其中一科和三科负责调查政府部门,二科和四科负责调查私营机构。每个科下设四个大组,共十六个大组,分别称A组、B组、C组等,每个大组五六十人到上百人不等,大组内部又分成若干小组。调查科的领导称助理处长,大组的领导称首席调查主任,小组的领导称总调查主任。

执行处负责接受、研究、调查被指触犯《防止贿赂条例》《廉政公署条例》《选举(舞弊及非法行为)条例》的案件。对于触犯三项条例的罪行,调查员可全权行使拘捕权力而无需拘捕令。

在调查涉嫌贪污的案件时,如揭发其他有关罪行,调查员亦有权采取拘捕行动。这些罪行包括触犯《盗窃罪条例》《刑事诉讼条例》所载的某些罪行,与妨碍司法公正有关的罪行。

廉政公署的调查员还有权搜查楼宇、没收或扣押相信为有关罪行证据的任何物件。廉政公署廉政专员认为某公职人员与贪污有关或可能引致贪污时,执行处也必须调查。

廉政公署使用的设备一直很先进,也充满神秘色彩。早在1987年,廉政公署就率先在香港使用单面镜让证人辨认嫌疑人。1990年,又率先在香港使用录像并录音的方法审问涉嫌人士。

防止贪污处有50多人,负责审查政府机关、公共机构、私营机构的规章制度和运行过程,寻找可能导致贪污的隐患,及时提出防止贪污的意见。

社区关系处有200多人,下设8个分部,分布在港岛、九龙和新界各地。职能是深入到政界、商界、学校等社会各界进行形式多样的教育,让市民从思想上抵制贪污、讨厌贪污。还办有网站和电视节目,通过媒体进行宣传。社区关系处还接受社会各界的举报。

廉政公署共有1300余人,其中从事廉政业务工作的人员近1200人,超过总人数的90%。廉政公署还有90多人的行政总部,负责廉政公署的行政、财务等工作。

廉政公署最高层非常精简,一位廉政专员,一位廉政副专员,副专员还兼任执行处处长,执行处以外的部门统统归专员直接管理。

廉政公署除在执行总部设有举报中心外,还在港岛、九龙、新界等处的8个办事处设有举报中心。这些举报中心24小时办公,一旦接到市民举报,执行处会立即处理,并酌情立案调查。

对腐败的零容忍

反贪是一个世界性的主题,但对于腐败的容忍程度,世界各国并不完全相同。归结起来,一种是适当容忍度,一种是零容忍度。适当容忍度就是规定一个数值,作为腐败案件的立案起点。一些国家随着腐败现象的日趋严重,腐败容忍度逐步提高,实质是变相鼓励了腐败。

对于腐败案件,香港廉政公署执行的是零容忍。香港廉政公署的官员斩钉截铁地说:“哪怕贪一元钱,那也是贪,我们也要查。”香港之所以成为世界清廉之都,与对腐败的零容忍是分不开的。

香港廉政公署审查贪污举报咨询委员会主席施祖祥说,零容忍是一种态度,今天你是小,慢慢大的时候你就不觉得大。贪污就是贪污,小也是贪污,大也是贪污。无论大贪还是小贪——100元、10元,甚至1元都要处理。

对廉署的监督

廉政公署是腐败的调查机构,廉政公署可以说是一个集英国军情五处、军情六处、伦敦警察厅于一身的机构,其他机构较难监督它。

香港政府律政司负责审阅廉政公署执行处对有关案件的调查结果,对涉案人员是否提出检控,由律政司司长决定。廉政公署本身没有检控权,检控权在律政司,是否有罪由法院审判定罪量刑,这是对廉政公署的监督与制约。

廉政公署的工作由四个独立的咨询委员会负责监察和指导,委员会成员由特首委任,来自社会各阶层,由非官方人士出任主席。这四个独立的咨询委员会分别是贪污问题咨询委员会、审查贪污举报咨询委员会、防止贪污咨询委员会、社区关系市民咨询委员会。这些咨询委员会的成员都是社会精英,和政府关系良好,通常和廉政公署的关系也良好。

在制定任何有关香港贪污问题的政策时,廉政公署均要听取贪污问题咨询委员会的意见。审查贪污举报咨询委员会负责监察对贪污投诉开展的调查工作,并提出意见。廉政公署要改善容易导致贪污问题的措施或程序时,须听取防止贪污咨询委员会的意见。社区关系市民咨询委员会就如何教育市民认识贪污的祸害,鼓励他们支持反贪工作提出建议。

香港设有一个独立的"廉政公署事宜投诉委员会",如有市民对廉政公署及人员感到不满,可向委员会投诉,委员会会立即审查有关投诉,建议廉政专员采取适当的行动,并监察处理结果。

廉政公署事宜投诉委员会自1994年以来,每年向立法会提交一份报告。廉政专员要定期向香港行政会议汇报重要政策和事项。

廉署人员的自律

近年来,因为触犯法律被司法机关调查或者起诉的廉政公署的职员,每年平均不到3人,在廉政公署的1310余名职员中,仅占0.2%。这些触犯法律的职员中,几乎没有与职务犯罪相关的。

在香港的法律或廉政纪律中,没有任何一条规定不允许廉政公署的职员投资股票。对于那些在廉政公署工作十年以上的资深职员,他们的收入不低,均是中产阶级,有了积蓄投资股票是最好的途径。香港市民投资股市比例全球最高,但廉政公署的1310余名职员中没有一人投资股票。

香港是世界金融之都,廉署的主要职责之一是维持金融秩序。在实际工作中,许多工作人员可能会接触到与股价变化相关的信息,例如某上市公司的财务状况等,利用这种消息很容易赚钱。廉署职员之所以不投资股票,是因为他们觉得如果投资股票,对普通投资者不公平。

廉署的内部监督

廉政公署内部还有一个极其特别的组,就是L组。L组的任务是接获对廉署工作人员的投诉,然后进行秘密独立的调查。廉政公署的办公地点位于中环红棉路

8号,但是L组却不在这里,甚至廉政公署内部的许多成员均不知道这个L组在哪里办公,更不可能知道他们具体干些什么。

L组只对廉政专员负责,是廉政公署内部的"廉署"。廉政公署内部的这个"廉署"——L组,负责监察职员的廉洁和诚信。一旦查出职员的廉洁和诚信有问题,其工作合约会立即解除。据廉政公署透露,迄今为止,内部单位调查已累计处理了50多人。

第三节 廉署的丰功伟绩

香港廉政公署的功绩举世瞩目,得到香港市民的高度赞扬,得到国际社会的高度认可。香港廉政公署使贪赃枉法者闻风丧胆。

"香港胜在有ICAC"

香港是一个法治化的社会,是一个规则化的社会,是一个很难看到标语的社会,但"香港胜在有ICAC"的标语却在香港家喻户晓。"ICAC"是廉政公署的英文缩写,即Independent Commission Against Corruption。

无论是香港行政长官,还是各行业翘楚,每一个人在香港廉政公署面前都是普通市民。"香港胜在有ICAC",这句话在香港人人皆知。香港的廉政与文明,在很大程度上得力于廉政公署这一独特的机构。

廉政公署每年自己对自己的工作进行评估,每年都会在市民中进行抽样调查,考察自己的工作业绩。近年来,廉政公署的调查显示,98%的香港市民对廉政公署的工作表示肯定和支持。

廉政声誉举世瞩目

廉政公署成立之后,如良医诊病,捏住政府机构的痼疾所在,破案如神,屡屡扳倒高官,令腐败分子闻风丧胆。短短数年间,香港由此真正迎来了廉洁的黄金时代,成功地实现由乱到治的历史转变,香港成为一个政治清明的地区,成为公认的世界最高效、最廉洁的地区之一。

统计数据表明,香港廉政公署成立时,所接到的全部投诉,与政府部门相关的,占整个投诉的86%,其中投诉警察贪污的即占45%。经过廉署30余年来不遗余力的有效打击,截至2004年,廉署接到有关投诉中,涉及政府部门贪污的举报,仅占总数的34%,其中涉及警察的举报,已经下降到了11%以下。

2015年6月24日,香港廉政公署公布,2014年共接获2362宗贪污举报,比前一年下跌了11%。当中涉及私营机构的举报最多,占整体投诉的63%,而涉及特区政府部门及公共机构的举报则分别占30%及7%;2014年有223人被检控,比前一年上升了3%,定罪率高达85%,较前一年增加了7个百分点。

廉政公署在2014年进行的民意调查显示,只有1.5%的受访者表示在过去12个月曾遇到过贪污。防贪处2014年先后460次提供适切的防贪建议,制作了与采购有关的防贪指引,协助公、私营机构管理人员预防采购方面的贪污舞弊。

廉政专员白韫六表示,廉政公署凭着专业的反贪队伍、持之以恒的肃贪倡廉策略,以及香港市民的高度支持,廉署会继续昂首向前,为下一代建立廉洁公平的社会。

身兼香港贪污问题咨询委员会委员的立法会议员梁君彦表示,廉署40年来雷厉风行大力打贪,社会出现巨大变化,使香港由昔日饱受贪污肆虐之地,演变成今日全球最廉洁的地方之一。

德国的“透明国际”是国际上成立较早的比较权威的研究国际廉政的非政府机构,“透明国际”每年都发布世界各国或地区的廉政排行榜。在“透明国际”1995年以来发布的各国或地区的廉政排行榜上,香港地区一直名列前茅,香港地区的廉政程度在国际社会享有很高的声誉,这主要是香港廉政公署的功绩。

著名大案威名远震

1974年香港廉政公署成立以来,办理了许多著名的大案,主要有首战总警司葛柏案、震荡东南亚的“海托案”、公屋危楼贪腐大案、联交所舞弊大案、律政署洋高官大案、高级警司桃色案、谢霆锋“顶包”案、内地在港大亨案、医界名流贪腐案、“麦当劳一哥”回扣案、惨绝人寰的自残骗保案、香港假球案、新鸿基郭氏兄弟涉贿案、特首曾荫权调查案等等。

香港廉政公署直接受特首领导,对特首负责,但媒体披露特首曾荫权涉贿,廉政公署对自己的直接上司——特首曾荫权进行了涉贿调查。这项涉贿调查影响深远,充分说明特首也没有特权,充分证明了廉政公署铁面无私、执法如山,充分证明了廉政公署的独立性和公正性。

廉署请喝咖啡

廉政公署向所有来此的人提供两种免费饮料，咖啡或茶两种任选其一。这两种免费饮料并不仅仅提供给那些被抓进或被请进廉署的人，也不仅仅提供给来此办事的人，廉署的工作人员也可以免费得到这两种饮料。

“老廉咖啡”最早出于1974年，据说是由警务人员所起的代号。廉政公署初成立，首批打击对象正是警方中的败类。被邀廉署问话的警界人士，坐在温度不到20度的冷气室，面对西装笔挺、礼貌周全却又态度冷峻的廉署官员，内心真是冷到了极点。

在漫长的盘问中，唯一能暖身提神的，就是一杯接一杯的咖啡。出来之后，被问及情况，受查者只能回答一句：“廉署请喝咖啡！”因为根据有关条例，未经廉政公署批准，任何被调查者如果透露调查内容，即属刑事罪行。“廉署请喝咖啡”一词遂不胫而走。

“廉署请喝咖啡”尽人皆知，不是廉署的咖啡香醇，实际上廉署的咖啡，不过是附近餐厅的普通货色。廉署内并没有咖啡档或高级蒸馏咖啡机，真要喝咖啡，得叫外卖，和警察局没有什么不同。

香港的官员、警察或商人听闻“廉署请喝咖啡”而色变，香港廉政公署的反贪力度太强了，只要是被请进问询室“喝咖啡”的人，几乎难以逃脱罪名。天长日久，“廉署请喝咖啡”成了被邀往廉署协助调查的代名词。

廉洁香港的领袖

麦理浩，伯克的麦理浩男爵，KT，GBE，KCMG，KCVO，DL（Crawford Murray MacLehose，Baron MacLehose of Beoch，1917年10月16日—2000年5月27日），英国资深外交官及殖民地官员，1971年至1982年出任第25任香港总督，他的任期前后长达10年半，先后获四度续任，是香港历史上在任时间最长的港督。

外交官出身的麦理浩爵士虽然缺少殖民地的行政管理经验，但没有殖民地包袱的他，在任内推动了大刀阔斧的改革，使香港的社会面貌出现了深刻的改变，被普遍认为是历史上最杰出和最受市民爱戴的港督之一，舆论更以“麦理浩时代”（MacLehose Years）形容他在任港督的日子。

麦理浩爵士的改革涉及房屋、廉洁、教育、医疗、福利、基础建设、交通、经济和社会各个范畴，十年建屋计划、开发新市镇、创立廉政公署、九年免费教育、兴建地下铁路和地方行政改革等重要的政策和建设，纷纷在他任内推出，这些政策不仅直接改善了市民的生活水平，还进一步增强了香港人对香港的归属感。

麦理浩爵士的最大功绩是，顺应历史潮流，成立廉政公署，知人善任，委任姬达爵士为首任廉政专员，坚决支持廉政公署肃贪，在港警暴动打砸廉署的情况下，签署特赦令，强行通过《警察条例》，逮捕港警暴动首要分子，仍然一如既往地坚决支持廉署肃贪倡廉，打造了廉洁的香港。

廉洁香港的功臣

姬达爵士（Sir Jack Cater，1922年2月21日—2006年4月14日），第二次世界大战期间在英国皇家空军担任飞机师，1946年在皇家空军香港基地退役，加入当时的渔务处（今渔农自然护理署）做见习生，展开长达四十年的公职生涯。

姬达爵士由于1967年任职防卫司时，处理六七暴动表现获认同，故当港英政府打算成立廉政公署时，姬达便成为不二之选。1973年获香港总督麦理浩爵士委任为首任廉政专员，1974年领导香港廉政公署成立。

姬达爵士任廉政专员，并接管警方反贪污室工作。针对警察及公务员贪污，致力洗脱弥漫社会的贿赂歪风。当年有妇人曾跪在路上向他申冤，也有年轻人在街头向他鞠躬敬礼。

1978年至1981年姬达爵士任职香港布政司，姬达爵士为香港的廉洁和发展做出了巨大贡献。姬达爵士离开政府后继续留港工作和生活，至2001年才辞退所有工作回家乡定居。最后一次来港时间是2002年，2006年4月14日因病逝世。

姬达爵士因为热爱香港，也为香港的腐败而痛心，放弃了香港电话公司的高薪，而选择出任首任廉政公署的廉政专员，组建并领导廉政公署一战成名，掀起廉政风暴，肃贪成果辉煌。

姬达爵士多年来以香港为家，其家人发出的讣文指姬达“在香港服务56年，以令世界更美好为奋斗目标”，令人怀念。姬达爵士家人形容他为“香港真正的朋友及仆人。”

香港廉政公署赞扬姬达爵士是捍卫亚洲迈向廉洁之钥匙。姬达爵士是香港廉洁的首要功臣，其功绩将彪炳史册。

第四节　首战总警司葛柏

20世纪六七十年代，香港经济发展迅速。面对这些转变，港英政府既要专注于维持社会秩序，同时亦积极为市民提供住屋及其他基本公共服务。但是，社会资源却因为人口不断膨胀而无法满足实际需求，从而助长贪污的歪风。为了尽早获取公共服务，普通大众均被迫以贿赂为途径，并且贿赂已成为他们生活的一部分。香港市民饱受贪污的祸害，却敢怒而不敢言，只好默默忍受。但葛柏案的发生改变了这一局面。

令人发指的普遍腐败

经济增长带来的社会问题之一，就是政府官员的贪污腐败。香港从开埠以来就在英国殖民当局的统治之下。在经济起飞之前，香港经济主要依靠自由港地位从事转口，经济规模不大，官员的贪污和腐败问题不是很严重。20世纪50年代后期以来，香港的制造业迅速发展，成为亚洲主要的轻工业生产和出口地区。

随着财富的迅速增加和积累，官场特别是纪律部队（包括警察、海关、出入境管理、惩教、消防等部门）内部缺乏约束和惩治机制，官员贪污受贿的腐败现象愈演愈烈，市民为了快速取得应有的服务，只好被迫用“走后门”的方式。当时“茶钱”“黑钱”“派鬼”等各种代替贿赂的名堂不断出炉，市民不仅熟知门路，甚至被迫将贿款当成生活中必备的一部分开支。

当时贪污在公共服务机构中相当严重，例如救护人员送病人就医前要索取“茶钱”，消防队员开水喉（自来水管）灭火要收“开喉费”，医院病人也要“打赏”给打扫的清洁妇才能取得开水和便盆，所以当时市民只要使用公共资源，就必须要贿赂。贿赂已经成为基本生活必须支付的成本。

贪污在警务系统中更为严重，当时受贿的警务人员包娼包赌、贩毒赌博样样来，警察尤其是各级警官普遍收受贿赂，民众到警察机关办事都要送红包，这几乎已经成为一种普遍的潜规则。

风雨飘摇的1973

1973年是香港的一个特别的年份。这一年,中国内地仍处于“文革”之中。而一水之隔、位于珠江出海口的香港,却完全是另一个世界。作为“东亚四小龙”之一的香港彼时正在经济起飞期,一片繁荣景象。

1973年3月,香港第一次大股灾爆发,恒生指数由1700点暴跌至500点。经历了1972年全民炒股的热潮,港人从没见过这种股市暴跌的全民恐慌。

还是在这年的3月,发生了逾万名教师反对减薪的大游行,规模之大在香港史无前例,港英政府被迫收回成命。

好不容易挨过短暂的多事之春,夏天的灾难仍未消停。1973年正当李小龙雄心勃勃,大展宏图,准备继续拍完《死亡游戏》的时候,7月20日突然在香港逝世,享年33岁。第一个名扬国际的华人功夫巨星李小龙暴毙,引起全球关注,世界华人无不为之震惊和悲伤,香港更是极其悲伤。

起疑的加元存款

葛柏(Peter Godber)是英国人,从1953年开始在香港警界工作,先后在湾仔和启德机场的警署任职。当时香港警方各级警官中,来自“祖家”(香港民众对英国的一种称呼)的比例很大,葛柏就是这批来自英国的警察之一。

葛柏是香港一个极其出色的警察,在警察业务方面不仅内行而且出色,曾多次极其出色地完成任务。葛柏参警20多年,立功无数,多次受到警务处以及港督的嘉奖,甚至曾获得过英国女王嘉奖,这是一个香港警察的至尊荣誉。

葛柏是香港警方的总警司,在香港警方的地位仅次于警务处正副处长。葛柏在香港警察队伍中属于技术官僚的最高职务,又是英国人,同时受到过英国女王的嘉奖,身份地位显得极其特殊。

葛柏的贪腐早在1971年就已经暴露出来。1971年,加拿大有关部门对于一笔为数1.2万加元的储蓄产生怀疑。这笔储蓄的户名是“卓柏”,户主身份是外交官。加拿大属于英联邦国家,很快就查到了这个“卓柏”的真实身份竟然是香港的高级警官。

当时香港公务人员的薪酬水平与今天无法相比,1.2万加元相当于6万港币,是葛柏两年薪酬的总和。如果这笔钱来源合法,葛柏为什么不用真名,而是用假名

"卓柏"? 为什么不用警察身份,而是用假造的外交官身份?

加拿大有关方面将这一消息通过英联邦内部途径通报香港,香港总督将这个通报批给警务处长处理,因此,葛柏案一开始就是"钦定大案"。警务处长不可能亲自调查处理,警务处长只有将此案交给负责反贪的警署的反贪污室。

调查总警司葛柏

1.2万加元的存款首次引起港英警方对葛柏财富来源的怀疑。虽然警方反贪污室当时还没有掌握显示这笔存款属贪污所得的证据,但账户是葛柏用假名"卓柏"和虚构的外交官身份在加拿大一家银行开设的,警方反贪污室当然不会对开设账户背后的理由视若无睹。

警方反贪污室自1971年开始调查葛柏,但搜证工作并不顺利,代号"哈瓦那"的调查工作停滞不前。就在此时,葛柏申请提早于1973年7月退休。就在葛柏退休前三个月,当时的警务处处长再次收到情报,表明葛柏不断将大批现款汇到海外。

一场调查葛柏财政状况的战役如火如荼地展开了,警方反贪污室检举贪污组全速展开大规模调查。检举贪污组先是在一个月内联络了香港480家持牌银行,追查葛柏的财政状况。他们初时发现葛柏在港拥有近32万港元存款,另外刚汇出两万加元到其加拿大的账户。

后来葛柏申请再提前一个月退休,警方遂加快搜证,又发现他在之前的五年内在本港的储蓄或海外汇款高达62.4万港元,存款和汇款的地点分布澳大利亚、新加坡和加拿大等地。这笔款项差不多相当于他由1952年到1973年任职警界所得的薪金总额。

搜查总警司葛柏

表面证据成立,葛柏又退休离港在即,警方反贪污室虽仍未能证明其财富乃是从贪污得来,但认为不可再拖延,必须先发制人,及时向警务处处长申请勒令葛柏暂时停职接受进一步调查,并在律政司的建议下,首次引用当时的《防止贿赂条例》第10条作为法律根据,要求葛柏在一星期内解释其财富来源。

在通知葛柏受审当天,调查人员搜查葛柏寓所及汽车,分别在其汽车及宿舍内搜出三本疑为"收取黑钱"的记录册及一批与其财富有关的文件,还有两盒共数十根银条。

清点这些证物,葛柏的表面财富已超过437万港元,差不多是他任职警界以来全部薪金的六倍。若以当时香港房地产价格与今天香港房地产价格相比,当时的437万港元相当于今天的16亿港元,葛柏绝对可称得上超级富豪,进入香港的百富榜之内。

搜查葛柏行动后,警方随即部署,决定在6月11日,即葛柏解释财富来源的一个星期限期届满时,如若葛柏不能做出满意解释,便立即拘捕他。同时,为防葛柏畏罪潜逃,警方更要求当时的入境事务处通知其辖下启德机场的各个关卡人员,禁止葛柏离境。

非法财富从何而来

根据所获得的物证,葛柏存款达437.7万港元,其中加拿大银行有20.65万加元,约相当于104.5万港元;美国银行23.39万美元,约相当于118.5万港元;新加坡银行18.11万澳元和11.94万新元,约相当于152.7万港元;英国银行1.99万英镑,约相当于27.5万港元;香港银行34.6万港元。

葛柏任职香港警界22年,净薪金收入不足77万元,在无投资、无博彩的情况下,财富却达437万多港元,还不包括搜出的银条和其他财物。他的非法财富到底来自哪里呢?

据调查,葛柏作为香港总警司,收黑钱的范围遍及香港、九龙、新界各区及离岛。其收受黑钱的记录多达三本,分为香港、九龙及新界,记录长达二百多页。交黑钱的单位多达三千多个,包括字花(一种赌档)、外围赌马、外围赌狗、歌厅、舞厅、妓院、牌九、麻将学校、鸦片烟档等各种涉及黄、赌、毒的场所。

后来一名污点证人指出,葛柏每月收受黑钱进账达三万多元,远远高于当时港督的薪金。

瞒天过海逃伦敦

当时,香港的腐败非常普遍,许多腐败已经公开化,许多腐败令人发指。一个严酷的社会现实就是,大家都在贪,你不贪你就吃亏了。贪污的公开化并不等于贪污的合法化,在世界任何地方贪污都是非法的,在香港也是如此。

香港警务处于早年(1952年)曾经设有反贪污科,那是警务处下属的二级机构，相当于内地的处级机构，最高级的技术官员是高级督察。反贪污科级别太低，所有工作都受到上级的牵制；同时，反贪污科编制太少，案件堆积如山，根本查不过来。

香港的贪污之风愈刮愈烈，社会的反贪呼声越来越强，香港警务处才于1970年将反贪污科升级为反贪污室，成为警务处下属的一级单位之一，最高级的技术官员是总警司，与葛柏平级。

香港警务系统内部贪污严重，如果对某警官进行深入调查，有可能连调查员自己也被揪出来，因此反贪污室的效力实际上很有限。而事实上，不少警务人员亦因为各种原因而被迫对贪污妥协，加入行贿和受贿的行列。

要求葛柏解释财富来源的一个星期，也是法例上容许的这一星期的“真空期”却令形势发生逆转，调查葛柏节外生枝。在6月11日前，因为还没有充分的证据证明葛柏有罪，警方无权逮捕葛柏，也不能采取任何法律行动。使葛柏可以轻易逃离香港的“皇牌”是他拥有的一张警务人员机场禁区通行证。这张通行证使他得以在6月8日，即被通知受审4日后，绕过入境事务处的检查，成功登机潜逃返英。

葛柏遭到警方的审查之后，香港报纸就开始追踪这桩案件的进展，社会各界也都在密切关注这位因为收受大量贿赂而致富的警方高官会不会受到法律的惩处。香港市民以这只大老虎是否会被捉拿作为观察港英是否真有决心和能力肃贪的一面镜子。

激烈的反贪示威

香港社会的腐败，特别是香港警察的腐败，造成了社会秩序的严重混乱，市民苦不堪言，社会各界对腐败特别是香港警察腐败越来越不满，这时人们才真正认清贪污之祸的巨大危害。

1973年，总警司葛柏被发现拥有的财富多达437.7万港元，怀疑是从贪污得来。律政司要求葛柏在一星期内解释其财富来源，否则就对其做出拘捕。然而在这期间，葛柏竟然轻易地逃回到英国。

葛柏在警方的眼皮子底下公然潜逃回到祖家。消息见报，积存已久的民怨爆发。来自各阶层的市民纷纷上街抗议，港九各地上千人在港岛的维多利亚公园举行大型集会，发起“反贪污、捉葛柏”的大游行，“反贪污、捉葛柏”的口号响彻维港上空，民众要求政府缉捕葛柏归案。

出于稳定的需要，港英政府一开始对学生游行采取高压政策，出动大批警察驱散游行学生，逮捕了大批学生领袖。港英政府并不想将事态扩大，只是希望通过这种方式告诉香港人，香港是一个自由的社会，游行和集会是自由的，但为了公共秩序，游行和集会必须有序进行，必须在法律的轨道内进行。

港英政府的行动是扬汤止沸，甚至是火上浇油。学生打出的“反贪污、捉葛柏”的口号，深受市民欢迎。这场游行迅速由学校走向社会，得到那些深受腐败之苦的底层市民的支持，许多低收入职员、工人及小业主纷纷加入了游行运动，游行队伍越来越大。

香港社会掀起的这场反贪腐的游行运动，深刻地影响了一个人——陈德成。它不仅唤醒了陈德成的公民意识，还影响了他的一生。

当时陈德成刚考进中文大学的联合书院，他回忆当时的情形时说：“学生会门外都贴满了大字报和剪报，近千人参加的迎新营里，整整一个星期的活动，大部分都是关于‘反贪污、捉葛柏’。迎新营后，每逢午饭时候，仍然有一百多名学生聚集在联合书院饭堂外的草地，举行反贪集会。”

陈德成说，反贪运动持续了大半年，直到1974年初廉署成立。他自己在这场学运中，结识了两名影响他一生的重要人物：一位是他的太太，另一位是与他志同道合、念法律的学界朋友。这位朋友常常和他一起分析贪污对社会的祸害，使他在心中逐渐建立了反贪污的强烈使命感。因此，他在大学念完了工商管理，没有加入商界，却毫不犹豫地加入了廉署的反贪行列，亲手打击贪赃枉法者。陈德成在2005年离开廉署前，是执行处的助理处长。

此时香港大学生保钓一代已经产生，香港培养精英的主要学府香港大学这一年的毕业生中，包括了一批今日香港政界、工商界和文化界的名人。民族主义和爱国主义的思潮开始在大学生当中激荡，而这种思潮也开始在社会上蔓延，香港市民特别是青年知识分子对殖民当局的腐败十分不满，各种抗议活动此起彼伏，对港英当局构成了极大的压力。

成立廉政公署

反贪污游行队伍越来越大，港英政府开始意识到问题的严重性。港英政府其时已经很明白，如果不能比较彻底地展开反腐并且从制度层面防止腐败，港英政府的殖民统治将会受到巨大的挑战。

为了平息民愤，当时的香港总督麦理浩爵士委任高级副按察司（相当于副检察长）百里渠爵士（Sir A. Blair-kerr）成立调查委员会，彻查葛柏逃脱原因及检讨当时的反贪污工作。

百里渠爵士是支持反贪的，也支持反贪机构独立，由他主持调查委员会，也表明香港总督麦理浩爵士开始支持反贪机构独立。百里渠爵士作为副按察司，他对香港警务系统的贪污问题和包庇问题是清楚的，对于葛柏案的主要情况也是了解的。

当时的社会形势极其复杂，百里渠爵士的调查委员会没有太多的时间进行调查，只用了很短的时间，百里渠爵士的调查委员会即提出了调查报告，被称为“百里渠报告”。香港总督麦理浩爵士得到“百里渠报告”后，立即签署，“百里渠报告”公开发表。

“百里渠报告”反复强调，葛柏案早在两年前便已经立案，但长期以来没有太大进展，关键原因是反贪污室属于警务部门，根本无法进行独立调查，时时受各方干扰。干扰并非来自葛柏，而是警务部门内部，警务部门的许多高官担心此案会使警察形象受损，再加上警务部门贪腐的普遍性让案件调查很难进行下去。

高级副按察司百里渠爵士在调查葛柏潜逃事件后表示，政府需要一个独立的反贪污部门，才有能力打击贪污。政府必须要实施更为严厉的反贪污法。

社会上这场反贪污的游行运动持续了大半年，港英政府投鼠忌器，当初虽然抓了几十名学生，后来也草草了事，对于新的游行，不太敢动手。社会上这场反贪污的游行运动迫使港英政府成立百里渠爵士的调查委员会，也迫使港英政府采纳百里渠爵士的调查委员会的建议——成立独立的反贪调查机构。

在1973年10月举行的一场立法局会议上，政府采纳了百里渠爵士调查委员会的建议，于1974年2月成立总督特派廉政专员公署，独立于警务处及其他政府部门，以替代香港警务处的反贪污室。

总督特派廉政专员公署成立时，民众本来没有抱太高的期望，因为过去政府有关反贪污的行动都以失败终结。但是由于总督特派廉政专员公署直接向香港总督负责，并且独立于公务员体系，以致很快就在民间建立声誉及威信。

污点证人韩德警司

总督特派廉政专员公署成立后亦立即接手调查葛柏案，全力缉捕这名曾轰动一时的总警司归案。也可以说，正是“葛柏”案导致了香港长达几个月的反贪污大游行，催生了香港廉政公署。

葛柏成功潜逃回英国后，以为终可逍遥法外，用不义之财安度余生。这位贪官认定由于香港地区与英国两地法例不同，英国并没有“财政状况与官职收入不相称”的控罪，因此港府很难以此控罪引渡他回港。

葛柏的如意算盘令警方反贪污室检举贪污组的努力前功尽弃。不过，已接手葛柏案的廉政公署并未气馁，这个全新的反贪机构决心要找到新证据，将这个大贪官绳之以法。

当时，廉署派出多名首长级人员，包括首任执行处处长彭定国（John Prendergast）、副执行处处长夏烈联（Gerald Harknett）同两位助理处长及数名高级调查人员组成核心调查小组，根据警方先前找到的蛛丝马迹，积极寻找破案线索。

“我们手上已有很多证物表明葛柏拥有大量难以解释来源的财富，只可惜没有人愿意站出来指证葛柏。或许是因为当时市民的观念仍十分保守，他们只是敢怒而不敢言，而同时对新成立的廉署也缺乏足够的信心。”当时参与“捉葛柏”的现任廉署总调查主任黄国梁说，“但我们相信时间以及我们的表现必能令我们争取到公众的信任。”

经过不懈的努力，廉署的调查最终有了新突破。当时，一名涉及另一宗贪污案的外籍前警司韩德，在狱中表示愿意向廉署提供葛柏贪污的重要罪证。他透露曾目睹葛柏收受一名华籍警司郑汉权2.5万元贿款，以助该华人警官取得湾仔警司的“肥缺”。

廉署执行处处长及副处长亲自参与搜集证据，他们多次亲自到狱中向前警司韩德录取口供。有了这个证人，廉署立即拘捕郑汉权警司，并于1974年4月29日通过英国警方协助，将葛柏拘捕。涉案的这名华籍警司郑汉权也答应转为廉署污点证人，指证葛柏的贪污罪行。

两位前警司韩德和郑汉权的口供与廉署已取得的物证颇为吻合。廉署于警方之前在葛柏寓所搜出的证物中，找到两张葛柏亲笔记录财富状况的纸张，从中计算出在1971年5月至11月期间，即葛柏收受前警司郑汉权的贿款后，葛柏的财富明显增加，数目急升9万多港元，此笔巨款应该已包括了前述2.5万元的贿款和葛柏其他贪污收入。

人证物证俱在，廉署人员随即部署引渡葛柏返港受审的行动。但葛柏在引渡聆讯中矢口否认控罪，百般抵赖，令廉署的引渡行动一再受阻。最后，由于廉署有两名证人和大量物证，经过近八个月数度聆讯，伦敦法庭终判令把葛柏解回香港受审。

郑汉权警司的行贿

2.5万港元贿款在20世纪70年代的香港来说是个不小的数目，足可买一个1000平方英尺（约100平方米）的住宅单位。究竟湾仔警司这职位有何重要性？为何华籍前警司郑汉权会甘愿以身试法，付上这笔巨款向葛柏"买"此职位？

根据葛柏案一名污点证人的口供，湾仔警司的职位是许多警官趋之若鹜的肥缺，因为湾仔是香港岛的主要工商区，警司的职位最有地位，谁能把它抢到手便既可升官也可发财，靠贪赃枉法，每个月可得高达6万至10万港元的不义之财。

该名污点证人更指出，葛柏之所以积极拉拢华籍前警司郑汉权参与此勾当，其实是因为他一直都间接向湾仔的非法场所收黑钱，每月单从湾仔区所得的进账便达五千港元之多。

当时任职湾仔的警司即将调职，并盛传葛柏的死对头接替此职位的呼声最高，而这名警官素来为人诚实，葛柏担心由此警官接任湾仔警司的职位，自己在湾仔的"黑钱收入"将不再有。相反，操控该名华籍前警司郑汉权则易如反掌。于是，葛柏对华籍前警司郑汉权声称可以以其总警司的影响力积极为他开路，打算一箭双雕，既可保障其黑钱收入来源，又可多添一笔卖官进账。

令这名华籍前警司郑汉权有些尴尬的是，当时湾仔警司的职位早已由警务处的调职委员会定下了，正是由郑汉权警司接任。也就是说，这位华籍前警司郑汉权以为是葛柏协助他谋到此职位的，事实上，葛柏根本没有出力。

葛柏被押回港

葛柏逃离香港历时达一年半之久，终于1975年1月7日，在廉政公署高度严密的安保中被押解返港。这是全港轰动的一天。

载着葛柏回港的客机尚未降落在启德机场，逾百名中外记者便早已在各自有利位置等候多时。为了捕捉葛柏抵港的一刻，记者分别守在机场各主要出入口和廉署提前停在机场闸口的汽车附近。

可是，"好事多磨"，事情再生枝节。正当记者们希望葛柏数分钟内出现时，停机坪那边却突然响起了直升机的螺旋桨声，葛柏已被押上直升机，又一次“逃”离机场。

“葛柏案如此轰动，我们预计机场必会聚集大批记者及市民，为免人多造成混乱及妨碍安保，我们采取了声东击西的策略。”参与安排葛柏押解过程的现任总调查主任黄国梁回忆当年的特别任务时说。

他们一方面安排了两辆汽车停泊在机场接机闸口附近，假装接机，转移视线。另一方面，在葛柏搭乘的航班降落位置附近早已安排了一部直升机，待葛柏在机舱内办妥入境手续后，便把他带往直升机直飞中环添马舰，再转送到中央裁判署。

为掩人耳目，廉政公署弃用了政府车辆，征用了一部事前由一名调查员向亲友商借、全港仅有数辆的名贵轿车。而为免葛柏被记者摄入镜头，更在车窗上贴上玻璃纸，另外还租借了两辆汽车护航。

黄国梁说，在解送葛柏前往裁判署的过程中，只有时间分秒不差，才能保证安保任务成功完成。因此行动之前，廉署人员曾多次“试路”，计算各步骤及路程所需时间，务求行动的每一步都天衣无缝。

“行动当日，我们在机场真的成功转移了记者及围观市民的视线，但记者一看到接载葛柏的直升机起飞，便立即由启德机场开车至港岛金钟的添马舰(现为解放军驻港部队司令部)，穷追不舍。而正当我们由添马舰驾车解送葛柏到中央裁判署时，其中一辆护送车却突然抛锚，吓得我们一头大汗。幸好数分钟后，车辆恢复正常，总算有惊无险。”黄国梁说。

记者们仍然不放过每个采访拍照的机会，数十部摩托车和采访车风驰电掣般紧贴解送车队的四周。黄国梁说:“当时的记者，一个驾着摩托车，另一个转身坐在后座，不停拍摄载着葛柏的房车，可谓险象环生。”

黄国梁说，除了声东击西的策略外，整个行动还有其他安保措施配合。例如廉署首次派遣六名配枪人员与近二十名调查人员，“贴身”保护疑犯，再加上警方的协助，阵容的确非常强大。

葛柏由伦敦起解到香港裁判署整个过程中，身为押解队之首的廉署执行处助理处长一直“贴身保护”葛柏，到达香港时，更用手铐把自己和葛柏铐起来，以确保万无一失。

黄国梁透露，为了部署这个特别任务，杜绝任何泄密的可能性，接机过程的安保措施全都在负责这次行动的高级调查主任家里策划及部署。他说:“就连行动当日，我们十多位队员也是在他的家里集合及出发的。除我们及高层之外，没有人知道整套安保计划是怎样执行的。”

第一代保护证人组

“他不喜欢我们逗留在他家里，我们只好守在屋外。有我们‘跟随’左右，他很放心，轻轻松松地去逛街、吃牛扒。”廉政公署前跟踪队队员梁理成回忆起廉署“第一代保护证人组”首次出动，保护葛柏案污点证人华籍前警司的种种情况。

当时，他们在寒冬里不分阴晴，24小时轮班执行此任务，历时三个多月之久。牛扒没有他们的份儿，北风却吃了不少，但他们仍然为自己能够参与这次特别任务而感到自豪。

与梁理成同是这个“保护证人组”主将的现任总调查主任黄国梁说，当时廉署成立不久，还没有枪械及保护证人的训练，所以被挑选入组的人员都曾经在警队或军队接受过类似训练；而被征入组的跟踪队队员的经验则有助于反跟踪。

葛柏案审讯期间，黄国梁和梁理成经常与其他配枪人员前后簇拥护送证人上庭。有一次梁理成因为在证人身旁，被记者摄入镜头，从而成为新闻人物。可是，由于模样曝了光，可能会影响日后的跟踪工作，他从此被调离跟踪队，转而执行其他调查任务。

曾任警队射击教官的黄国梁说，这次配枪人员和跟踪组的“历史性组合”可说是廉署证人保护及枪械组的鼻祖。葛柏案后，他便发起成立枪械组，并成为该组首名总教头。

屡受恐吓的法官

“开审不久，我就收到第一封匿名信，内容写在信封上面，语带恐吓成分，要求我一定要重判葛柏，否则对我不利。”审讯葛柏期间，杨铁梁称，他曾接连收到匿名恐吓信。

现年72岁的前大法官至今仍清楚记得匿名信的内容：葛柏取走了中国人很多钱，杨铁梁身为炎黄子孙，必须将葛柏判重刑。杨铁梁认为这些信件正反映出市民对贪污者深恶痛绝、必除之而后快的心情。

不过在他看来，理性而公平的审讯十分重要。所以，收信后，他立即在庭上宣读匿名信的内容，直斥写信人藐视法庭，更申明自己不会受此类恐吓，影响其判决。可是，宣判前一天，他再次收到类似的恐吓信，但他依然强硬地重申自己的立场，没有要求保护或加强安保措施。

“我从没听过有法官会因为审案而被人打一顿，间或收一两封信没什么大不了吧。”杨铁梁轻松地回忆起当时的情形，但字字铿锵，彰显了他维护公平审讯的决心。

杨铁梁说，当时本地和外国朋友看了报章的报道，纷纷写信来慰问并称赞他的勇敢。其实，他只是想表明自己不会屈服于任何恐吓，只会根据证据和法例要求做出公平的裁决。

舆论的严厉审判

对杨铁梁而言，处理这桩案件的压力不在恐吓信，反而是舆论的压力。葛柏案的特殊性在于，因贪污被捉上法庭受审的是一名警务处外籍高级警官，这引发了香港社会极大的关注和轰动。舆论普遍指葛柏为“大老虎”，要求对其严惩。

杨铁梁明白当时舆论界形成了一种激烈的气氛，并认定葛柏有罪。来势汹汹的舆论给他的压力可以说是他当法官以来最大的一次。杨铁梁表示，当时他身边的人都为他担心。

“有一天，我到礼拜堂聚会，主教亲自走过来说，知道我要审葛柏案，所以要为我好好祈祷。我这么一个普通的信徒，得到主教亲自为我祈祷，真有点受宠若惊！”杨铁梁说。

他坦言，葛柏案所涉罪行及法律问题其实并不复杂，但是大众的关注却是前所未有的。在这种形势下，无论他判葛柏有罪或无罪，都会引来非议。事实上，当时已有不少流言蜚语，说他必会屈服于舆论压力而判葛柏有罪。

杨铁梁说：“如果说判案时完全不受舆论压力影响，那肯定是骗人的，因为人之常情，外面舆论方面有这么大的力量，自己在中间一定会受影响，故此我要警惕自己。我警惕自己不要受这些压力影响，判他有罪时，自己是否有受舆论压力影响而判他有罪呢？抑或有足够证据呢？有时又会想，我有没有判他无罪的可能呢？判他无罪是因为另一方面的舆论呢，抑或不够证据呢？”

而结案后的舆论反应又如何呢？“没有人说我判得好啊！反而有人认为我判得不好呢！哈哈！为什么？有些人认为我判得不够重吧！”杨铁梁语带幽默地说。

总警司葛柏被定罪

1974年2月17日,葛柏被押回40天后,审讯葛柏的工作开始了,地点在维多利亚法院。

当时的港英政府对此案的重视和打击贪污的决心由此可见一斑——首次从英国聘任优秀的法律专家来港出任此案的检控官。葛柏被控一项串谋贿赂和一项受贿罪,经过六天半的艰苦审讯,终被判罪名成立,入狱4年,2.5万港元的贿款悉数充公。

"根据案情,葛柏两项控罪的最高刑罚分别是5年及7年。量刑时,须计算葛柏在英国被拘留约1年的刑期在内,所以实际上葛柏被判的刑期颇接近最高刑罚。"当年主审葛柏案的杨铁梁法官说。

后来,葛柏虽先后上诉至香港最高法院合议庭及英国枢密院(港英统治时期香港的终审法院),但均遭驳回。一度在警界叱咤风云的总警司最终锒铛入狱,为自己犯下的贪污罪行付出了代价。1977年,葛柏刑满出狱即隐居西班牙,从此失去踪影,估计已经不在人世。

廉署随后还正式入禀法院,经民事起诉程序追讨葛柏贪污所得的四百多万元财富。追查工作虽因葛柏的财富分散于海外多个地区而遇到重重障碍,但廉署至今仍在穷追不舍。

修订《防止贿赂条例》

葛柏被定罪后,港英政府针对在办案过程中发现的漏洞,修订了《防止贿赂条例》,删除了第10条的解释期规定。廉署将葛柏绳之以法,消除了社会上批评廉署"只打苍蝇、不打老虎"的说法,赢得了市民的肯定和信任。杨铁梁法官认为此案不仅成为廉署肃贪倡廉工作的重要里程碑,也恢复了市民对司法制度的信心。

当年,葛柏案审结后,的确有不少人认为政府经历了一年多的司法程序才成功引渡葛柏回港受审,此过程花去了大量的人力、物力、财力,而葛柏最终只需入狱4年,同时,被充公的2.5万元黑钱亦只占葛柏财富的不足百分之一,因而评论这次反贪行动付出的代价太大,不太值得。

杨铁梁指出,葛柏按其控罪被判的刑期实际上已接近最高刑罚。不过他认为,不应以钱或刑罚轻重来衡量此次反贪行动的意义。他认为,无论案件所涉"黑钱"

是多是少,着眼点都应在于公义有否伸张。这次"打虎"行动是一枚试金石,证明了廉署能够成功担负起反贪的使命,高官也照样捉,对香港社会的发展和反贪历史都是一个重要的里程碑,大家所做的是很值得的。

杨铁梁说:"当时来说,一个高级官员,又是外籍官员,做错事,我们已经依照法律去做,做到最好,对香港是好的。我们第一次打倒一只'大老虎',这是个好的开始,这个信息是——无论中国人或西方人,只要是犯了贪污罪的,我们都会捉。"

"现在年长一辈仍记得葛柏案,就表示这件案子已经达到了一个目的,那就是这样一个信息——高官贪污也照样捉,照样审。从这个角度来看,可以说我们所做的是值得的。因为以前未做过,这是第一件案件,使反贪历史迈进了一大步。"杨铁梁说。

法官重遇葛柏

将葛柏送入监狱的杨铁梁后来又一次遇到了葛柏。那是葛柏案裁决大约一年后的一天。已是资深大法官的杨铁梁履行其职务,巡视监狱,观察犯人情况,当他到达小榄监狱诊症室时,又遇上了"大老虎"葛柏。

重遇的那一刻,眼前的葛柏已不是当年威武的高级警官,人消瘦了许多,看来颇为憔悴。曾经在警队屡次立功而获英女王嘉奖的葛柏变为阶下囚,为的是"贪",杨铁梁觉得十分可惜。

葛柏只是静静地站在监狱医生的身旁,充当其临时助手,负责配药、打理杂务。虽然在那10平方米左右的小房间里,不可能看不到对方,但是葛柏佯装不认识眼前的大法官。杨铁梁也当自己没有看到他。于是,葛柏继续做他的诊所杂务,杨铁梁则继续到处巡视。

当年港督谈葛柏案

麦理浩爵士(1917年10月16日—2000年5月27日),英国资深外交官及殖民地官员,1971年至1982年出任第25任香港总督,他的任期前后长达10年半,先后获四度续任,被普遍认为是历史上最杰出和最受市民爱戴的港督之一。

麦理浩爵士任内推动了大刀阔斧的改革,使香港的社会面貌出现了深刻的改变。十年建屋计划、开发新市镇、创立廉政公署、九年免费教育、兴建地下铁路和地方行政改革等重要的政策和建设,纷纷在他任内推出,这些政策不仅直接改善市民的生活水平，还进一步增强了香港人对香港的归属感。

麦理浩爵士说，过去对贪污的侦查由警方反贪污室的检举贪污组负责，但是他们的声誉在葛柏事件中受到沉重打击。葛柏在受到警方内部调查时逃离香港（当时他并没有被起诉），公众认为是警方有意安排的，虽然事实并非如此。于是警方的反贪无论如何都不可能获得公众的信任，这导致了廉政公署的成立。

由姬达和普德加（警方政治部前任主管）筹备成立的廉政公署具有惊人的效率，在侦查贪污方面十分成功。后来它引入新的管理制度，使行贿受贿更为困难。廉署的成立扭转了香港的贪污局面，和社会福利的增加一样提升了香港的国际形象。

葛柏案的启示

现在看来，“反贪污、捉葛柏”已成为20世纪70年代香港社会反贪污运动的标记，而葛柏案直接催生了廉政公署的诞生，因此，从这个角度来看，葛柏案有着极为重要的意义。

港英当局为了消除当时香港公务员特别是警方的严重贪污，决定成立廉政公署，并先从英籍总警司葛柏抓起，是具有深谋远虑的做法。香港的警务人员大部分是华人，中上层的警官大部分是英国人。如果先抓华人贪污大案，会激起华人警员警官的强烈不满，使反贪工作一开始就难以取得进展。

葛柏案引发了长达几个月的反贪大游行，先抓葛柏，一方面可以平息社会上的不满，另一方面是给警方一个明确的信号，反贪一视同仁，不会采取双重标准。事实证明这一招是见效的，表明廉署不仅打苍蝇还打老虎，廉署成立伊始就先声夺人，树立了反贪的权威。

葛柏案的主审法官杨铁梁认为，港英当局通过葛柏案，很巧妙地向香港社会传递了一个信息——英国的警官在香港犯了法，也要接受香港廉政条例的处罚。葛柏案开创了一个极其重要的先例，也为廉署后来卓越而有效的反贪工作打开了良好的局面，香港市民一扫对廉署的怀疑。

葛柏案还向世人表明香港的法治精神。香港的法律对程序非常执着。比如葛柏案，谁都知道葛柏可能贪污了四百多万港元，但进入法律程序后，被定案的仅仅是两万港元。从表面看，对于法律程序如此执着似乎有点过分，以至于使受贿者得不到应有的惩罚。但是，从另一个角度看，如果不执着于程序，便可能导致一些冤假错案的发生。

也正是在这种法治精神的长期熏陶下，香港民众对打击腐败有一种强烈的正义感和责任心，在廉署查处的案件中，多数线索来源于民众的举报。并且，执法的严肃性和反腐的“零宽容”提高了民众反腐举报的积极性。

香港廉政公署从葛柏案起，多年来致力于打击贪污，使香港成为全世界最廉洁的城市之一。廉署亦致力于与其他国家及地区的执法机构共同打击跨境贪污罪案，成绩斐然。一些国家及地区的反贪污部门仿效香港，如韩国国家清廉委员会、澳门廉政公署，以及澳大利亚新南威尔士州廉政公署等。

第五节　港警暴动砸廉署

统计数据表明，香港廉政公署成立时，所接到的全部投诉，与政府部门相关的，占整个投诉的86%，其中投诉警察贪污的即占45%。经过廉署30余年来不遗余力的有效打击，截至2004年，廉署接到有关投诉中，涉及政府部门贪污的举报，仅占总数的34%，其中涉及警察的举报，已经下降到了11%以下。

易贪腐的警务部门

警务部门确实是一个最容易受到贪污腐化的部门。据香港市政局一位前议员在自传中所称，20世纪六七十年代，香港的贪污受贿状况令人发指，而反贪部门其实早已经成为专门的贪污机构，他们贪污的情况比其他政府机构更为严重。尤其特别的是，贪污行为甚至发展到了产业化和集团化的程度，一些警务部门就像黑社会组织“收数”一样，形成了极其专业的贪污集团。

贿赂反贪部门官员的代价比贿赂政府雇员要高得多，而且许多贪官污吏，他们在反贪部门都有同伙，为了掩盖自己的贪污罪行，贪官便会和反贪部门的同伙合作，事前讲好价钱，同伙便会安排好，从而使他轻易过关。正因为反贪部门官员和其他部门的贪官污吏沆瀣一气、内外串通，贪污之风才会大炽，而贪污行为亦得不到惩治。

当时，香港的贪腐行为主要集中在一些特殊的行业。黑社会经营行业中的毒品业、赌博业、色情业自不必说，那是贪污腐败的重灾区。此外，社会的一些正当行业也被腐败所染指，并且达到令人发指的程度。比如运输业，非法营运车辆如黑中巴之类,向警察或者中间人行贿,然后公开营运。再如制造业,非法生产者行贿警察,行贿有关注册部门,便可以正常开业。

据一名事后被抓获的毒品贩子交代,他手下只有3名马仔,可以说是一个很小的贩毒团伙,但他每天向警方缴纳的保护费均超过1万港元。因而获得的回报是,只要警方有缉毒行动,他会在第一时间得到通知。据这名毒品贩子交代,为了配合警方的缉毒业绩,他们还需要提供一些毒品以及个别人员,以便警方向上级报功。

香港警察大肆贪污的事,在香港并不是秘密,不仅普通市民对警察深恶痛绝,香港皇家警察更是20世纪六七十年代电影中常见的反派人物,甚至在后来的一段时期,香港电影不仅不以警察为正面形象,反而将黑社会人物列为英雄,因而形成一波"英雄"电影潮。这波浪潮的成名之作便是周润发的《英雄本色》。由此也可以看出,在香港人的眼里,那些具有侠义精神的黑道大佬,名声都比警察好。

需要明确指出的是,非法赌博业、色情业的经营者为了经营,向黑社会缴纳保护费,滋养壮大了黑社会;向警务部门的人员行贿,腐化了警务部门,导致警匪沆瀣一气,造成严重的社会问题。

彻底解决这个问题一是坚决彻底打击非法赌博业、色情业,使其没有生存的土壤,使其没有生存的空间,彻底干净地铲除,但这常常很难长期做到。二是严格立法立规,允许赌博业、色情业合法经营,经营者严格依法依规经营,例如美国的拉斯维加斯、荷兰的阿姆斯特丹及中国澳门的博彩、中国香港的赌马等等。

污点证人韩德警司

香港廉政公署成立之后,对于警察队伍的贪污活动,打击力度非常之大。之所以出现这种情况,有一个极其重要的原因,那就是其中的一名前警司为了减刑,主动和廉署配合,向廉署提供了许多警务系统内贪污腐败的线索。这名前警司在前面的叙述中已经提到,他就是葛柏案中那个给廉署提供了重要线索的外籍前警司,其中文名叫韩德。

韩德是香港警务处的前侦缉警司,专职负责刑事案件的侦破工作,其职务相当于内地市级公安局的刑警队长。他是英国人,他的英文香港译名是喧尼斯·波斯富·麦斯。他从1955年开始进入香港皇家警察系统,从低阶警员干起,逐步得到提升。一方面由于他的外籍身份,另一方面也由于香港警察队伍的风气不正,他用大量受贿得来的贿款再贿赂上司,所以在警队内平步青云,很快做到警司之职。

据韩德后来交代，香港警察内部实际已经形成了一个贪污组织，在这个集团中，他属于高层的一分子。他们这些人干着所有一切非法的勾当，心理上却没有丝毫负担。他自己承认，这个由警察组成的集团，实际主持了全港的犯罪活动。他自己则一心准备做好大贪官，意识深处早已经放弃了一切做人的原则，唯一的人生目标便是攫取财富以及花天酒地。

外籍前警司韩德当时的月薪只有80镑，约1100港元，可他住的是最豪华的别墅，驾驶的是最高级的轿车，穿的是名牌，身上的金链有几两重，业余时间，他出入的全都是高档消费场所，生活极为奢靡，出手的阔绰令人叹为观止。

例如韩德的妻子生病住院，当时，香港医院的床位极其紧张，妻子生病时，韩德正在执行公务，且不清楚此事。亲戚将韩德的妻子送进医院，院方并不知道她是韩德的妻子，因此不肯为她安排床位，后来亲戚不得不拿出一大笔钱贿赂了院方有关人士，医院才在普通病房给了她一个床位。

韩德完成任务后，听说妻子住院，立刻赶去医院。此时，院方才知道韩德妻子的身份，立即给她安排特护病房。而那几个收了贿赂的院方人员听说此事，吓得脸色都变了，要将收取的贿赂退回来。韩德却极为大方，不仅不让人家退，反而给医院上下每个人一大笔打点，其中那些护士以及清洁工也得到上百港元的好处费。

外籍前警司韩德事后说："贪污在香港警察队伍中是一种生活方式，就像晚上睡觉、白天起床刷牙一样，非常自然的一件事。"他认为，各行各业都要靠这种贪污行为生活，他不能坏了人家的规矩。

韩德远远超过其收入水平的生活，自然引起了香港市民极大的不满，他们数次匿名投诉，可这些投诉信，均落到了韩德所在的这个犯罪集团的手中，然后便泥牛入海，再无声息。

直到1973年2月，一封投诉信非常意外地被送到了警务处长宝信的手中，而这封投诉信指控既简单又明了，指出韩德月收入多少，拥有几处价值多少的住房以及几辆价值多少的车辆。投诉指明韩德拥有的房产及车辆，早已经高出他实际收入的许多倍。

这封投诉信令宝信大为震惊，他当即找来几名亲信，问他们，投诉信中所指是不是事实，韩德的生活真的这么糜烂吗？那几个人平常也都收过韩德的好处，此时却不敢替韩德说情，只是闪烁其词。

警务处长宝信震怒了，他立即着手进行调查，结果发现，韩德的生活远比投诉信中所称更为奢靡。他又命令警务处反贪污室调查韩德的财政状况，结果送到他手中的报告显示，韩德的银行存款以及固定资产总值高达500万港元，超过其任职警察以来总薪水的10倍。

宝信立即签署了命令，要求韩德根据香港法律解释其财产来源，韩德自然解释不清，于是，他被拘捕，随后受到指控。不过，韩德被控的并不是贪污罪，而是巨额财产来历不明，这项指控比贪污要轻得多，因而，当年11月1日，韩德被法院裁定罪名成立。

韩德虽然入狱了，但他在狱中的生活却被照顾得很好，因为他的妻子在外面替他打点了一切。整个香港贪污成风，监狱自然也不例外，狱方的官员收了韩德妻子的好处，对他照顾有加。虽然受到优待，毕竟和外面的世界完全不同，在狱中，韩德一心所想的是怎样尽早地离开监狱。

恰在此时，葛柏案发，新成立的廉署苦于找不到证人。外籍前警司韩德经过一番权衡，便主动和廉署联络，希望充当本案极其重要的证人并且得到有关优待。

此案是廉署成立后的第一桩案件，也是香港有史以来涉及官职最高的案件，对于韩德的要求，廉署方面自然乐于配合。韩德向廉署供出了湾仔华籍警司郑汉权向葛柏行贿2.5万港元一事，并且愿意为廉政公署作证。

拔出萝卜带出泥。当初，韩德被判有罪而入狱，实际上，他所犯的罪并没有被调查清楚，谁都知道，韩德心中藏着无数巨大的秘密，涉及香港警方高层无数的贪污案件。但是，这所有一切，他自己不愿说，别人根本无法令他开口。现在，他终于愿意“立功”了，廉署又急于打开局面树立形象，自然不肯放过韩德这个重要人物。

污点证人郑汉权警司

前外籍警司韩德供出的第一个人物是华籍警司郑汉权。郑汉权同样是警务系统贪污集团的核心成员之一。最初，郑汉权警司并不愿意和廉署配合，态度甚至很强硬。后来，他意识到一个严峻的事实，在行贿葛柏2.5万港元一案中，廉署似乎握有重要证据，他自己若不承认，仅凭这一罪证，亦可定自己的罪。

华籍警司郑汉权从警十几年，从普通警员做到警司，尤其是在湾仔当了两届警司，收取了大量好处，自己的财产根本经不起调查，廉署如果要定他一个巨额财产来历不明罪，那是绝对跑不了的。

对于郑汉权来说，最好的选择，便是和廉署配合，以此来阻止廉署深挖自己的财产来源，并且希望在葛柏一案中，争取廉署替自己说好话，得到法官的宽大。

后来的事实也正是如此，廉署并没有再追查郑汉权其他来历不明的巨额财产，仅仅只要求他担任葛柏案的污点证人。他自己也在葛柏入狱后，被法庭宽释。

华籍警司郑汉权后来受到了优待，他行贿葛柏，自然是犯罪了，所以他也再无法享受警务人员高额的退休金。但另一方面，因为他举证有功，法庭方面并没有追究他行贿的法律责任，而廉署也没有继续追查他其他的犯罪行为。

在担任警司期间，华籍警司郑汉权同样是大肆贪污，获得了大量的钱财。此后，他带着这些钱财，全家移民去了加拿大。

《韩德回忆录》风靡

葛柏入狱后不久，韩德果然提前出狱。刚刚从监狱出来时，当时香港媒体的记者纷纷联系韩德，希望采访他。但韩德并没有爆出更多的内幕，即使如此，有关他的消息，在香港也是洛阳纸贵，畅销一时。

韩德和太太一起移民去了西班牙。后来，韩德在西班牙的巴塞罗那接受了一个英国记者的专访，这位记者以此为内容写出长篇报道在英国刊载，后又将版权卖给香港，香港方面以《韩德回忆录》的标题开始在报纸上连载，结果，这家连载的报纸成了市民争相阅读的对象，一时间其他报纸均受到空前冷落。

韩德之所以如此受欢迎，并非他是怎样的英雄，而是因为他揭露了香港警方贪污的重重内幕，也因为香港市民对香港警察贪污行为的极其愤怒和高度关注。

开启反腐倡廉的好头

《香港商报》曾发表短评《对大贪官太优待了》讥讽廉署和港英政府：

> 香港的贪污问题，的确十分严重。在广大居民的压力下，直接向港府负责的独立部门廉政公署，花了居民百几二百万元，出尽九牛二虎之力，将大贪官葛柏由英国引渡返港审讯，但仅控告他向郑汉权受贿二万五千元，及串谋行贿罪而已。昨天，法官判葛柏入狱四年，仅要吐水二万五千元。其拥有四百三十七余万的财产则不追究了。
>
> 我们早已说过，这样的大贪官，仅控告他贪污二万五千元，控罪实在太轻了。韩德自称贪污十八年及贪污了六百万元，也仅控告他的生活水平超过其收入及判入狱一年而已。

确实,当年的葛柏案,令许多市民不满,尤其是涉案的葛柏、韩德、郑汉权三位高级警官,他们的贪污所得,加起来超过1500万港元甚至更多。当时的1500万港元是一笔巨款,用房地产价格比较,相当于现在的40亿港元。可见当时香港市民对此案为何高度关注以及对相关案件的处理为何愤怒了。

时隔多年之后,大多数香港市民已经完全理解了廉署的这种做法,知道廉署当时为了将葛柏绳之以法而花去的100多万港元是非常值得的。关键的关键是廉政公署以葛柏案开始,坚决肃贪倡廉,取得了惊人的反贪战绩,把香港打造成了廉洁的社会。

从葛柏案可以看出,当时香港政府机构内部贪腐最严重的是警务部门,因此,廉政公署一直以警方的贪腐作为主要的侦办对象。葛柏案之后,1975和1976年廉政公署总共侦办了12名公务人员,其中大部分是警官,既有英国人也有华人,充公的不义之财高达1500万港元,相当于现在的40亿港元。

1976年8月,警务部门的九龙交通部集体贪污案被廉政公署侦破,后被判罪,包括警司、总督察在内的13个警官和警察入狱,此案再次轰动香港。到了1977年10月,廉政公署已经成功侦办了260名贪污的警务人员。

香港廉政功臣姬达

1973年姬达爵士选择出任首任廉政专员,接管警方反贪污室工作,1974年组建并领导廉政公署一战成名,掀起廉政风暴,肃贪成果辉煌。香港廉政公署赞扬姬达爵士是捍卫亚洲迈向廉洁之钥匙。姬达爵士是香港廉洁的首要功臣,其功绩将彪炳史册。

1978年至1981年姬达爵士任职香港布政司,姬达爵士为香港的廉洁和发展做出了巨大贡献。姬达爵士离开政府后继续留港工作和生活,至2001年才辞退所有工作回家乡定居,最后一次来港是2002年,2006年4月14日因病逝世。

姬达爵士多年来以香港为家,其家人发出的讣文指姬达"在香港服务56年,以令世界更美好为奋斗目标",令人怀念。姬达爵士家人形容他为"香港真正的朋友及仆人"。姬达爵士确实是"香港真正的朋友及仆人"。

姬达爵士多年来在港英政府内任职,主要在工商司工作,对于香港20世纪60年代经济的高速发展做出过杰出贡献。当廉署建立时,姬达已经决定离开政府部门,前往企业任职。当时的香港电话公司已经延揽他担任总经理一职,这一职务将为他带来极其丰厚的报酬。

正当姬达爵士准备前往电话公司就任时，港督麦理浩爵士亲自找他谈话，表示希望由他担任首任廉政专员。在历任香港总督中，麦理浩爵士是一位颇有才识而且有魄力的港督，他在任上进行了一系列改革，对于香港今天的繁华，功不可没。

港督麦理浩爵士向姬达爵士表示，目前香港的贪污现象，不仅仅损害了香港市民的利益，也极大地损害了英国的利益，如果港英政府再不能在这方面有所作为，后果不堪设想。现在，既然成立廉政公署，他便希望这个部门是一个绝对纯净的部门，不再受任何贪污的侵蚀和污染，因此，他必须选择一个最信得过的人担任廉政专员一职。经过综合平衡，他想到的第一个人，便是姬达爵士。

对于姬达爵士来说，此时他确实有些难以抉择，廉政专员的薪酬虽高，可与电话公司总经理相比，还是差得太远。姬达爵士说，促使他最终放弃高薪职位而选择廉署的，是他对香港的热爱。他说，他这一生中最主要的也是最关键的时光是在香港度过的，他热爱香港，同时也为香港官场的腐败而痛心。现在有了这种机会，他便希望能够通过自己的努力，让香港变得稍稍美好起来。

当时，廉政公署刚刚组建，需要通过大力肃贪赢得社会各界的支持。希望多办些案子、大干一场的廉政专员姬达爵士更是踌躇满志，一心要在这个行业建功立业，为香港的清廉有一番作为。两位警司韩德和郑汉权向廉署揭开了一系列与警方有关的贪污黑幕，为廉署展开对警务部门的侦办提供了线索。

闻名的四大探长

韩德和郑汉权将香港警队的腐败撕开了一道缺口，廉署便沿着这道缺口开始了穷追猛打。整个香港警察贪污团队中，最值得一提的，便是闻名于香港的四大华人探长吕乐、颜雄、韩森和蓝刚，另外还有探长张荣树、曾启荣等。

整个20世纪60年代，是吕乐最有权势也最风光的时代，当时，香港警界有四名华人探长极其有名，他们四人彼此经历相近，地位相当，名声也不相伯仲，彼此又成为整个香港警队贪污链的中坚人物，相互保持着紧密的关系。

四大探长中，吕乐的资历最老，属于年轻的老探长，地位也最高，蓝刚属于后起之秀。由于他们几人私交甚厚，在警队的关系又广，当时的香港黑帮“四大家族”（新义安，义群，14K，胜和）也都给足他们面子，即使他们坐在家里什么事都不干，这四大黑帮也送案件给他们上去交差。

新警务处长上任，都需要“礼贤下士”，首先来拜访他们这几位，否则香港的治安就会大坏，而警方根本无法制止，直到警务处长问候过他们为止。警察已经与黑社会沆瀣一气，警匪内外串通，形成警匪一家。廉政公署通过反腐肃清警界贪污，成功打击黑社会，解决了警匪一家的问题，成绩令人称赞。

香港高层希望通过某种形式掣肘这种贪污之风，比如不让一名警员在一个地区任职太久，到了一定年限，便进行一次大调动。这就是现在的轮岗，没有真正的监督，没有真正的惩戒，轮岗是无法遏制贪腐的。

吕乐在香港岛任了一段时间总探长之后，便和任职九龙的蓝钢对调。然而，这种方法根本不起作用，因为缺乏真正意义上的监督，警察的职权不受任何控制，就算将他们调来调去，不仅不能遏止贪污，反而给他们的贪污提供了新的机会，使得贪污链迅速扩张。

提起吕乐这个名字，一般中国内地人或许不是太熟悉，但如果提起另一个名字雷洛，普通的中国人尤其是年轻一代的中国人，差不多有点如雷贯耳的感觉了。雷洛其实就是吕乐，在粤语中，雷和吕音近，洛和乐音同，由此可见，这只不过是为了避免被人告侵权才采取的障眼法，但主要的事件却基本相同。

雷洛是刘德华所演的电影《五亿探长雷洛》中的主角，这部影片上映后极受欢迎，因此雷洛成了香港电影中的一个品牌，以雷洛为主角并且以雷洛为电影片名的电影拍了三部，以四大探长为题材的电影，更是拍了一大堆。

电影片名为什么叫“五亿探长”？原因很简单，据香港廉政公署的调查，吕乐当时的身价有5亿港元，仅仅是在香港的物业，便时值300余万港元。这些物业若是至今仍然持有的话，便值十几亿港元。而在当时，除了这些物业之外，吕乐还有其他一些财产，总值高达5亿港元。

四大探长之吕乐

在香港探长这一职务中，吕乐确实是极其有名的一位。1958年，香港的华人地位尚低微，尤其在政府部门，很难见到华人身影，职位稍高一点的华人更是极少。吕乐却在这一年被提拔为新界区总探长。探长因为一再成为电影电视的主角，因此社会知名度极高。

在整个警察队伍中，探长仅仅只是第三级警衔警员的最高级，与内地警察队伍的级别相对应，大概也就是一个刑警组长而已。

作为高级警官的警司，月薪都只有1000多港元，一名探长，月收入只有不足1000港元。吕乐又怎样捞到了5亿家产？很简单，贪污受贿。

吕乐于1940年参加香港警队，当时他只是一名普通的着装警员。这一类警员通常是出外勤干一些最基本的警务，是一个很辛苦的角色，如巡警之类，日晒雨淋，每天都在街上走动。

吕乐一开始便表现出了与其他着装警员不同的素质和能力，屡破大案，因而被提升为便装警员。成为便装警员之后，吕乐的职责不再是巡逻，更多时间是参与破案。

吕乐还真是个奇人，许多难案大案，只要到了他的手里，便能迎刃而解。如果不是他没读过什么书，无法通过香港皇家警察由警员向督察升级时严格的考试，很可能早就升到了更高的职位。

其实吕乐根本就没有破什么案，而是花更多的时间与黑社会接触，与辖区内各黑社会组织大大小小的头目成为极其要好的朋友。他所破的案子，有一部分是黑社会组织故意做下来让他破了去立功的，也有一部分是黑社会组织帮他破的。黑社会组织对他格外照顾，他对黑社会自然也就异常友好。

探长吕乐是个极其独特的警探，他有警探红的一面，办事雷厉风行、果敢决断，又有江湖人物黑的一面，像黑道大佬一般，巧取豪夺、仗义疏财。他既向上司行贿，也向下级收贿，同时也利用手中的权力，向辖区所有机构收取好处费，同时充当他们的保护伞。吕乐之所以能够成为华人总探长，正是靠行贿铺路。

整个警察系统就是香港最大的一个黑社会组织，吕乐上下的关系盘根错节。他的手下，有很多兄弟要靠他吃饭，靠他生存，他不能不照顾这些小兄弟，让他们过上比普通人更富裕的日子。要做到这一点，他就得上上下下打点，而钱自然就得利用权力去索要。

因为没有文化，无法考取更高职位，1968年，年仅48岁的吕乐不得不退职。退休之后，吕乐仍然在红黑两道走动，利用自己的影响，处理各种事务，自然也“帮助警方破案”，在警界，他仍然享有很高的地位。与此相对应，他仍然能够以一名退休警员的身份，四处收取保护费，或者接受各黑社会组织的孝敬，过着优哉游哉的晚年生活。

可这种快乐的晚年生活，因为廉政公署的成立而改变了。香港警队贪污链从韩德以及郑汉权处断开之后，廉署立即沿着这个线索往下追，四大探长很快被列入廉政公署的备查名单。

吕乐听到风声，知道自己有可能上了黑名单，迅速采取行动，离开香港逃往加拿大，同时与香港保持密切联系，关注着廉署方面的进展。他所希望的是，廉署方面对于已经过去的一切既往不咎，那他就有可能继续返回香港生活。

但这种如意算盘多少有些一厢情愿。1976年11月4日，廉署发出了有关他的通缉令，即时生效。加拿大属于英联邦国家，港英政府要在加拿大形成影响，比其他地方容易得多。在此前后，有不少廉署通缉的人士逃到了加拿大等地，港英政府方面积极同加拿大联络，要将这些人引渡。

吕乐知道形势不妙，迅速离开加拿大到了台湾，此后便一直生活在台湾，间或前往加拿大，但没有再回过香港。香港廉署大概也清楚吕乐住在台湾，但香港和台湾之间无法引渡，因而对居住于台湾的吕乐，香港廉署也无能为力。

在台湾，吕乐过着深居简出的生活，隔壁邻居都认识这个老人，可没有人知道他就是刘德华所演的那个名探长雷洛。2010年5月13日，吕乐在加拿大因病去世。

四大探长之蓝刚

当年四大探长的第二位是蓝刚，因为此人很幽默，无论言语还是动作都十分滑稽，很会搞笑，尤其喜欢捉弄人取乐，所以他很有人缘，黑社会送给他一个花名，叫他“无头”，即无厘头的意思。他倒十分喜欢这个花名，平常和那些黑道大佬打交道，便拿自己的花名和他们取笑，“我无头的名号是你们送的，你们当心我取你的头来”。

在四大探长中，蓝刚参警的时间略晚，比吕乐晚了4年。蓝刚入行虽晚，但升职却快，其中有一个主要原因就是他有一种拼命三郎的精神，遇事从不后退。当年，吕乐、颜雄、韩森、蓝刚先后由着装警员成为便装警员，均在一名高级探员手下任职，这名探员叫曾昭科。

蓝刚调任刑警不久，便遇到了一桩大案。1958年，香港九巴总经理雷瑞德被歹徒挟持，曾昭科当即率领几名警员入屋营救。劫匪之一是拥有“双枪虎将”之称的李卓，此人可以使双枪，据说有百步穿杨的功夫，许多警员听说要破门入室，便吓得不敢出声。蓝刚自告奋勇，跟随曾昭科一起行动，因而受到上级嘉奖以及曾昭科的赏识。

蓝刚成为刑警的时间虽然最晚，但得到曾昭科的赏识却比其他几人更早。曾昭科曾经提拔过一批华籍警员，除了后来的“四大探长”之外，他还提拔过曾荫权的父亲曾云。

廉署成立后，持续不断地打击警队内的贪污，一时间人人自危，警察和黑道之间的联系开始收敛。此时，四大探长大多已经退休，他们暗中给黑帮通水，要求他们暂时不要太放肆，以免吃亏。有些黑帮开始转行做正经生意，但也有些不怕死的，仍然胆大妄为，不将廉署放在眼里。

绰号“跛豪”的大毒枭吴锡豪胆大妄为，继续贩毒。最终，吴锡豪等9名大毒枭于1974年11月12日被捕，此案涉及毒品交易超过16吨，总案值达4亿港元以上，后来被判处总刑期124年，其中吴锡豪刑期最长，为30年。

此案自然牵连一大批贪污警员落马，那些受此案牵连却仍然在职的贪污警员只有束手就擒，甚至一些贪污的退休警官也都受到牵连，蓝刚就是受牵连者之一。

蓝刚已于1969年提前退休，当他意识到不妙时，便以出境旅游为名，逃至外地避风头。1977年2月11日，香港廉政公署发出对蓝刚的通缉令，此后，蓝刚再未返回香港，直到1989年因心脏病在泰国去世。

四大探长之韩森

四大探长排在第三位的是韩森，与吕乐、蓝刚一样，韩森也做到了总探长之职。不过，他担任这一职务的时间比吕乐和蓝刚都晚。

韩森出生于香港的离岛长洲，加入警队后，同事送给他一个花名，叫他“长洲仔”。此外，由于他一直比较肥硕，又有一个绰号叫“肥仔B”。韩森和吕乐同一年加入警队，最初一直籍籍无名，虽然有吕乐等朋友暗中提携，却也难以得到升职的机会。

直到1950年，已经担任刑警的韩森受命侦破一桩警察运金案。这桩案件涉及警察，韩森接受任务时，便知道十分棘手，破案吧，很可能使得警察内部的问题曝光；不破案，上面又追得紧。他因此向吕乐等讨教，最后由吕乐在背后摆平，从而使得此案“告破”，韩森也因此升职。

到了1966年，韩森终于升为华籍探长，任职于油麻地以及旺角两区。吕乐和蓝刚退休后，香港警方需要用人，于1971年6月将韩森提拔为新界区总华探长。

这时，新任港督麦理浩爵士到任，这位港督似乎和以前那些港督作风不同，颇有肃贪之态。警署内一些人开始担心自己受累，暗暗做着脱身准备。韩森便在此时提出提前退休申请，结果，他仅仅只当了两个月总探长便退休了。

韩森是韩德以及郑汉权案浮出水面的第一批警官之一。廉署秘密调查后发现，韩森服务警队期间，所有薪酬加起来只有不足20万港元，但他离开警队时，各项财产加起来，超过了415万。仅此一条，廉署便可以将其逮捕。

韩森在韩德以及郑汉权出事后，意识到情况不妙，提早一步逃出香港。1976年，廉署发出对韩森的通缉令，但此时，韩森早已经在海外定居。后来为了保证自己的安全，又到了和香港没有引渡条例的台湾，直到1999年在台湾病逝。

韩森有一妻二妾，妻子尹莲，侍妾简淑英和刘美玉。韩森被通缉后，为了逃避廉署追诉，便将财产转至妻妾以及母亲吴叶等名下，由她们管理，其中包括47个物业单位、12个银行户口、6家公司、多部名贵汽车等，当时市值为415万港元，不论在当时，还是在现在，都是一笔巨额的财产。

退休探长张荣树

张荣树于1951年参警，在警队服务22年，最高职务做到湾仔警署刑事侦缉科探长。有关张荣树贪污的细节，根本不需要去仔细探讨，当年，凡是有点职权的警官，又在像湾仔、旺角、油麻地这样一些容易“捞”且油水厚的地方任职，没有一个不是几百万身家的。

20世纪70年代初，香港廉政公署建立，反贪风声趋紧，一批警官见势不妙，提早退休，张荣树便是其中之一。他不像其他警官退休后仍然待在香港，张荣树于1973年底退休后，在1974年3月5日离港，前往台湾定居。

廉署调查葛柏案时牵出了郑汉权，而郑汉权为了让自己过关，便将任职湾仔警司期间下属贪污的情况向廉署进行了报告，其中便涉及当时担任探长的张荣树。

廉署对这一线索极为重视，随后对张荣树的财产进行调查，发现他任职警队22年间，应得薪酬收入为15 .73万港元，但截至1972年底，张荣树却拥有超过318万港元的资产。随后，廉署发出有关张荣树的通缉令，并且冻结他名下的一切存款和产业。

26年后，香港政府提起民事诉讼，追讨被冻结的张荣树名下财产，成功追回400万港元。但据有关人士估计，目前，张荣树名下的财产早已经升值，估计不下亿元。

曾志伟之父曾启荣

曾启荣加入香港警队的时间，与吕乐、韩森在同一年，均是1940年。提起曾启荣这个名字，内地自然没有几个人了解。但如果提起他儿子的名字，几乎是无人不知，无人不晓。这个名字就是曾志伟。

曾启荣个头不高，但非常喜欢运动，尤其喜欢足球运动，他曾经是香港警队的足球教头兼球员。与他同年进入警队的几个人，也都是运动爱好者，像吕乐便是一名篮球运动爱好者。这些人平常在一起工作，又一起打球，增进了彼此间的友谊和联系。同时，他们又是香港警队贪污网的成员，相互协作配合，趁机捞钱。

曾启荣在香港警队的职务升迁较吕乐等要慢，当颜雄等升上帮办时，他还是一名普通的刑事探员。香港将这一类人员称为"咩喳"，意思和上海所称的"包打听"相似，也就是目前内地所说的刑事侦查员，主要负责案件的线索收集工作，职责是四处打听。因为在这一职位的时间较长，所以，同事给曾启荣起了一个花名，叫他"曾咩喳"。

直到吕乐等升为探长之后，才对这位小兄弟格外照顾，提升他为帮办，进入了探长级。1972年，曾启荣和他的几位兄弟一样，从警队提前退休，他的最后职务是着装警署署长，相当于内地的派出所所长。

曾启荣也受到了廉署的注意，并曾被请去"喝咖啡"。事后，曾启荣在他那些难兄难弟的协助下，成功逃出香港，前往台湾，与曾志伟的母亲住在台北市民生社区的大楼里安度晚年。

后来，曾启荣的儿子曾志伟进入香港娱乐圈，并且成为娱乐圈的超级明星，拍过不少与这个时期的警匪人物相关的影片。曾志伟喜欢踢足球并且球技不错，自然是受了父亲的影响。而曾志伟的女儿一直在台湾长大，也正因为祖父母均在台湾生活的缘故。

1976年4月8日，香港廉政公署发出关于曾启荣的通缉令。正因为如此，曾志伟成了香港的大名人，曾启荣也没有机会回归故里，直到2011年1月17日，他因病在台湾病逝，未能再回香港。

警司与黑帮沆瀣一气

在这场廉政风暴中，受到冲击的并不仅仅是警察队伍，其中也包括了与警察声息相通的黑社会组织。这些黑社会组织正是受到警察的保护之后,才开始为所欲为,利用黄赌毒大肆敛财,以至于身家数亿。

在廉署配合下,香港警方破获了有史以来最大的一桩贩毒团伙案,大毒枭吴锡豪被捕。吴锡豪绰号"跛豪",汕头人,1962年,内地正处于经济困难时期,吴锡豪在内地无法生存,才私渡香港,成为流落香港街头的一名难民。

20世纪60年代,香港对内地非法入境者采取的是宽容和收容的政策,明知这些人属于非法入境,也不过问。直到20世纪70年代,外来人口越来越多,对香港的住房、物质供应等形成了巨大的冲击,港英政府才改变以前的做法,对非法入境者予以遣返。

虽然港英政府当时并不遣返非法入境者,但他们在香港毕竟没有合法身份,生计是个大问题。这些人除了在当地找一些收入极低的苦工之外,便只有混黑社会一条路。

"跛豪"到香港不久,便成了黑道马仔,在街头摆字摊骗钱。在黑道间抢地盘的时候,他被人打伤了腿,并且因为黑道要人顶数,便将他交给警方,因而入狱。

这次入狱成了吴锡豪命运的转折点。在警方查案过程中,他认识了吕乐、蓝刚等人,其后,他一直和四大探长紧密配合,而四大探长也暗中扶持他,使他在黑道的地位迅速提升,后来更成为名震香港的大毒枭。

"跛豪"的入狱使得香港警队的黑幕进一步被撕开一道大口。由于"跛豪"案,香港警队反黑组警司谭保礼贪污案迅速浮出水面。谭保礼入狱后,为了争取从宽处理,便积极与廉署配合,提供香港警队内部的贪污黑幕。因此,又有一大批名单出现在廉署的工作日程表中。

作为反黑组警司,整个香港警察反黑组均在谭保礼的掌控之下,同时,反黑组实际上早已经成为黑社会的保护组,他们和黑道组织结成了一个紧密的腐败网,这个网的总头目便是谭保礼。反黑组的所有警察和黑社会组织联络,均需要向谭保礼交数。

离职探长纷纷出逃

随着葛柏被引渡判刑、韩德减刑出狱、郑汉权丢官移民、谭保礼被捕,廉署一连串的大行动直指警方高层,受到震动最大的便是探长这个层次。可以说,当时香港警察探长这一职务中,无一例外都是大贪官,那些已经退休的探长意识到自己可能受牵连，纷纷以出外旅游为名，暗中潜逃。

1975年2月26日，《香港商报》就在头版爆出内幕猛料，以《廿多华探长走难》为题，报道了这一树倒猢狲散的过程。消息称：

> 已捞了数百万至数亿元的华探长，一时如惊弓之鸟，于是纷纷走人。
>
> 最初，他们只是避一避风头，看一看势色，在港摆下几个亲信听消息。知道未列入"侦查"之列，及未有"黑名单"者，他们时不时从海外返港，在香港待一段时间又离开。从"韩德案""跛豪案"等一连串爆出内幕之后，一些退休、退职华探长迅速离港了，至反黑组警司谭保礼被捕及爆出内幕后，又有一些探长飞离本港。至欧阳坤、曾启荣被捕后，退休、退职探长飞离本港者，更是出现高潮。
>
> 内幕人士透露：退休、退职华探长，至今已有廿多人飞离本港了。有的往台湾避风，有的利用台湾过桥，转飞加拿大、美国。有的则早已飞往东南亚改名换姓匿居了。这些捞起之人，多有巨款存在海外的银行，并在海外购有物业，但他们中十个有九个不识英语，生活枯燥，多是在海外住一个时期，再转返香港。有的每隔数星期就飞往港赌一次马。
>
> 但在目前这个风头火势的时候，无一人敢返港。
>
> 有的警长或探长，本来已飞离本港，后来听说已"过骨"，廉记不追究了，于是回到香港来，结果廉记人员突击搜查住宅及拘捕。有个别探长已退休四五年，并在港匿名及叹世界了，但现在见过鬼怕黑，一个星期来，最少有两位退休华探长也飞离港往加拿大避风。
>
> 在职的华探长（主要是捞起的），目前生怕廉记突然搜屋。他们想退休或退职，又怕引起廉记侦查。至于华探长的"收租佬"，不少也捞了数百万元至数千万元。他们也纷纷飞离本港，有的飞往美国。

《廿多华探长走难》文中所指的退休四五年的探长，指的便是四大探长了。此文虽然未透露更多的姓名，但文中所写的内容基本属实，尤其反映了当时香港退休或退职探长以及在职探长人人自危的现状。

对于那些已经离职的探长来说，因为已经不受团队纪律的约束，随时都可以走人。因此，当时有20多人在此前后逃离香港，这些人后来陆续被香港廉署通缉，但很少有人到案。

在职探长惶惶终日

与离职探长相比，那些在职的探长，可以说是惶惶不可终日。因为他们很清楚，香港警队探长这一级，没有一个人是干净的，只要廉署立案，他们便有问题。最轻的，也可以定下一个“财政状况与官职收入不相符”的罪名，判处入狱以及冻结财产。

退休退职的警官可以堂皇出境，毕竟他们是自由身，去哪里旅游或者居住，别人无法说三道四。可在职者则不同了，他们一逃，反倒是不打自招，没事找事，引火烧身了。可待在香港，又度日如年，实在不知道廉署的这把火，何时会烧到自己的头上。

这个时期的香港警队处于一种怎样的恐惧之中，可想而知。

警察几乎全部贪腐

20世纪六七十年代，香港经济虽然快速发展，但城市建设还远远没有今天的规模，当时的尖沙咀、油麻地一带，还属于九龙的边缘地带，集中了许多棚户区，也因此成为黑道势力争夺的焦点所在，后来名震香港的一些黑道人物，均在这一带活动并且出名。

这一带隶属于九龙分区，作为副总指挥，葛柏实际上是这些警察的总头目。而四大探长全都与此地有关。吕乐曾在此任探长，后来又在新界区担任总探长，此后和蓝刚对调，在九龙区担任过一个时期的总探长。蓝刚更是与此地关系紧密，他升任总探长，便是在九龙区。至于另外两个人物韩森和颜雄，更是这个地区的地头蛇。韩森一直在油麻地一带任职，直至被提升为油麻地的探长，后来又调任旺角警署担任探长。颜雄的最后职务便是油麻地警署的探长。正因为如此，廉署在那个时期的工作重点便是这个区域，尤其是油麻地一带。

据后来的统计数据表明，自葛柏案之后至1976年间，成立只不过两年的廉署，在香港警队内部，便挖出了近20个贪污集团，数名警司级的高级警察被捕，数百名各级警员被捕或者被通缉。其中最大的一桩团伙贪污案涉及18名警务人员。此案告破之后，在香港社会引起巨大反响。

两年时间里，香港廉署确实是肃贪战果辉煌，迅速在市民中赢得了尊敬和支持。但与此同时，警队内部却是风声鹤唳，人心惶惶，引起极大恐慌。因为整个香港警队没有几个人是干净的，他们很清楚，自己曾经贪污，廉署这样查下去，迟早有一天自己会进监狱。

那些已经退休退职的人士得以逃脱，看起来是够幸运，但实际上，他们的退休金被剥夺，长期被通缉，只能隐姓埋名生活在异乡，有些逃往国外的连语言都不通，又不能返回，只能过着一种暗无天日的生活。更为重要的是，廉署通缉他们的同时，冻结了他们的财产，即使某些人有些财产在外地使用，因为不十分清楚当地的法律，过着担惊受怕的日子。

那些仍然在职的，可不敢冒风险外逃。既不能走，又不能留，这样的日子对于每一个警员都是一种煎熬，他们希望能够有办法突破这种困局。然而，港督以及市民对廉署的工作极其满意，廉署成了明星，谁若想与他们对抗，结果只可能是搬起石头砸自己的脚。

警察由恐惧成仇恨

正是在这种大环境下，警察对廉署渐渐积聚了一种由恐惧演变而成的仇恨。到了1977年，这种仇恨终于酿成了一起警廉冲突的大事件。事件的起因地是油麻地。廉署实际上很清楚，虽然在九龙一带抓了不少人，但当地警察的贪污行为远没有肃清。他们派出许多调查员在这一带活动，随时收集有关证据。

当时，油麻地一带有很多街边摊档，表面上，他们从事的是诸如水果等一类生意，但暗地里，这些摊档其实是黑社会贩卖毒品的场所。像跛豪这样的大毒枭，手下往往只有几个或者十几个核心人员，他们得到毒品之后，便由这些核心成员派给手下。这些核心成员中，每人只有三五名马仔，这些马仔拿到毒品后，便送给各个街头摊档，再由这些摊档卖给吸毒者。警察很清楚这种销货渠道，他们对此暗中保护，并且收取保护费。

廉署为了抓到某些警官犯罪的证据，秘密派出调查员潜伏在这些摊档附近，凡是有警察在这一带活动，立即予以录像。警方不知油麻地一带已经被廉署布下天罗地网，仍然像从前一样前去“收数”，这些镜头，全都被廉署的调查员秘密地拍了下来。

廉署是独立工作，直接对港督负责。实际上，除非是重大案件，港督根本不过问廉署的工作，这就等于廉署成了一个无人能够过问的机构。他们采取的任何行动，除非内部保密工作没有做好，否则，外界无人知晓。

这项工作持续了相当一段时间。因为廉署抓到了确凿证据，这些证据对于那些“收数”警察具有非常大的威慑力。当廉署认定可以采取行动的时候，便公开或者秘密将这些涉案的警员请去“喝咖啡”。那段时间，九龙区各大警署的警员通常会莫名其妙地失踪，后来，大家才知道，只要再有警察失踪，肯定只有一个去处，那就是被廉署“请”去了。

“喝咖啡”的事件一再发生，对于整个九龙区的警察来说，冲击力有多大，可以想象。那时，每一个警察都有一种巨大的压力，以为自己随时都有被廉署“请”走的可能。

在反贪巨大压力下，警察们自然不甘束手就擒，他们通过各种途径抗争，但因为廉署直属于港督，没人能说得上他们的话。廉署的有关调查仍然在紧锣密鼓地进行，并且逐渐深入到警察队伍的核心。

1977年9月至10月间，廉署对尖沙咀警署采取了大规模的行动，在不到一个月的时间里，这所警署的警员竟然被廉署逮捕了260余人，其中警司级或者总督察一级的高级警务人员便有22人之多。这基本上等于将整个尖沙咀警署给一锅端了。

不仅如此，这种逮捕行动似乎还远未结束。涉案者不仅仅只是尖沙咀警员，逐渐开始向周边三个警署的人员扩散。

暴动警察砸廉署

警察们这时意识到，如果任由廉署行动，每一个警察都可能被判入狱。尤其是那些高阶警员，他们自然不甘坐以待毙，便煽动下面的警员闹事。10月下旬，九龙分区各警署发起了一次警察签名活动，其中有1.1万名警察联名向警务处长施礼荣递交控诉信，表达对廉署的不满，并且以强硬态度表示，政府如若不制止此事，他们将集体采取行动，不再维持香港的治安。

廉署所办的这些案子，可谓铁证如山。香港警察队伍的腐败程度，不仅令市民触目惊心，更令港督异常愤怒。警务处长知道此时港督的态度，接到这封抗议信后，也如握住了烫手山芋，抓也不是放也不是。拿到港督那里，得到的是一阵怒骂。警察们见无法制止廉署的行为，只得孤注一掷，开始暴动。

1977年10月28日，大量的警察聚集在警察总部，抗议廉署对警察的“清剿”。据当时几家香港媒体估计，聚集警察总部的警察在2000至5000人左右，这些人聚集后开始游行，一直从湾仔的警察总部游行至廉署所在地，然后将廉署包围，其中有近百名情绪激动的警察冲进廉署，导致了一场警廉冲突。在这次冲突中，警察砸毁了廉署的大量办公设施，并且将数名廉署工作人员打伤，造成了一起恶性流血事件。

暴动警察直接提出要求，希望港督撤销廉政公署。因为廉署的反贪风暴针对的几乎全部是警察，因此，这数千名警察暴动之后，立即引起了全体香港警察的呼应，紧跟其后，这些警察们互相联络，准备再次冲击廉署并且冲击港英政府。

港督签署特赦令

当时的形势可以说是一触即发，港督麦理浩爵士也因此陷入困境。警察暴动的后果是极为严重的，整个香港社会都有可能陷入混乱之中。然而，对于警察们提出的要求，港督又不能答应，因为廉署的反贪行动得到了香港市民的普遍支持，在这次的警察暴动中，不少市民的情绪开始激动，媒体已经有了要求港督派军队对警察暴动进行镇压的呼声。港督如果向警察妥协，可能引起更进一步的社会动乱。

面对这种两难之境，香港总督麦理浩爵士只得于11月5日发布特赦令，宣布特赦于1977年1月1日前警队内所有的贪污行为，廉署将对涉及此前的全部投诉不予受理。但特赦令不包括目前已经被通缉或者逮捕的警务人员。这一特赦令使得绝大多数闹事警察得以解脱，参与这次警廉冲突的许多警察开始退出冲突阵营。

从港督的让步中，那些高阶警察看出了取胜的希望，他们得寸进尺，一些人提出了更进一步的要求，提请港督解散廉署，将反贪部门再次并入警务系统。而市民和舆论却对港督的让步大为不满，他们纷纷以各种方式声援廉署，一时间，香港社会矛盾突现，形势极为紧张。

在此情况下，港督麦理浩爵士亲自出面，召集立法局召开紧急会议，强行通过了《警察条例》修正案。这条修正案规定，任何警员，不论级别，如果拒绝执行命令，将立即被开除，不得上诉。

警察们闹事，一是为了自己的切身利益，二是觉得港督有让步的可能。现在见港督如此强硬，他们也意识到，事情就此了结，至少在特赦令范围内，自己不会有危险，如果再闹下去，结果可能很严重。如此一来，事态迅速得到控制。

逮捕警暴首要分子

港督麦理浩爵士被迫做出了让步，显然对警队非常恼火，他下令对那些虽在特赦令范围内但贪污行为严重而且属于本次闹事的首要分子进行严厉查处。

1978年4月，廉署向港督麦理浩爵士递交了一份多达118人的贪污警察名单。看到这份名单后，港督亲自下令律政署以及其他相关机构，签署了对这些人的逮捕令。

这些人虽然被捕，但他们所犯的贪污罪行，均在特赦令范围之内，律政署不好对他们提出检控。对此，港督麦理浩爵士也无可奈何，他的目的，只是要教训一下这些人。因此，他发出指令，虽然因为特赦令不再追究，但不能留在警队内部，强令他们退职。

至此，香港警察的贪污之风，才受到遏制。

港警暴动案的启示

在"反贪污、捉葛柏"游行运动压力下成立的廉政公署，一直将主要矛头对准警务部门，导致警队内部风声鹤唳，引起极大恐慌，警察不甘坐以待毙，便出现港警暴动打砸廉署的流血事件。

在港警暴动打砸廉署的情况下，港督麦理浩爵士签署特赦令，强行通过《警察条例》，逮捕港警暴动首要分子，仍然一如既往地坚决支持廉署肃贪倡廉，打造廉洁的香港。

对于新出现的增量腐败，我们必须坚持"无禁区、全覆盖、零容忍"，用最果断的措施遏制腐败增量，依法依规对新的违法腐败严判重惩，依纪依规对新的违纪腐败从严处理。

对于已存在的存量腐败，我们一定要掌握正确适当的节奏，踩着不变的步伐，用最坚决的态度减少腐败存量，依法依规坚决查处违法腐败，依纪依规坚决查处严重违纪腐败。

香港廉政公署坚持"零容忍"，坚决惩戒1977年1月1日后警务部门的新贪污，遏制了港警的贪污之风，查处了香港各界的贪腐，打造了廉洁的香港，其成功经验值得借鉴。

第六节　公屋危楼贪腐案

香港的房地产价格之高是举世闻名的，香港的高档住宅（所谓豪宅）的价格与伦敦、纽约的豪宅价格差不多。但是香港并非只有富豪，中下阶层的居民多住在售价或租价比较便宜的公屋里。香港为低收入居民兴建的公屋和新市镇，在亚洲是比较领先的，对于香港的社会稳定和经济发展都有着无可取代的作用。

棚户大火催生公屋

香港的公共租住房屋（简称公屋）来源于一场大火。1953年12月25日圣诞节当晚9时30分左右，九龙白田村发生一场大火。

大火起因是白田上村八家坡一间木屋的居民点煤油灯时，不慎点着了棉被，未能及时扑灭，火势迅速蔓延。九龙白田村是大片的棚户区，居住的多是抗战时期及1949年前后由内地逃往香港的难民。棚户区房屋主要为木板结构，极其拥挤。大火燃起时，消防部门根本无法进入扑救，由于当晚有很强的东北风，大火凭借风势迅速发展，仅仅十几分钟，大火便已经由白田上村蔓延到白田中村，紧接着烧到了白田上村背后的山上，又从山上蔓延而下，火势席卷了白田下村。

30分钟后，整个白田上村已经烧成灰烬。刚开始，居民认为火势可以很快控制，只是忙着扑火，没有忙着抢救财产，等到消防员意识到难以控制火势，通知疏散转移时，抢救财产已经来不及了。

居民拼命逃命，但棚户区的小巷只能容纳五人并排通过，却有数万居民挤在这里，后面的居民见不能逃脱，只好爬上木屋的屋顶逃命，由于人多而屋顶不牢固，不少木屋坍塌。

晚上11时，大火乘着风势已经蔓延至窝仔村，这里也形成了一股逃命狂潮，而火势又乘着风势继续蔓延，又蔓延至大埔道村，后又蔓延至石硖尾村。

次日凌晨2时，这场大火才得到控制。所谓控制只是一种说法，其实是大火将能烧的都烧了，消防部门意识到无法扑救，只好开辟隔离带阻止火头，才使火势得到控制，没有继续蔓延。

这场大火烧毁白田上村、白田中村、白田下村、窝仔村、大埔道村、石硖尾村的木屋、石屋一万余间,灾民达到7万多人。

过去,港英政府对于房屋建设一直不干预,大火使如此之多的居民受灾,流离失所,港英政府第一次出面,在当地建起了一批七层大厦,称为徙置大厦,以低廉的价格出租给遭受火灾居民。

从此时(1954年)开始,港英政府开始有计划地发展公屋,一直持续大规模地提供公屋,或租或售给低收入的香港居民,这项计划一直发展到今天。

从安置到安居的公屋

香港高楼大厦林立,道路上车水马龙,街头行人摩肩接踵。香港的土地面积为1104.32平方公里,大约是上海的六分之一,天津的十分之一,常住人口约700万。

香港实际可以用于民用建筑的土地,包括兴建住宅、办公楼、商业大楼和工厂的土地主要集中于香港岛、九龙半岛和新界的新市镇,人口也主要居住在上述地区。

1973年,新的香港房屋委员会(房委会)成立以前,香港政府提供三种不同的公屋——用来安置灾民和寮屋清拆居民的徙置大厦、用来满足居住条件欠佳的低收入家庭需要的政府廉租房、香港屋宇建设委员会(房委会的前身)提供的面向中低收入人士的公屋,通过这三种公屋来满足不同社会经济阶层居民的需要。

公屋建设初期,香港政府迫切需要解决的是大量灾民的安身立命问题,因而采取优先资助徙置大厦的政策,对低收入人士的资助有限。对于这三种公屋,香港政府相应给予不同的资金安排。

徙置大厦和政府廉租房直接由政府拨出经常预算资金兴建,收入来源为政府经常预算和租金收入。这两类房屋实行低标准、低租金,由于租金水平低廉,一直以赤字运行。

香港屋宇建设委员会则拥有财政自主权,发展资金主要来自政府发展贷款基金,营运开支依赖租金收入,运营成本的增加需通过提高租金来弥补。由于其提供的公屋面向的并不是社会上最贫穷的人群,而是中低收入的白领或技术工人,租金相对定得较高,因而能够自负盈亏。

1972年,港督麦理浩爵士公布《十年建屋计划》,使得香港公屋建设告别了安置灾民的时代,转为致力于为香港低收入居民提供设备齐全、有合理居住环境的住所。

港英政府也在努力改善民生，从税收中拿出大量资金，开始兴建公屋，为中下阶层的民众提供符合基本要求的租金低廉的住房，市民的居住条件逐渐改善，生活水平也在逐渐提高。

经过数十年的建设，香港形成了庞大的公屋网络和制度，为中下阶层的市民提供了与收入相适应的、符合都市生活基本需要的住宅，使他们可以安居乐业，超过200万香港居民住在这种公屋里。

香港的租住公屋计划是世界上首屈一指的，政府在房屋方面的承担和投放资源之巨，可算是世界之最。从1953年棚户区大火揭开公营房屋的第一页起，香港公屋发展历程逾50年，公屋政策及规划随香港社会经济和民生的演变而发展。

令人恐惧的公屋危楼

20世纪60年代末期、70年代初期，贪污腐败遍及香港社会的各个领域，各行各业，靠山吃山，靠水吃水，房屋署有如此之大的权力，哪有不贪污受贿的呢？房屋署的贪官们借着手中的权力，大肆贪污受贿，催生了大量的豆腐渣工程。

公屋的居民们居住不过几年，便发现公屋出现大量裂缝、大片混凝土脱落等情况，怀疑公屋质量有问题，便向房屋署投诉。豆腐渣工程本身是房屋署贪官们贪腐造成的，他们不仅不解决问题，反而采取各种方法掩盖真相。

公屋质量问题一拖多年无法解决，居民投诉无门，愤而组织游行。由于公屋居民持续游行闹事，有鉴于葵芳邨所凸显的公屋结构问题，房屋署知道掩盖不过去了，先后于1983年及1984年对辖下所有楼龄超过五年的公屋展开全面的结构检查及混凝土强度勘测。

1971年建成的葵芳邨第一期和第二期出现结构性问题。葵芳邨共有11座，其中楼高20层的第6座问题尤为严重。房屋署委派顾问进行调查，证实是因楼宇混凝土强度不足引致，而这种情况肯定是由于建屋期间缺乏监管，以致混凝土中没有放进足够分量的水泥。

1985年11月，房委会公布，葵芳邨第8、9、10、11座以及另外22座公屋的混凝土强度经勘测后证明低至不能接受的水平，需要尽快拆除重建。这批全部于1964年至1973年期间落成的公屋，顿时变成了令人恐惧的危楼。这个事件在社会上引起了强烈反响，指责的声音此起彼伏，受到很多立法局议员的关注。

受影响的住户更是感到愤怒及忧心，居民组织及团体除向立法局议员表达不满外，更有市民在立法局议员巡视“灾区”时上前请愿，市民怀疑兴建时有人贪污。之后，议员成立了多个工作小组，包括“立法局关注26幢问题公屋小组”，以及“立法局追究问题公屋法律责任小组”等。

需要马上清拆的26座公屋属于房屋署设计的第一、二型徙置大楼，这些大楼原属“应急”性质，设备简陋，一般楼高6至7层。26座公屋中的9座位于新界，15座位于九龙半岛，2座位于香港岛。

廉署调查公屋危楼

凡事必有两面，由公费支出的庞大建屋计划，在廉政公署还没有成立的20世纪60年代末和70年代初，成为一些建筑业老板和主管公屋官员的生财之道，出现了严重的贪污受贿，导致出现了严重的工程质量问题。

在1985年12月18日的立法局会议上，有议员要求有关当局彻查26座公屋丑闻，交代事件是否涉及贪污，并对有关官员及建筑商采取法律行动或做出纪律处分。港督在评估房屋署有关报告后，委派廉署跟进调查。

曾经有廉署的调查员到问题公屋视察，遇见正在拆除危楼的工人，工人们都表示拆除26座公屋是很轻松的工作，因为楼宇都不需要花上很大的力气就能拆掉。又有调查员看见拆卸工人用钢条敲打一个房间的地面，一块混凝土立刻脱落，跌进下一层的房间内，地面上留了一个很大的洞。

20世纪六七十年代公屋所采用的水泥强度，每平方英寸最少要能承受3000磅的重量，以现在的量度单位计算，相当于不少于20.7MPa，层数愈高对水泥强度的要求就愈高。1985年底，房屋署完成勘测的570多幢公屋，水泥强度全部低于15MPa，其中一幢低得只有5.9MPa。

冲破特赦令的限制

1982年1月9日，廉署接获可靠线报，称葵芳邨公屋质量有问题，涉嫌贪污受贿。廉署已经开始重视此案，并且派调查员去摸过情况。他们初步调查得知，建于1971年的葵芳邨第一期和第二期均有结构性的问题，房屋楼层越高，问题越严重。

廉署经过初步调查后，虽然意识到背后可能涉及极其严重的贪污行为，但由于涉案工程是在1977年有关贪污调查的特赦令生效前完成的，与这批房屋有关的贪污行为，均在这个特赦令范围之内，调查也不能起诉、判罪。

1985年12月18日的立法局会议上,有议员要求有关当局彻查26座公屋丑闻。港督在评估房屋署有关报告后,委派廉署跟进调查。廉署接到港督的命令后,廉政专员迅速向港督专门汇报此案,并且请示港督,要求颁发一道豁免令,对于涉及此案的人员豁免特赦。

1984年1月,廉署取得港督的豁免令,可以不受特赦令限制,开始全面调查葵芳邨问题公屋,翻查旧档案,追踪并搜查有关承建商的账簿和记录。由于事件中牵涉的人物部分已去世或移民外地,廉署调查员需要远赴海外取证。

只认渎职不认受贿

廉署调查人员先后找过房屋署的很多专业人士,希望他们提供帮助,然而,他们均以各种理由推脱。这个案件原本发生在特赦令的有效范围内,大家都可以无事,现在廉署申请了豁免令,房屋署人人自危,每个人都有可能被起诉。

房屋署毕竟人少势单,无法与警务署比,警察可以暴动打砸廉署,取得特赦令,房屋署根本没有与廉署抗衡的实力,房屋署的人员只有一个办法,不予配合。

廉署找到房屋署当年那些负责工程现场监督的官员,他们表示,房屋署人员有限,虽然每个工地均派出了地盘监督人员,但这项工作量非常大,尤其是有大量与建筑相关的文件需要他们签署,所以,他们不可能天天在工地监督,更多的时候是在办公室,现场监督工作交给工务局的地盘工程监督代劳。

廉署调查人员来到工务局,费尽周折,终于找到几个当年的地盘监理,他们的说法与房屋署的现场监督人员差不多,他们表示,除了要做好本职工作,更多的时候,他们要处理大量文书工作,要往返工务局与各地盘传送文件、收集数据,对于某些工程环节没有跟进到位。

房屋署负责工程现场监督的官员、工务局的地盘监理,他们都承认在具体监理工作中有失职行为,有渎职行为,但将贪污受贿的行为推得一干二净。显然,他们宁愿承认渎职,也不肯承认受贿。受贿是犯罪行为要被起诉判罪,渎职不是廉署管辖的事,被追究的可能性极小。

小公司的大合约

兴建房屋是一种专门行业,廉政公署人员在调查时幸得一些专业人士相助,他们提供的专业意见使调查工作得以顺利推进。其中房屋署一位高级官员无惧同事的排挤,在整个调查工作中与廉署紧密合作,更是难能可贵。

在建筑过程中,建造商要按工地中使用混凝土数量的比例,去测试混凝土的强度,测试时建造商需要在预制的铸模内倒满混凝土,待混凝土凝固后浸在水里28日,再运往实验室测试,看看需要用多大的力量才能把它压碎,这个使混凝土碎裂的力度就是混凝土的强度。

要确保混凝土强度达到要求,就必须保障整个测试强度的验收过程,包括抽取混凝土样本、运送样本、压碎测试及文件记录等全部步骤均按指定程序执行。

调查人员惊奇地发现,在1969年,一家营运资本只有二十多万元的公司,竟然能成功获得价值逾三千六百万元的政府建筑工程合约！不但如此,这家在1960年还仅仅在政府承建商名单上居于榜末的公司,在短短六年间已能跻身榜首,这家公司正是26座问题公屋的承建商之一。

另有一家小本经营的承建商亦在同一时间崛起,虽然公司只有几名职员,但已能获得房屋署当局批出的50万元的建筑合约。在兴建公屋高峰期间更获工务当局批出的11份建筑合约,该公司规模迅速剧增至十多人。

小规模的承建商能迅速冒出,与当年的建屋政策有关。当时的政策是建造工程要“快而廉”,兴建大量徙置大厦和廉租屋以安置寮屋居民。在此前提下,建屋的品质控制并不如建造其他楼宇那样严格。承建商为了能以低价取得建筑合约,并在同时做到有利可图,只能在建筑材料上做手脚,以偷工减料赚取利润。

负责部分26座公屋建筑工程的某家承建商,便是以极低价中标。它夺取其中一份合约的标价,与标价最接近公司的出价相比,竟低逾100万元。这种超级廉价虽然当时亦被负责审批建筑合约的有关官员质疑,但承建商最终还是顺利过关。不过,承建商在建筑过程中,曾因当时建筑成本在一年内剧增三成至五成为由,要求政府提高合约价格。

“包上包”的偷工减料

除了低标价外,当时的承建商亦会采取“包上包”的做法,在取得公共房屋建筑合约后,便将全部工程分包,所有建筑工序,包括混合混凝土的工作,均由分包商包办。分包商在工程建筑中严重偷工减料,但由于当时工地的监管工作几近于零,承建商可顺利瞒天过海。

偷工减料之余,承建商更可在提供、运送混凝土样本到政府化验室受检的环节上瞒天过海,将符合规格但并非用于工地的混凝土样本提交化验所。承建商能够顺利通过测试,全因为储存和运送混凝土样本的过程中根本没有恰当的监管,最终可浑水摸鱼。

除了混凝土样本测试的监管不足外,政府人员在工地的监督工作也很消极。应该到工地监督的人员,常常声称因工作量繁重,要留在办公室处理文件,而将监工工作请工地工程监督代劳;而工地工程监督又推说除了要做好本职工作,常常要处理大量文书工作,要耗费很多时间往返工务当局总部和各工地收集和派送文件,所以未能逐一监督工程。

不法商人正是看准了部分人士贪婪的弱点,以贿款隐瞒了一宗又一宗的豆腐渣公屋工程。可是,东窗事发已是十多年后的事,要成功破案谈何容易。廉署最终说服两名涉案人士成为污点证人,将涉案承建商绳之以法,清算了26座公屋问题。

豆腐渣公屋建成多年,一直不为外界高度关注,直到公屋居民游行示威,立法局议员在立法局会议提出,直至1982年1月9日廉署接获可靠线报,1971年建成的葵芳邨第一期和第二期的结构出现严重问题,怀疑负责监督建筑工程的政府官员贪污,问题才开始逐渐浮出水面。

调查工作暴露了建造工程出现的严重违规情况,例如偷工减料、建筑混凝土成分严重低于标准等。工务局要求水泥对沙石的比例要达到1:7至1:5,但问题公屋使用的水泥对沙石比例只达1:8.3,甚至低到1:19.2,完全罔顾楼宇安全。

监督工程的公务员严重失职,政府的监督系统和程序有严重的漏洞。然而在廉署的调查人员面前,参与建筑工程的公务员和承建商、分包商采取极不合作态度,坚称不知事件涉及贪污,历时一年半的调查工作终因未能取得足够证据而不得不告一段落,调查结果则知会地政工务司和房屋司以便跟进。

26座公屋必须拆除

由于偷工减料情况严重,房屋署密切跟进廉政公署对葵芳邨的调查工作,对900座楼龄逾5年的同类型公屋展开结构调查,结果有26座公屋被发现结构上存在极严重的问题,这26座公屋必须拆除重建。

由于26座公屋问题极其严重,必须拆除重建,花费将达几十亿港元,港督于1986年1月再度授权廉署免受特赦令的限制,全面彻查26座公屋事件。

由于事态严重,廉署接手调查案件后,马上成立了一个9人专责调查小组,部署调查策略，获委重任的调查小组全力以赴。有了此前葵芳邨调查的经验，小组成员面对范围牵涉更广的26座公屋问题，更感调查工作困难重重。

对调查小组而言，工作难度不在于案情复杂，而在于26座公屋均建于1964年至1973年间，距离展开调查的时间最短也有13年之久，涉及的人事已历几番更替。

据初步资料显示，26座问题公屋共有9个总承建商，其中6个于1986年已结束营业。到什么地方追寻这些与案件有关的人？有关的文件是否仍存在？如果追寻到有关人物，他们能记得多少当年的事情？到哪里去寻找人证？这一大堆问题都如烫手山芋般摆在廉署调查人员面前。

“当时知道有机会参加调查26座公屋案，感到非常兴奋，案件当时很受社会关注，而受影响的人也很多，自知压力很大，挑战性极高。”范势楚回忆说。他是当时的高级调查主任，是9人小组的成员之一。范势楚表示，当时他还年轻，很有兴趣调查这案件，但另一方面，又害怕白费工夫，因为案件年代久远，要成功侦破它十分困难。

另一位9人小组成员，前总调查员史允善形容案件犹如一个死症(A dead thing)，如何“起死回生”，廉署同事初时均不乐观。尽管案件难度极高，9人小组并未因此气馁，对任何一条有助于破案的线索都决不放过。

工地上的贪腐交易

小组的首要工作便是寻找曾参与建造26座公屋的机构与人员，包括建筑公司的负责人、职员及监督工程的政府人员。翻阅档案、寻找记录成为当务之急。小组成员一口气从各部门借来了530份档案及合约，当中不乏“尸骸”累累的陈年记录。

在这些档案中，提及的公司和人物多达915个。期间两名调查员于五星期内翻阅了503个人事及薪俸档案。小组还查阅了逾千个人口记录。据小组成员表示，他们当时连一个签名都不放过，因为每个签名都可能会提供一点线索。

取得基本资料后，调查人员全速展开搜查行动，约见有关人士。为搜集罪证，小组成员先后两次越洋与有关人士会面，足迹遍及美国、加拿大、英国、塞浦路斯、西班牙、新西兰及澳大利亚。然而贪污是授受皆错的罪行，再加上当时贪污成风，调查员即便能从茫茫人海中找到涉嫌的证物及证人，但他们都倾向保持缄默。

虽然不少涉案人士在调查期间均坚称没有行贿或受贿，不过也有人在调查人员所提出的证据及事实面前承认收受金钱利益。一名涉案政府工程监督透露，自己虽然不知付款人是谁，但每次得款前都会有一个工地工人通知他钱放在哪一个工地的哪一处地方，他承认所得款项等同于他的月薪，就是当时的俗语所形容的"公开一份（收入），秘密一份（收入）"。

在另一些涉案人士的证供中也指出，在一些工地，每一个管理员都会每月定期收到相当于他们月薪的报酬。这类报酬有时每次是200至300元，也有指控称出现过数额高至2万元的交易。然而绝大部分曾收钱的人士均否认他们因这些利益而在工作上对承建商、分包商予以方便，他们坚称自己在工作上仍然是秉公办理。

虽然当年私下授受金钱在工地司空见惯，但也有政府人员坚决抵制这种不正当利益。一名政府官员在协助调查时透露，涉案承建商在一次他巡查工地时，刻意在巡查后载他一程，且在途中塞了一个放了现金的信封给他，这位官员坚决拒绝收受这种利益。

另一位高级官员也说，在他来港履新不久，即有承建商试图送钱给他，结果被他痛骂一顿。之后在他女儿出生时，他又收到很多礼物，但他将其一一退回。

污点证人促柳暗花明

在漫长的调查过程中，调查小组不间断地会见大量证人和涉案人士，但由于大部分人不合作，调查小组经一年的努力，调查了逾三千名人士或公司，始终未能取得突破。

直至1987年初，一名涉案承建商的亲信何伯和一名已退休的政府工程监督老孙，终于答应转为污点证人。由于他们是第一证人，掌握案件的内情，终于为案件的"起死回生"带来转机。

这两名证人的证供显示，建筑过程中，承建商以大额贿款换取监督人员对偷工减料和粗劣的建筑工艺采取视而不见的态度，使不合规格的水泥和钢筋充斥工地。

与此同时，他们更是让承建商以特制水泥样本供政府化验，以求瞒天过海，掩盖偷工减料的情况。他们指出，部分政府官员每月收受的贿赂数额等于他们当时的月薪。证人指出涉案承建商通常不会自己出面付款，而是通过亲信行事。

行贿何伯反戈一击

调查初期，两名调查小组成员范势楚和廖富荣将何伯从他美孚新邨的寓所带回廉署查问案情，但何伯出于对雇主的愚忠，坚持不肯透露半点资料。局外人可能以为何伯一定从承建商身上得到不少好处，殊不知这位经常带着大额贿款跑工地的“忠仆”，退休时却被公司利用手段剥夺了应得的退休金——他只是一个被过河拆桥的小卒子。

廉署能够最终将承建商绳之以法，何伯是一个有力的证人。毫不合作的何伯，在通过廉署得知他可能涉嫌贪污时，内心被深深触痛了，再加上调查员向他讲述问题公屋居民的惨情，何伯终于动容，开始后悔曾经盲目协助前雇主所做的一切，终于和盘托出建屋期间的行贿勾当。

原来承建商只与高级官员打交道，较低级的官员和职员则由何伯负责。由于当年贿款都是现金交易，何伯的“职责”便是经常替老板将贿款带到工地，再分发给工程监督和工地有关人士，因此他对内幕详情了如指掌。

老板对收贿人出手阔绰，赠送现金、洋酒、家具、地毯等，却对忠心的下属十分抠门。在何伯退休之年，老板竟刻意将其薪水提升至不受劳工法例保障的水平，抠回一大笔退休金，而承建商给他的退休礼物不过是一顿饭和一个钥匙扣。如此吝啬的老板，又怎么能让下属为他的违法行为守口如瓶！

“证人给我的印象是一位既顾家又勤力工作的人，不像一个蓄意参与贪污行为的人。继续倾谈下去，我开始描述住在问题公屋的人的生活怎样，质问公屋为何会变成这样，何伯开始沉思，后来再质问何伯是否在建这危楼的过程中得了益处，何伯否认，并说前雇主对他并不是太好。”参与此案调查的廉署资深官员范势楚回忆道，“于是，何伯开始主动讲述当时的情况，他一开始说话，我就知道有希望了，距离破案不远了。而当时专案小组几个月以来的闷气都一扫而光，因为第一证人肯切实地将事实告诉我们。”

这次见面之后，范势楚在多次的约见中替何伯录了一份长达40页的口供。何伯愿意挺身出任污点证人为调查带来突破，调查小组自然受到鼓舞。但另一方面，整个调查还没有成熟，距离起诉尚有很大差距，如何能确保何伯不会在这段时间出尔反尔，也让调查人员费尽思量。

范势楚表示，何伯的情况比较棘手。据他观察，何伯对原来的老板尚存有情意，所以他特别小心。范势楚说那时他每天都会通过电话与何伯联络至少一次，当察觉他情绪有所波动时，便会耐心聆听何伯的困扰，然后开导他。

虽然何伯的人生经验比范势楚丰富，但范当时经常反过来鼓励他将事实说出来，不要受其他人影响。范势楚说在整个调查过程至聆讯前，他们都要时常保持警觉,评估证人所提供的资料是否属实,因为说到底,调查员必须向检控官保证证人是可信的。而证人在调查期间表示愿意合作,并不一定表示他最终在法庭上也会如此。

幸好案件经审判后证明,调查员对何伯的评估是正确的,何伯在法庭上坚定地将事实一一交代清楚,践行了他的诺言,证供全被法庭采纳。范势楚表示,虽然何伯曾经做错事,但他勇于承担的原则以及处事的态度,令人印象深刻。

退休贪官返港作证

何伯"大义灭前老板"的行为值得称道,而本案中另一名重要的证人老孙,也在本案的调查中做出了一定贡献。老孙于1960年进入政府,出任工程监督。1969年分别被擢升为高级工程监督及技术主任。自1960年至1970年初,他一直被委派监管公屋工程。在这段时间,他收受了三位最终被检控的承建商的金钱利益。

1986年,廉政公署调查公屋案时老孙已定居加拿大,范势楚与两名调查员抱着姑且一试的心情去见他。当时老孙由加拿大骑警陪同,每次谈话之前,骑警都会向孙解释他的权利,提醒他并非一定要跟廉署对话。

老孙最初采取不合作态度,他认为在那个时代没有谁是干净的,查也没用。但范势楚与他的同事并没有放弃,他们向老孙指出,廉署必定认真彻底查办贪污案件,他未必可以逍遥法外。

此外,当时已有另一位负责派发黑钱的工地总管将真相告诉了廉署,获悉这个情况后,老孙了解到情况对他不利。范势楚形容,老孙听罢那番话后态度有明显转变,终于愿意说出真相,回港作证。

不过,当时老孙对出庭作证有点怕,他最担心的便是被盘问时要说出事情的细节,因为已是十多年前的事,他有信心记得主要事实,但对细节的印象则较为模糊。

范势楚回香港后,他的上司史允善接手跟进与老孙的联络。史允善于1982年2月再往加拿大与老孙见面,商讨豁免起诉的事情,但这次陪同老孙的是他的律师,老孙告诉廉署,所有跟他的沟通及接触,都要经这位律师安排。见面时老孙亦拒签口供,以防要负责任。

史允善回港后就只能通过长途电话及图文传真,经该位律师之手与老孙联络。他笑言,对于老孙能否坚持到底并最终在法庭上作供,他只有80%的信心,其余的20%就是担心和不安。

最后老孙回港，史允善前往机场接他，他认为与证人的关系最难处理的就是这个时候。他后来回忆说："这是最困难的时候，你不能跟证人有太密切的关系，否则法庭会认为你在影响他的取向。你一定要跟证人保持一个健康的距离，不然案件的被告会指责你在影响证人。个中判断全凭经验。作为调查员，你可以友善，但不能过分亲切，也不可以对证人做任何承诺。"

黑心承建商被惩处

获得两名主要污点证人的合作，廉政公署得以完成调查。这宗案件交由当时的律政署处理。

1987年11月2日，律政署决定对有关人等提出起诉。翌日，11名人士包括3名承建商及7名当时现任或前任的公务员出席聆讯。10名被告共被控46项与贪污有关的罪行，他们分别触犯了《防止贪污条例》及《防止贿赂条例》。10名人士中的3名商人被指向监管工程的公职人员提供利益，作为他们不执行公务的报酬。另外7名公职人员则分别被控在执行公务时贪污性收受利益及提供利益。

1988年3月11日，地方法院法官判一名承建商6项罪名成立，入狱33个月，另罚款32.5万元。法官判案时不接受被告求情，指出贪污必须受到法办，并对被告做出如下谴责：身为承建商，应知公屋水泥强度不足会对公众人士或住客造成潜在性危险。承建商后来上诉，但在同年11月被驳回。

另一名承建商被控触犯《防止贪污条例》，由于他承认控罪，被判入狱3个月，缓刑1年，并被罚款2000元。最后一名承建商因身体缘故押后聆讯，其余人士获判无罪释放。

廉署的调查披露，在1964年至1973年负责监督公屋工程的政府官员至少存在玩忽职守和以权谋私的行为，因此廉署亦将有关公职人员名单交给当时的公务员事务科跟进处理。

两个防贪条例

26座公屋建于1964年至1973年，因此有关的贪污罪行是在1977年特赦令生效前发生的。根据特赦令本应属"不予受理"的情况，不过港英政府在颁布特赦令时，也做出了附带的安排，指明在特殊情况下，可颁令解除特赦令限制。

根据《廉政公署条例》第18A条第2节申明，遇严重情况，在港督批准下，由布政司(今日的政务司)司长亲自签署证明书,可展开调查。根据记录,26座公屋案及之前的葵芳邨第6座公屋案是至今仅有的两宗廉署通过引用条例18A取得豁免权而进行侦查的案件。

在26座公屋案中,有承建商同时被控触犯《防止贪污条例》以及《防止贿赂条例》,这种特别情况是基于被告犯案时间横跨两条法例的适用期。被告是在1964年至1973年建造26座公屋期间行贿,而于1948年通过生效的《防止贪污条例》是一直沿用至1971年5月14日才被《防止贿赂条例》取代,因此要将被告绳之以法,便需要引用两条法例检控。

无论是《防止贪污条例》还是《防止贿赂条例》,两者都清楚规定,贪污性收受及提供利益以作为在公事上做出干预的报酬,便属违法。贪污罪行不但破坏雇主对雇员的信任,造成损失,蚕食社会公义,严重的更会导致巨大的财物,甚至生命损失。贪污的人应受严厉的制裁,所以在两条例中的后者,即《防止贿赂条例》的刑罚比前者增强了。

廉署悬挂的四块水泥

26座公屋贪污案虽然牵连甚广,但最终只有两名承建商被绳之以法,对很多人而言,结果并不能令人满意。但对曾经参与侦查案件的廉政公署人员而言,成功说服法庭接受那些曾为犯案者同谋的证人的证供,并接受他们证供中回忆20年前发生的事件的准确性已属难得,而能够成功检控两名主犯,总算对公屋居民和社会有所交代。

调查期间调查小组成员曾有过气馁,然而,有一次他们在危楼实地考察,目睹了一幢幢破旧的楼宇,通过与公屋居民交谈,体会到公屋居民的窘境后,誓要破案的决心立即被激发了。

调查组成员随手从屋里搬走四块水泥,把它们挂在办公室内。以后两年多里,小组成员每每靠这几块水泥去激励自己,誓要排除万难,坚持下去,直到破案为止。小组最后成功破案,在1987年底获行政局赞扬,并于1989年获廉署内部嘉许。

回忆当年结案时,眼见涉案的承建商被判刑,范势楚有这样的体会:"当时有点为那位老人家需要面对的刑罚而难过,但是量刑是法庭的责任,我相信法庭一定会考虑对他有利的因素才会惩处他。我们从案件中学到一些新的调查技巧,我觉得只要有毅力,无事不可能。最高兴的是廉署最终都不负社会所托,对公众有一个圆满的交代。”

廉署在调查26座公屋贪污案期间翻查了大量的文件及记录，动用了不少人力物力去寻根究底，甚至远涉重洋，务求将有关人等缉捕归案。

公屋的高腐败基因

在廉政公署调查公屋问题即将结案时，房委会从1986年开始对1981年之前落成的全香港826座公屋展开了结构调查，其中完全符合建筑合同质量标准的为114座，其余的均有不同程度的结构和质量问题，其中26座必须拆掉重建。

只有十几年楼龄的住宅就必须重建，超过八成的公屋质量有问题，这是一个非常可怕的结论！这就是公屋的高腐败基因，这就是公共工程的高腐败基因。

房委会并没有公布这些细节。住在公屋的数百万居民，除了26座必须重建的之外，并不清楚他们所住的房子质量如何，住在114座质量符合标准的公屋的居民并不了解他们的好运气，其余的住户也不知道他们的厄运。

后来，400座公屋被拆除，还有大量公屋展开了维修工程。香港政府为此支出了巨额的公费，当然那都是来自香港市民的钱。

香港的私人住宅通常的楼龄至少五六十年，许多五十年代兴建的私人住宅至今仍然完好，由于地段优越，房屋质量和维护良好，仍然能在市场上卖出好价钱。

大量公屋只用了十几年就被迫拆除重建，26座公屋贪污案已经显示了不法承建商是如何与政府官员狼狈为奸的。超过八成的公屋不符合标准，这说明涉及公屋的贪赃枉法问题极其严重。

1993年夏天，香港岛南部的公屋华富邨被发现了严重的结构问题。华富邨是香港著名的公屋小区，因为地处香港岛南部，背山面海，景观、环境均相当优越，又盛传风水好，出了不少富豪。但是风水好并没有避免公屋兴建时偷工减料所形成的结构问题，于是房屋署又开始了大规模的维修。

宁纵毋枉的失之公正

嗅觉灵敏而且具有正义感的记者黄华辉，在采访中发现了线索，并且联想到当年的公屋贪污案，开始了独自的深入调查，结果使他大吃一惊。他发现的不仅是公屋普遍存在的严重结构和质量问题，更可悲的是，政府高官那种满不在乎的态度和廉政公署的无奈。

黄华辉记者的采访引起了房屋署的注意,该署一名高级助理署长约见了他。黄华辉坦白地说:“我要找出真相,找出楼宇的问题,找出负责的官员和承建商,追究责任。”这位助理署长傲慢地用英语说:“So what?”(那又怎么样?)

黄华辉也找到了范势楚。当年,范在查办26座公屋贪污大案中立了功,1996年时是廉署高级调查主任。“其实问题公屋不止26座,你们有没有调查其他公屋呢?”黄华辉问道。

“我们的目标是26座,调阅了全部26座的档案。至于其他公屋,我们没有机会接触那些资料。法庭的判决结果当然让我不满意,因为我们检控他们,一定希望把他们绳之以法。”范势楚说。

“但是碍于时间太长,香港司法制度又实行宁纵毋枉的大原则,如果只凭一些证供就要定罪,有一定困难,但我觉得我们已经做了我们应该做的。”范势楚说。

范势楚对香港司法制度的描述一针见血:宁纵毋枉。这固然保护了人权,却也失之公正。400座被拆除的公屋,肯定隐藏着比26座问题公屋更严重的贪污罪行,但是随着公屋的拆除,这些罪行和罪犯也都消失了。

廉署在公屋问题上的态度,不仅是廉署本身的问题,更是香港社会深层次的问题。廉署的专业和司法的宽松甚至放纵形成了鲜明的对照,这也反映了香港社会延续至今的矛盾。

廉署能够冲破特赦令,成功查处建成时间已久、问题最严重的26座公屋,将承建商绳之以法,就是了不起的成绩。这对遏制今后公屋建设的腐败具有重大的作用。

黄华辉记者把调查结果写成了一本揭露香港公屋问题的专著《公屋丑闻——一名记者的追查实录》。

惊人的万倍贪腐代价

贪腐造成的后果极其严重,有时甚至无法用金钱来衡量。但在此案中,我们还是要用金钱来衡量一下贪腐造成的后果。

公屋危楼贪腐的涉案房屋当时的总造价也不过几千万港元,可十几年后,拆掉重建这些房屋及安置居民,政府需要花费几十亿港元,仅仅是廉政公署查办案件的经费就高达数千万港元。

公屋危楼贪腐案的贿赂金额是几十万港元,也就是说,贪官污吏们为了几十万的私利，造成社会付出几十亿的代价，还有十几年的担惊受怕和社会矛盾。

几十万的贿赂造成几十亿的代价这就是惊人的万倍贪腐代价，这仅仅是经济效益受到的巨大损失，还不包括社会效益受到的巨大损失，也不包括环境效益受到的巨大损失。

公屋危楼贪腐案的单笔贿赂金额不大，那些公务人员最高的受贿总额也只是几千港元而已，也就是月工资的十几倍，但却造成几十亿的代价，社会付出了惨重的代价，这就是需要坚决反腐倡廉的关键原因之一。

内地现在存在大量的政府投资的铁路、公路、机场、房屋等建设工程，这类政府工程存在高腐败基因，一定要加强真正的监督，科学合理地制约权力，防止贪污贿赂的出现，防止造成惊人的万倍贪腐代价，防止豆腐渣工程的出现。

第七节　联交所舞弊大案

今天的香港证券交易所是香港、内地和海外一些企业上市的首选，香港股市以管理严密、对交易者公开公平而著称于世。香港证券交易所能有这样的声誉，和廉政公署的努力也是分不开的。

远东证交所成立

20世纪60年代末，香港经济开始起飞，本地华人资本也逐渐崛起，华商们希望通过将企业上市来筹集资金，发展壮大。但这些华人公司上市申请却屡屡被当时由西方经纪控制并独家经营的香港证券交易所拒之门外，这实际上是英资对华资的排斥。

1969年12月17日，首家华人金融证券所“远东证券交易所”成立，创办者是李福兆。他后来回忆说，当时证券交易都由洋人控制，香港资金外流，对经济造成极大打击，因此他联同“金王”胡汉辉、恒生银行前董事长利国伟、廖创兴银行主席廖烈文等多名有名望的华人自立门户，与外国经纪行分庭抗礼，帮助本地工商业界在证券市场筹集资金。

“远东证券交易所”立即把香港证券业带入快车道。更重要的是，这个交易所打破了洋人的垄断，为华商上市铺平了道路，也为他们日后的腾飞创造了机遇。李嘉诚闻名世界的“长江实业”就是于1972年11月在这个交易所上市的，股价当天即飙升一倍。

后来，香港又成立了香港金银交易所、九龙证券交易所。到了80年代初期，远东交易所成为全港四家交易所中成交额最大的交易所，每日的成交额高达一至两亿港元。

不与股票谈恋爱

1929年大年初一，香港名门李石朋家族李石朋的长子李冠春最小的儿子李福兆出生，他的一生充满传奇和争议。李福兆在香港大学毕业后留学美国，在美国宾夕法尼亚大学取得工商管理硕士，并取得会计师资格。之后其一直活跃于香港金融市场，开启了属于自己的时代。

李福兆为香港名门李石朋家族后人，在这样的名门中长大的李福兆，6岁时就已经懂得炒股，但他的名言却是“不要与股票谈恋爱”。1969年他创立远东交易所，并为首任主席。1986年四个交易所合并成立联交所，他当选联交所主席。

1987年10月股灾时，李福兆下令停市四天，引来各方指责。1990年在任联交所主席时非法收受利益被判入狱。李福兆被称“股坛教父”，2014年12月27日下午在香港玛丽医院因癌症复发辞世，终年86岁。

显赫的李石朋家族

说起香港的李氏家族，许多内地读者的第一反应肯定是叱咤全球商界的李嘉诚和他的两个儿子。其实，香港还有一个地位更为显赫的李氏家族——李石朋家族，这一家族远比现在的李嘉诚家族更加树大根深。

李石朋家族与何东家族、许爱周家族、罗文锦家族齐名，并称为香港传统的“四大世家”。有人把李石朋家族称为“香港的洛克菲勒家族”，也有人把他们比为“香港的肯尼迪家族”。

在香港近百年来的历史中，李石朋家族影响力绵延不断，相继涌现出众多的社会精英，有叱咤一时的富商、高官，也有令人尊敬的医生、律师，更创造了香港众多的“第一”：香港第一代华人银行家、香港高等法院首位华人法官、“香港联交所之父”等等。

李石朋祖籍广东鹤山，从当学徒开始，凭着奋斗精神，早年由广州到香港，白手兴家,先后创立了自己的船务公司“和发成”,创立“南和行”。李石朋熟识越南与香港地区间的大米业务,生意越做越旺,从船运到大米进口,从地产到金融,他在20世纪初成为香港富甲一方的华商。

1919年,李石朋的大儿子李冠春和三儿子李子方联手创办了东亚银行。1981年,东亚银行成为香港最大的华资银行。在李氏家族的家谱中,李冠春和李子方兄弟称作李作元和李作联,属于“作”字辈。他们的儿子则是“福”字辈,孙子是“国”字辈。“福”字辈中,不少人是社会名流。

李冠春一脉中,有先后出任港英政府立法局、行政局议员的李福树;有香港高等法院的首位华人法官,并参与起草香港《基本法》的李福善。李子方一脉中,有香港赛马会首位华人副会长的李福和,有社会福利署首位华人署长的李福逑。

在今日的香港,特区政府教育统筹局局长李国章和特区立法会议员、香港东亚银行主席李国宝是亲兄弟,而特区终审法院首席大法官李国能则是他们的堂兄弟。李氏家族一门三杰,横跨行政、立法和司法三大领域,令其他家族望尘莫及。

李氏家族一向乐善好施,嘉惠桑梓。1932年,李冠春代表家族为支持家乡创办县立中学,捐资毫银25000元兴建石朋堂教学主楼,并在乡里创办“石朋义塾”和兴建石朋桥两座。抗战期间,出资100万大洋在家乡维墩举办无名氏筹赈处和贫童教养院等,对乡民进行赈济衣食。

1994年12月18日,李福善偕同夫人、儿子儿媳,还有侄子李国宝等参加鹤山市工程剪彩奠基暨授予鹤山市荣誉市民、诚聘经济建设顾问大会。李福善获悉其祖辈捐建的鹤山一中、石朋堂需重建时,遂与李福树、李福庆、李福兆、李国宝、李国麟等捐资360万元玉成此举。此后,李福善及其家族又多次捐资支持家乡建设。

联合证交所诞生

香港的证券交易始于19世纪中期,在亚洲是同业先驱之一。直至1972年,香港先后成立四家交易所从事证券买卖。为了加强市场监管,使证券交易得以在公平的环境下开展,也为了保障投资者的利益,业内人士一直在推动四所合并。

1986年4月2日,57岁的李福兆联合金融界人士将香港交易所、远东交易所、金银交易所、九龙交易所等四家证券交易所,合并为香港联合交易所。此后联交所成为香港唯一有权批准公司上市申请的机构,李福兆出任首届联交所主席,堪称香港的证交所之父,成为当时香港工商界和社会舆论的焦点。

联交所由21人组成的常务委员会（下称常委会）监管，包括主席、五位副主席及其他委员，均由联交所会员（股东）出任，负责制定措施、决策和监察运作，日常营运则由行政总裁执行。

联交所运作至2000年，与香港期货交易所及香港中央结算所合并，易名为香港交易及结算所有限公司（简称“香港交易所”或“港交所”）。

透风的联交所

1986年4月，联交所正式运作，负责公司上市审批。成立不久业内就流出传言称，公司如欲成功上市，需要联交所有关人士做出“特别安排”。廉政公署高层也听到了这类的传言。

1987年2月，当时的执行处处长施道伟（G. E. Stockwell）亲自委派总调查主任祁国利（Peter Gregory）单独负责查证有关传言是否属实，即联交所有关人士是否涉嫌贪污行为。

由于案件所涉及的问题相当敏感，而牵涉的人士都是证券界举足轻重的人物，故所有的调查工作都在高度机密的情况下展开，知情者只有廉政专员、处长本人和祁国利。

祁国利根据情报，追查怀疑涉案公司在上市时的股份分配，同时对怀疑涉案的人士展开了背景调查，用了近半年时间。搜集到的资料使祁国利确信，联交所的上市制度存有漏洞，某些掌权人士在批准公司上市时涉嫌非法收受利益，违反了《防止贿赂条例》。他在工作报告中向执行处处长建议正式立案，展开全面调查。

廉署执行处密令

1987年2月，祁国利从执行处处长施道伟手中接过一项“高度机密”的任务——查证商营公司向联交所申请上市的过程中出现贪污问题的传言是否属实。

当被问及为何被选中荣膺此重任时，祁国利笑称：“大概是因为我从不买卖股票，由我来处理此案绝对不会出现利益冲突吧。”他回忆说：“完成这项工作，我得先详细了解证券市场的运作和公司上市程序。为了搜集资料以印证传言，我有时会离开岗位，‘失踪’几小时，幸好与上司取得共识，他们知道我正在处理一宗高度机密的案件，因此从不过问我的行踪。”

祁国利当时正协助处理轰动一时的海外信托银行案件，是警廉联合专案小组成员之一。由于工作所需，小组成员早已迁离廉署执行处的办事处，进驻位于湾仔的海托总部，祁国利便顺理成章地在湾仔办事处开始这项机密任务。

要同时查处两宗案件——一宗是亿元贪污诈骗案，一宗是可能影响整个香港金融市场却暂时漫无头绪的案件，祁国利确实忙得喘不过气，于是他向处长申请，找来调查主任秦汉贤帮忙。

“为了确保案情不外泄，我只能断断续续地安排秦汉贤替我搜集一些背景资料和证券市场的运作情况。他只可按我的指示去做，从不追问因由。”据祁国利介绍，秦汉贤也是海托案件警廉联合专案小组成员之一，与祁国利共同进退了很长一段时间，二人在工作上早已建立了牢固的互信关系。

秦汉贤表示：“祁国利从不跟我解释案情，我并不感到为难，调查人员向来有条不成文的工作守则——‘只有必须知道内情的人才有权知道’。我确信可以让我知道的，他一定不会隐瞒；而既然暂时未能告知我的，我也不会多问。”

股市的“黑色星期一”

1987年10月19日，香港股票市场先于12小时发生狂跌，香港市场跌足了11.12%，计420余点，当天晚上美国股市开市，美国股票市场也出现狂跌，美国股票市场的狂跌，又引起世界其他股票市场的暴跌，形成了世界性股灾，被称为“黑色星期一”。

翌日开市前，当时的联交所主席李福兆宣布，常委会根据交易所条例赋予的权力，通过决议停市四天，以便清理积压的交易。此举在业内引起极大争议，有业界人士认为停市只会延缓股市下泻的颓势而不能扭转跌市，复市日股价必然再次大幅下挫。

结果，不幸被言中，10月26日（星期一）复市，恒生指数以2241点收市，下跌1120点，跌幅达33%，是香港有恒生指数以来跌幅最大的一天，这一表现更为李福兆当时下令关闭股市增添了更多的争议。不仅金融市场人心惶惶，整个香港社会也忧心忡忡。

10月26日傍晚，联交所召开记者会解释停市决定，一名澳大利亚记者质疑停市与李福兆私人利益的关系，对该决定是否合法提出质疑。李福兆勃然大怒，以食指直指向该记者，以拳头敲击桌面，要求该名记者道歉。联交所高层职员曾劝喻李福兆冷静，没有效果，许多记者把该名澳大利亚记者拖离会议室，记者会在喧吵声中结束。

李福兆当时愤怒地向该记者说:“这是恶意诽谤。”“讲出你的姓名,我要我的律师记录下来。”“我现在就给你一张告票。”“控告他,带他到警署去,把他送到警署去。”

香港联交所史无前例宣布停市四天,成为全世界唯一在股灾中停市的股票市场。身为联交所主席的李福兆当时备受抨击,李福兆受到西方媒体的抨击,当时社会舆论质疑联交所停市决定的理据,立法局议员李柱铭在立法局会议上要求李福兆辞去联交所主席职位。同年底,联交所改选,李福兆只任副主席。

廉署加设“调查五科”

事情推进得很快,时任廉政专员班乃信(Barnes)与执行处处长施道伟看过祁国利的初步调查工作报告后,马上向港督卫奕信做出汇报,并于1987年10月14日正式立案调查,还特别在原来四个调查科以外,临时加设“调查五科”,由助理处长百敏庭(Roger Batty)带领一个9人的专案小组,专责处理此案。

虽然专案小组成立不久,但由于案件涉及联交所高层,故廉政公署要求小组尽早破案,尽量减轻案件对市场可能造成的冲击。这对小组成员无疑构成巨大压力。

10月19日,全球股灾后,港督卫奕信下令,倘若廉署对此案的怀疑属实,则必须尽快采取行动,因为刚经历全球大股灾,香港实在不能再承受一次金融冲击。

优先配股的手写便条

调查工作在全球大股灾的阴霾笼罩下悄悄地展开。由于当时案件仍未曝光,调查员须多番转折才能搜集到可能与案件有关的公司申请上市的资料及股份分配情况。具有丰富调查经验的祁国利也感到搜证异常困难。小组经常连续两个月通宵达旦地工作,调查工作陷于胶着状态。

廉署调查人员发现了夹杂在如山的文件堆中的一张手写便条,便条清楚地记录着即将卸任的联交所主席李福兆和其他人士如何分配从申请上市公司获得的优先配股。小组更发现手稿的笔迹属于当时联交所的上市部主管曾德雄,于是锁定他为目标人物,深入追查。“我们虽然已经掌握了有力的物证,但还需找到证人,将事件背后的隐秘揭开。”祁国利解释说。

“分饼仔”的潜规则

公司申请上市，过程繁复，常耗费相当的时间和费用支出。一般公司由于缺乏经验，多会委托财务顾问等专业机构包括律师、会计师、商业银行或包销商等协助办理上市事宜。

按照程序，所有上市申请，须先由联交所上市科审查，再交上市委员会复核和批准，然后由常委会确认及最后批准。常委会的主席和副主席均为上市委员会的委员，常委会主席也是上市委员会的召集人。

调查发现，在1986年至1987年间，当时的联交所主席曾向财务顾问要求配售申请上市公司的股份，然后按部分成员在委员会中职位的高低，以10∶3∶1的比率分配。这种安排，业内人士称之为“分饼仔”，是不公开的惯常做法，也可以说是一种潜规则。

联交所贪污路线图：

1.公司委托财务顾问代办申请上市的手续，财务顾问为代办公司申请上市；

2.联交所上市科负责审查申请文件，并向上市委员会推荐申请；

3.上市委员会负责复核申请文件；

4.前主席兼上市委员会召集人向财务顾问索取或接受优先配股；

5.个别公司会按上市委员会建议调整上市股价；

6.上市委员会初步批准上市申请，然后呈交常务委员会审批；

7.常务委员会（部分委员是上市委员会成员）批准上市；

8.趁公司上市后股价上升出售手中股份。

低买高卖从中获利

案件聆讯期间，主控官向法庭指出，许多财务顾问或分包销商都是在压力下答允上市委员会的要求而提供优先配股的。

联交所高级行政总裁霍礼义（Robert Fell）在作供时称，他对于牵涉有权批准上市申请的委员会成员获配股一事十分关注，曾私下与当时的主席兼上市委员会召集人讨论过这个问题，但前主席李福兆当时并未披露自己也获分配股份。

另一名身为财务顾问高级行政人员的证人称，在其客户申请上市时，曾接到李福兆要求配股的电话，他与上司商量后同意其要求。

调查发现,由于上市委员会在批准申请过程中,有权就建议上市的股价与申请公司磋商,上市委员会往往可在获得优先配股前,先将上市价压低。这样一来,当公司股票正式上市时,股价便有机会以较大幅度上扬,以便他们从中获利。

廉政公署调虎离山

就联交所的架构而言,上市部经理主管上市科,直接向行政总裁负责,是一个位高权重的职位,主要职务是审阅和分析所有申请上市的文件,然后向上市委员会提供建议。

"可是当时的上市部经理曾德雄,年仅三十出头,行内经验不算深,看来其资历与职权不大相符。究竟为何他得以稳坐这个要职?他在整件事中扮演着什么角色?为什么分股的安排由他笔录?"祁国利指出,"要破案,必须抓住关键,打开缺口,我们很有信心他可以提供有力证供。"

专案小组得到伦敦交易所协助,由伦敦交易所向联交所发出邀请,派遣曾德雄到伦敦进行为期两周的业务考察,而真正的目的是将他调离工作岗位,好让专案小组取证。

专案小组发现曾德雄的生活很有规律:他每天准时上班下班,从中环乘坐地铁至九龙塘再转乘火车回家;星期六下班会约太太吃午饭,饭后便一同回家。

根据他的生活规律,专案小组部署,在他启程伦敦的前一个工作日(12月14日星期六),在他下班回家途中拦截,直接将他带回廉政公署,再跟他一起飞赴伦敦,在一个不受干扰的环境下向他取证。

抓捕工作临场变阵

12月14日上午,曾德雄如常上班。专案小组按计划兵分三路,驻守三个"要塞",准备行动。

正午,曾德雄准时离开办公室,在中环与妻子会合并一起吃午餐,但午餐后他们却没有依照一贯路线回家,相反,他们在中环的时装店进进出出选购衣物。A队调查人员及时跟踪,并不时向其他两队通报消息,各队队员只能紧守岗位,静心等待。

时间逼近黄昏,曾德雄夫妇仍然流连于中环一带,无意回家。C队的成员祁国利回忆说:"他们的行程出人意料,但想深一层,当时是12月中旬,英国正下着大雪，比香港冷得多，他们需要在出发前准备足够的御寒衣物，因而没有依惯常路线回家。”

“那天我在地铁站外守候多时，眼看时间无多，不免有点焦急。最后我们决定临时变阵，由B、C队负责支援，我则配合A队，马上折返中环，尽快接触目标人物。”祁国利回忆说。

污点证人曾德雄

当曾德雄从百货公司步出时，祁国利立即上前表露身份并道明来意。面对廉政公署人员突如其来的出现，曾德雄夫妻俩都大吃一惊。祁国利邀请他俩返回湾仔办事处，小组开始游说工作。

“曾德雄不同意分配股份给委员是不合法的做法，他认为这种安排，上市委员会是知情的，作为雇员，他只是按上司要求执行。”祁国利回忆说。面对曾德雄的这种说法，他马上向其陈述利弊。

“我们必须让他明白，拥有上市审批权的人士从‘分饼仔’获得优先配股作为审批公司上市的报酬是贪污行为，而且委员可以商议和批准上市股价，更容易借此谋取私利。加上我们掌握有力的证据可以指证他本人也涉及分配股份，希望他同意转为污点证人，指证其他涉案人士。”

听罢此话，曾德雄察觉到处境对自己十分不利，极有可能被牵累下狱，便与妻子商议，最终接受了祁国利的建议，同意提供资料协助调查。

第二天，祁国利和一位女调查员跟曾德雄夫妻二人一起前往伦敦，展开为期两周的取证工作。事前祁国利做足准备功夫，将当时调查所得有关怀疑涉案人士的背景资料整理成一本厚厚的笔记，记录他们的身份、工作网络、所持股份的相关公司资料和涉嫌与此案有关的行为等。

祁国利以这本笔记为蓝本，向曾德雄仔细查问及印证了多项上市优先配股的安排和涉案人士参与“分饼仔”的详细资料。“我们每天都花很多时间交谈，曾德雄提供的资料与我们调查所得非常吻合，也进一步解开了一些疑团，对侦破案件有很大帮助。”祁国利表示。

为避免侦查计划被泄漏，曾德雄结束为期两周的业务考察后不宜再如常上班了。12月29日，专案小组安排曾德雄夫妻二人下飞机后立即转乘廉署专车直接从启德机场开往港澳码头，转赴澳门，等待下一步行动。

元旦黎明的逮捕行动

由于案件涉及证券界举足轻重的人士和多家上市公司，廉政公署处理得格外审慎。廉政专员和执行处处长不时向港督卫奕信及财政司汇报最新调查进展，专案小组则负责策划周详的逮捕行动。

“1988年元日，当全港市民正在迎接新一年来临之际，专案小组紧锣密鼓，从其他调查科借调人手，准备逮捕行动。”祁国利回忆起当年那个紧张而漫长的元旦夜。

1988年1月2日（星期六）黎明时分，廉署人员兵分两路——一队行动小组由助理处长白敏庭亲自率领，前往李福兆的寓所将他拘捕；另一行动小组则由首席调查主任费迪率领，逮捕另一联交所人士。

执行行动时，两个被捕者都很镇定，要求调查人员稍候，换过衣服才随他们到廉署去。另一方面，由于上市部经理转为污点证人的身份暂时仍需保密，专案小组按照计划，派出同事到港澳码头将刚从澳门回港的曾德雄带回廉署协助调查。

由于事前廉政专员已照会港府和联交所最高层人士，并做出适当的安排。逮捕行动展开后，联交所常务委员会马上召开紧急会议，对管理层做出相应的人事调动。会议要求当时在职的委员会主席、四名副主席（包括被捕的前主席李福兆）及两名委员暂停交易所工作，以便廉署跟进调查。

港英政府财政司翟克诚（Piers Jacobs）当日下午发表声明：

> 政府向联合交易所提议，该委员会的一些成员，现在不宜参与该所的管理工作，直至廉政公署的调查工作完成为止。联合交易所委员会在今晨会议中，决议把委员会的权力交给新成立的常务委员会，直至另行通告为止，并由霍礼义先生按照香港联合交易所的章程，行使首席行政人员的权力。

同日，廉政专员班乃信引用《防止贿赂条例》第30条第2款行使权力，正式公布逮捕人士的身份，目的是不希望公众揣测被捕者的身份并引发谣言，影响金融市场的稳定性，同时尽量降低案件对假期后复市造成的不良影响。

此举曾一度引起舆论的批评，认为廉署不应在正式落案起诉之前公开被捕人士的身份。有人甚至揣测廉署对联交所做出调查是源于10月股灾时的停市事件，而实际上，侦查工作其实早于股灾前8个月已经开始。

“选择在1月2日执行逮捕是为了尽量降低对市场的影响。我们相信新年假期前所有交易告一段落，而1月2日是星期六，股市休市，因此不会影响任何交易。"祁国利说，"逮捕行动带来的震撼经过星期天的冷静期得以缓和，星期一可以正常复市。"

1988年1月4日，香港联合交易所开市，恒生指数只微跌16点。应该说，廉署的元旦黎明逮捕行动是非常成功的，对香港股票市场的影响降到了最低。

约见千人找证据

逮捕行动完成了，但廉政公署的工作仍未完结。"清晨逮捕行动告一段落，我便率领三十多名调查人员，花了十多个小时搜查联交所各层办公室，检取了大量文件，包括公司申请上市的资料和上市委员会的会议记录等。"祁国利说。

从开始便参与调查，后来被任命为证物主管的秦汉贤追忆当时调查工作时，不禁眉头一皱："分析资料简直是大海捞针，申请上市的公司数目众多，上市过程十分复杂，究竟哪一个环节出现问题？哪些公司牵涉在内？哪些记录可以成为有力证据？原本的9人小组根本应付不了这么繁重的工作，我们曾一度抽调了50位同事来协助。"

祁国利补充道："在调查期间申请上市的公司超过150家，我们对这些公司的背景、业务范围、资产状况、股东身份等资料做了详细分析。为了方便核对资料，我们在办公室整面墙壁贴上绘图纸，用不同颜色将这150家公司的资料一一列出，再勾画出公司董事间的脉络关系，然后循着他们的业务交易或财务转移的流向，找出与案件相关的疑点和嫌疑人。随后我们约见了近千名人士，包括各上市公司的股东、董事、财务总监、安排上市的财务顾问及分包销商等，录取了数百份口供，从中整理出有力的证据作为起诉的凭据。"

落案起诉李福兆

对于廉署的逮捕，李福兆始终没有明说个人是否贪污，只说是政治因素，并表示："好多事我不想讲给公众知道。"1988年1月2日，逮捕李福兆当天，廉政专员班乃信就引用《防止贿赂条例》第30条第2款行使权力，正式公布李福兆的身份。此举曾一度引起舆论的批评，认为廉署不应在正式落案起诉之前公开被捕人士的身份。

拘捕行动结束两星期后，廉政公署正式落案起诉李福兆违反《防止贿赂条例》，身为联交所代理人，非法收受一建筑集团优先配股，作为批准该公司发行新股的报酬。

曾德雄因为已答应转为污点证人，获得律政署（现在的律政司）豁免起诉。其后，廉署再拘捕另外七名涉案人士（包括较早前被捕的另一联交所人士），并控以向多家申请上市的公司索取及收受非法利益并教唆收受非法利益罪。

李福兆被捕后，获准以500万元现金及500万元人事保释金候查，这是香港有史以来保释金额最高的案件之一。一般情况下，法庭收取保释金后，会存放于一个特定账户内，待案件审结后再按情况处理。若申请保释人士获判无罪，便可获退先前缴付的保释金；若被判罪，该笔已缴的保释金可用于抵销罚款。

由于李福兆的现金保释款额高达500万元，而且也难以预计审讯期会持续多久，因此他向法庭申请，将保释金转到一个可收取利息的账户。法庭经考虑后同意了他的申请，开创了以保释金赚取利息的先河。

李福兆判监四年

1990年9月3日，审讯在高等法院10号法庭拉开序幕。

李福兆本来被控非法收受一建筑集团优先配股，但由于举证有困难，最后被改控两项罪名：身为联交所代理人（案发时身为联交所主席及上市委员会召集人），没有合理解释和授权，分别在1986年及1987年，致电替两家公司申请新股上市的商人银行，索取及收受该两家公司的优先配股，作为批准或不反对或不延迟该两家公司的新股在联交所上市及交易的报酬，触犯了《防止贿赂条例》第9条。

法庭先后传召18名证人，包括已离职的曾德雄。他是应法庭要求，以特赦证人的身份作证的。经过五个星期的聆讯，终于在1990年10月18日（正值全球大股灾三周年前夕），由四男三女组成的陪审团，经10小时退庭商议，以5比2裁定被告两项罪名成立，判监四年，充公从配股中获取的利润（共866365元），支付控方起诉的费用。

被告不服裁决，向最高法院上诉法庭提出推翻原判及要求减刑。上诉法庭经三日聆讯，驳回申请，维持原判。

作为专案小组的主要成员，祁国利指出："本案罪证隐藏在大量文件当中，十分复杂和烦琐，调查人员要费尽心力去挖掘。大家本着锲而不舍和无畏权贵的精神，追查每一个细节，终能成功破案。对身居高位的嫌疑人亦秉公处理，绝不容许滥用职权,谋取私利。相信本案的裁决对于任何有意图贪污的人士,都能起到当头棒喝的警示作用。”

同案七被告无罪

李福兆原须就另外六项收受及索取非法利益的控罪,跟其余七名被告排期于1991年在高等法院审讯,但他在服刑期间向法庭承认其中两项控罪。由于李福兆主动认罪,基于公众利益,主审法官批准将余下四项控罪记录在案;对于他承认的两项控罪的判刑,则留待全案审结才一同宣判。

1991年10月,高院向涉案的其余七名被告展开审讯。审讯持续了八个月,主审法官最终引用了上诉法庭对另一宗案件的裁决作为先例,依据《香港人权法案条例》改变了对举证的要求。陪审团经过五天的商议,最终裁决七名被告无罪。

鉴于七名被告全部获释,前主席即申请推翻于开审前已承认的两项收受利益罪,该申请获法庭接纳,他只需为之前已定的罪名服刑。

全案于1992年6月审讯告终。案件从调查、起诉至审讯,长达四年。

虽然每事未必尽如人意,祁国利还是从正面看待此案的裁决:“调查涉嫌贪污案件是廉政公署的责任,捉拿涉案人士是我们的工作,我认为最重要的是能够揭露上市制度存在问题的真相,令漏洞得以堵塞,防止类似的事件再度发生。”

他强调案件审讯过程非常“完美”,控辩双方表现得十分专业,陪审团表现认真尽责。秦汉贤则认为有机会参与调查这宗案件,是不可多得的经验。

根据《香港人权法案条例》(下称《人权法》),任何受刑事控告的人,未经法院确定有罪之前,应假定为无罪。既然当作无罪,被告便无须证明本身无犯罪意图,相反,控方则须提供足够证据证明被告有罪。

《人权法》于1991年6月8日生效,条文规定法例生效日期起的一年之内为宽限期,在此期间,《人权法》不会影响《防止贿赂条例》的执法。

祁国利解释说:“本案的调查及聆讯均在这宽限期内,我们调查和搜证是循着《防止贿赂条例》第24条的规定而行,被告有责任举证以证明自己是在合法的情况下索取或接受优先配股,并没有触犯贪污罪,若被告未能提供足够证据,控方可以假定被告接受这些利益是作为批准公司上市的非法报酬,是受贿行为。”

主审法官总结本案时刚刚超逾了这一年期限,适值上诉庭在另一宗案件中引用了《人权法》中辩方无须自证无罪的条文作为法理依据,成了日后其他案件的先例；本案法官参考该宗上诉庭案例，改变了对本案举证的要求，认为控方有责任举证证明被告并未得到合法许可而向上市公司索取和接受利益，并向陪审团做出引导，最终陪审团裁定七名被告无罪。

英国利益的牺牲者

这些题外话源于香港方面某位专业人士的一篇分析文章，据这篇分析文章所指，李福兆其实是英国利益的牺牲者。

自从1984年中英联合声明之后，香港在1997年回归已经不可改变。此时，英国还剩下最后的十几年时间，他们需要趁着这个时间大大地捞上几笔。

这几笔是多少？自然不是十亿百亿，而是千亿万亿。这个目的靠贸易自然不成，也不能明抢明夺，更不能走私贩私，所有一切，都得做得冠冕堂皇，只有一个办法，从股市楼市中掠夺。

从股市上掠夺不容易，香港有4家交易所，以前香港交易所还成点气候，可渐渐地，被另外3家华人办的交易所给压下去了，反而是创办最早的由英资控制的这家排到了末尾。

为了来一次股市掠夺，英国人必须做一件事，即将这4家交易所变成一家，然后控制在自己的手里。恰好以李福兆为首的中国人也有这种迫切要求，港英政府便顺水推舟，将4家交易所合并成香港联合交易所。

合并后的香港联合交易所并没有英国人什么事，所有一切均被李福兆控制着，他本人担任联交所主席，他的儿子李志喜担任联交所的法律顾问，他的儿子李国章担任医务顾问，他的女婿则是物料承办供应商。此外，几名副主席以及主要委员也都是李福兆的挚友，像黄启铭、冼祖昭、湛兆霖、钟立雄、胡伯熙等，和李福兆一起，有“七君子”之称。

有了李福兆的把持，别人想插手交易所，根本不可能。这里面还有一个缘故，李福兆的背后还有更深一层的势力，那就是华资财团的势力，像李嘉诚、李兆基、郑裕彤、霍英东等一大批华资财团，长期以来都在和英资财团暗斗，联交所也同时成了华资财团在各个领域占山为王的幕后支持力量。

英国若想在香港回归前从香港掠夺大批资源，联交所就是他们的战场。如果联交所掌握在李福兆的手里，李福兆背后又有几大华资财团撑腰，英国人是难有作为的。所以，英国人一定要将李福兆搞掉。

联交所并不是政府机构,它只是一个企业,从这种意义上说,联交所上市委员会审核公司上市报告时,获取一定的优先配股权,既是惯例,同时也可认定是一种企业行为,属于那种非法和合法之间的行为。如果一定要往非法上扯,倒也不能说完全扯不上,同样,如果不找他们什么事,认定这是一种约定俗成,大概也不成什么问题。

社会上有各种各样的行规,不能说这些行规完全合理或者说合法,但因为是行规,几十年甚至几百年来,人们一直这样做。如果要废除行规中的不合理以及不合法成分,首先应该做的就是立法,而不是在未立法之前,对某类行规进行有罪定论。

这篇分析文章指出,香港廉署所有关于此案的报道中,均未提及廉署调查处处长施道伟最初决定派祁国利调查此案的缘起,只是语焉不详地说缘于市场一则传言。据分析,这是因为港督直接向施道伟下达命令。此案一开始就由英国人来下令调查,祁国利完成了此案的调查报告。

根据祁国利的调查报告,港督和廉署便开始了进一步的行动。整个"黎明行动"专案组,主要是由英国人在领导,总指挥白敏庭是英国人,副总指挥费迪更是不久前才从英国招募来的,有人怀疑是专为此案而招募。也就是说,祁国利接受秘密任务之前好几个月,此案便已经开始酝酿。

1987年10月,香港大股灾发生。在此敏感的形势下,作为最高领导人,港督原本该以保护普通股民的利益以及香港经济的稳定为出发点,终止或者是延迟这次调查;但事实却是,港督在此时下达手令,要求加快调查。这一手令给人的感觉是他希望股市跌幅更大一些。

后来,整个联交所与李福兆关系密切的人士均遭指控,即使被判无罪释放,但他们已经无法对联交所产生影响力,倒是受港英政府控制的相关人士成为联交所的主人。

香港廉政公署自1974年成立至1987年,历时已近14年,破案何止数千起,除了最初的葛柏案以及后来引起廉警冲突之外,其余的案子,哪怕再大的案子,港督均不闻不问,唯独这件案子,最终被起诉,不过涉案88万港元,港督不仅过问,简直可以说亲力亲为,三天两头要听汇报。再加上伦敦交易所也跑出来充当角色,不能不让人怀疑,背后还有一股更大的力量在支持。

这篇分析文章认为,在这一案件中,整个廉署实际上是被港督摆了一道,或者说被英国政府摆了一道,充当了英国政府掠夺香港财富的马前卒。

超级大庄的假设

假如说，此时有一个超级大庄计划操控股市的话，那么，这个超级大庄入市的必备条件是恒指有一次大跌，以便自己的资金在低位抄底。于是，恒生指数狂泻1000多点，落到了700点的水平。此时，超级大庄入驻，并且反复在1000点左右震荡吸筹。因为是超级大庄，所以，吸筹时间长得异乎寻常。

直到1984年，4家交易所合并，超级大庄这个吸筹过程才趋于完成。此时，筹码已经高度集中，但对于超级大庄的大目标来说，是远远不够的，还有许多筹码被控制在散户那里，必须有大的震荡将那些散户震出来。

1987年10月的那次香港大股灾，大多数人都认为是受美国股票市场的影响，但实际上，香港股票市场比美国股票市场提早发动了12个小时。这一天，香港股票市场跌足了11.12%，计420余点，当天晚上美国股票开市，才出现狂跌。

香港大股灾后，人们也难以找出这次狂跌的理由。如果我们这个假设成立，即香港市场上，真的有一个超级大庄在活动，那么，这个超级大庄，势必也有能力对美国股票市场产生暂时的影响。也就是说，市场的波动，实际是一种超级震仓行为，只不过是一种隔山打虎式的震仓。

别的不说，只要看一看其后十年间香港恒生指数的暴涨，便会对这一假设暗吃一惊。

1997年香港回归之时，香港恒生指数已经窜到了16000点以上，与1982年底的最低点676点相比，已经高达近30倍。这30倍的涨幅之中，能够让超级大庄赚到多少钱，大概集中全世界的计算机也算不清楚。

涉案的三万件证物

案件处理不知不觉已度过了四个年头——从秘密受命至公开审讯；从暗中侦查至中外传媒广泛报道；从锁定目标证人至大举在联交所办公室搜证……祁国利和秦汉贤花了好一番功夫整理和重温旧档案，把案情重点、他们的经历和感受娓娓道来。

这宗案件的证物多达三万多件，主要是从联交所搜回来的文件，包括一些上市申请、审批过程的有关文件和会议记录等，此外还有记录着会议谈话内容的录音带，足足装满二十多个铁箱。要妥善保管这批证物实在不简单，而心思细密、做事有条不紊、从一开始便参与调查工作的秦汉贤当然是理想的人选。

“这是我第一次处理如此惊人数量的证物，我和另一位同事被指派为‘证物主管’，法庭特别批准我们占用了一间律师更衣室来贮存证物，方便随传随到。”秦汉贤说，“每当主审法官或控辩任何一方有需要展示证物时，我们便按照预先编好的证物索引，第一时间将有关证物找出来呈堂，用完之后亦要放回原位，绝不能有丝毫差错。”

“证物索引”是秦汉贤始创的编档方法。他这样回忆当年面对复杂而琐碎的资料时的情形：“一般商业贪污案的特性是文件和资料特别多，当然本案也不例外。80年代，电脑尚未普及，所有资料必须以白纸黑字存档，为了方便组员们不时翻查及对照资料，我特别建立了一套独特的编档方法，类似图书馆编辑藏书，把资料分门别类编成索引。实践证明这种编档方法还是很不错的，其后我们也应用同样方法将证物分类编排。”

廉署人员的“祁氏密码”

调查人员不但处事小心，而且颇有创意。当案件仍未曝光时，为了确保所有资料绝对保密，祁国利不便在他的调查笔记中写下怀疑涉案人士的名字，于是创出了一套只有他自己才看得明白的“密码”。

“我以手表品牌代表联交所的高层，以鸟名代表其他职员。看！劳力士、欧米茄每次开会，燕子都为他们准备……”祁国利边解释边展示笔记簿上的“祁氏密码”。

开始调查本案时，祁国利和秦汉贤正在同时协助处理海托案件，所以一直驻扎于湾仔的海托总部。海托案完结，他们便撤离了银行总部，但本案的专案小组并没有搬回廉政公署总部执行处办公。

祁国利解释说：“这是一宗极为敏感和高度保密的案件，我们要为一切有关的文件和资料高度设防，因此小组特别在总部以外租用办公室工作，并采取24小时保安措施，期间更是数度搬迁。这四年多来，除了参与一些必要的会议和向处长汇报外，我们绝少踏足执行处总部办公室。”

李福兆被判入狱后，祁国利重返久违了的廉署职员餐厅，准备喝一杯轻松一下，“当时餐厅内正在举办职员工余活动，在门外已听到喧哗欢笑声，谁料我一踏进大门，大家忽然鸦雀无声，好像正在等待什么似的。我轻轻地说了一句‘审完了’，餐厅内登时响起雷鸣般的掌声。”

祁国利说:“原来关心这宗案件的不止我一人,也不止专案小组的组员,大家都在期盼着这一天！廉署内部一直有一种互相关怀、默默支持的团队精神。”

英警官投聘廉署

一则香港的招聘广告,使一名原本在英国专责调查诈骗案的警官,毅然决然放弃了事业,举家移民来港,加入了肃贪倡廉的行列。光阴荏苒,这名英籍廉政公署高官在香港工作和生活超过了20年,曾破获不少贪污大案,包括联交所前主席李福兆贪污案以及造马案等,拿获了不少“大老虎”。

祁国利当年曾在英国警界服务,其大女儿在杂志上读到了一则香港廉署的招聘广告,随即建议父亲申请加盟,祁国利不以为意,就随口说了句:“等它再登广告就申请。”不料时隔半年,该广告真的再次出现。祁国利随即兑现了承诺,其后于1983年初来港,担任廉署调查人员一职。

祁国利印象最深的案件,就是联交所前主席李福兆贪污案及造马案等。审讯历时八个月的李福兆案,庭外庭内都曾发生过小插曲。祁国利透露,在审讯多月以后,李福兆一直被拘禁在廉署,每当祁国利见到李福兆时,都会与李打招呼。有次开庭,由于被告及检控官员多达30人,挤满了法庭,故法庭要临时拆卸犯人栏给辩方用,被告则被安排坐在公众席上。

不赌马、不懂股票的祁国利,在调查上述两宗案件时,曾下了不少苦功。“我学赌马,学股票,但最后却引起了家人的注意。”祁国利说,他的工作必须高度保密,即使对家人也不能透露,家人对此也习以为常了,“太太完全不知道我在做什么。”

长期在港工作生活,祁国利的子女也在香港落地生根。目前,祁国利已经当了祖父,连同五名孙子孙女,祁国利的家庭成员多达14人。退休后,祁国利选择继续在香港生活。在香港,这样的“鬼佬”(港人对西方人士的称呼,无恶意)自成不同的圈子,人数不少,是香港的特色之一。

出狱后的李福兆

1992年,李福兆结束了四年的铁窗生涯,恢复了自由。作为一个昔日在股坛呼风唤雨的名人及香港显赫家族的重要成员,李福兆出狱后刻意低调,没有召集亲朋好友大事庆祝,更没有重操旧业,甚至没有在香港居住。

李福兆选择了泰国作为定居之地。泰国首都曼谷离香港大约三小时的飞机里程，那里社会安定，华人安居乐业的程度在东南亚堪称第一。曼谷是东南亚最大最繁华的都市，物价比香港低，在那里投资和生活的香港人不少，香港游客每年数以十万计。

李福兆在曼谷并没有和当地的港人往来，他过的是平静的隐居生活。李福兆本人从联交所以权谋私所得金额并不算多，且已经被充公，但这并不影响他总体的财富。李福兆究竟有多少财富，公众无从了解，因为他不是公职人员，也不是上市公司主席。除了在香港的资产，他在泰国也有不少房产，仅租金一项收入就可以使他无忧无虑地生活。

香港神通广大的媒体狗仔队打听到，李福兆在曼谷的住宅中聘有泰籍佣人为他操持家务，还有当地的按摩师定期到府上服务。应该说，相对于佳宁案、海托案、公屋案的主犯，李福兆的民愤没有那么大，他也已经受到了法律的惩罚，又远离香港，所以他出狱后不再成为香港社会的话题，狗仔队也不再打扰他。

李福兆最近一次公开露面是在2013年初香港证券商协会33周年晚宴。当时身为创会永远名誉会长的他，在太太劳晓华陪同下出席晚宴。据说众多金融人士围在其侧，当时业界猜测其可能会有新的动作，但李福兆晚宴后仍然回归退休生活。

2010年，李福兆先生接受媒体访问时，回忆过去自己经历的传奇和争议，他引用了苏轼的诗词："人皆养子望聪明，我被聪明误一生。"

李福兆先生虽然曾经铸下大错，不过瑕不掩瑜，他在香港股市的历史地位依然存在，这也是廉署查办的其他大案的主犯所不能比拟的。

2014年12月27日下午，李福兆先生在香港玛丽医院因癌症复发辞世，终年86岁。

对于李福兆先生的逝世，香港交易所称："李福兆先生于80年代与金融业界人士联手促成四会合一，又致力开放香港证券市场予本地及海外经纪参与。香港交易所对李先生逝世向他的家人致以深切慰问。"

第八节　惩处律政署高官

廉政公署虽然自成体系,但不是香港执法系统的一部分,不过在内部制度与具体工作方面,廉署与执法系统如出一辙。廉署权力大,但没有起诉权,这也是当年港英当局在设计廉署结构时出于制约廉署考虑的,和普通法系的习惯做法一致。廉政公署侦办案件,都是由律政署(现在的律政司,相当于内地的检察院)向法院起诉的。

律政高官的通缉令

1989年元旦前两天(12月29日),正当整个香港沉浸在一片浓浓的节日气氛中,一纸通缉令震动了整个司法界,令香港社会一片哗然。通缉令是由廉政公署深夜发出的,缉捕涉嫌违反《防止贿赂条例》而弃保潜逃的前律政署署理副刑事检控专员胡礼达。

港英时期的律政署新西兰籍高官胡礼达(Reid),因投资果园生意失利、债台高筑而堕入贪污陷阱,收受贿赂,妨碍司法公正。罪行被揭发后,他利用自己的法律知识,设置重重关卡,阻碍廉署调查,并弃保潜逃。不过胡礼达最终难逃法网,受到制裁,成为香港有史以来被判刑的最高级政府律师。

胡礼达出生于1947年,1975年加入港英的律政署。他来自新西兰,由于新西兰属于英联邦,香港承认其律师资格。胡礼达当时四十多岁,被喻为律政署"四大天王"之一,是律政署商业罪案检控组第一把手,也曾兼任署理副刑事检控专员之职,经他处理的商业大案不计其数。

廉署在办案时往往与律政署合作,甚至在某些案子中由律政署直接参与,二者之间的关系非常密切。这次港英律政署的洋高官成为廉署侦查的目标。由于涉案人是知法犯法的高官,因而廉署的调查与逮捕要比对一般目标更费时、更谨慎、更严密、更富有耐心。

胡礼达涉嫌知法犯法收受贿赂,妨碍司法公正,此案当年不仅轰动香港,在英国和大洋洲也引起舆论与司法界的密切关注。就连当时英国国会也致函港府,表示极大关注,并要求港府必须确保当时的律政署秉公办理此案。

“耶路撒冷”调查行动

“最初我们拘捕胡礼达，有些人以为是我们弄错了，相信他是无辜的。当时，胡礼达的事业如日中天，稳坐前律政署第三把交椅，人们认为他根本不可能也没有必要贪污。”廉政公署专案小组成员，总调查主任包理正(James Bell)回忆道。

包理正指出，廉署是在1989年8月接获一位化名为“苹果”的线人提供的情报，继而展开了这个代号为“耶路撒冷”的调查行动。调查不久，廉署就发现年薪约为50万港元的胡礼达，单在1986年至1987年间，财富增长便逾百万港元之多。

廉署特别为此案成立了一个6人专案小组，由执行处助理处长卢彬(Anthony-Robey)率领另外5名资深调查员专职投入调查工作，目标是缉拿胡礼达及其他涉案人士归案。为公正起见，当时政府聘任了独立的私人执业律师，就整件案子向廉署提供法律意见以及协助检控涉案人士。

由于胡礼达当时正在处理数宗商业大案，为避免他所负责的案件受其影响，不能得到公平审讯，廉署人员在掌握了初步证据后，在廉署执行处助理处长卢彬的亲自率领下，1989年10月27日到胡礼达的寓所把他拘捕，同时还拘捕了两名涉嫌贿赂该名官员的私人执业律师，准予他们各人自签五万港元保释，但须交出旅游证件。

与此同时，廉署向律政署申请勒令胡礼达停职受查，并根据《防止贿赂条例》第14条，要求他于28天内解释其财富来源。胡礼达要求延长解释期至56天。但其后这位律政署高官在没有提交合理解释前就弃保潜逃，案件也因此曝光。

线人“苹果”的举报

1989年8月，廉政公署接获一位化名为“苹果”的线人提供的情报，线人提供的情报说，律政署的高官胡礼达利用处理重大商业案件的机会，收取大额贿赂，以此替被告脱罪，或者是减轻罪罚。

线人提供的情报说，在新西兰，律政署的高官胡礼达拥有三块土地及一片果园，土地和果园的资产总值高达几百万港元，而胡礼达的年薪为50多万港元。

线人情报同时显示，胡礼达所获得的贿赂，主要是香港的一家著名律师行提供的，在好几宗重大商业案件中，这家律师行代表的是被告方，结果在胡礼达的帮助下，被告成功脱罪，而胡礼达因此获得巨额贿赂。

接到这份举报时，廉政公署的高官们大吃一惊，律政署的高官胡礼达，这是真的吗？

廉政公署的高官们对胡礼达非常熟悉，胡礼达是律政署的第三把手，是署理副刑事检控专员，是律政署商业罪案检控组第一把手，是律政署最高级的政府律师，被喻为律政署“四大天王”之一，胡礼达并不是他的本名，而是他新西兰名的音译。

在廉政公署代号“苹果”的线人，并不是第一次为廉署提供情报，按照以前的记录，“苹果”的情报通常有着极高的准确性。

胡礼达后来一口咬定，同为政府律师的弟弟迈克尔就是当年将他举报的廉署线人，胡礼达因此对胞弟迈克尔恨之入骨。

“铁面判官”是犹大

胡礼达年纪轻轻便稳坐律政署的第三把交椅，既与他的精明强干分不开，也与他自进入律政署以来的清廉形象分不开。几乎所有认识胡礼达的法律界人士都知道，胡礼达还有一个别号，叫“铁面判官”，没有人相信他会徇私。

这样一个人，真的会贪污吗？廉署的“耶路撒冷”调查行动开始后，专案小组便对胡礼达进行了严密的监控。胡礼达认识廉署的许多人，又是最高级的政府律师，他有娴熟的反侦查手段，对他的跟踪监控难度非常之大。

专案小组很快抓住了要点。专案小组发现，胡礼达差不多是定期与某律师行的两位律师会面，其中一位还是著名的大律师，在香港律师行业的影响非常之大。他们的见面像是一般的朋友约见，在一起喝茶什么的，聊上几句然后就分开，每次都会开单间。

作为政府的最高级律师，胡礼达在案件中代表政府，属于控方主角，而私人执业律师在案件中代表被控方，为了避免双方律师间的私下交易而影响判决的公正，政府律师是不能与被告律师见面的，尤其是在涉及具体案件的时候，这种见面非常可疑，绝对属于污点。

胡礼达有一次在上班时间内匆匆离开律政署，来到尖沙咀的某酒吧，与那名大律师在酒吧聊了很长时间。这是一个极其敏感的时期，因为政府正指控某位富商有严重商业诈骗罪行，政府方面由胡礼达担任主控官，而大律师恰恰是被告方的代理人，在法庭上，他们是对手。

控辩双方在庭外私下会面，对于案件的公正审理，将会起到极其特殊的反面作用。作为政府最高级的律师，胡礼达自然清楚，他此时与被告律师见面是违法的。

明知违法却仍然见面，只有一个可能，由于某种利益的驱使，他已经上了贼船。

几天后，廉署专案小组调查员发现胡礼达与那两位律师在铜锣湾某餐厅的贵宾厅见面，他们一边吃饭一边聊天，时间长达三个小时。调查员设法找到了与这间贵宾厅窗口相对的房间，恰好可以看到这间贵宾厅里面的情况。观察发现，胡礼达将一沓厚厚的资料交给大律师，这些资料很有可能是与这件商业诈骗案相关的检控文件。

廉署的"耶路撒冷"专案小组心中有底了，胡礼达涉嫌犯罪已经可以认定，剩下的工作，就是进一步取得证据。

胡礼达设置重重关卡

1989年10月27日，廉署采取了行动，由"耶路撒冷"专案总指挥卢彬亲自率领一个小组，在胡礼达的寓所将其拘捕，同时依法对其寓所进行搜查。搜查的结果令专案组大出意外，胡礼达的寓所极其"干净"，别说是高额的存款、财产证明之类，就是家庭设施也非常普通，远远低于他的收入水平。

"我是完全无辜的。"胡礼达被捕后，只说了这句话就一直保持缄默，在接受廉政公署问询时不回答任何问题。保释外出后，虽已被廉署没收了护照，但胡礼达在人前人后都表现得十分轻松，还说他很快可以回到新西兰的老家去了。他看来胸有成竹，以为廉署不能找出足够的证据。

这名前律政官员一向以才智过人而见称。他不但若无其事，好似对被拘捕不以为然，更讹称曾在处理某宗案件时，跟廉署人员发生龃龉，才导致误会，因而被捕。面对这名资深前律政官员，专案小组人员时时刻刻都需要跟他斗智。

胡礼达利用他的法律知识，设置重重关卡，拖延时间，并阻碍廉署寻找破案线索。为阻碍廉署人员调查他在新西兰的资产，胡礼达又暗中指示新西兰的存款银行及当地的代表律师，未得他同意，不得向任何人提供有关其财务状况的资料。

胡礼达以大部分资产均分布于国外为由，申请延长解释期至1989年12月底。接着，他借口回新西兰老家过圣诞节，向法院申请取回其护照，初时获得胜诉，其后廉署上诉至高等法院，才被驳回申请。

如果他成功取回护照回到新西兰，那就等于放虎归山，如果不能定罪就不能要求从新西兰引渡，即使能够定他的罪，胡礼达在新西兰也有足够的机会和金钱潜逃到其他国家逍遥法外。

胡礼达早已把资产调往海外多个地方,碍于调查权限,廉署人员虽接获了可靠线报,却需要跨过重重调查关卡,才能找出有力证据。

Berry Export的支票存根

廉署人员一面要和胡礼达周旋,一面要与时间竞赛,赶在解释期限前掌握更多证据,将他绳之以法。1989年11月至12月期间,廉署执行处助理处长卢彬亲自率领包理正等两名调查员到胡礼达的故乡新西兰实地搜证。

"我们得到新西兰警方协助,到主犯的果园搜查。到达时他的父母已把所有的银行月结单及与主犯的来往信件都烧光了,果园大屋后还剩下一大片烧到焦黑的草地。我们以为那次定会空手而回。"参与调查的包理正回忆当年的情形时说。

虽然不存厚望,但仍不放过每一个角落。"我们和新西兰警员搜遍整座大屋,终于在主犯父母睡房一个抽屉的角落搜出了一张支票存根。支票存根上有Berry Export的英文字样及一个编码。这张小小的存根就是找出主犯非法财富的关键所在。"虽事隔多年,包理正说到这里,脸上仍掩不住兴奋的神情。

原来,Berry Export是胡礼达用来掩饰其非法财富的空壳公司,他的第一笔贿款就是由此公司经新加坡辗转存入其母亲的账户,以掩人耳目。廉署人员从这一点线索出发,陆续在新西兰查出胡礼达的很多资产。廉署人员在新西兰逗留了三个多星期后,初步确定,这名前律政官员最少拥有价值630万港元不明来历的资产。

"发现Berry Export是搜证上的一大突破,扭转了整个形势。胡礼达从其新西兰家人那里知道我们找到这项资料后,就没有那么自鸣得意了,也可能知道自己无法再掩饰贪污罪行,于是决定破釜沉舟,弃保潜逃。"包理正说。

胡礼达弃保逃离

1989年12月21日,廉政公署人员完成了在新西兰的调查,启程赶回香港。翌日就是胡礼达到廉署报到并交出财富解释的期限,可是他没有按时出现。其后,廉署人员从胡礼达的女佣处得知,他已不见踪影。据调查,胡礼达曾向友人表示要到长洲岛过圣诞,但他也没有在那里出现。廉署相信他已弃保潜逃。

胡礼达的旅游护照被法庭收走,胡礼达自然不可能通过正常途径离境,离境的办法只有一个就是私渡。胡礼达找到一名私人执业律师,这名执业律师还有一个显赫的兼职——辅警总督察，就是这名法律界人士帮助胡礼达私渡潜逃。

胡礼达给这位律师打电话，向他说明情况，这名律师当即表示愿意帮他，并且建议胡礼达先由香港到澳门，再从澳门潜往内地的珠海，只要进入内地，他在内地有关系，应该可以想办法搞到假身份证，然后利用假身份逃往国外。

12月21日，按照这名执业律师的安排，胡礼达先到了海边，那里有一艘小渔船等在那里，胡礼达问明对方身份，然后说出执业律师的名字，一切核实之后，他登上了小船，付了钱，小船驶离海岸，向澳门驶去。

到达澳门，这名执业律师早已在岸边等他。胡礼达的心情极佳，还与律师开玩笑，对他说，“你要知道，你现在是和一名逃犯在一起。”律师说，“我当然知道，而且还是我协助这名逃犯的。”胡礼达进一步开玩笑说，“你可要当心了，一旦我被抓，你也要坐牢。”

“胡礼达被我们缉捕归案后供称，当日他乘坐预先安排好的小艇潜离香港到澳门，抵岸时已有一名私人执业律师接应他。这名律师当时身兼辅警总督察之职，竟然会帮一名律政署律师弃保潜逃，他们两人还以此作为说笑话题，真是视法纪为无物。”廉署总调查员梁韬强回忆前律政官员弃保潜逃的过程时说。

提心吊胆的内地潜逃

胡礼达与这名律师在澳门待了几天，再由这名律师安排，他们乘一艘小船向珠海私渡，一路上除了一点风浪，竟然平安抵达珠海。他们在珠海没有停留，上岸后立即去了珠海汽车站，然后乘车前往广东惠州。

虽说逃出了香港，胡礼达的心理承受力根本不适合当逃犯。胡礼达长时间养尊处优，无论在什么场合、什么时间，他都受人尊重，如今成了逃犯，他提心吊胆，害怕出事。坐在车上，胡礼达往外看，外面几个保安在转悠，他不清楚内地的着装，还以为对方是公安，吓得心惊肉跳，以为是来抓他的。

在往广东惠州的车上，上来两个穿制服的，胡礼达以为是来抓他的公安，胡礼达的脸顿时白了，额头汗珠大量滚落。这名律师问他怎么回事，知道他紧张的原因便笑话他，他才知道这是工厂的保安，不是来抓他的公安。

每天胡礼达都是高度紧张，濒于崩溃的边缘。胡礼达和这名律师一起又从惠州逃到了广州，住在广州的一家高级酒店。这是一家五星级的高级酒店，这也是胡礼达逃亡期间过得最好的一段日子。

这名律师出去联系假护照的事,回来时敲房间的门,敲门声一响,胡礼达便吓得发抖,浑身没劲,站都站不起来。这名律师意识到,留在广州时间长了,必然要出事。

在广州住了一段时间,这名律师弄好了假护照,便于当天下午打电话回自己的律师行,嘱咐一名下属预订第二天飞往菲律宾的机票。飞往菲律宾而不是直接回新西兰,是胡礼达的选择,因为菲律宾与香港地区没有引渡条例,也不认香港的通缉令,廉署无法立刻将其拘捕归案。

胡礼达出逃菲律宾

1989年12月22日,涉嫌受贿及妨碍司法公正的前律政官员胡礼达,应该到廉政公署报到并交代财富来源,却不见了踪影,后来证实他已弃保潜逃。后来调查得知,胡礼达的潜逃路线是:香港—澳门—惠州—广州—香港—菲律宾。

这名律师在广州给胡礼达搞到了假护照,胡礼达在内地使用"张永坚"的假护照,白种人却是中国人的姓名。胡礼达对内地出入境部门声称自己生于香港,洋父母入乡随俗为其取了个中国名字。胡礼达化装逃亡,途中头戴假发、渔夫帽、墨镜,直到被捕都是如此装扮。

由于那时广州没有直达菲律宾的航班,胡礼达想利用假护照,由广州秘密经香港,再飞抵菲律宾首都马尼拉藏匿,以便稍后潜返新西兰。由于胡礼达必须先潜返香港才可转机前往菲律宾,帮其潜逃的这名律师在出发前一天的下午秘密致电香港下属,令其下属立即预订翌日飞往菲律宾的机票。

可是当律师行职员赶到机场航空公司的柜台时,柜台职员已到下班时间,连订机位的电脑也关掉了。为求把机票拿到手,他们向柜台职员假称机票是用来帮助中国内地学生的。在他们的苦苦哀求下,柜台职员终于用手工开出两张机票。他们又要求柜台职员把机票送到该航空公司在转机处的柜台,好让律师在翌日早上提取,然后与胡礼达立即离港。

"胡礼达及该律师以为可借此脱身,却没想到就算他们逃离香港,我们仍可把他们找回来。他们更没想到的是,用了这么一个借口,既令航空公司职员印象非常深刻,又留下了手写机票那么独特的证物,令我们更加容易找出他们的罪证。"梁韬强说。

助逃律师否认控罪

胡礼达落网后即俯首认罪，而协助他潜逃的私人执业律师却矢口否认控罪。当时，廉署已完全掌握了他们潜逃的证据，包括他们入住酒店的记录，跳舞玩乐、吃饭的单据，用假护照途经广州到香港及抵达菲律宾的记录。证据确凿，不容抵赖。该律师虽不得不承认曾陪同一名外籍人士到过这些地方，却声称自己不知道他就是被廉署通缉的前律政官员，希望借此洗脱罪名。

究竟廉署人员是如何证明这名律师在说谎呢？“胡礼达受贿案轰动一时，当时经常是报章的头条新闻，很多报纸既刊登了该官员的照片，也载有通缉令的报道，加上法律界对此案的关注，该律师根本不可能不知道前律政官员的身份。”梁韬强说。

“我们从这点出发，首先确定该名律师的律师楼每天均订阅中英文报章，并把重要新闻剪下，供内部传阅。然后，我们到该律师楼的写字楼搜出大量相关剪报，作为呈堂证物。在庭上，陪审团不但即时接纳为合理的反证，还判该名律师罪名成立。”梁韬强说。

这边如何将前律政官员从菲律宾逮捕归案尚待研究；那边案中涉嫌贿赂胡礼达的两名律师又以廉署的搜查令内容牵涉太广为借口，企图以司法复核手段，推翻廉署的搜查令，阻碍调查，寻找脱罪机会。

“我们差不多每一步都被他们质疑。这宗案件一开始就是一场艰难的法律拉锯战。”包理正说。廉署人员必须不断与律政署外聘的独立法律顾问研究应变方法，与那两名涉案律师周旋。经过两个月反复研讯，廉署最终胜券在握，随即到两名律师的事务所搜查证据。

1200多万的贿款

廉政公署的6人专案小组已兵分两路，一队留港与两名涉案律师继续周旋，试图找出协助胡礼达潜逃的嫌疑犯；另一队则在执行处助理处长卢彬的亲自率领下，再次穿梭于新西兰、新加坡等地继续搜证。

调查结果显示，案中被告在律政署任职15年间的薪俸为480万港元，但他却拥有总值逾1600万港元的财产，包括逾230万港元的新西兰币银行存款、三块新西兰土地及一个果园。胡礼达千方百计将赃款调到世界各地，分散保存，以策安全。胡礼达因为投资猕猴桃园生意失利，开始贪污收贿。

胡礼达共利用多达25个以其亲人名义开立的银行户口及Berry Export这家完全没有商业交易的空壳公司，将贿款调到世界各地，以这种迂回手法作为掩饰。这些贿款被怀疑是由两名涉案律师提供的，以换取胡礼达的协助，使他们客户的案件可以在审讯时打赢官司，或帮助涉案人士脱罪。

菲遣送胡礼达回港

胡礼达看准了香港地区与菲律宾之间没有引渡协议，就藏匿在马尼拉，准备伺机潜返新西兰。他的如意算盘的确给廉署的调查行动增加了许多困难，但就在他以为可以就此逃离法网之时，菲律宾移民局已经掌握可靠情报，部署对他的缉捕行动了。

胡礼达原以为逃到菲律宾后，便万事大吉了。确实到菲律宾后，他的心理压力减轻了许多，但晚上还是经常做噩梦，有时会从噩梦中吓醒，他希望用酒来麻醉自己，于是经常跑到酒吧去喝酒。

1990年3月，菲律宾移民局接到情报，有人目睹传闻藏匿于当地山区的胡礼达经常于马尼拉某酒吧出没，遂联同当地警方采取行动。3月29日晚，胡礼达在该酒吧落网。

根据菲律宾的移民条例，当地移民局有权将使用假护照的人士即时押解出境，因此尽管菲律宾与香港地区无引渡协议，仍可将违反菲律宾移民条例的胡礼达遣送回港。菲律宾政府立即下了逐客令，并安排翌日早上7时30分由马尼拉机场押解胡礼达飞返香港。

在香港，廉署人员接获消息，立刻在数小时内部署好拘捕行动，在机场严阵以待。胡礼达在菲律宾移民局人员押解下抵达香港启德机场，随即由廉署执行处助理处长卢彬亲自对其拘捕，卢彬随即用手铐把自己与这名官员铐起来。

在廉署与警方的严密护送下，胡礼达被送往中央裁判署提堂。胡礼达被控没有及时提交法定声明书以解释其财富来源，违反《防止贿赂条例》，初步被判还押廉署监管候审。

“至此，胡礼达似乎知道自己大势已去，难逃法网。事实上，他经历了三个月的逃亡生活，已是疲态毕露。回港那天，看来反而像松了一口气，之后一直与廉署很合作，把犯罪及潜逃过程和盘托出。我几乎每天都为他抄写口供。”包理正表示。

当年包理正在三个月里每天早午各两小时到廉署拘留中心向胡礼达录取口供。在回忆当日与这名被告朝夕相对的情形时，包理正手上还拿着逾百页当年录取被告口供时的手稿，他正是从这份手稿中整理出了长达68页的呈堂证供。

梁韬强说："起初他的确以为自己很有办法，必定可以逃离法网，但他想不到，就算当年廉署与国际执法机关的联系仍未成熟，我们还是可以把他找回来。当时我们已经掌握到他的犯罪证据，加上他冒险循着非法途径潜逃，用心已是昭然若揭，他除了认罪已别无选择。"

胡礼达为何受贿

胡礼达年轻有为，前途无量，收入相当丰厚，维持当时他那不高的生活水平没有任何问题，那么他为什么要受贿呢？为什么走上了这条不归路？

据胡礼达归案后交代，原因就是新西兰的那个果园。胡礼达1981年购买了那个果园，当时胡礼达充满信心，认为形势一片大好，可后来果品市场价格大跌，果园的品种又不对路，胡礼达亏了钱。

当初购买那个果园，胡礼达采取的是按揭的方式，需要每月定期归还贷款，他原计划经营一两年，果园有了收入，可以偿还贷款，减轻自己的按揭负担，没有预料到，不仅没有减轻负担，反而需要他增加投资。

1986年5月开始，胡礼达陷入了资金困境。这时，如果胡礼达理性地处理那个果园，亏一些钱及时将那个果园卖掉，也不至于自己陷入泥潭。

那两名律师与胡礼达的私交一直不错，胡礼达出现资金困境后，那两名律师很快从他的神态中看出端倪。他们仔细询问，知道了原委，便主动提出进行交易，只要胡礼达在处理其律师行客户的案件时，起诉过程中做些手脚，影响案件的审讯，便可以得到丰厚的回报。

胡礼达因为与那两名律师的私交很好，鬼迷心窍，便答应进行交易。自从第一笔100万港元的贿款到手后，胡礼达已经难以回头。到了后来，胡礼达的资金困境自然解除了，胡礼达也没有停手交易，也许胡礼达想停手交易，那两名律师也不愿意。

胡礼达知道自己面前充满危机，收取贿款，他异常小心谨慎。有一次，他提出在新加坡收贿款，将一张钞票撕成两半作为接头暗号。行贿的人拿着贿款和那半张钞票，在新加坡的一家酒店找到他，胡礼达掏出自己的那一半，仔细与人家核对无误之后,才将贿款收下。

胡礼达被判入狱八年

根据专案小组手上的证据,胡礼达所拥有的价值1600多万港元的财富中,有230万港元是他为另一名身份不明的罪犯保管的款项,扣除借贷所得的款项及胡礼达本身薪酬余额,被告的非法财富高达1200多万。所以,除了未依法提交解释财富来源的声明书外,他被加控违反《防止贿赂条例》第10条(1)(b):支配的财富或财产与其当时或过去的薪俸不相称。

胡礼达确实是一个很富有戏剧性的人物。除了化装出逃,他在事发之前接受行贿者的赃款时,都以半张纸币为接头凭据,双方各持同一张纸币的一半,能够符合,即可交接。

胡礼达早在1990年6月20日在中央裁判署的审讯中,就已承认财富与官职收入不相称的控罪,但因为案情严重,案件于1990年7月6日移送到最高法院,由当时的主审法官杨铁梁做出裁决。

案中被告是前律政署高官胡礼达,公众对律政署在起诉及审判过程中能否保持中立特别关注。有鉴于此,港英政府当时除了聘任独立的私人执业律师为廉署提供法律意见外,更从英国聘请律师参与此案的检控工作。

杨铁梁做出裁决时表示,被告在律政署商业罪案检控组这一重要部门担任要职,却犯下贪污罪行,有损香港国际商业中心的声誉,在同类案件中最为严重,所以必须重判被告入狱8年,被告并须把非法获得的1200万港元归还港府。

廉署总调查主任包理正说,胡礼达起初是为还债,后来则是为了赚取更多财富,一直贪下去。“他可能太自负,野心太大了。”胡礼达为了果园生意,不惜以高息向当地银行借贷,可惜果园生意一落千丈,资不抵债。包理正说,案中另外两名被判罪的私人执业律师,从言谈间得知他面对财政困难,便趁机提出贪污交易,使胡礼达踏上不归路。

污点证人胡礼达获减刑

胡礼达不但愿意认罪,而且由于希望减轻刑罚,还答应转为廉政公署污点证人,指证各涉案者的罪行。那些向他行贿、帮助他出逃的人,都被他一一指证。其后律政署即根据胡礼达的证供,分别起诉了各涉案者。

“在法庭上,辩方企图质疑证人证供的可信性,一开始就攻击我们在拘留胡礼达时特别优待他,例如提供专用健身设施、特别膳食等。”专责处理案中中国籍被告诉讼的梁韬强回忆说,“此外,无论是法律观点、调查手法、证人口供等,几乎没有一点不遭到质疑。幸好,我们也是有备而战。”

当年被判贪污控罪成立的胡礼达,转为污点证人指证其他涉案人士,掀起了一轮激烈的诉讼战。为求脱罪,案中被告千方百计寻找借口,攻击污点证人的口供,甚至连污点证人服刑的廉署拘留中心的设备也成为诉讼的攻击点。

令胡礼达想不到的是,廉署早有准备。廉署这是首次有被告在署内拘留中心长期服刑及提供证供,所以早预计到有人可能会就此挑战,早已做好准备。在胡礼达服刑前,他们已将惩教署和廉署的拘留规例及设施做了详细比较,确保胡礼达的待遇跟在惩教署监狱服刑的犯人相同。

经过接近两年的激烈诉讼,一名大律师及一名律师于1992年6月贿赂胡礼达意图影响有关案件的审讯罪名成立,各被判入狱7年。大律师后来上诉,结果反而被加判2年刑期,律师则获减刑2年。

此外,另一名律师在澳门接应和协助胡礼达潜逃以避免合法拘捕及在香港被起诉,被控串谋妨碍司法公正,最后罪名成立,被判囚4年。

转为污点证人的胡礼达随后在1993年2月20日离开廉署拘留中心,被送往小榄监狱继续服刑,后来获当时港督批准减刑1年。

审结此案后,廉政公署针对办案过程中发现的漏洞,马上检讨并修订了根据《防止贿赂条例》发出的搜查令的内容。当时的律政署也主动邀请廉署防贪处人员,就其工作程序提供防贪建议。

廉署人员突破重重障碍,成功地把胡礼达缉捕归案,令他受到了应有的制裁。当年的港督也两度赞扬廉署人员的努力。尤其值得一提的是,在行政局会议上,港督特别表扬了参与办案的廉署人员。

廉署拘留中心的胡礼达

“我猜胡礼达较为好过一点的时间,就是在他做刺绣画手工艺的时候。他说做点事,可以平衡一下自己,有治疗之效。我相信没有人会愿意被关在我们的拘留中心内吧。”当年廉政公署总调查主任包理正每天都到廉署拘留中心与胡礼达录取口供,对于外界的批评和臆测,他这样回应。

当时有人声称廉署为胡礼达提供贵宾式的招待,说廉署给他吃牛排,为他购置全新的专用健身器材等。其实,胡礼达日常吃的都是廉署餐厅的盒饭,只有在星期六、星期日及公众假期廉署餐厅休息时,廉署人员才会到附近的快餐店或酒店的餐厅给他买外卖的快餐。

胡礼达住的房间和使用的设施与一般犯人相同,一切安排都是依照惩教署的指导。与一般监狱的犯人一样,胡礼达不可与外界接触,每天只可以到拘留中心的健身室做一小时运动或看看电视、听听收音机。他的家人由于都住在新西兰,一年才探视他两次。

包理正表示,虽然由于设施所限,廉署没有要求他穿囚衣及做体力劳动的监狱杂务,但一个阶下囚在廉署拘留中心服刑的日子怎么可能会有贵宾式的招待呢?这只不过是其他被告为求脱罪而编造出来的故事。

搜寻一支笔形手枪

人们经常可以在间谍片中看到的笔形手枪,在胡礼达受贿案中也是重要证物,可以佐证污点证人所提供口供的可靠性。

1989年12月,廉署要求前律政官员递交财富来源解释的限期将至,他自知再无借口脱罪,便计划弃保潜逃,一走了之。当时,一位友人担心他在逃亡路上会遇上危险,便送他一支笔形手枪防身。

胡礼达驾车回家途中,再三思索,怕自己未逃亡前就被搜出手枪,反而更麻烦,最后决定把笔形手枪弃掉。在途经其宿舍附近香港岛聂歌信山道一带,他把车停下来,下车把笔形手枪抛掉,弃于附近山坡。

其后胡礼达本人转为污点证人,将此事和盘托出,廉署人员为了找回此证物,到该处展开地毯式搜索。

“当时我们动用了近六十名人员展开搜寻行动。大家从山坡延绳而下,一面砍掉满山的草木,一面搜寻。由于事隔已有数月的时间,笔形枪有可能已被沙泥掩盖,我们请了驻港英军有扫雷经验的士兵来支援,用金属探测器帮助搜寻。”廉署总调查主任梁韬强回忆搜寻行动当时的情景。

“山坡范围很大,胡礼达也没法说出弃笔的准确位置。我们就如大海捞针。本来也没有抱太大期望,幸好,经过一整天的努力,我们终于找到这件特别的证物。这支笔形手枪成为有力的证据,证明胡礼达没有说谎,大大提高了证供的可信度。”

当时参与此行动的廉署总调查主任包理正说。

笔形手枪的外形及大小与普通钢笔无异,但每次可发射出一粒点二二口径的子弹,在两米范围内可置人于死地。

胡礼达家破人亡

1994年11月29日,胡礼达刑满出狱,在廉政公署高度而严密的保护下,由监狱乘坐直升机直飞机场,直接送离香港飞往新西兰。然而,出狱后不足一星期,胡礼达因为涉嫌在另一宗案件中收受500多万港元提供假誓词而再次受查。

1996年5月,胡礼达遭新西兰警方拘捕,同年8月,胡礼达承认一项企图妨碍司法公正的控罪,被裁定罪名成立,接着被当地法院判监两年半,贿款遭充公,廉署因而取消原来的引渡安排。

1994年11月29日早上8时许,一架军用防弹黑鹰直升机降落在香港新界地区小榄监狱的草地上。清晨时分,已在监狱门外守候多时的数十名中外记者立即跑到草地外的围栏处,目的是捕捉胡礼达出狱的过程——服刑近五年的胡礼达出狱后,会被立即递解出境,终身不得踏足香港。

双手被扣上手铐的胡礼达由两名廉署配枪人员押送,在螺旋桨卷起的强风所造成的尘土中登上这架由政府飞行服务队驾驶的直升机,直飞九龙启德机场。抵达机场后,胡礼达又在廉署配枪人员、机场特警及入境处人员的严密监视下,被送到机场羁留中心,交由入境处人员看管,直到傍晚时分,由港府人员押上飞往新西兰的飞机,正式被递解出境。

胡礼达既已服刑期满,又被递解出境,为什么港英政府还会安排这次非常的安保行动呢?因为胡礼达充当污点证人,导致几个有头有脸的人物入狱,有人对他恨之入骨,想处死胡礼达以泄愤,黑道已经下了密杀令,只要胡礼达出狱,就暗杀胡礼达。

"当时我们接获了可靠线报,有人已下了暗杀令,要把曾转做污点证人的胡礼达置于死地。政府考虑到有义务保障他被递解出境前的人身安全,所以部署了高度戒备,并首次征用军用黑鹰直升机,以降低用陆路押送的风险,同时减少给公众造成的不便。"廉署总调查主任梁韬强说。

由于行动高度保密,整个过程由当时的保安司联同廉署、惩教署、入境署及其他支援部队的高层亲自策划,就连执行任务的人员也不知道整套安保计划的具体内容。

廉署的官方说法是，他们获得了情报，有人要暗杀胡礼达。然而事实上，死去的不是胡礼达，而是胡礼达的弟弟。

在监狱度过了五年的铁窗生涯之后，胡礼达终于返回新西兰。在故乡除了久违的妻儿，还有令胡礼达恨之入骨的胞弟迈克尔。胡礼达一口咬定，同为政府律师的弟弟，就是当年将他举报的廉署线人。因此，胡礼达的母亲及妻儿，都站在胡礼达这一边，迈克尔在家中十分孤立，他最后精神失常，在汽车内自杀，死因是二氧化碳中毒。

胡礼达的结局是家破人亡。弟弟死于非命，胡礼达卖掉了在新西兰的房子，其所得的126万新西兰元，全数拨归香港政府，以抵偿那笔1200多万港元的贿款。

减刑律师化险为夷

近年香港的法律界人士剖析胡礼达的为人时认为，胡礼达为了获得减刑3年，将身边的朋友，不论是有罪或无罪，都逐一拉下煮沸的油锅。

比如，当年的首席大法官杨铁梁向港督彭定康提议减刑，却不得要领，反而被其他法官批评此举不寻常，质疑其恰当性，最后使胡礼达只获减刑1年。胡礼达为此愤怒到了极点，不但拒绝再与廉署合作，更提出司法复核，祈求讨回当时已经获得承诺的3年减刑。折腾一番，胡礼达最终还是只由8年刑期减至7年。

在此过程中，代表胡礼达争取减刑的律师是G君。G君代表胡礼达在庄宝案中呈交了一份誓词。作为律师，根据客户口述指示笔录誓词只是日常工作，而令G律师做梦也想不到的是，胡的誓词却是谎话连篇。

胡对G律师说，他在狱中听到刘姓囚犯承认诬害同案庄某，胡为了“伸张正义”，协助庄翻案。胡没有对G表明，他的“正义”能够换取100万新西兰元（约500万港元）的报酬。收钱作伪证一事，不久被廉署揭发，此时胡已返回新西兰，G律师却被廉署拘捕，被控妨碍司法公正罪。

G律师在香港德高望重，也是香港大学法律系讲师，为人正直。富于表演才能的犯罪天才胡礼达要骗过G律师，并不困难。1997年10月，G律师在高等法院受审。控方声称，G为胡撰写有关誓词，早知内容作假，更指控G对胡收受利益一事知情。

幸亏案中刘姓囚犯挺身作证，声称早先胡礼达曾邀其串谋，倘若刘愿意“助人翻案”,可获三千万元酬金。刘与胡的对话录音带,提交为呈堂证据,其中并不涉及G律师。

法官的判决是,不能证明G律师知情,G律师无罪释放。G律师的诉讼费,由控方负责。G律师能化险为夷,可算是不幸中的大幸。

英国帮打击澳新帮

2003年11月8日,前廉政公署执行处副处长徐家杰(后被廉署解职)撰文透露,胡礼达案背后的实质其实是20世纪90年代初港英律政署内部的英国帮打击澳新帮。

徐家杰指出,香港的刑事案由政府律师衡量过证据,提出起诉,被告那边也由律师辩护,而资深律师出身的法官则负责仲裁,基于对专业的尊重,而疑犯又与控辩仲裁三方互不相识,原则上是一个公道的游戏,然而属于同一专业,来去都是那一班人,香港的圈子又小,不排除出现“照顾面子游戏”。

徐家杰表示,控辩及仲裁者,都来自一个关系紧密的专业大家庭,业内更有“学师制”,讲出身,论门第,同门师兄弟就更易互相给面子,故三方若在庭上有闪失,大家都会留有余地,以便他朝好相见。这种司法大家庭表面和谐的局面,过去很少被打破。

比若法官出错,在庭上饮酒,纵被控辩双方发现,也倾向私下解决,这一面是要维持法庭尊严,另一面也是为了保护司法大家庭的和谐;而控方及在行内较具名气的律师出错,法官也不会深究,但一旦涉及私怨,情况就完全不同了。

比如前律政署第三号人物胡礼达,就是因署内的澳新帮与英国帮的私怨,把司法家族的表面和谐打破。英国帮当时以廉署为政治追杀的工具,把对头赶尽杀绝。胡礼达案件审结后,律政署对廉署又惧又怕,一些赢面不足六成的案件,都尽量配合廉署,因为政府律师不愿在“放大镜”下生活。

廉署的文明待遇

廉政公署对被扣查者的待遇一直非常文明,在廉署被调查有咖啡可饮,也有干净的拘留房。香港警署的羁留室,经常被外界狠批为不卫生、不人道。简陋的警局囚室,仅有一张床及一个厕所,即使装有水龙头,也未必有热水,室内的空气往往浑浊不堪,令人作呕。

在香港岛廉署大楼10楼的拘留房,绝对符合国际人权标准,17个拘留房间,均有洁净的床垫被褥、光线充足的照明及简单的桌椅。其中6间为专为较长期羁留人士而设的豪华房,房间的面积大约是10平方米,有独立卫生间及遥控电视。

“房客”们不但有咖啡供应,每日三餐的标准是70港元,节日提高为110港元,平时的饮食包括面包、水果、鲜奶、盒饭。被扣押在此的人,除了嫌闷,并无怨言。胡礼达曾在廉署的“五星级囚室”被拘留逾一年,他每天可以在天台放风半小时,活动一下筋骨。

主审大法官的可惜

当年为此宗受贿案做出裁决的主审法官,就是当年审判葛柏的法官,1996年底参加香港首届行政长官竞选的四名候选人之一的杨铁梁大法官。

这位著名大法官回忆当时的情形时说:“当年,我听到这宗律政官员受贿案时,那种感受可以用‘震撼’来形容。当时社会上也有很多人关注此案,人们议论纷纷。但我知道我本人要审此案时,就不再与外界讨论此案了,以免影响判断。”

胡礼达曾经是前律政署第三号人物,却知法犯法,东窗事发,站在被告席上,杨铁梁也表示很可惜。“他是位资深大律师,很熟悉刑事法,辩论及盘问技巧都很巧妙,是个很好的律师,很有前途。他这样毁了前途,是自己一手造成的,我也感到甚为可惜。其实他薪水不低,前途好,我始终弄不明白他为何会这样走下坡路。”

杨铁梁大法官认为,此案继葛柏案后再次证明了政府打击贪污和维护司法公正的决心,无论涉案人的职位多高,无论涉案人员是外籍人士或本土人士,执法机构都一视同仁,本着公平公正的态度去处理。

律师的知法犯法

在律政署胡礼达的腐败案中,最令人惊心的是律师的知法犯法。香港一家著名律师行的两位律师主动提出交易,进行行贿,其中一位还是著名的大律师,在香港律师行业的影响非常之大。

更令人惊心的是香港一家律师行的执业律师,还是兼职的辅警总督察,在明知廉政公署发出通缉令,通缉胡礼达的情况下,竟然帮助胡礼达进行私渡潜逃,从香港私渡到澳门,再私渡到内地,再用假护照经过香港潜逃到菲律宾,胆大妄为,目无法纪,知法犯法。

虽然最后胡礼达反咬一口,充当污点证人,行贿的著名大律师被判刑九年,行贿的律师被判刑五年,帮助潜逃的执业律师被判刑四年,但律师的胆大妄为、目无法纪、知法犯法,令人震惊。

第九节 谢霆锋"顶包案"

谢霆锋喜欢飙车,在圈子内外可以说无人不知。与追踪采访的记者赛车,是谢霆锋常表演的项目。即使身边没有记者,他也一样会飞车。这个飙车的爱好最终给他带来了牢狱之灾。

法拉利交通肇事

2002年3月23日凌晨时分,香港岛红棉路发生一起严重车祸,一辆法拉利跑车撞上路边的花坛,由于撞击力巨大,整辆车完全扭曲。被撞汽车是香港娱乐大亨英皇集团老板杨受成赠送给旗下最得力歌手谢霆锋的,因此,怀疑此次撞车案与谢霆锋有关。

事后谢霆锋曾试图修复这辆车,可修车厂告诉他,已经没有修理的必要了,修理的费用差不多够买一辆新车。可见,这次撞车确实是极其严重,没有人员伤亡,确实是太幸运了。

事发时间在凌晨五时许,当时由于下雨,又值凌晨,能见度受到一定影响,但因为四周鲜有车辆,受周围影响的可能性较小,撞车事故可能由驾车者自身原因造成。再从汽车撞毁的程度判断,是因为车速太快,车辆一时失控造成的。

被撞汽车是一辆黑色法拉利F360Modena,可爆发四百匹马力,重量只有1390公斤,极速可超过每小时300公里,由启动到时速100公里,仅仅只需要4.5秒。这款车马力强劲,为赛车手所喜爱,也为那些喜欢飙车的人所钟情。

警方到场时,已经"人去车空",车门被锁上,引擎仍然在动,死火灯亦亮着。约15分钟后,一名35岁左右的男子驾着一辆面包车到达现场,他向现场警员表示,自己就是肇事司机。

事后证实,此人是英皇公司的专职司机,负责接送英皇旗下的各艺员以及其他出车任务,名叫成国定。现场处理的警员刘志伟例行询问成国定,得到成国定是肇事司机的肯定回答之后，落案将成带回警署协助调查。

如果事情真如司机成国定所说，这只是一起普通的交通肇事案，最严重的处置，大概也就是成国定留下一个交通违章记录并被罚一笔款而已。

交通肇事被顶包

香港记者对此事的兴趣远远不在这里，他们感兴趣的是谢霆锋。他们不知从何处得到消息，当时驾车的根本就不是成国定，而是谢霆锋。记者们希望谢霆锋能就此案提供一个说法。记者们四处寻找谢霆锋，却发现根本找不到他本人。

谢霆锋透过自己的经纪人向外公布称，他近日正忙于为广播剧录音，因剧情需要一段汽车引擎声，所以，他在法拉利车内安装录音系统，因此不小心将汽车弄得很伤，于是吩咐司机送去修理。至于为什么要选择清晨时分修车，经纪人解释说："因为车行有好多车等着修理，加上不想事情宣扬，所以早早赶去。"

记者们显然对这一说法不满意，尤其是事故发生后，为什么"人去车空"，而十几分钟后，司机又意外出现，确实需要解释。经纪人说，当时，司机驾驶自己的车去见谢霆锋，然后再拖法拉利去修理，岂知中途发现忘了带钱包，随即又返回谢霆锋家，而途中发生意外。因为身上什么都没有，他才会不顾而去，拿了钱包再返回现场。

对于这种解释，媒体似乎并不满意，此时已经有媒体指成国定有可能是替人顶包。有媒体采访当日事故现场的目击证人时得到消息，称出事当时，驾车者并非成国定，而是谢霆锋本人，事发后，尾随在后的一辆奔驰车将谢霆锋接走，媒体怀疑接走他的是张柏芝。

媒体进行更深入的调查之后得知，当晚，谢霆锋与张柏芝原是在一起消遣娱乐，直到凌晨才分别乘车离开。其时，谢霆锋驾车在前，张柏芝的车紧跟其后，不料发生车祸，谢霆锋迅速登上张柏芝的奔驰车离开。

谢霆锋酷爱飙车

2000年11月16日凌晨，演唱会后的谢霆锋独自驾驶富士房车以时速超过100公里的高速驶出住所，前去约会女友王菲。记者的采访车尾随而至。为了摆脱记者，谢霆锋表演飙车绝技，一会儿向前飞驰，一会儿又突然紧急刹车。

摆脱一帮记者，又被另一帮记者截住。他再次表演飙车绝技，结果导致记者的汽车被撞严重,他自己的汽车后尾也被撞凹。事后,记者问他:“你驾这么快不怕危险吗?”谢霆锋反唇相讥,说:“你才危险。”

香港著名传媒人、专栏作家莫小欣在自己的文章中提到,谢霆锋告诉她,有一次午夜回家,由于开快车,他的车子翻倒在山坡下,导致汽车被毁,所幸自己没有受伤。

锋芝双现曼谷城

两天之后,香港媒体载文称,有人发现谢霆锋和张柏芝双双出现在曼谷街头,而且是手牵着手逛街,时间则是车祸发生当天,似乎证明当时谢霆锋确实不在现场。这一亮相事件被怀疑是刻意安排的“不在现场证明”。

据一名去泰国旅游的香港游客向媒体爆料,他们一群人去泰国旅游时,不意在街头遇见谢霆锋和张柏芝,两人当时正手牵着手在曼谷逛街。游客所指的地点是Siam Centre,时间是23日下午5时左右。

当时谢霆锋身穿灰色背心及牛仔裤,张柏芝则身穿白色背心及低腰牛仔裤,两人手牵着手在购物中心内边走边聊。现场有很多香港游客,自然认出了他们,所以在那里驻足观望。他们显然也知道这一点,却旁若无人。差不多就在同时,两人携手游曼谷的照片,被人送上了互联网。

这次高调亮相可以说寓意深刻。当时,媒体仅仅只是从绯闻的角度做文章称谢霆锋与张柏芝已经由兄妹上升为恋人,两人相恋已经是不争的事实。谢霆锋的女朋友王菲因此大为恼火,和谢霆锋之间的裂痕就此加大,最终分手。

廉署竟管车祸

对于谢霆锋以及经纪公司的说法,香港市民并不接受,他们认为这起车祸的背后肯定还有文章。对维护香港司法公正颇有责任心的香港人,立即向廉政公署举报。由于保密原则,廉署从不会透露举报人的相关资料,因此,举报此案的人,始终都是一个谜。

据香港媒体推测,举报人很可能是警务人员,因为当时是凌晨,又在下雨,街上已经难以见到行人,是否有目击者,并不是一件很确定的事。相反,第一时间赶到现场的警方人员,对整个事件最了解。

事件只不过是普通的车祸,引起公众注意的原因是因为这起车祸涉及名人谢霆锋。廉政公署竟然连车祸也要管?是不是管得太宽了?

如果仅仅只是一起车祸,廉署是管不着的。但举报人称,车祸发生时,驾车人是谢霆锋自己。但车祸发生后,谢霆锋却神秘失踪,随后出来的那个名叫成国定的司机,是替他顶包的,实际上,那个司机成国定与车祸没有任何关系。

如果有关指控是真的,那么,谢霆锋和成国定便涉嫌妨碍司法公正,由普通的交通肇事案上升至刑事案,案件的性质则完全改变了。但即使如此,廉署还是插不上手,这只是警务部门处理的案件。

根本原因在于,案件发生之后,警务部门采信了成国定的供词,将此案当成了一般的交通肇事案处理。廉署怀疑,谢霆锋贿赂了办案警官,如此一来,交通肇事案就变成了顶包案,有了妨碍司法公正之嫌,贿赂办案警官就是廉政案件。

香港媒体报道称,廉署之所以介入此案,是因一名警务人员举报。这名警务人员和廉署有很深的配合,提供了大量的证据。廉署按照保密原则,想尽一切办法不让举报人公开涉及此案。这名警务人员的苦衷是什么?他是怕受到同事的孤立和打击。

香港警廉之间,原本就有很深的矛盾,彼此都是执法机构,这么多年来,总是廉署在抓警务方面的人,警务对于廉署却没有办法。警务系统内部也有处理违规违纪的机构,按照他们的理解,即使要举报,也应该举报给自己的系统,由自己的系统调查然后再考虑处理,家丑不可外扬嘛。

内地的反贪部门虽然建立到了基层机构,但前几年贪污腐败行为愈演愈烈,其中一个原因就是,所有的反贪机构都属于内部机构,哪一任官员都不愿自己领导下出现太多的贪官,那表明自己的领导有问题。领导保护的不是贪官,保护的是自己的官帽以及升迁机会。

因为有举报人配合,廉署很快摸清了一些事实真相。事出当晚,第一批到场的几名警察后来都因为别的事撤出了,真正处理车祸案的,并非首批到达现场的。后来处理结果出来,所有第一批到场的警察都感到意外,驾车司机怎么变为成国定了?

顶包司机道实情

廉署找到司机成国定,他立即认识到问题复杂了。如果仅仅只是车祸案,顶一顶没事,最多也就是扣分,或者罚一点款。分扣了是自己的,款罚了就是别人出,自己还可以给别人帮个大忙。

交通肇事的演变出现了司机成国定难以接受的情况，他涉嫌顶包，这已经是刑事罪，再加上贿赂警员以改变事件得到公正处理，又是妨碍司法公正罪，两罪相加，他会被判处好几年徒刑。成国定为了顶包这起车祸，去监狱几年，这是不可能的。

为了减轻自己的罪责，成国定拿定主意要和廉署配合。据成国定向廉署介绍，当天，他下班后直接从公司回家，然后就上床睡觉了，到了下半夜，才被电话叫醒。电话是谢霆锋打给他的，告知出车祸的事，希望他帮忙处理一下。他当即对谢霆锋说："你离开那里，别的事我来处理。"

从他家赶到现场还有一段距离，他只好先去附近的停车场，将公司接送职员上下班的面包车开出来，迅速赶到现场，但还是比警察晚到了十几分钟。

廉署拘捕谢霆锋

4月12日凌晨，普通香港人这时大都已进入梦乡，香港廉政公署发起了一次拘捕行动，他们极其突然地出现在大埔道张柏芝的家里，以涉嫌上月红棉路交通意外"顶包案"将谢霆锋拘捕。

廉署选择深夜在张柏芝家拘捕谢霆锋，这是一次极具绯色暧昧意味的行动。消息通过媒体传出之后，几乎所有人都在猜测，被拘捕当时，谢霆锋和张柏芝在干什么？他们一再否认彼此的恋情，可廉署的这次行动，似乎是有意证明他们的恋情。

廉署调查员出现在张柏芝家时，家里并非只有谢霆锋和张柏芝两人，张柏芝的父亲张仁勇也在家。据说，他们三人当时正在吃夜宵。传媒报道这一消息的时候，不知是有意还是无意，将张仁勇在场这一节给省了，因此使得这一事件充满了暧昧色彩。

廉署拘捕谢霆锋的同时，也带走了张柏芝。张柏芝并非被拘捕，而是协助调查。这一行动似乎说明，一个多月来，传言事发当晚谢霆锋和张柏芝在一起，事后又由张柏芝将谢霆锋接走一事并非传言，而是事实。

深夜张家拘捕，使谢霆锋在感情方面无法向王菲交代，谢霆锋和王菲的感情进入从未有过的冰点，直到最后分手。谢霆锋和张柏芝的恋情虽然曝光，却不被各界看好，包括身边的人，一些人带着有神论的观点看待这件事，觉得张柏芝和谢霆锋八字不合，两人在一起会麻烦不断。

谢霆锋为何找人顶包

谢霆锋涉嫌顶包案,妨碍司法公正。一个人面对严肃的法律时都可以说假话,还能指望他在其他场合对其他人说真话?如果被定罪,他是要坐牢的。这一案件的背后,渐渐显露出一个事实,那就是谢霆锋确实说了很多假话,他是否驾车,是否和张柏芝恋爱,是否请人顶包等。

最令人起疑的是,一起普通的撞车事件,谢霆锋为什么要冒如此大的风险找人顶包?媒体联系到当时他和张柏芝在酒吧娱乐以及不久前被传嗑药两件事,做了对他的名声有着极大影响的推论。

推论之一,当时,谢霆锋喝了很多酒,他担心警员到场后,要求进行酒精测试,结果会给自己惹下很大麻烦,所以在第一时间逃离现场,并且找人顶案。

推论之二,曾有消息爆娱乐圈很多人嗑药,其中指到谢霆锋,谢霆锋辩解说,他在荷兰时,曾吸过一次大麻,此后再未沾过毒品。媒体指称,他当晚有可能嗑药,担心警方到场后要求他验尿,从而导致他嗑药的隐私泄露,所以才出此下策。

谢霆锋被廉署拘捕的消息公开以后,全港舆论大哗,他的身边人也是措手不及。谢霆锋的父亲谢贤在第一时间赶到廉署,他考虑的是儿子在留置时的生活,带去了一大堆物品,包括衣物、香烟等。其后,又担心儿子会哮喘发作,回家取药又送到廉署。

英皇老板杨受成和公司的律师迅速出现在廉政公署,一方面,他需要了解情况,另一方面,大概也有斡旋之意。事后,杨受成对记者说,谢霆锋在应讯时态度很配合,表现也相当冷静。其他方面的话,他不置一词。

廉署拘传谢霆锋,主要是获得他的口供。主持讯问的调查员名叫林健明。这次讯问持续21分钟之后,杨受成带着律师以及英皇高层相关人士赶到,著名律师清洪也受雇介入这一案件。律师到场后,讯问中止。

按照相关法律规定,律师要求和谢霆锋单独谈话,他们在隔壁房间交谈26分钟后,谢霆锋不再继续给廉署留口供,也不愿在已经提供的供词上签字。

后来,媒体公布了这份据说是现场记录下的供词,谢霆锋主动承认说:“其实驾车的是我,是我撞的,但没撞到人,只是撞到栏。我觉得没事,所以我之后打电话给我助手阿定,叫他帮我拖走那架车。因为我还要赶往机场搭飞机去泰国,撞车之后,根本就无任何差人在场,我也没给过任何利益给差人。”

林健明问："当时撞车的时候，是谁开的车？"谢霆锋答："我开的。"林健明再问："有没有其他人在车里？"谢霆锋答："只有我一个人。"

谢霆锋取保候审

留置36小时后，谢霆锋被允许取保候审。谢霆锋被拘留期间，安置在廉署羁留室内休息。羁留室的设备异常简陋，里面仅仅只有私人洗手间、浴室以及睡床，与谢霆锋自己的卧室自然是相差甚远。

谢霆锋被拘留期间，饮食方面也不可能有额外照顾，只能通过相关服务人员向廉署的饭堂叫外卖。廉署饭堂通常提供的食物都是盒饭，并且会附上一杯咖啡。

4月13日下午2时许，早已得到消息的媒体等在廉署门前，谢霆锋面对记者一言不发。回到家时，门外早已有很多记者守候。他一度想从后门离去，但记者们穷追不舍，他只好又回到旧山顶路的寓所。

后来，谢霆锋父子在家中和数名律师长谈数小时，律师离去时被记者围住，但是，除非律师自己愿意说，否则，大概没有任何记者能够从律师口中获得所需要的内幕。

英皇的律师就此事发表声明称，谢霆锋是前往廉政公署协助调查一宗交通意外事件，英皇集团已经安排律师提供专业协助，谢霆锋因为表现合作，相信事情将可尽快解决。

就廉署带走张柏芝协助调查一事，张柏芝的律师则代表她就此事发表声明说，张柏芝是被邀往廉政公署协助调查的，她会尽市民责任，协助廉政公署调查。

后来，谢霆锋接受自己能信得过的香港某周刊独家采访，首次谈到自己被廉署拘留期间的心情。他说，当时自己并没有受惊，只有一种莫名其妙的感觉。身处廉署的一间拘留室内，他感觉思绪十分迷惘，印象最深刻的是拘留室有三个窗口。

谢霆锋说，最左边的一个可以望见他的家，当时很难过，为何自己会坐在这里望自己的家呢？后来，自己的家人来了，父亲满面笑容地安慰他，给了他很大的安慰。

在拘留室停留了两个晚上，谢霆锋说，他常常有一种"冷"的感觉，长夜漫漫，没有胃口吃东西，而且中途他的哮喘病还发作了。虽然那地方和自己住在家里甚至在酒店房间里并没什么不同，可是，那一切有了特别的意义之后，心情立即就不同了，这也让他想了很多，懂得很多。

谢霆锋坦言，当时第一次体会到失去自由的感觉，那种感觉真的是好特别。他第一次知道，自由是一种什么东西，自由是何其宝贵，他真的好想立即获得那以前觉得微不足道的自由，好想快一点见到自己想见的人，并且珍惜自己所拥有的一切。

顶包司机证词矛盾

4月23日，司机成国定接受调查时，改变了最初自首时的说辞。他说，事发当时，凌晨5时55分，他在深水湾寓所收到谢霆锋打来的电话，告知自己的汽车出事。成国定稍稍了解之后，得知当场并没有警员，便对谢霆锋说，“你现在离开，一切由我来处理。”

成国定随后搭乘出租车赶往湾仔东方188商场的停车场，取回停在那里的公司面包车，约6时30分赶到出事现场，当时已经有数名警员在场。他出面同警员交涉，双方达成协议，由他出面顶罪，并且和警员合作录下假口供。

成国定说，到达警署后，警员曾要求进行酒精测试，但他表示，他当晚饮过酒，一定无法通过测试，警员只是将仪器在他面前象征性地晃了一下，便指着上面的零说，没问题，测试通过。

成国定的这番证词，将处理事故的警员和谢霆锋推到了非常不利的境地。如果法庭认定他的证词属实，不仅证实谢霆锋肇事逃逸且请人顶包罪成立，还涉嫌向办案警员行贿，罪行就更重了。成国定在承认自己罪行时，已经同意担任控方的污点证人。

但在后来的聆讯中，成国定所提供的证词出现了前后不一。正因为成国定的证词前后不一，所以在法庭判定刘志伟罪名成立，并且服完刑之后，刘志伟不服判决，上诉成功，法庭撤销对他的判决。当然，这是后话。

接受控方律师盘问时，成国定说，当晚，他收到谢霆锋的电话后，立即让谢霆锋离开现场，他自己驾车赶到。赶到时，现场已经有好几名着装警员，成国定向其中一名警员表示谢霆锋已经走了，自己愿意顶罪。

那名警员刘志伟问成国定：“你身上那个有没有录音机？”成国定表示没有。刘志伟检查现场后又问成国定：“你不会把谢霆锋交出来？”成国定肯定地说不会。于是，刘志伟将他带回警署录口供。

成国定还说，录完口供，从警署出来，他立即给谢霆锋打电话，对他说：“靓仔

(相当于普通话中的小伙),现在我帮你顶包,我可能交波仔(老板)出来。你以后小心开车。"谢霆锋听说后表示:"差人帮手就得啦,我知啦。"

成国定曾亲自前往谢家见谢霆锋,原因是警署要求提供车主的身份证明文件。谢霆锋由泰国返港后,成国定带着相关证明书找到谢霆锋,要求他在文件上签名并且盖上车主"谢氏兄弟香港有限公司"的印鉴。当时,谢霆锋只顾着打游戏,根本没时间理会这事,所以,成国定自己盖上了印章,并且由谢霆锋的助手周柱辉代为签名。

谢霆锋涉嫌行贿

如果仅仅只是撞坏路边的护栏,那么,这是一起很普通的交通肇事案,当事人或许会受到相应的经济处罚以及驾驶证件上留下记录,却不会有太大影响。肇事人事后逃逸,因为没有造成更大的后果,案情也不会上升到刑事程度。

交通肇事后逃逸,再找人来顶包,案情便复杂了,涉嫌妨碍司法公正,已经上升到了刑事罪。而成国定所提供的证词中,又有现场警员明知肇事者是谢霆锋,却允许成国定顶包一节,则使得案情进一步复杂化,因而涉嫌行贿警员,以及合谋串案,妨碍司法公正。如果最终罪名成立,谢霆锋将因此负刑事责任。

谢霆锋陷入危机

自从谢霆锋被廉署请去"喝咖啡",他的声誉一落千丈。香港媒体就此案进行民意调查的结果证实,绝大多数香港市民认为,谢霆锋是有罪的。尤其是此案又夹杂着一桩三角恋新闻,导致谢霆锋的名声损害严重。

那段时间,许多香港媒体电话不断,大多是市民打来抗议的。他们纷纷表示,谢霆锋给香港少年树立了一个极坏的典型,非常担心自己的孩子因为崇拜谢霆锋而学坏。有些家长甚至表示,已经向子女明确下达了封杀谢霆锋和张柏芝的命令,不准他们看谢霆锋和张柏芝的电影,不准听他们的歌,家里所有与他们相关的影碟歌碟均遭销毁。

谢霆锋陷入了他有生以来最严峻的一场危机,他的事业也陷入了从未有过的低谷。从廉署传召羁押36小时至此案正式开庭审理,其间有接近半年时间,在这半年里,谢霆锋一直都是媒体追踪的对象,而他却一如既往地与媒体展开猫捉老鼠的游戏,每次都是险象环生。

事发后,有媒体载文称他“死性不改”,他自己甚至他身边的人,更是将责任往媒体身上推。他母亲狄波拉在一次接受《明报周刊》采访时说,自从儿子3月发生车祸涉嫌找人顶罪,亡命飞车以及被捕等事件之后,她便严重睡眠不足,时时为儿子担心,几乎精神崩溃。

她说,她的母亲就是因为在大年初一时服食过量安眠药致死,所以,她发誓自己无论在何种情况下,都不碰那东西。岂料儿子发生了这么多事,如果她不吃安眠药,根本无法入睡。

每天晚上,她都会守在电话机旁,盯住电话直到凌晨三四点,一直都担心儿子会有什么新的事发生。直到四点之后,感觉不会再有事了,才会入睡。到了第二天一大早,她又会立即从床上起来,打开电视机看最早的新闻,了解是否又有与儿子相关的新闻。

她形容自己这半年多的日子,简直是被吓疯了。她说,有几次,她明明跟儿子一起吃饭,电话突然响起,她会立即哭起来,问周围的人:“我的儿子呢?他是否发生了什么事?”但事实上,谢霆锋好好地坐在她身边。

谢霆锋再次撞车

7月又传来儿子出车祸的消息,狄波拉心惊肉跳,第一反应是,这次肯定是大事,立即问告诉她消息的人,是否伤了人,是否死了人。果然是撞伤了一个人,在狄波拉的心里,觉得没有撞死对方,已经是不幸中的万幸了。他显然知道儿子的精神状态不佳,在那种精神状态下,太容易出事了。

她说,那一段时间,谢霆锋常常都说,希望能像戴安娜那样死于车祸。最好是被狗仔队追到撞车意外身亡,这样便可以让社会人士好好反省,深知狗仔队是祸害人间的。她说:“霆锋说,他这样一死可以造福人群,我怎样不害怕?”他宁愿儿子是一个怕死的人,但他偏偏不怕死。

狄波拉也非常清楚,儿子的精神状态大有问题,所以,她觉得,当务之急不是即将开庭的案件会做出怎样的判决,“我只是觉得要先处理谢霆锋的精神状态。”她说,儿子继承了父母的缺点,像父亲那样粗心大意,被人骗了也不知道;像她这样过分执着,不肯妥协。她说:“他其实还是一个孩子。我每次都告诉他,你像你爸爸无所谓,最重要像他那样任何时候都好运,不同的阶段都遇到贵人。”

将谢霆锋所面临的一切归结于他的“运”,这实在是一大讽刺。如果再将一切委过于狗仔队，也难以令人信服。顶包案发生前后的车祸与狗仔队没有丝毫关系，而此前谢霆锋自己所证实的几起汽车事故，同样与狗仔队无关。而他出道第二年，曾执笔写过一篇“自传”，里面言辞凿凿，说自己其实是喜欢飙车的。这种祸因，其实在早几年前，他自己已经知晓。

失败乃成功之母，错误乃正确之师。吃一堑而不能长一智，堑还会继续吃下去。原因在自己，性格和意识使然，与狗仔队何干？又与“运”何牵？

廉署玩诉讼策略

廉署很清楚，这类案件审理会非常之难。难在一方面，谢霆锋有着极广泛的社会关系，而且可以出钱请到香港最好的律师；另一方面，警务人员刘志伟，一旦被判罪名成立，并不仅仅是他个人的事，还涉及警务系统的形象问题，警务部门即使不力挺刘志伟，也不可能主动配合廉署调查。

在指控相关人员的时候，廉署玩了一个诉讼策略，最先检控成国定。成国定只是英皇公司的一名普通职员，他本人已经承认控罪，有关他的案件，不需要上法庭，只需要通过裁判庭就行。香港裁判庭最终裁定成国定罪名成立，入狱4个月。

裁判庭裁定之后，谢霆锋方面立即意识到不妙。既然成国定已经被裁定有罪，那么，最终法庭审判时，大概也很难判处谢霆锋无罪。判处谢霆锋无罪必须越过对成国定的裁决，必须证明成国定顶包和谢霆锋完全无关，抑或证明裁判庭的裁判错误，成国定同样是无罪的。成国定是自己认罪，改判的可能几乎没有，而证明谢霆锋同成国定之间完全没有关系，也非常困难。

谢霆锋对老板的忏悔

香港《东方日报》一段时间连载谢霆锋的《忏悔录》，这是他用录音的方式记录下来的自省的心情。外界普遍认为，谢霆锋这是在打悲情牌，希望以此获得陪审团的好感。事实证明，悲情牌取得了巨大成功，谢霆锋明显被轻判。

谢霆锋忏悔的第一个对象是杨受成。按照他的话说，杨受成是他们谢家的恩人，又是他的老板，他所发生的这一事件，既给杨受成的英皇公司带来了直接经济损失，也带来了巨大的名誉损失。在这种情况下，杨受成并没有对他表现出绝情，而是充满了慈父般的温情，自始至终，都在努力地帮他。

杨生:

我对不起,这段日子给公司惹了很多麻烦,虽然我不知道将来自己会怎么样,但我一定不会忘记对公司许下的承诺。如果我有机会回来,希望我们能再次并肩作战,成为很默契的伙伴。你等我回来吧!

有一件事,一直没机会向你解释,到今天我才说出来,希望你明白。记得当年George车祸去世,有人叮嘱我三年不可见白事,否则会连续三年衰运。当时你也这样对我说,就算我有义气,都不可以踏入殡仪馆一步。但我没听你的话,我到了George的灵前祭拜。为了令你们心安,我在殡仪馆外烧了一个利市封。我不是当你的话是耳边风,我知道你是为了我好,但我不能背弃自己的做人宗旨。

我觉得最信的仍是自己,人有三衰六旺,没理由守株待兔。做任何事都要靠自己。当初我加入飞图,George对我十分照顾,他叫我做“铁拳少年”,他临死之前跟我说:“阿全记住:真理必胜,正义长存。”他是我的好朋友,所以,希望你明白,我一定要去灵前见他最后一面。

杨生,谢谢你给我一个悠长的假期,我知道自己很任性,但你却包容我的一切任性。我答应你,我会利用这段假期去南非、埃及、希腊体验生活,回来时会是一个成熟的谢霆锋。

将自己所犯的错误说成是没有听信相士的话,是在诿过于人。不过人在不顺的时候,难免会有唯心的东西作祟,似乎可以理解。至少,他说他知道自己很任性,并且将利用这段时间反思和调整自己,既显示了一种姿态,也证明了事件确实令他开始冷静,开始思考。

开始思考和懂得思考,是进步的表现,至于思考的深度和广度,确实因人而异。以如此年轻的谢霆锋来说,我们自然不能要求他像个哲学家或者社会学家那样去思考,也不可能要求他像进入不惑之年的人那样去思考。对人生的透悟,是一个思考的积累的过程,开始思考并且养成习惯,便是人生的一大幸事。

谢霆锋对传媒的忏悔

谢霆锋利用传媒登载这封信,从某种意义上说,他是在利用传媒为自己宣传。因为这些信发表在判决之前,可以认为他试图通过这种方式显示一种态度,以便在判决时获得相当的同情分,因此,适当地开脱自己的责任,做法上显示了一种应讯技巧,似无不可。

谢霆锋一方面利用传媒宣传自己,另一方面又暗示传媒是将自己推到这一步的真正原因,而不是站在自己的角度,深刻地反省,令人质疑这种忏悔是否真实和可信。香港传媒对于艺员缺乏包容度,这一点并非今天而始,也并非秘密。但诿过于人,不先从自身寻找根源,是错误的,自己的问题才是关键。

给传媒:

我知你们为采访我做得很辛苦,前几日天气又热又晒,但你们依然锲而不舍地追访我。我也明白你们有上头的压力才会苦守我家门。很多谢你们,因为有你们,我才学会很多事情。

希望大家以后都要小心,你们要小心开车,我也会小心开车,大家保重身体。只要你们拍照时,好好和我打个招呼,有点礼貌,我一定站好给你们拍。我不是抹杀所有传媒,只是一部分,我知道有很多传媒仍是很帮我的。多谢你们,我只是付出一点努力,你们却给我很多。我真的很好运气,我没后悔过入娱乐这一行。

希望我回来之日,我成长之余,你们也和我一起成长,有凭证才报道,不要胡乱猜测。发生在我身上的新闻,很多都是不实报道,要澄清的新闻实在太多,我宁愿选择“不回答”。我不敢说自己带头,几年前乐坛没有艺人接受访问时会说:“不回答。”但现在艺人有资格说:“我不回答。”总之我没有说假话,我没有先自欺再欺人。

好多人对谢霆锋有不同看法,大部分答案都是:反叛。大家认为我入行只是玩,完全不稀罕,对乐坛不尊重,结果给人嘘了三年。当时我压力真的很大,大家不清楚我背后的经济状况,不知道有很多“内幕”,但现在我只想跟你们说,我真的很喜欢音乐。

艺员和媒体是一种相辅相成的关系,是哲学上的矛盾统一体。媒体需要引起大众的重视,赢得较大的发行量和生存空间,就需要有大众所喜爱的新闻,以满足公众对包括艺员在内的公众人物的知情权。个别媒体在这方面走得较远,片面强调了新闻的揭秘性质和监督性质,以至于制造新闻以扩大影响和吸引眼球。

艺员同样需要媒体,媒体是他们和公众之间连接的桥梁和纽带。既然公众将目光投注给艺员,同时也将自己的热情和金钱投向艺员,从经济时代的意义上说,他们其实是在消费艺员,此时的艺员是作为一种商业形象出现在公众视线之中,消费者有权知道他们的投入是否物有所值。与此同时,某些艺员又很难说不是在利用媒体对自己进行宣传,某些宣传计划,甚至并不是真实的和出自本心的。

无论是媒体还是艺员本身,均存在一个违背道德利用对方的问题。既然存在相互利用,何以只听到艺员指责媒体,而没听到媒体指责艺员?如果当媒体只是在艺员们需要的时候才出面替他们涂脂抹粉,而当艺员不需要的时候,便弃之如敝履,那么,媒体会成为什么模样?

如果艺员都能从这种意义上理解媒体,那么,会出现什么样的局面?诚然,多年以前,香港艺员和媒体间的关系比较融洽,但并不能因此便说当时的媒体就一定比现在更正常。那种融洽,是否是以牺牲了公众的知情权为基础?假如说,艺员自己没有问题,媒体又能对他怎样?

谢霆锋对朋友的忏悔

谢霆锋利用传媒给杨受成、传媒进行了公开的忏悔以后,又对所有疼爱他的朋友进行了忏悔。谢霆锋在忏悔中特别感谢了刘德华,感谢刘德华给了他很大的信心,表示要学习刘德华的胸襟。

给所有疼爱我的朋友:

我想真真正正和你们说一声谢谢!无论在我开心或失落的日子,你们都陪在我身边,无怨无悔地和我共渡患难。Eason(陈奕迅)、徐濠莹、阿公(苏永康)和阿Jane(苏永康夫人)、阿梁(梁汉文)和女友、安仔(许志安)和Sammi(郑秀文)、阿菲(王菲)、柏芝、卢巧音、阿诗(何韵诗)、刘浩龙、何超仪、陈子聪、冯德伦、莫文蔚、监制伍乐城、Wyman(黄伟文)、夕爷(林夕),还有我的Band队,如果我记漏了谁,不好意思,虽然某些人觉得谢霆锋难相处,但我有你们支持已一生无憾。

除了说一声谢谢外,我还要衷心向你们说一句:Sorry!前一段时间令你们都很担心我,又害怕我会胡思乱想,世界杯期间在我家里不分昼夜地陪着我,为我分忧,我真的很感激。你们放心吧,我不会再做些令你们担心的事,请相信我!

还有,我要谢谢几位前辈,在我深受困扰的日子,校长(谭咏麟)约我喝茶,志伟(曾志伟)上家里探望我,叻哥(陈百祥)找我聊天,成龙大哥、元彪、元华、元奎都和我聊天。成龙大哥,你叫我做事不用理会别人,做自己想做的,但要大部分人都认同是对的事，千万不能失去自己，没人可以诅咒我，我会永远记得你给我的教诲。

我还要谢谢刘德华。在我第一次出国语碟的时候，是你邀请我做嘉宾，给机会我和你一起唱《孤星泪》，你帮了我很多。在会上，我唱完歌，觉得自己表现不够好，忍不住发脾气，你当时向我做手势，将双手拉长。虽然你没说话，但我完全明白你的意思，你是说“阿仔，你的路这么长，能发多少脾气再算吧”。我要学习你的胸襟。前几日我看报纸，你说过一句话：“谢霆锋走都好，但没人可取代谢霆锋。”这句话给我很大的信心，我真的很谢谢你。

成龙那句话说得可真好，“做自己想做的，但要大部分人都认同是对的事”。前面肯定了一个人要想成功，就一定得有自己的个性，要认准自己的目标。后面则表明，任何人不可独立于这个社会之外而生存，任何个性性格，都得为这个社会所容，如果这个社会不容的时候，你就得思考一下，是不是自己错了。

谢霆锋对谢贤的忏悔

人们一直认为，谢霆锋是被他的父亲带坏了。因为谢贤好玩，活到老玩到老，所以儿子也有形学形，甚至青出于蓝而胜于蓝，玩得比他这个父亲疯得多，出格得多，另类得多，也惊世骇俗得多。但看了谢霆锋这封给父亲的信，给人的印象却是不同的。

老爸：

虽然这段日子给你惹来很多麻烦，不好意思，但你送给我的两个字——执生，我会永远记得。虽然我仍不知道怎样才能做到，但我已经尽力去尝试。老爸，你放心吧！你五十多年努力得到的经验，我不会就这样荒废。

今年你生日送给你的打火机，我很辛苦才找到的，你千万不要划花或遗失，因为将来还要留给我呀，嘻嘻！还有我希望你不要Rock过我，最近我才戴回一枚戒指，但你就还有六七只，不要太Rock吧，始终一把年纪啦，老爸！怎样都好，希望你身体健康，最近陪你打高尔夫，我才再真真正正享受到天伦之乐，真的很开心。

虽然你有很多朋友，但整天给人说你笨。你真是一个笨人，因为你是一个好人，所以整天被人找到你笨的地方，所以导致很多事……所以老爸目前还要工作，亦都因为你笨、好人，积回来的人缘，无论再不好的日子，仍有很多人很好的叔叔帮你，这是我最佩服你的地方。还有你的风度、胸襟。你教我一句话："宁愿要人服你，不要让人怕你。"要别人在你面前点头，有两个办法，一是怕了你，得得得，走开啦；另一个是服了你，掉转脸都会说："真的好啊！"我会用心向你学习。

很多人见到你永远笑，但只有自己人才知道有多少笑容是由你心里发出来的。我知道你有很多忧虑，一个66岁的老爸不会告诉一个22岁的儿子自己怎么烦、怎么辛苦，去增加我的压力，所以我希望你以后都能由心里笑出来。

谢贤那句"宁愿要人服你，不要让人怕你"，说得可真好。仅仅是这样一句话，不同时期、不同心境以及不同生活积蕴的人，便会获得不同深度的理解。由此可见，谢霆锋并非青出于蓝而胜于蓝，和他的父亲相比，差距还真的不小。

谢霆锋对奶奶的忏悔

在交通肇事顶包案的特殊时期，谢霆锋打悲情牌，还想起了自己90岁的嫲嫲，粤语所称的嫲嫲即是普通话的奶奶。

嫲嫲：

虽然这半年实在发生了很多事，经历反复思量，我决定暂时离开娱乐圈休息一阵子，希望回来的我，是一个更成熟的谢霆锋。嫲嫲，你知道吗，其实我这次"走"，不多不少是因为你。

我记得曾经答应你，在你今年九十大寿的日子，我一定回加拿大和你庆祝，但我却未有实践这个承诺，因那段时间我忙于律师开会、打官司等等事情，因此我"失约"了。嫲嫲，对不起！

嫲嫲，你已经九十了，如果是因为我而导致你疲劳过度，为了我的官司而令你担忧，我实在于心不安，万一……你发生了什么事，我真的不会原谅自己。为了我，嫲嫲，你要好好保重！

算命先生说我刑克家人，一生都是辛苦命，只能靠自己。我满月那天，婆婆却死了，妹妹出世时，爷爷也去了，我一直觉得自己令这些不幸的事情发生。

嫲嫲，我不希望你因为担心我而出事，你九十岁生日那天，大姑妈、三姑妈、五叔、六叔、七叔、八姑姐，他们从不同地方飞去加拿大集合向你祝寿，他们打电话问我："阿仔，你为什么不回来？"嫲嫲，你知道吗，那一种歉疚，令我好恨自己，亦令我很痛苦。但我答应你，我会尽快搞妥所有事情，平息所有事情，我一定回来陪你过圣诞节。

谢霆锋对女友的忏悔

在顶包案的特殊时期，谢霆锋打悲情牌，给所有疼爱他的朋友进行了忏悔，又单独向王菲、张柏芝、卢巧音、赵学而进行了忏悔。王菲、张柏芝、卢巧音、赵学而是谢霆锋的绯闻女友，看来就是与其他疼爱他的朋友有区别。

阿菲、柏芝、Candy（卢巧音）、学而：

虽然我入行只有短短四五年时间，绯闻却接踵而至，所有圈内和我传过绯闻的朋友，从赵学而到Candy、阿菲到柏芝，我只想衷心向你们说，一直以来我带给你们不少麻烦，实在对不起。但我真的没有"做"过新闻，我发誓，绝对没有这样做过。如果我们之间真的发生过感情，我发誓，一定是真心的感情。

对于没有发生过的事，只有传媒的错误报道，令大家受到影响，这是我无法控制亦无可避免的。一直有人说我利用拍拖新闻做宣传，坦白说，为了这件事，我真的很不开心，希望在我"走"的这段时间里，大家能陪我一起长大和反省。未来会发生什么事，没有人知道，总之我是一个很傻的人，只能再次向你们说一声：不好意思！但是请你们相信，每一个人我都珍惜、疼爱，无论你是朋友还是女朋友，都是一样。我是一个很决绝的人，如果和另一个人拍拖，我一定会将前一段感情结束，再开始一段新的恋情。这点我分得很清楚，我不是一个一脚踏两船的人。

对于传媒一直以来的单方面报道，我没有出来指正，因为要指正的实在太多，我不想澄清完了一次又有第二次。碧咸（贝克汉姆）说过一句话：走出来时除了英国欢迎他之外，其他国家都向他喝倒彩，因为他不是那个国家的队员。他的新闻每天有六七宗，若每次都要澄清就太忙了。所以，我唯一一次开记者会澄清的，就是那次和Sammi（郑秀文）的绯闻，因为该报道伤害了太多朋友。如果传媒的报道有证实back up（支持），是我做过的我一定承认；若错得太离谱，我会"追他们九条街"。

谢母狄波拉的回信

谢母狄波拉表示，她并不清楚儿子用录音的方式口述这些信的事，她也和其他人一样，是从报纸上看到这些信的。看到之后，狄波拉显然有很多话想说，所以，她当即提笔，给儿子写了一封很长的回信。她写道：

一家四口有三个要活在公众的注视下，压力可想而知。看霆锋近期的新闻，我感到既心痛又开心：心痛是儿子受了许多委屈，开心是他长大了。虽然他仍然不时给我"惊喜"，令我流过不少眼泪，但这一刻我只想告诉他：一个忧心妈妈的跌宕心情……

"亲情"对你霆锋来讲真是好难形容，因为你生长于一个好特别的家庭，有一对明星父母，由小到大，都活在人群之中。虽然你像普通小朋友般上学、放学，也都有天伦之乐的时候，但却很公式化，因为父母各有各忙，我明白你不是没有家庭温暖，但是否好温馨，又是真是谈不上。直到移民加拿大，可说是使这个家庭增添了亲情，因为爹地不用拍戏，谢贤为霆锋学滑雪、学钓鱼；为婷婷学打网球，跟子女一同成长。

对你来讲，与陪你玩的爹地感情特别好，到现在你仍然可以搭住爹地肩膀说："你继续有型，继续做你游戏人生的谢贤，我自己行！"

至于我这个妈咪，在这个家庭中，总是担当坏人角色，每每见家长、见校长时才会出动，凡要去夜街，或者有事要申请，就会来问妈咪。长大后，你跟我这个妈咪依然是愈少见愈好，你拍过多部戏，我从未主动探过你一次班，我只会在你举行个人演唱会时才会出现，因为担心你唱歌时哮喘复发。你是个大明星，经常都是前呼后拥，有保镖、保姆跟着，我一出现，你就会变成小朋友，我知道这样会令你感觉不舒服，所以我立心只会做你背后的人。

做父母的当然希望24小时都在子女身边，不是我不想，见到你捱得这样辛苦，只得几个钟休息时间，难道我都要烦你？我不想，这不是没有亲情，正如谢贤所说："适当时候做就适当！"

在你加入娱乐圈最初五年，我跟谢贤决定任你自己去闯，头破血流也好，受委屈也好，最后还搞到不肯妥协去加拿大。之后又回来再做，关门自己跟人妥协，再续约的条件吓死人，但你从来没哼过一声。我们作为父母又岂可忍住不问一句？所以外间指我与谢贤操控了儿子的生杀大权，但事实却是我们连你出走后自己再签的合约条件，直到现在都不知道。你说我们怎忍心？所以我够胆讲在娱乐圈所有星爸星妈之中，我与谢贤做得最好。

到最近你搞到如此大件事，我们从没讲过一句叫你去死，外边人说我们太宠你，但我就觉得太多父母处理类似问题时不当，才会发生子女跳楼事件，我不想给你太多压力，让你去跨过此关。

阿仔，自从你“一镬甘过一镬”出事后，好像突然长大了，连带你爸爸都成熟了。为了儿子在台湾被冤枉打记者，谢贤立即飞去台湾，是你令爹地改变，看你们两父子都成熟了，我真的好开心，就像我们都要长大来配合子女，令我们的“亲情”更巩固。

发生这么多事之后，你开始懂得跟父母有商有量，而我与谢贤觉得你头破血流已够，是时候要过问一下。好像官司问题，在这紧张关头，你仍是需要父母帮助与支持，在这方面我与谢贤分工合作得好好，因为大家的共同目标就是为你。这不是伟大，每个人都有不同的岗位，在小事中默默耕耘，心中自有暖流。

作为父母只有付出，从不问回报。在你小朋友的时候，我可以叫你做什么就做什么，但踏入青少年时期，就是我最受气的时候，虽然在事业上催促你成长，个个当你是大人，但其实你仍是个小孩子。

谢贤经常说：“得啦，长大了就知啦！”阿仔，到你有儿女的时候，就会明白我的心情。知道做子女不容易，但做父母更加困难。可能我是孤儿关系，从无人付出给我，以致我经常诚惶诚恐，怕这个母亲做得不够好。你不算是一个不孝顺的儿子，“古派”的孝顺，要所有节日、礼仪都做到足才叫做孝顺，你是个“新派”儿子，再加上你是谢霆锋，认为亲情不是在母亲节才表现出来，而是每日都是母亲节。若果要我形容你，我会用“卤水汁”来比喻，每日都不同味，每日都将所经历的加入其中，绝对是今日好味过昨日。

讲到友情，阿仔你可以说有了我的遗传，绝对不能被人冤枉。当你有这种不能被冤枉的脾气，就代表你好真好坦白，这种人是最好的朋友，同时亦是最容易被骗。大方的人是对自己有信心，小气的人就是对自己没有信心，阿仔你自信心爆棚，心胸广阔，所以为了朋友可以两肋插刀。只要被你视为朋友，你都会重视对方。记得有一次我朋友的儿子结婚，你和新郎是朋友，为了祝贺对方，正在外地工作的你，竟特地搭飞机回香港逗留三小时出席婚宴，跟一对新人握握手，然后又飞到外地继续工作。

就是你对朋友的真诚，才赢得一班很好的朋友，为怕我这个阿妈担心，他们将自己的电话编成一张表给我，叫我有事可以随时致电他们，而他们亦尽量告诉我你的行踪，让我放心。

好像陈奕迅,在你最多事的日子,我每天都收到他的留言,他对电话犹如讲故事,唉声叹气地说:"婶婶,我知你好担心阿仔,我会帮你看着他,阿仔懂得想的,你放心啦,虽然我讲这么多,但你不用复我!"听完他的留言,我的眼泪总不停流下来,心想:"人家生仔我生仔,为什么人家的仔这么懂得为老人家着想?"

又好像你的助手阿辉,简直是一绝。你开快车,他就说你,问你为什么又开快车,两人吵得面红耳赤。阿辉依然在你身边不离不弃,其实阿辉受了你最多气,你不开心、闹情绪时,会向阿辉发脾气,唱片公司对你有要求时,他又夹在中间,他真是十分为难。

除了奕迅和阿辉,你其他的朋友如梁汉文等,在世界杯期间,知你为官司烦恼,日日在家中看球,他们就不眠不休轮流陪你,可以连女朋友都不顾。他们所做的,实在令我感动,我真的好感激他们。阿仔,你确实认识到一班好朋友,要懂得珍惜。

这时谢霆锋还没有结婚,也还没有孩子,他最亲的人,应该是他的母亲,而他给父亲、老板、朋友、女友、祖母、传媒都进行了公开的忏悔,但唯独没有对母亲进行忏悔,但母亲却给他公开回信,这更像高手策划的悲情牌。

谢霆锋顶包案开审

2002年9月,交通肇事顶包案正式开审。虽然成国定提供的证词对谢霆锋以及刘志伟极其不利,但是,庭审第一日,其他证人提供的证词,对谢霆锋却是有利的,如此一来,整个案情出现了对谢霆锋有利的曙光。因为成国定表示,当初谢霆锋打电话给他后,他曾和谢霆锋的私人助理周柱辉联络,他前往谢宅取得车主证明文件时,亦由周柱辉代劳。

此案中最为关键的人物成国定,因为承认控方所指的罪项,并愿意出任此案中的污点证人,为法院量刑时获得不少同情分。有关他顶包一案,此前已经审理完毕,法庭仍然裁定其罪名成立,因有立功表现,刑期酌情定为4个月。受辩方要求法庭同意,成国定被从狱中提出,作为重要证人出庭作证。

对谢霆锋是否获罪具有极其重要影响的人物是当时在现场处理这一案件的警员刘志伟。他被香港廉政公署指控和成国定串谋,是此案的另一被告。有关刘志伟协助顶包一节,廉署所能向法庭提供的,仅仅只有成国定的证词,并无其他直接证据。

廉署还提供了一些与刘志伟的品行相关的旁证,他们指出,正是这个刘志伟,作为一名警员,他的行为并不规范,甚至涉嫌赌博,并且不久前破产,经济上出现麻烦。这些旁证,显示了刘志伟有接受贿赂并且与案犯串谋的可能,却又不是铁证。

刘志伟的上司卢慧中作证时表示,案发当日上午,刘志伟曾向她汇报红棉路意外现场调查的相关情况。刘志伟向上司报告说,肇事后,司机曾离开,后来折返,司机向他表示,离开的原因是要去打电话,刘志伟怀疑司机醉酒驾驶,所以将他带回警署调查。

卢慧中觉得,刘志伟依循正常程序做酒精测试,此后被另派别的公务,此案由其他警员接手。她表示,无论是事故现场还是在警署,串谋录取口供的可能性极小,因为在案发现场,警员并不止刘志伟一个,而且他也不是最早到现场的警员。至于到了警署之后,里面人来人往,人多眼杂,如果有串谋的事情发生,当场肯定会有目击者。

审讯进行时,有法律人士分析认为,此前,成国定已经被判定有罪,而且被判入狱4个月,由此可知,顶包案已经被认定。在此情况下,谢霆锋被判无罪的可能,几乎不存在。而香港的有关法律规定,妨碍司法公正罪的量刑最低限度是入狱一年。

法律人士分析,由于谢霆锋过去的记录良好,量刑可能会稍微轻一点,估计应该在半年左右。妨碍司法公正罪的犯人不会获得缓刑或者获得感化令处理,谢霆锋恐怕是在劫难逃,估计要在狱中度过几个月的时间。

10月2日,庭审结束,法院认定,谢霆锋串谋妨碍司法公正罪名成立。法庭随后宣布对谢霆锋收监,等候最后审判。

著名律师的巨大影响

成国定出庭作证时,情形有些微妙。谢霆锋所请的律师清洪是香港一位极其有名的律师,既熟悉法律又善于应辩,以善于抓住对方的弱点和遗漏大举反击闻名,往往能够在很短的时间内,打乱对方的阵脚,使得对方的思维出现混乱。

律师清洪询问司机成国定,仅仅几个回合,成国定就有些前言不搭后语了,供词出现了前后不一。清洪抓住了这一类问题,一再追问。尽管如此,但在几个关键事实上,成国定始终都未曾改口,如车祸发生时谢霆锋给他打电话,他表示一切由自己来处理,随后,他赶去现场同警员交涉。

成国定说,前往警署落案后,他又曾给谢霆锋打电话,谢霆锋在电话中明确表示,有警察帮手就会没事,一切他都清楚。而在4月5日,成国定去谢霆锋家找他拿支票,也是事实。至于谢霆锋是否明白这些钱的用途,他语焉不详。

在反复盘问中,成国定曾出现过改口情形,有几处他说自己"说错了",或者说"记错了"。辩方律师抓住这点,在结案陈词中称,因为当晚成国定仅仅只睡了三四个小时,思维未必清醒,突然接到撞车消息后,又冒着大雨赶到现场,因此,辩方质疑,他是否能够很准确全面地记清当时的一些情况。

辩方曾试图证明一点,成国定当时在现场商谈顶包一事的警员并非刘志伟,而是另有其人。但有关此节,因为双方均无法提供确切的证明人,最终并不能认定。

廉署无奈的污点证人

周柱辉成为污点证人,更像是一次"合理冲撞"。辩方有效地运用了法律所赋予的权利,也充分地利用了谢霆锋和周柱辉之间的感情,最终,周柱辉出庭作证时,提供的所有证词均对谢霆锋有利。对此,廉署极其无奈,事前也不十分相信周柱辉,可除了他之外,又找不到更好的证人和证据。

外界一般认为谢霆锋是个坏孩子典型,浮华而不实际。可周柱辉却极力称道谢霆锋性格中的另一面。他表示,谢霆锋滴酒不沾,不傲慢,友善和关心他人,他之所以做出种种令人无法理解的行为,完全是媒体渲染报道他的感情生活而烦恼所致。

周柱辉承认,当日确实接到成国定的电话,却并没有说明具体内容,更没有提过行贿警员以及串供的事。后来,成国定也在其他一些场合多次提到此事,给他的感觉是,成国定确实涉嫌顶包,而且是他主动要求的。他对周柱辉说,因为事件中没有人受伤。为了免于此事对谢霆锋造成不利影响,所以向警方自认是肇事司机。周柱辉表示他确实知道这件事,当时也不觉得这是一件很严重的事,更不清楚此事其实警员早已经清楚,并且和成国定串谋。

对4月5日成国定前往谢宅要求签名一事,周柱辉表示,当天,谢霆锋因为心情不好,又刚好从台湾买了一款最新推出的游戏,所以沉迷其中,是否完全了解成国定的意图再通知签署支票,周柱辉表示自己并不十分清楚,他只是作为助手奉命行事。因为他确实不清楚成国定是否和谢霆锋商讨过与顶包案相关的事,或者谢霆锋是否清楚顶包案的相关细节,他本人并不了解,所以,他不能为自己不清楚的内情提供证词。

谢霆锋第一次坐监

谢霆锋被送往香港壁屋惩教所关押，开始了他这一生中第一次的坐监日子。尽管谢霆锋多次表示他曾经受过苦，他所受的那些苦，和真正受苦的人比起来，真的不算什么。倒是这次被投进监狱，令他多少尝到了一些苦的滋味。

毕竟他是明星，庭审时，曾有许多人出面力挺他，甚至连一向以大姐大面目示人的汪明荃，都在庭审最关键时刻，出面为他说好话，证明他的品质是好的。又因为他有哮喘病史，所以，入狱之后，他在各方面均获得一定的优待。惩教所方面，并没有直接将他投入监仓，而是安排他住在独立的病室。

因指检而受伤的谢霆锋，在监狱中所待的第一天显然不那么愉快。第二天的经历相对要平静得多。早晨6点多起床，对于他来说，确实是一件比较艰难的事。过着自由日子时，早晨6点多，他可能还没有上床。早餐吃的是梅菜猪肉，看上去，监狱的伙食还不算是太差，至少和人们印象中的“牢饭”是有距离的。

谢霆锋被通知去见父母。同样不习惯早起的谢贤和狄波拉，为自己的宝贝儿子，差不多是一个晚上没有睡好，第二天一大早，他们便出了门，匆匆赶到监狱门口，等待探监时间的到来。真是可怜天下父母心，这或许促发谢霆锋思考吧。

第二天下午，谢霆锋和律师商谈案情，并和惩教署的医生和心理专家见面，其间还参加了惩教署的迎新座谈。原本是惩教署的一种“教”的方式，希望大家都适应这种新的“生活环境”，既来之则安之。可谢霆锋参加这样的活动，心里自然不会好受。

当自己是一个自由人的时候，常常是众所瞩目，是为千万人艳羡的明星。可现在，坐在这样一群人之中，人们仍然将他当成明星，只不过，目光不再那么狂热和纯粹，多少会带上一些色彩。那就像是有色眼镜背后透出的目光，这种目光，深深地刺伤了他。

第二天，谢霆锋开始感到身体不适，不得不去找医生，并且给肛门敷上膏药。这个晚上，因为肛门的疼痛，睡眠成了一种煎熬，稍稍转动身体，便会触动伤口，引起一阵疼痛。最痛的还是心情，虽然没有流血，却是极度的忧郁，类似于夏天低气压的天气，总有什么东西在郁结，一种无形的压力漫天而来，令人找不到方向，更无从发泄。

第三天,谢霆锋不得不融入这个集体,参加适量的“劳动”。他所参加的工作是“贴信封”,用胶水把纸张粘成信封。这项工作并没有难度,如果是孩子,甚至会觉得很好玩。对于谢霆锋来说,如果不想自己此时的环境,不想即将到来的宣判,这样的日子,倒也还能过得去。

麻烦在于一个人不可能不想。平常,普通人和他见面,那是需要经过特殊批准、特殊安排的。除非他所熟悉的人、想见的人,否则,不是任何人想见他就能见到他,更不可能和普通人近距离没有界限地待在一起。

谢霆锋是明星,明星是给人欣赏的,每一个希望欣赏他的人,都需要为这一欣赏过程付出相应的代价。可现在,他和这些人待在一起,彼此间没有距离,人们看他的目光,就像看一个脱光了衣服站在他们中间的人。只要想到自己是在坐牢,是一个失去了自由的罪犯,那么,做任何一件事,和自由时所做,意义完全不一样。

苏永康在这一天寄语谢霆锋,称“第一晚最难熬,以后慢慢适应就好了”。苏永康是过来人,对此自然有深刻的体验。他说:“眼看头顶的风扇转上转下,心里只想时间快三倍。但经过了第一日,适应环境以后的日子会好过些。”

好过只是一种自我安慰,一种阿Q的精神胜利法。身处这样的环境,一个人如果只是希望日子好过些,那这个人大概也就没救了。刑法的目的,大概不是让犯人去监狱中寻找心理平衡的感觉,而是给他们一个强制性的反思机会。

到了第四天,谢霆锋的哮喘好转,医生证明他不必再待在单独的病房,完全可以和其他犯人生活在一起。于是,他从相对优越的环境搬进了另一个环境。这是普通的监房,条件自然比单独病房差很多。即使坐牢,谢霆锋还是幸运的,他在香港坐牢,条件相对比较好,一间监仓里只关了三名犯人,比许多大学的学生宿舍还宽敞。如果他进的监仓住十几个甚至几十个人,不知他会是一种什么感受。

进入普通监仓,生活自然也就不同,他得打扫厕所,擦洗地板。在这里,他不再是明星,没有人会帮他做任何事情,反而希望将自己该做的事情分派给别人。后来,谢霆锋说,这是一件苦差,他自小就不曾做过这一类的事情,做起来极其辛苦。

普通监仓没有单独的浴室,每次洗澡,得去公共浴室,许多人在一起,彼此全都脱得光光的,“赤诚相见”。人家怎么面对这一行为他不知道,他是一个明星,从小在优裕的环境中长大,现在没有丝毫隐私地坦诚相见,他心理上感觉异常别扭。这种丝毫不存在隐私的感觉,和那种被狗仔队追的感觉,不知孰好孰坏。

惩教所里关押的,大多都是少年犯,他们之中,很多人犯的是杀人罪。这些人才是真正的社会异类、叛逆者。与这样的人关在一处,谢霆锋不知作何感想。他是否像在美国那段日子一样,找到自己人生的另一面镜子?

谢霆锋在里面的日子不好过,身在外面的父母,日子也难过,连带他的许多朋友都牵肠挂肚,忙进忙出,总想为他出一份力。可实际上,所有的外力都只是一种形式,真正能够对他的人生起到作用的,还是他的内力。

令人难堪的入监检查

谢霆锋是犯人而不是自由人,进入监狱时的一些例行手续,他还是得走。进入监狱之后,许多例行手续都是带有强制性和惩罚性的。比如进门第一件事,便是剃头。谢霆锋对自己身体所有部位最喜欢的就是自己的头发,现在,头发却不得不被剃掉。相信那一瞬间,他的痛苦和无奈,是非常强烈的。

给新入监的犯人留下档案,例行的程序是打指模和掌模。如果是普通人,这样的事,即使干一千遍,除了厌烦之外,倒也还能忍受。可此刻的谢霆锋,是作为有罪之人干此事,这一过程会给他留下终身的印记,成为伴随他一生的案底。这和他为了表达对王菲的爱留下的文身,有着异曲同工之处,会成为他一生都无法消除的记忆。

最麻烦的一件事是对谢霆锋进行例行检查。为了防止犯人自杀或者携带违禁品,所有入狱者,均须经历严格的检查。这一关,对于许多人来说,绝对不那么容易过。比如内地某位著名女影星,入狱时不得不脱光衣服接受这种检查,当时觉得是奇耻大辱,甚至一度想自杀。作为男人,脱衣检查倒不算难事,至少会比女人承受力强一些。可明星又不同,他们众所瞩目,被强迫脱衣,是对其自尊的一种挑战。

尤其是还要进行通肛检查,几乎所有的犯人都会觉得这是一种对人格和肌体的侮辱。监狱却不能省这道手续。为了避免犯人携带违禁品进入监狱,男性需要检查肛门,女性除了要检查肛门之外,还需检查阴道。此项检查,许多人认为是奇耻大辱,甚至一直都有强烈的呼声,要求废除这类检查。

这类检查并不只是香港有,就是在世界的其他国家或地区,例如美国、英国等,也都有这项检查。那是因为监狱方面非常清楚,这项检查一旦废除,监狱制度很可能因此解体。犯人们随时可以利用这些器官,将一些违禁物品带进监狱,带进毒品之类,危害可能只是少部分人,一旦带进去的是杀人武器,则什么样的麻烦事件都可能发生。

在对谢霆锋进行肛检的时候出现了麻烦。当时,专门负责此项工作的警员因事不在场,是由一名助手完成的。据说,检查者将手指伸进谢霆锋的肛门时,刺伤了他,又因为未能得到及时治疗,引起感染。

据医学人士称,一般指检时,通常都会伸进两根指头。对谢霆锋指检时,因为是助手从事这项工作,因此并不严格,仅仅只是伸进一根手指。通常情况下,因指检而受伤的情况并不常见,这项检查应该是很安全的,谢霆锋所遇到的这种情况非常罕见,估计与谢霆锋当时极为紧张,肌肉收缩有关。

需要明确建议的是,监狱进行肛门检查和阴道检查是必要的,过去医学技术不发达,只能进行人工检查,现在是否可以通过高科技的医学技术进行肛门检查和阴道检查,通过CT、B超等医学新技术进行检查,以减轻对被检查者的人格侮辱和肌体侮辱,维护被检查者的尊严。

传媒关注谢女友

香港记者这段时间也真够辛苦,他们在惩教所前面的一座山上长期蹲守,用长镜头照相机对着惩戒所内,从而成功地拍到了谢霆锋在惩教所内活动的镜头。

谢霆锋果然是明星,即使是进了监狱,仍然是传媒关注的焦点,各种有关他的新闻满天飞。而且,这些新闻似乎显示他在监狱中也并不十分安分,难以看出真正悔过的迹象。据说,谢霆锋在监狱中想着的,并不是父母朋友,而是女友张柏芝。他向父母提出,希望张柏芝能去监狱看他,谢贤与狄波拉没有同意这一要求。

媒体自然不肯放过与此次事件多少有些关联的两个女人。记者们并没有花太大精力,便摸清了王菲在谢霆锋入狱当日的行踪。她当时高调转会,乘豪华游轮外出公海,出席新力唱片公司为她举办的盛大签约仪式,开开心心地接受新唱片公司的礼遇。这个仪式因故延至晚上10点进行,王菲因此特意安排随行的记者在邮轮上住宿一晚。

媒体因此说,这是有意安排的,目的是为了让媒体不能将照片以及消息传真回公司。据说,这样做是为了避免签约新闻和谢霆锋的宣判消息扯到一起。公司方面自然否认这一说法,他们解释说,之所以延迟到10点,完全是为了配合邮轮的起航时间。

记者会上,王菲自然会被问到与谢霆锋有关的问题,王菲不肯多谈,只是隐晦地表示,谢霆锋不诚实。记者们由此推定,在整个顶包事件中,谢霆锋对王菲也说了不少的假话。

张柏芝当时前往机场接从美国回来的舅舅、舅妈，有记者问她最近在忙些什么，是否留意到新闻。对于张柏芝来说，没有留意是决然不可能的事，但如果回答，则充满危险，所以，她只好顾左右而言他，说："我心情好兴奋，因为好疼我的舅父、舅母会从美国返港。舅父好疼我，他知我登台都特别去捧我场。我舅父是英国人，舅母是韩国人，因为他们不是中国人，所以要看他想安排什么样的节目，我陪他们吃饭，我家有卡拉OK，又有桌球，都可以在家玩。"

记者自然不肯放过，又问她，如果现实生活中另一半不开心，应该如何安慰对方？张柏芝说："不需要安慰，相爱只需要互相了解和关心，其他不用讲太多，默默留身边支持就得。"

监禁谢霆锋十四天

10月16日，法庭正式宣布判决结果。法庭判词中称，谢霆锋和刘志伟两人在案中的角色不同，考虑谢霆锋只有22岁，对他已是当头棒喝，考虑到他的背景及角色，所以从轻判处谢霆锋强制进行社会服务240小时。

香港民众对这个判决似乎不太满意，均觉得量刑太轻，这是明显地对待不同的人做出不同的处理。如果谢霆锋不是明星，没有明星父母的背景，犯同样的罪，会这样判决吗？

也有人觉得，惩戒只是一种形式，惩戒的目的，关键在于作用，如果惩戒能够起到威慑以及令被惩戒者悔悟的效果，那么，目的也就达到了。重要的是作为明星，应该反思这次事件，从中获得教训。

因为民众对这个判决结果表示不满，舆情很大，有关方面，还曾经非常慎重地出面解释，强调惩戒只是一种手段，而不是目的。

谢霆锋顶包案的启示

法庭判词中称，由于谢霆锋的背景及角色，谢霆锋被轻判。法庭监禁谢霆锋14天，强制进行社会服务240小时。顶包案的另一主角司机成国定被香港裁判庭最终裁定罪名成立，入狱4个月，被判入狱时间是谢霆锋的近九倍。司机成国定还是廉署的污点证人，受到了减刑。谢霆锋还涉嫌贿赂警员，妨碍司法公正。

明星是公众人物，是公众用钱捧红了明星，明星应该自尊自爱，严格要求自己,而不要违法乱纪。交通肇事顶包案期间,许多市民打电话给香港媒体,他们纷纷表示,谢霆锋给香港少年树立了一个极坏的典型,非常担心自己的孩子因为崇拜谢霆锋而学坏。

明星有众多粉丝,被大众关注,是许多青少年的榜样。明星违法乱纪,道德败坏,负面影响极大,所以,明星违法乱纪一定要依法依规惩戒,这既可以教育明星,警示明星,更重要的是可以教育粉丝,对大众进行极好的普法教育。希望明星能够吸取谢霆锋顶包案的教训。

如果明星被轻判,被宠着,会为所欲为,会越来越任性。有权不能任性,有钱不能任性,有名也不能任性。如果明星被轻判,徇私枉法,会使许多青少年认为有名可以任性,明星可以违法乱纪,不利于实现法律面前人人平等,不利于法治社会的建设。

司法实践中,有钱有权有势的人可以请到最好的律师,而中低阶层很难请到最好的律师,为了司法的公平、公正,审判人员、公诉人员一定要充分考虑律师的作用,努力做到公平、公正司法,实现社会的公平、公正。谢霆锋在"顶包案"中聘请了香港极有名的律师清洪。

实事求是地分析,对于谢霆锋来说,入监几个月与入监14天,有很大的区别,但没有本质的区别,因为你已经入监。谢霆锋被轻判,无法体现"王子犯法与庶民同罪",无法体现公平、公正的法治精神,不利于对青少年的法治教育。对明星犯法必须严格依法进行惩戒,这不仅是在教育明星,还是极好的进行普法教育的机会。

第十节　调查特首曾荫权

香港廉政公署成立后,获得了独特的地位,完全独立于香港政府,完全独立于其他行政机关,廉政专员直接向香港最高行政长官负责。1997年7月1日之后,根据《香港特别行政区基本法》,廉政公署在香港行政架构中的位序基本无变,是"一国两制"中维持香港之"制"的最重要的机构之一。

"破天荒"调查特首

2012年2月28日,有媒体刊出特首曾荫权和太太在赴澳前一星期,即2月9日至12日离港休假期间,与一批商界人士乘坐富商张松桥的私人飞机到泰国布吉游玩,质疑特首有利益冲突之嫌,是在为自己退休入商界铺定后路。

既然有媒体、政党、团社、个人等质疑、举报特首曾荫权及其太太涉嫌犯罪,廉政公署就坚决履行职责,独立公正地、在不干涉其他组织调查的同时,一步步地开展自身的调查工作。

2012年2月29日,香港廉政公署高层决定对香港特首曾荫权展开调查。这是廉政公署成立38年来首次调查最高行政长官。廉政公署直接对特首负责,调查特首对于廉政公署是38年来“破天荒”的第一次。

廉政公署是远离金钟市政中心所在地的独立机构,向来谨慎而低调。但是这一次,它却要直接面对自己的顶头上司——香港特首曾荫权。曾荫权因前不久被媒体披露接受富豪私人飞机、游艇款待,租住豪宅等而成为众矢之的,甚至被一些市民讽刺为“香港第一贪”。

廉政公署之前接到举报,称香港地产商黄楚标低价向曾荫权出售深圳豪宅,两人交往过密。特首曾荫权和太太曾鲍笑薇到澳门休假三日两夜,和香港富商何柱国等出席了出席者均为“三山五岳”的赌厅春茗活动,廉政公署质疑他接受富豪款待,包括在富商的游艇上享受了豪华招待,并获接送返港。

曾荫权的特首任职只剩下4个月,但廉政公署坚称,这次的调查不会因其任期完结而结束。搭乘私人飞机和游艇、租住深圳东海花园、接受红酒等礼物都在调查范围内。

现在,直接向特首负责、直接接受特首领导的廉政公署要调查特首,这种调查,无疑是对廉政公署独立性与公正性的一次真正考验。

《防贿条例》的漏洞

按照香港的《防止贿赂条例》,香港公务人员和法律列明人员“搭乘”私人交通工具,无论公干或私事,均已构成“接受利益”。《防止贿赂条例》的“利益”,涵盖广泛,既包括金钱、礼物、贷款、佣金等有形利益,也包括职位、契约、服务、优待及免除法律上全部或部分责任等无形利益。

接受《防止贿赂条例》规定的这些“利益”即为违法,其构成并不以“接受利益”所“兑换”的利益是否实现为要件。“礼尚往来”“人之常情”“亲情”“友情”等说辞根本就没有可能成为官员脱罪的理由。《防止贿赂条例》列明人员“享有的生活水平或拥有、支配的财富若与其公职收入不相称,即属违法”。

香港学者分析,除了《防止贿赂条例》存在法律漏洞之外,在政府内部监管上也存在漏洞。尽管包括《公务员事务规例》第434条、《政治委任制度官员守则》第5.9段,都禁止问责官员收受可能引起利益冲突或影响政府声名的款待及馈赠。

但由于特首曾荫权既不是公务员,也不属于问责官员,因此其即便明显犯错,在现行制度下也并不受内部监管及制裁。《政治委任制度官员守则》第1.1段列明,守则只涵盖主要官员、特首办主任、副局长及政治助理。

按照香港法律,廉政公署如果怀疑特首触犯《防止贿赂条例》,可转交律政司考虑是否提交立法会,如果有1/4议员联合动议及经立法会通过,可交由终审法院首席法官担任主席的独立调查委员会调查,有足够证据构成指控及全体议员2/3通过,就可以提出弹劾,报请中央政府决定。

香港现行的官员申报制度规管所有的问责官员,接受任何赞助旅程,需要向行政长官或司长申报批准,但制度存在漏洞——若行政长官接受赞助旅程,应该向谁请求批准?

独立检讨委员会

针对法律存在的漏洞,特首曾荫权宣布:成立独立检讨委员会,防止及处理包括行政长官在内的潜在利益冲突,制定更透明的申报制度。

特首曾荫权决定邀请退休大法官李国能主持特别委员会,成员包括社会福利界、学术界及传媒界人士,检讨现行的制度及程序,对象包括行政长官、所有问责官员及行政会议成员。并做出三点要求:“委员会独立运作、提交的报告也立即公开、希望两三个月内做好工作”。

2012年2月26日,曾荫权委任香港终审法院前首席大法官李国能主持成立防止及处理潜在利益冲突检讨委员会,检讨现时特首廉政制度的漏洞。委员会成员包括香港《经济日报》主席冯绍波、香港中文大学副校长廖柏伟、香港社会发展中心主席邱浩波、赛马会主席施文信。

2012年3月5日,独立检讨委员会第一次会议召开,李国能宣示:“一个廉洁的政府是香港社会历久常新的核心价值……只有完善的制度才可以维护公职的声誉和尊严。我再说一遍,制度比个人重要。”李国能的宣示颇能代表香港许多人的见解。

独立检讨委员会调查3个月后，同年6月“防止及处理潜在利益冲突独立检讨委员会”提交报告，提出36项建议。报告批评现行的《防止贿赂条例》不能约束特首，目前，行政长官在收受利益方面自行决定，没有监察，没有制衡。

独立检讨委员会认为现行制度存在根本缺陷，特首不应该凌驾于规管政治委任官员和公务员的法律之上。报告还建议成立专门的独立委员会专门规管特首收受利益，特首在收受利益时必须得到独立委员会的许可。报告最终促成随后港府修订问责官员守则，并在新一届特区政府上任后正式实施。

廉署的独立与公正

按照香港法律，廉政公署执法主要参照《防止贿赂条例》《廉政公署条例》《防止选举舞弊及非法行为条例》三个法律。所有案件的调查均须向独立的审查贪污举报咨询委员会汇报，接受审委会的监察，廉署无权自行终止任何案件的调查。按照程序，如果廉署查实特首确有违法行为，将移交律政司，由律政司提起公诉。

香港大学法律系副教授戴耀庭认为：“曾荫权收受利益应该是很明显的，而要证明收受利益和他在一些公权力的行使上对给他利益的人有利，却是比较困难。至少从目前的资料来看，他们的利益很难说是从行政长官所做决定中获取的。比如，曾荫权租住深圳豪宅涉及的富豪黄楚标，其为大股东的数码广播牌照的审批，就很难说有利益冲突，做决定的也并非曾荫权本人。”

廉政公署面临着一个史无前例的难题：根据法律和规定，为确保权力和威信，廉署专员向来只向最高行政长官负责。查特首曾荫权等于查自己的顶头上司，怎么保证公正、独立呢？

廉政公署很快就受到了此次调查中，来自权威媒体的质疑，在曾荫权租住东海集团主席黄楚标在深圳的物业事件中，廉政专员汤显明与东海集团主席黄楚标相识，如何保证调查的公正性？

廉政公署表示，现任廉政专员汤显明在出任海关关长时，曾经由其他政府专员在官方场合介绍下与东海集团主席黄楚标认识，此后曾在不同场合包括官方及社交场合有接触，也曾经与黄楚标一起打过高尔夫球。汤显明已在2月27日根据内部申报机制，就与黄楚标相识一事做出书面申报。

廉政公署强调，廉署的调查工作一直是由执行处首长统筹处理。执行处一向依法调查案件，不偏不倚，廉署现行的运作与申报机制可保障其调查工作，不会因为任何廉署人员的关系而受影响。如个案涉及与廉署人员(包括廉政专员)有关联的人士，该人员必须按内部机制做出申报，并须回避处理有关个案，包括不参与和事件有关的任何决定。

廉政公署坚定表示：如接获贪污举报，不论涉及任何人士，若有足够资料跟进，根据《廉政公署条例》，廉署必须依法进行调查，完全独立与公正。

特首没有特权

2011年4月和2012年2月，特首曾荫权两次坐朋友的私人游艇游澳门并在游轮上留宿；2009年10月和2012年2月，曾荫权坐过两次朋友的私人飞机，分别到日本和泰国。这被媒体质疑："可能涉及利益输送。"

特首曾荫权2月28日在出席一个电台节目时表示，他做了几十年的公务，一直都想跟着良心而办事，跟着规矩而办事，近日的这些质疑让他明白，市民对公职人员的要求比以前更高了，从而导致市民对他失望，质疑他的诚信。

特首曾荫权说："很明显世界在变，香港社会也在不停地变动，我们一直遵守的规矩和市民的要求有很明显的落差。我也上了一堂很好的课，以后我一定会更加严谨办事，也要采取一些措施和补救的办法。希望各位谅解。"

特首曾荫权强调说，廉洁、公平和公正是香港根深蒂固的价值，各阶层都很重视，未来特首必须信奉。他还说，近来媒体报道令他感到受伤，出任特首是终身荣誉，同时要付出巨大代价。"日后选择是否接受乘坐私人游艇或飞机时会特别小心和敏感。"

在电台节目解释，宣布成立独立委员会检讨申报制度，涉及事件的东海集团也在报章刊登声明澄清，但这些并未能够消除外界对特首曾荫权的质疑。

香港多个政党和团体批评曾荫权在租住深圳豪宅、乘坐私人飞机和游艇等连串事件上，接受富豪款待，涉嫌利益输送，多个立法会议员要求曾荫权到立法会交代详情，否则不排除引用权利及特权法传召他到立法会。

香港立法会议员张文光说："曾荫权是香港的特首，香港人对他要求高是再正常不过的。""没办法，谁叫他是特首。"

经费节俭的特首

曾荫权1964年从香港华仁书院预科毕业，1967年任二级行政主任。1981年获政府保送前往美国哈佛大学，次年获公共行政硕士学位。1997年任香港特别行政区首任财政司司长。2002年任政务司司长。2005年，曾荫权任香港特别行政区第三任行政长官。2007年7月连任行政长官。2012年7月届满。

2011年，特首曾荫权的外出访问经费开支，成为港人津津乐道的话题。有香港媒体披露，曾荫权在过去四年外出访问发生的费用不足百万港元，节约程度令人惊讶。

根据香港特区政府特首办不久前向《第一财经日报》提供的一份统计文件，详细披露了曾荫权从2007年11月至2010年1月之间外出访问的明细安排。该统计详细记载了曾荫权在上述期间的每项活动日期、地点、形成项目、机票费用及其他开支情况。

根据特首办的数据，四年来，曾荫权外访活动共40次，开支总金额为987086港元，其中机票费用为54万港元，另有44.7万港元为其他支出。而单笔外访费用最高为14.19万港元，是香港特区政府派团赴印度新德里和孟买时发生的。

在过去四年的40次外访中，曾荫权仅有一次远赴美国。2008年6月13日，他在前往美国休假期间，为香港驻旧金山经济贸易办事处主办的大型宣传活动担任主礼嘉宾。而特首办的备注显示，这次活动的机票是曾荫权自己掏腰包的，这或许与其赴美期间正值个人休假有关。

从特首办的备注来看，曾荫权在内地的32次活动中，大部分活动的住宿费用由主办单位负责，特区政府仅支付机票及部分“其他费用”。例如他于2010年4月9日至10日远赴海南出席博鳌亚洲论坛2010年年会，除去往返机票5572港元外，仅支出了511港元，相当于每天仅支出约200港元。

对于“其他费用”究竟包括哪些项目，特首办的发言人不愿明确列出。该发言人解释说，行政长官外访的住宿，通常由香港驻地的经贸办事处安排，需要考虑的因素包括行程、保安、运作上的需要和价钱等。

特首须以身作则

奴隶社会、封建社会是“州官可以放火，百姓不能点灯”，现代社会则是“百姓可以放火，州官不能点灯”。现在世界各国各地区都要求领导人以身作则。香港人对特首要求更高，还可以从曾荫权被要求拆除违建“包阳台”一事看出。

曾荫权位于中环麦当劳道碧云楼的寓所涉嫌违建，香港屋宇署查验后向特首发出劝谕，要求其拆除围封露台的落地大玻璃窗。曾荫权随后委托专业人士清拆了违建。

曾荫权与妻子曾鲍笑薇拥有碧云楼2楼的一套公寓。碧云楼总高12层，公寓的露台原本属于开放式设计，曾荫权在外围加建了落地大型玻璃窗，将露台变成室内空间。

实际上，玻璃封闭露台在香港并不稀奇，曾荫权自己也没感觉这是违建。早在2006年，曾荫权接到屋宇署劝谕，发信要求他拆除外墙花架，但没有要求他拆除密封露台。

香港立法会前主席范徐丽泰曾说，香港社会对社会地位较高的人要求比一般人高很多。地位高的公众人物一定要比其他人做得更加小心及守法，因为在香港没有特权。

特首向公众道歉

2012年3月1日，特首曾荫权出席立法会特别答问大会，接受立法会质询，逐一交代乘私人游艇和飞机、澳门豪宴等五大热点事件，并为自己的负面新闻动摇公众对香港的信心向市民及公务员道歉。

曾荫权做开场白时表示，他加入政府工作至今已经有45年，还有3个月便正式退休。他从二级行政主任做起，兢兢业业，一直做到行政长官，多年来对公务员廉洁奉公的一套价值信念深信不疑。

曾荫权表示，近日传媒披露了他接受朋友款待，乘坐私人游艇和飞机，以及租住深圳私人物业，这些事引起了公众及议员关注，希望他做出交代。在此，再一次向各位议员交代大家所关注的几件事：

一是澳门宴会，夫妇俩在两星期前到澳门休假及扫墓，属于私人活动，并没有涉足赌场。

二是游艇款待，两次接受邀请乘坐朋友游艇由澳门返港，都支付了费用。

曾荫权解释说，在2011年4月和2012年2月他两次乘友人游艇单程由澳门返航，每次支付500港元，金额与购买两张港澳渡轮单程船票相若。

曾荫权还说，自己乘坐朋友的游艇是因为“贪方便”，可以中途落船，顺道到坪州行山。曾荫权表示，明白有人认为特首不应该与富豪交往，但他也想向大家解释，作为特首，其实有需要掌握香港各方面的情况，所以他一直以来都保持与社会不同阶层,包括基层、中产以至各行各业接触。

三是乘坐私人飞机。曾荫权曾两次与朋友一起乘坐私人飞机离港度假,也都支付了租用飞机、燃料及停泊费等费用。对此,曾荫权公布了自己和夫人乘坐飞机的资料。他和太太曾于2009年10月乘坐私人飞机前往日本,两人共支付了18.8万港元的费用,包括租用飞机、燃料和停泊费等,且食宿费用跟朋友分开处理;2012年2月乘坐私人飞机前往泰国布吉支付了5900港元,金额与购买两张香港至布吉来回机票相同。

四是租住东海花园。曾荫权向传媒公布了东海花园单位的相关资料。该复式单位面积约为630平方米,有关租约于2012年2月签署,从7月起以市值每年80万元人民币(约港币100万元)租用该单位,租期为3年,租约包括由发展商提供装修,但并不包括工人或司机开支。

至于东海集团主席黄楚标是政府发牌的香港数码广播的投资者,曾荫权承认,没有向行政会议申报有意向黄楚标租住物业,但强调发牌机制严谨,当时广管局一致通过发牌,行政会议的参与成分很少。

曾荫权解释了为什么租房住。他在香港拥有的一个住宅单位已出租,租约直至2012年年底,租约期满前不能取回使用,他希望在卸任后短期离开香港。这几年四处物色地方,条件是靠近香港一点,能经常探儿子、见孙女。所以,他决定在深圳福田区租住房子。这套房位于深圳东海花园君豪阁,面积约630平方米,接近天主教堂,准备卸任后在该处短期居住。

曾荫权说,为了进一步平息公众疑虑,经同太太商量后,决定放弃租住深圳的东海花园的房子,尽快与业主商讨解约安排。

五是藏酒。曾荫权说,他已捐出自己所收藏的酒,并将全数所得共200万港元捐给三个慈善机构。

对于到美国总商会前主席詹康信酒窖(位于香港屯门)免费存放红酒的质疑,曾荫权表示,自20世纪80年代开始收藏酒,共收藏了约1600支,绝大部分由自己购买,少部分为朋友馈赠。2010年,曾荫权将这批藏酒以专业估价的价钱卖给詹康信,然后将全数所得共200万港元分别捐给红十字会、公益会和善宁会,并依照税务条例申报有关捐款和申请税款减免。

特首办发言人解释,由于曾荫权卸任后将离开礼宾府,藏酒无地方放置,所以由詹康信经专业估价后以200万港元购买,所得的款项由曾太以匿名方式捐出。

曾荫权说："今天亲自来到立法会，向大家交代，目的不是想挽回我个人声誉，而是为了挽回公众对香港政府廉洁奉公的信心。""这一连串事件已令公众、传媒舆论、各位议员及公务员同事感到忧虑，也动摇了市民对香港制度的信心，我为此郑重向公众致歉。"

接受议员的质疑

在提问环节，有议员质疑曾荫权是否有想过朋友邀他乘坐私人飞机和游艇时，是"无事献殷勤"。曾荫权不同意。他说对他的朋友而言，邀请别人乘坐私人飞机并非特别的事，朋友也一直这么做。

曾荫权说："我自己一直以为最公道的做法，就是不要贪便宜，而要付出自己应该付出的，要付出适当的旅费。如果是坐飞机，短程的我付出经济客位的费用；如果是长程的，我就付出商务客位的费用。规矩就是这样做。"

有议员要求曾荫权清楚交代曾接受过谁的款待，曾荫权解释，基于个人资料，不便公开邀请他乘坐私人飞机和游艇人的名字。他表示，行政长官公务上经常与不同人士会面，对方未必愿意表露身份，所以实在难以完全披露曾与谁用膳等资料。

曾荫权指出，到日本的旅程，他是与朋友合租私人飞机，而住在朋友的游艇，以及与朋友用餐，按规定无须申报。

有议员要求曾荫权向16万公务员鞠躬道歉，也要引咎下台。也有议员指出，现廉署已立案调查，认为曾荫权应该停职或放假以避嫌。

曾荫权回应称，他会全力协助廉署的调查工作，且不会做出任何干预。另外，作为特首不能在关键时刻离职，现在需处理大量问题，并相信廉署的独立性，不会有任何偏私。

曾荫权说，"这次事件是我终生最大的教训。"至于余下数月任期，曾荫权说，相信不会再有人敢请他乘坐飞机或游艇，而他也不会再接受邀请。

2012年3月2日，即立法会答问第二天，詹康信回应称，他的酒窖是通过投标的方式获得，也没有免费为曾荫权存放任何一支酒。在按照估价买入曾荫权的红酒后，他就将款项以曾荫权太太曾鲍笑薇的名义直接捐给3个慈善机构，款项从未经曾荫权的手，他认为并不涉及利益输送，曾荫权也不需要向任何人解释。

获得捐款之一的善宁会表示，收到捐款时知道是由曾荫权的太太所捐，但由于对方不希望高调，所以未公开名字，善宁会有按程序开收据给曾荫权的太太。

拘捕新鸿基主席

2012年3月29日,香港廉政公署拘捕新鸿基地产联席主席郭炳江和郭炳联兄弟及政务司前司长许仕仁,怀疑他们涉嫌贪污,触犯《防止贿赂条例》及公职人员行为失当罪行。

廉署消息指出,今次的案件已调查一段时间,需大量搜证,由于涉及上市公司的主席及前高官,案件敏感,调查会循"是否涉及官商勾结"的方向进行。

当时64岁的许仕仁,有"桥王"及"许老爷"的称号,为廉署成立以来拘捕的最高级前政府官员。曾荫权在2005年接任行政长官之后,就邀请当时已经退休的许仕仁出山,担任政务司司长。而许仕仁在2005年至2007年担任政务司司长这个职务。

在廉署调查曾荫权期间,又发生这种事情,让媒体更加热情起来。在曾荫权访问新西兰时,更多媒体将话筒对准曾荫权,询问其如何看待此事。

曾荫权回应许仕仁被廉署调查的事件时表示,不会评论个别案件,但他强调香港过去30年来的廉洁社会及政府是根深蒂固的社会价值观,政府对打击贪污罪行一直未有放松。

曾荫权说,任何人无论地位或职级有多高,廉署都会不偏不倚,公正公平跟进调查,他期望社会人士不要怀疑政府的肃贪倡廉决心。

廉署完成调查特首

2013年2月,曾荫权发表声明,表示在卸任行政长官职务后,中央有关部门曾询问其是否有意参与新一届全国政协工作。"但鉴于廉政公署的有关调查,我慎重考虑后,已经答复现阶段并不适合参与全国政协的高层工作。"曾荫权说,他期望有关调查结案后,还可以有机会继续贡献国家、为香港服务。

2015年1月26日,香港廉政公署调查前特首曾荫权涉贪案约3年,终于宣布完成调查,但仍未公布会否检控。香港律政司刑事检控专员杨家雄出席立法会会议时,被议员追问对前特首曾荫权的调查进度。他表示,廉署已经完成调查前行政长官曾荫权涉及的刑事案件,稍后会做出是否检控的决定。

香港律政司司长袁国强表示,不会具体评论个别案件,但引述刚完成审讯的政务司前司长许仕仁贪污案,指相类案件的调查过程相当艰难,非外界想象得那么简单,往往涉及很多文件,让调查时间很长。袁国强表示,处理相类案件时,希望能详细调查和研究证据,情愿花费多些时间,直言仓促决定检控与否并非理想办法,否则会对被告及检控程序不公平。

调查特首的启示

廉政公署调查顶头上司的举措震撼了世人,震撼了香港,也震撼了世界。

启示一:领导要以身作则。

奴隶社会、封建社会是“州官可以放火,百姓不能点灯”,现代社会则是“百姓可以放火,州官不能点灯”。现在世界各国各地区都要求领导人以身作则。

香港民众对特首要求更高,要求特首以身作则、率先垂范,这可以从香港民众、媒体、机构追查曾荫权乘坐富豪飞机和游艇、接受富豪款待、接受红酒等礼物、租住商人豪宅等事上看出,还可以从曾荫权被要求拆除“包阳台”违建事件上看出。

启示二:要廉政就不能有特权。

香港是一个举世公认廉洁度较高的地区,在调查曾荫权事件上,作为直接向最高行政长官负责的廉政公署居然毫不手软,先是表示依法跟进,后又决定立案调查。这可是廉政公署成立38年来史无前例的一次,也无疑是对其独立性、公正性最好的一次考验。

启示三:要积极接受监督。

曾荫权在引发多方质疑后,一方面认真诚恳地回答媒体的各种问题,积极出席电台节目,释除公众疑虑;另一方面应立法会要求出席3月1日的特别答问大会,发言时,他坦承自己一直奉行的利益守则“有盲点”,有违公众期望,故向公众郑重道歉,并将放弃租住深圳东海花园君豪阁,以示清白。

更为可贵的是,曾荫权更以特首的身份负责任地呼吁公众,不要因为涉及他个人的连串事件,而动摇了对香港制度的信心。不管最终廉署的调查结果如何,曾荫权的这种谦卑自责态度,处理问题的危机公关行为,都值得领导干部学习。要真正摒弃那种不重视、不支持、不配合监督的行为。

启示四:拒绝顺水人情。

特首曾荫权两次因为个人方便,乘坐朋友的私人游艇从澳门回香港,每次都支付了500港元。曾荫权还曾坐过两次朋友的私人飞机到日本和泰国,并分别支付了18.8万港元和5900港元的交通费。尽管如此,他还是受到多方质疑,甚至是立法会议员的高度质疑,香港廉政公署更表示将依法跟进,立案调查。

很多人认为特首无非就是接受了朋友的顺水人情,乘坐了他们的私人交通工具,而且还坚持支付了相应的费用。可香港媒体、香港市民却依然坚持追问到底,让世人深刻认识到什么叫作真正的“零容忍”。

启示五:吃喝不是小问题。

以曾荫权的特首身份,难免会与一些富豪政要在豪华场所消费。媒体之所以关注特首的吃喝问题,说明香港市民对官员的吃喝非常在意。吃喝看似小问题,背后紧跟着的就是贪污腐败现象的存在,这是最值得人们去思考和解决的制度问题。至于公款吃喝、公款旅游则就更不是一个简单问题了。

启示六:功利行为要慎重。

曾荫权正是为了避嫌,而没有在任期内在香港购买住房,从而决定退任后到深圳租用住房,并到朋友开发的深圳东海花园君豪阁按市价签订了3年的租用合同。这看似想法周全,但因为媒体的关注,引致各界强烈的质疑和诸多的猜测。

作为一名官员,不能与朋友间发生容易被误解的功利行为,特别是在需要运用职权进行决策、审批等公务事项时,必须主动予以申报,以避嫌疑,以示公正。

廉洁的香港点评

廉洁香港的建成关键是港督在学生和市民声势浩大的反贪污游行压力下,对肃贪倡廉的坚决支持和正确领导;关键是廉政公署独立、专业、敬业,屡破大案,对新贪污实行“零容忍”,使贪赃枉法者闻风丧胆;关键是社会各界的有效监督和坚决支持,特别是新闻媒体和香港市民的监督和支持;关键是廉洁社会、法治社会、市场经济互相依托、共同促进。

腐败能彻底铲除

20世纪60年代末70年代初,香港的贪腐达到令人发指的程度,几乎到了无人不贪的地步,香港的反腐机构——反贪污室也已腐败。香港被迫成立新的独立的廉政公署,通过廉政公署的肃贪倡廉,建成了廉洁社会,建成了廉洁香港。

香港当时的贪污腐败状况要比内地现在的贪腐状况更甚,因此,内地一定能够通过反腐倡廉，实现全面的真正的廉洁，一定能够建成廉洁社会，一定能够建成廉洁中国。

关键是坚决肃贪

香港贪污腐败猖獗，引起社会公愤，学生和市民进行了声势浩大长达半年的反贪污大游行，港英政府特别是港督迫于压力，为了维护英国的利益和管理，对肃贪倡廉进行了正确的领导，给予了坚决的支持，这是香港反贪成功的关键因素。

内地在以习近平为总书记的党中央坚强领导下，在以习近平为总书记的党中央坚决支持下，坚决反腐倡廉，一定能够铲除腐败，建成真正的全面的廉洁中国。

首战成功是基础

香港廉政公署首战“大老虎”总警司葛柏，将葛柏从英国成功引渡回港，成功给葛柏判罪，将英籍警务高官绳之以法，表明廉署不仅打苍蝇还打老虎，树立了反贪的权威，打开了工作的局面，香港市民一扫对廉署的怀疑，奠定了廉政公署肃贪倡廉成功的基础。

内地最近反腐查处了周永康、郭伯雄、徐才厚、令计划、苏荣等巨虎，开了很好的头，表明老虎和苍蝇一起打，树立了反腐倡廉的权威，赢得了广大人民群众的一致支持，奠定了反腐倡廉更加良好的基础，必将推动反腐倡廉的成功。

强大的反贪利器

1974年2月，港英政府被迫成立了廉政公署，廉政公署独立于任何部门，只接受香港总督的直接领导。首任廉政专员姬达爵士坚决肃贪倡廉，努力将廉政公署打造成独立、专业、权威、敬业、高效、保密的反贪利器，廉政公署被赋予强大的侦查权，达到了“天网恢恢疏而不漏”，打消了贪污者的侥幸思想，使贪污者闻风丧胆。

建议探讨将最高人民检察院的反贪污贿赂总局、渎职侵权检察厅及相关部门划归中央纪委、监察部，与中央纪委和监察部的部分纪检监察室合并设立反贪污贿赂部，形成中央纪委、监察部、反贪污贿赂部三位一体由中央纪委具体领导的反腐格局。反贪污贿赂部实行垂直领导，负责侦查腐败，违法腐败由检察院起诉，由法院判决。

新腐败的零容忍

1977年10月28日，香港警察暴动，进行游行示威，打砸廉政公署，港英政府迫于压力，对1977年1月1日前的贪污实行特赦。港英政府对贪污行为严重的暴动首要分子予以逮捕，清出了警察队伍。香港廉政公署对1977年1月1日后的新腐败实行“零容忍”，坚决查处，“逢贪必抓”，从而清除了香港的贪污。

内地反腐必须对新的腐败增量坚定地实行零容忍、无禁区、全覆盖，对新的违法腐败一定要坚决地依法从严惩处，对新的违纪腐败一定要坚决地依纪从严查处，给予各种处分以及免职、开除党籍、开除公职，不以权势大而破规，不以问题小而姑息，不以违者众而放任，不留“暗门”、不开“天窗”，坚决防止“破窗效应”，防止腐败重新蔓延。

有效监督是关键

香港社会各界对廉政公署的肃贪倡廉高度支持，经常为廉政公署提供贪污的线索，同时对肃贪倡廉进行了有效的监督，特别是新闻媒体和市民的有效监督。新闻媒体和市民的监督使香港特首被调查，推动了廉洁社会的成功建设。

内地须进一步加强保护支持社会各界对反腐倡廉的有效监督，须进一步加强保护支持新闻媒体对反腐倡廉的有效监督，须进一步加强保护支持广大群众对反腐倡廉的有效监督，须进一步加强保护支持社会各界特别是广大群众、新闻媒体为反腐败提供线索。

廉洁是成功首因

市场经济是廉洁社会的基础，法治社会是廉洁社会的保证，香港的廉洁社会、法治社会、市场经济互相依托，共同促进了廉洁香港的建成。国际研究机构认为，香港的成功基于四大原因，首要的是廉洁政府，其次才是法治精神、独立司法制度和低税率制度。

内地须进一步加快改革开放，加快市场经济的建设；须进一步推进依法治国，加快法治社会的建设；须进一步依法坚决惩治腐败，加快廉洁社会的建设；以反腐倡廉为抓手，使市场经济、廉洁社会、法治社会互相促进，共同建成。

防万倍贪腐代价

香港房委会从1986年开始对1981年之前落成的全香港826座公屋展开了结构调查，其中26座必须拆掉重建，超过八成的公屋质量有问题，这是一个非常可怕的结论，这就是公屋的高腐败基因，这就是公共工程的高腐败基因。公屋危楼贪腐案几十万港元的贿赂，造成社会付出几十亿的代价，这就是惊人的万倍贪腐代价。

内地现在存在大量的政府投资的铁路、公路、机场、房屋等建设工程，这类政府工程存在高腐败基因，一定要加强真正的监督，科学合理地制约权力，防止贪污贿赂的出现，防止豆腐渣工程的出现，防止造成惊人的万倍贪腐代价，造成经济效益、社会效益、环境效益的巨大损失。

领导要以身作则

奴隶社会、封建社会是“州官可以放火，百姓不能点灯”，现在世界各国各地区都要求领导人以身作则。香港民众对特首要求更高，也要求特首以身作则、率先垂范，这可以从香港民众、媒体、机构追查特首乘坐富豪飞机和游艇、租住商人豪宅等事上看出，还可以从曾荫权被要求拆除“包阳台”违建事上看出。

我们领导干部在反腐倡廉上一定要以身作则，率先垂范，严格要求自己，功利行为要慎重，拒绝顺水人情，主动接受监督，不搞特权，严以修身，严以用权，严以律己，落实好党风廉政建设责任制，要真正摒弃那种对自己的监督不重视、不支持、不配合的行为。

明星要率先垂范

谢霆锋交通肇事顶包案期间，许多香港市民打电话给香港媒体，他们纷纷表示，谢霆锋给香港少年树立了一个极坏的典型，非常担心自己的孩子因为崇拜谢霆锋而学坏。内地最近查处的许多明星涉毒案，值得表扬肯定。

明星有众多粉丝，被大众关注，是许多青少年的榜样。明星违法乱纪，道德败坏，负面影响极大。明星违法乱纪一定要依法依规惩戒，这既可以教育明星、警示明星，更重要的是可以教育粉丝，对群众进行极好的普法教育。

第三章　攻玉之石：廉洁的新加坡

1959年，李光耀领导的新加坡人民行动党上台执政，人民行动党坚决铲除贪污贿赂。1960年制定及以后多次修订的《防止贪污法》赋予贪污调查局极大的权力，使贪污调查局逐渐成为强力的反贪执法机构，为新加坡的廉洁做出了巨大贡献。2010年"透明国际"发布的世界清廉指数排名中，新加坡、丹麦和新西兰三国并列第一。

第一节　反贪核心——"国父"李光耀

新加坡前最高领导人李光耀自执政以来，始终如一、坚定不移地开展反贪污贿赂斗争，而且没有半途而废，没有"雷声大、雨点小"。李光耀积极推动反贪立法，还给予反贪污机构大力支持，帮助他们排除阻力，查处大案要案，同时以身作则，铁面无私，严格要求自己，这些都是新加坡反贪污贿赂工作取得成功的重要保证。

廉洁成为国家战略

在新加坡人民行动党领袖李光耀的坚强领导下，新加坡人民行动党执政后把廉洁上升为国家战略，明确提出"为了生存，必须廉洁；为了发展，必须反贪"，旗帜鲜明地开展反贪污贿赂斗争。新加坡的人民行动党及政府不仅将清廉看成一种良好道德,还把清廉作为国家生存的需要。

作为新加坡的执政党,人民行动党很注重自身的表率作用,奉行实干兴邦的理念。强烈的清廉意愿产生了潜移默化的作用,表现在治国理政的多个方面。通过反腐倡廉,人民行动党经营起了一座牢固的民意长城。人民行动党从1959年大选上台执政至今,是世界上实行多党制选举国家中对国家控制力最强、执政时间最长的政党。

1959年6月,新加坡人民行动党成为执政党,李光耀当选为总理。他决心以身作则,将保持清廉作为党的指导原则,建立一个廉洁政府,致力于创造一个诚实完善、杜绝贪污的社会环境。在政府官员会议上,李光耀表示:“作为政府公务员,就要保持廉洁和奉献精神,谁要想赚钱,就可脱离政府,去经商吧!谁不听劝告,就要受惩罚。”

1959年8月,人民行动党上台执政伊始,就建立了公务员政治学习中心,李光耀在第一期学员班开学典礼上指出:“公务员的廉洁与高效率工作,是国家机器正常运转、国家政策得以顺利实施的关键,而公务人员的腐败最终将使整个社会制度彻底崩溃。”

李光耀强调说:“廉是立国之本,清为当政之根。”廉洁已成为新加坡的一个品牌、一种资源、一项核心竞争力。李光耀指出,国家兴旺的关键是要有一个廉洁的政府,政府官员保持廉洁和献身精神,是政府牢固的基础。

保持清廉是新加坡的国家发展战略,因为政府清廉对吸引国内外投资意义重大。新加坡无疑已成为世界公认的最廉洁的国家之一,廉洁的政府成为新加坡对外招商引资的金字招牌。很多商人选择到新加坡投资,就是因为这里政治清廉。

一位中国企业家在谈到在新加坡做生意的感受时,明确地说:“在这里做生意感觉比在国内轻松,因为你不用考虑搞关系,只要产品本身有竞争力就行了。”

领袖坚定的反贪决心

贪污腐败是当今世界各国面临的一大公害,是民众不满和导致社会不稳定的重要因素,也是各国现代化急待解决的“政治之癌”。难道,腐败真的是如有些人所说的“不治之症”吗?

回答是否定的。新加坡经历过腐败猖獗的时期,但经过新加坡人民行动党执政政府卓有成效的反贪倡廉努力,腐败现象现已被控制到很低的水平上。现在,新加坡被公认为是腐化程度最低的国家或地区。

新加坡最高领导人李光耀具有清除腐败的非凡勇气和决心。人民行动党领袖特别是李光耀总理反贪污立场坚决，率先垂范，对待贪污犯罪，不管犯罪者的职位多高，曾经的贡献多大，和自己的关系多好，李光耀都态度明确，行动果断，查处坚决。

新加坡贪污调查局局长杨温明概括新加坡反对贪污腐败的经验时说，我们的基本经验是，政府最高领导人必须具有坚定的反贪污意志和反贪污决心。杨温明局长指出，廉洁的政治领袖给人民树立了良好的榜样，使人民相信政府反贪的诚意。

新加坡贪污调查局前局长杨温明指出，最高领导层尤其是最高领导人坚定的反贪污意志和决心，是防止贪污腐败滋生，保证政府清正廉洁的关键，也是政府取信于民，得到人民群众拥护，巩固政权的保证。没有最高领导人的坚定的反贪污意志和反贪污决心，任何反贪污运动都不可能成功。

进入20世纪90年代后，新加坡很少再有政府高官涉嫌贪污犯罪。这既是李光耀铁腕肃贪的结果，也与新加坡建立的与私企挂钩的公务员薪酬制度有关。公务员的待遇提高了，付出有合理的回报，而且如果因贪污被查处，不仅身败名裂，数十万甚至上百万元的公积金还会被没收，在经济上得不偿失。在这种机制下，谁还会傻得去贪污？

反贪必须以身作则

新加坡政府认为，新加坡缺乏天然资源，只有从管理上获得效益，首先就是政治领导必须廉洁，使黑金政治不存在。李光耀指出：“开始的时候秉着高尚的情操、抱着强烈的信念和取缔贪污的决心不难。但是，除非身为领袖者够坚强，能铁面无私，坚决对付一切违法乱纪的人，否则要做到事如所愿，可没那么容易。我们必须全力支持贪污调查局的官员执行任务，无私无畏。”

李光耀在反复强调的一个观点是反腐必须从最高层做起。他认为，一个国家能否解决贪污问题，关键往往在于这一国家的领导人本身是否有决心以身作则。国家领导人本身所做的榜样，对这个国家的贪污风气有直接的影响，领导人如果廉洁，贪污问题就不会严重。

李光耀曾明确指出：“一个国家会有怎样的政治，就要看政治家是什么人。如果一个国家的参政者，追求的是私欲和财富，就会产生金钱政治。如果一个国家的政治家，是以人民的利益为其共同目标，就会有廉洁、正直的政治。”

李光耀认为，只要核心领导层能保持清廉，任何堕落现象还是可以受到控制，门户也会清理干净。只要领导核心是干净的，只要调查贪污的官员是干净的，只要法律是透明的，那么贪污问题迟早可以解决。李光耀曾说：“高层领导人如果以身作则，树立榜样，贪污之风就可以铲除。”

1959年李光耀领导的人民行动党在竞选中就把“铲除腐败”作为自己的竞选纲领。李光耀当选总理后，不遗余力地倡导廉政，反复地告诫政府的官员，尤其是高层领导人，必须奉公守法，清正廉洁。李光耀强调，政府工作人员，特别是高层领导人必须“两手干净”。

李光耀说：“从1959年6月执政第一天起，我们就确保税收的每一块钱怎么花都要有适当的交代，到达基层受益人手上的时候，一块钱照旧是一块钱，中途没被抽掉一部分。”李光耀指出：“如果我们允许你们把手放进别人放钱的抽屉里，那么，在政治上，我们全完了。”

在正式上任总理前，李光耀和家人约法三章。他把他的父母兄弟都召集起来，他明确要求，“你们不要指望用我的职务谋取任何好处。你们应该和普通老百姓一样对待自己。”李光耀说：“当上总理，权力是有限的，那是人民的权力，我决不用来谋私。我要做一个正直的人、为公的人。”

李光耀的这一要求得到了家人支持。他的父亲一直是个卖钟表的，周围的人甚至一直不知道他是李光耀父亲的身份；他的三个弟弟李金耀、李天耀、李祥耀有的当律师，有的经商，都靠个人努力得来；他的亲友中没有人靠他的权势谋利。

新加坡是一个典型的威权体制国家，人民行动党长期执政，官员选拔坚持精英主义的原则，权力精英的示范作用有非常重要的影响。在这个权力精英的群体中，最高领导人总理的作用更加重要。李光耀作为最高领导人、人民行动党的领袖、政府的总理，以身作则，是廉洁的楷模，是廉洁最重要的推动者。

正如新加坡贪污调查局局长杨温明所说：“肃清贪污的一个重要的先决条件是，政治领袖必须是一些绝对诚实和清廉的人，并且肯为国家彻底消除贪污而献身。”

反贪不能徇私干预

新加坡具有强烈的廉政欲望,较好的廉政氛围。政府更是把维护廉洁形象看得高于一切,只要发现对政府的廉洁形象有损害行为,就坚决予以查处。新加坡原内政部长王邦文说:“新加坡政府强烈地意识到,如果执政者是通过贪污行为以提供有效快捷的行政服务和传达国家政策,那么,即使其目的和期望很崇高,它还是无法生存的,因此,政府在铲除贪污罪行方面,不遗余力。”

李光耀先生曾对新加坡这些年来廉政建设方面的经验做过总结:“我们力图建立一个诚实廉洁的政府,一定要竭力把一切贪污、腐化的东西清除掉,不可超越法规,否则人民就会对法律的意义产生怀疑;高级领导更不可徇私情和干预对罪犯的惩处,他们逍遥法外就会使廉洁制度毁于一旦。”

1986年11月,李光耀的老朋友、国家发展部部长郑远章被贪污调查局调查,郑远章想见李光耀时,李光耀答复说要等调查结束后才可以。一星期后,郑远章服安眠药自杀,并给李光耀留了一封遗书,表示承担责任。

李光耀说:“要采取行动对付一个认识多年的密友或部长是很困难的事。但是,如果不采取行动,任他逍遥法外,那整个制度就会受到损害。新加坡过去30年所建立起来的廉洁制度就会很快削弱而且毁于一旦。”

李光耀说:“如果总理出面进行非正常的干预,以使一名和他关系密切的高层人士免受法律惩罚,这样的事绝对保不住密。其实由于他身居高位,罪更严重。因此,不管如何困难,我还是交给法律去处置,不去阻止。”

首个“环球廉洁奖”

李光耀曾经说,以他的位置,如果他要贪污,没有人能够制止得住,其后果是整个廉洁制度的崩溃。他认为反腐倡廉应该从最高层抓起,而他自身的一言一行,无疑具有示范作用。李光耀不仅坚强领导了新加坡的肃贪倡廉,坚决支持了新加坡的肃贪倡廉,还以身作则示范带动了新加坡的肃贪倡廉。

2000年,总部设在柏林的国际透明机构给李光耀颁发了首个“环球廉洁奖”,以表彰他在担任总理期间,在杜绝贪污方面所取得的惊人的成就,可以说他是“实至名归、受之无愧”,这是对李光耀彪炳史册的肃贪倡廉功绩的充分肯定。

李光耀认为:“人心是有情的水,能载舟也能覆舟;人心是无形的碑,记载着为官者的千秋功罪。”新加坡的人心载起了人民行动党的大舟,自1959年以来,人民行动党一直在大选中获胜,人民行动党一直长期执政。

“无论你为人民做了多少好事,如果你假公济私,为自己和家庭敛财,你就已经堕落了。你在人民心目中的地位受损,也会降低国家的信誉。这怎么行呢?”李光耀说。

“伟大的领袖是那些为国家和人民鞠躬尽瘁的人,他们从不滥用权势以自肥。只要最高领导洁身自好,他就有机会铲除制度上的贪腐……”这些是李光耀对政治领袖的肺腑之言!

廉洁榜样李光耀

李光耀从1959年至1990年一直担任总理,1990年至2015年一直担任内阁资政。在漫长的政治生涯中,李光耀政敌颇多,非议不少,尽管或有人攻击他作风专断,言过其实,或有人攻击他对待反对派不择手段,却很少有人指责他贪污受贿、生活腐化堕落。

1976年,某位议员指控他曾为其弟担任董事的一家银行签发营业执照,违反了有关法律条规和国家公务员准则,从而引起轩然大波。案子一直审讯到国家最高法院。经过认真调查研究之后,事实推翻了原告的指控,证明了李光耀的清白无辜。

1981年,在国会正在讨论《防止贪污法案(修正案)》时,一位反对党议员指控李光耀在1980年大选中滥用总理职权,利用警车和警方人员帮助竞选。他认为,执政党及其官员利用执政地位使用由公共基金所支付的设施和服务为自己竞选,也是一种贪污腐败行为,必须加以禁止和惩罚。为此,政府成立了一个调查组专门调查此事,结果证明指控纯属子虚乌有。后来,这位反对党议员放弃了指控,承认其指控的证据是“城市里流传的谣言”。

1995年,李光耀的家庭成员购买了两处房产,一处是由李光耀的妻子代表李光耀买下的,另一处是李光耀的儿子李显龙买下的。两处房产都获得发展商在试探市场的“预售活动”中给5%到10%的顾客的5%到7%的折扣。

房产购买后,由于房地产景气,有关房产价格立即飞涨。没有机会在预售活动中购买房产的人向有关部门提出申诉。有关部门进行调查后发现,发展商的行为并未越权。由于李光耀的弟弟是该公司的非执行董事,人们便谣传李光耀和李显龙购买这两处房产不公平地占了便宜。总理吴作栋下令调查两处房产的购买经过。经过调查做出结论,李光耀父子获得的折扣是合法的。

为了消除市场上的流言蜚语,李光耀父子还是决定公开宣布自己购买房产的价格和对方主动给予的折扣,并把价值100万元的折扣交给政府。吴作栋认为,李光耀父子所获折扣为合法折扣,政府无权接受这笔钱,因此下令把100万元还给了李光耀父子。但是,李光耀父子不想让人以为自己是因为李光耀的弟弟担任公司董事而受惠,于是,把这100万元捐为慈善用途。

当代大儒李光耀

中华传统注重人伦,看重为人,圣人作为"人伦之至者",其实就是为人方面的最高典范。李光耀被世人称作当代儒者,其为人品行堪为典范。李光耀践行并做到了"忠、孝、仁、爱、礼、义、廉、耻",而不仅仅是廉洁。

新加坡的制度、文化为领导人创设了很高的道德标准,尤其是家庭生活方面的道德标准。新加坡的领导人也的确按此标准身体力行。在人民行动党执政下的新加坡,如果某人的生活作风不够检点,他的政治前途也就从此结束。

尤其难能可贵的是,无论是西方发达国家,还是东南亚发展中国家,最高领导人的绯闻已经成为常见不鲜的事情。但是,长期身居高位的李光耀等人民行动党政府最高领导人却从无此类传闻。

在2003年庆贺李光耀80寿诞的宴会上,时任总理的吴作栋曾对李光耀的道德品质及其影响给予了很高评价。他说,行动党所展现的务实、清廉和节俭的作风,实际上就是李资政的政治思想,而全体行动党国会议员和活跃党员对新加坡的感情和为民服务的精神,就是李资政的感情和以民为本的治政精神。

吴作栋总理形容李光耀是一位坚强的领导人,是一头勇猛的雄狮。人民行动党能有李光耀,是党的福气。他在祝贺李光耀生日快乐时,也向在场的行动党党员说:"行动党只有49岁,跟李资政比起来还年轻得很。我们还有许多地方可以向他学习。"

事实上,李光耀的价值观就是行动党的价值观;李光耀的俭朴也可以从行动党的俭朴和低调的作风中看出来。李光耀的诚实正直,也是行动党的诚实正直。李光耀对新加坡的强烈感情和为民服务的奉献精神,都从新加坡的国会议员和人民行动党活跃党员的感情和献身精神中反映出来。

不朽领袖李光耀

李光耀(1923年9月16日—2015年3月23日),新加坡华人,祖籍广东省梅州市大埔县高陂镇党溪乡,毕业于新加坡莱佛士学院,新加坡人民行动党最高领袖及创始人之一。2015年3月23日凌晨3时18分,因病医治无效去世,享年91岁。2015年3月29日下午14时,在新加坡国立大学文化中心举行国葬。

李光耀是新加坡开国元首,被誉为"新加坡国父"。曾任新加坡总理、新加坡最高领导人、国务资政以及内阁资政、新加坡人民行动党秘书长、立法议会(1965年12月改称国会)议员、新加坡自治政府首任总理、总理公署高级部长、国际儒学联合会名誉理事长。

1950年,李光耀在英国加入了一个由旅居当地的东南亚人所组成的、以争取马来亚独立为目标的团体"马来亚论坛"。同年8月,李光耀回到新加坡,开始从事律师工作。1952年,李光耀因为代表"新加坡罢工的邮差"与政府谈判而声名大噪,在工会中建立了群众基础,从而为其将来的从政之路奠定了基石。

1954年10月,李光耀与一些从英国回来的华人、当地受华文教育的左派学生和工会领袖成立人民行动党,参加次年举行的首届选举。这次选举中,李光耀本人顺利当选立法议院议员,开始与新加坡方面马来亚共产党("马共")负责人林清祥等人合作,为新加坡争取自治地位。

1959年6月3日,新加坡自治邦成立,而人民行动党也在自治邦政府的首次选举中成为立法议院第一大党,由李光耀出任自治邦政府总理。此后,李光耀一直希望与马来亚合并成立"马来西亚",从而为新加坡经济发展提供保障。

1963年7月,李光耀在伦敦与马来亚东姑阿都拉曼政府达成协议,新马正式合并。新马合并后,马来西亚联邦政府与新加坡自治邦政府在经济等多项政策上很快就产生严重的分歧。

1964年,新加坡发生种族骚乱,李光耀政府指称马来西亚首相东姑阿都拉曼与联邦政府试图推行"种族沙文主义",使马来人在联邦内享有特殊的高等待遇,并在幕后煽动在新加坡的马来人反对新加坡自治邦政府。马来西亚联邦政府高层对此十分反感,随后双方多次协商未果,新加坡最终在1965年被驱逐出马来西亚联邦,新加坡于1965年8月9日被迫宣布独立。

新加坡独立后,李光耀积极地推动经济改革与发展,在位期间推动了开发裕廊工业园区、创立公积金制度、加强贪污调查局、进行教育改革等多项政策,成功使得新加坡在30年内发展成为最富裕繁荣的国家之一。新加坡政府以高效率、廉洁著称,人民的生活水平很快提高。

1990年,李光耀辞去总理职务,依然留任内阁资政,维持影响力。他始终提倡亚洲价值观,认为亚洲国家不需要完全依照西方的价值观行事。李光耀一直对西方国家对他专制独裁的批评不加理会,他认为西方民主不能强加给亚洲人民。

2011年5月14日,李光耀与前总理吴作栋发表联合声明,宣布不会出任新内阁任何职务,结束长达20年的资政、连同32年的总理生涯,正式结束在新加坡内阁长达52年的政治生涯。

李光耀在20世纪70年代末开始与中国大陆交往,曾与毛泽东、邓小平、江泽民、胡锦涛、习近平等多位中国领导人会晤,对中国的改革开放政策制定有重要影响。

据2013年8月6日出版的《李光耀观天下》,李光耀称:"习近平的大气让我印象深刻。他视野广阔,看待问题深刻透彻,但又丝毫不炫耀才识。他给人的感觉很庄重,这是我对他的第一印象。我进一步想到他曾经受的磨难与考验,1969年到陕西插队,一步步往上奋斗,从未有过牢骚或怨言。我想,他应该属于纳尔逊·曼德拉级别的人物。"

第二节　反贪利器——贪污调查局

1952年,新加坡的贪污调查局(Corruption Practices Investigation Bureau, CPIB)成立,是新加坡专门的反贪污机关。贪污调查局在惩治贪污贿赂中所表现出的雷厉风行和铁面无私,让贪污贿赂者闻风丧胆,也让公众称誉有加。

贪腐盛行的新加坡

贪污在东南亚被称为"东南亚的癌症"。新加坡在人民行动党执政之前的很长一段时间,一直是贪污盛行、腐败成风的地方。那时腐败猖獗,民怨沸腾。公务员本来应该为民服务,但却常常利用职权谋取利益,索取称为"咖啡钱"的保护费。

"咖啡钱"来自方言"咖啡镭",指的是私下塞给公务员的钱,当成是请他喝咖啡，以求取公务员提供特别关照和方便。“咖啡钱”只是个比喻，这笔保护费并不是以一杯咖啡的真实价格来计算，而是根据提供特别关照和方便的程度确定金额。“咖啡钱”也可以因为提供的“方便”不同而自成一词，例如，通过贿赂“考”到驾照，人们称之为“咖啡礼申”(Coffee Licence)。

“咖啡钱”就是“吃钱”，就是保护费。要向政府申请任何准证和执照，只要肯向负责的公务员塞“喝咖啡”的保护费，便“不行也行”；否则，就很有可能“行也不行”。

鸦片和黄金走私犯以及赌场经营者是腐败的罪魁祸首，他们推动了形形色色的贪污风气，他们贿赂了政府部门上上下下的负责人，而他们的势力也使整个社会敢怒而不敢言。

1937年，新加坡的英国殖民政府曾颁布防止贪污法令，并在刑事侦查局成立反贪组以执行取缔贪污法令。当时，反贪只是刑事侦查局16项主要职能的其中一项，在人力和资源缺乏下，它无法有效地执行反贪任务，尤其是对警察部队里的“监守自盗”的贪污行为束手无策。

抢毒催生贪污调查局

1951年10月，三名警察伙同一批走私犯，在新加坡榜鹅抢走一批由警方保管为证物的1800磅(大约818公斤)鸦片。这批鸦片总值40万元，这在当时是一批金额特别巨大的毒品。

新加坡刑事侦查局反贪组警官受命调查这起案件。调查显示，一些高级警官牵涉这起抢劫鸦片的案件，并同私运鸦片入境的毒枭有来往。由于当时贪污风气猖獗，官官相护严重，虽然很多警员和公务员涉及贪污行为，警方却只开除一名助理警监，下令另一人提前退休。

英国新加坡殖民当局不满意这个结果，并在1952年3月成立特别调查团。调查团在同年9月完成调查。由于发现由警方来调查警察贪污有失公正，不利监督，因此，英国新加坡殖民政府决定保留这个调查团，成为独立的贪污行为调查机构，这就是后来的贪污调查局。

由于警察在取缔贪污行为方面有“利益冲突”，当时的殖民政府认为，为整顿贪污风气，调查团的人手必须精简，人选必须足以信任，其成员必须来自直接招聘的便衣调查员(Civilian Investigator)，而不是借调警方的探员。

贪污调查局脱胎换骨

英国新加坡殖民当局非常注意这个机构的公共宣传,之所以选择使用“贪污调查局”(Corrupt Practices Investigation Bureau)的名称,放弃了“反贪污”(Anti-corruption)或“防止贪污”(Prevention of Corruption)的说法,是因为后两个词看起来比较消极,不够积极,不足以表达政府取缔贪污行为的决心。

贪污调查局作为独立机构,直接听命于首席秘书(Chief Secretary),其主要任务是侦查、确认和提控涉及严重贿赂者。当时规定,这些调查员的职位是高级便衣调查员,在当时普通人的月薪不过50元左右的情况下,高级便衣调查员的月薪却高达600元。

1952年成立的贪污调查局是新加坡反贪污的执法机构。贪污调查局成立虽然解决了警方反贪自己反自己的问题,也成为独立专业的反贪污机构,但新加坡贪污现象积重难返,贪腐已成为新加坡的一种生活方式,英国新加坡殖民当局反贪不力,当时的贪污调查局也作为不力,新加坡贪污仍然盛行。

1959年,李光耀领导的新加坡人民行动党上台执政,人民行动党和政府将肃贪倡廉作为国家战略,坚决铲除贪污贿赂。1960年制定及以后多次修订的《防止贪污法》赋予贪污调查局极大的权力,使贪污调查局脱胎换骨,逐渐成为强力的反贪执法机构,逐渐成为闻名世界的反贪执法机构,这充分说明反贪利器必须具有强大的调查权。

总理领导贪污调查局

按照《防止贪污法》规定,贪污调查局直接隶属于内阁总理,是全国防止贪污贿赂的最高机关。局长和副局长由总理任命,并可根据具体情况任命若干局长助理和特别侦察员。局长只对总理负责,不受其他任何人士的指挥和管辖。贪污调查局的局长、副局长、局长助理和特别侦察员,都为公职人员,贪污调查局的每个官员,都持有经局长签署的委任书,作为享有法律授权的依据。

1991年1月通过“民选总统法令”,赋予民选总统监督、制衡政府的重要职权,即民选总统的职责是要制衡那些不负责任、不妥善管理国家钱财,或通过裙带关系和委任某些人士来达致政治目标,从而破坏民事服务的廉洁性政府。这类政府可能阻止贪污调查局对有关贪污的投诉展开调查。因此,即使总理不同意贪污调查局局长对有关部长展开调查,总统还是可以授权贪污调查局局长对有关部长进行调查。贪污调查局局长开始由总统根据总理的提名任命。

李光耀指出:"一个以总统为首,效力高超,阵容浩大而无论官职多高,都有权力对任何人进行调查,然后将有关人士提控和定罪的反贪污部门,当会创造奇迹。取缔贪污的法律应该收紧,把举证责任转移到财富过多,与入息不符者身上。只要把两三个高官绳之以法,便足以起到杀鸡儆猴的作用。这是新加坡的经验。新加坡的贪污调查局就是由总理亲自掌管。"

贪污调查局最突出的特点是独立性。贪污调查局的独立性表现在两个方面:一是从机构性质和领导体制的设计上,贪污调查局既是行政机构,又是执法机关,直接隶属于总理公署,局长由总统根据总理的提名任命,工作由总理直接领导,对总理负责;二是贪污调查局享有广泛的职权,在反贪过程中不必借助警察局等执法机关的力量,就能够独立地对贪污案件进行立案和侦查。

贪污调查局的职责

根据新加坡1960年颁布,1963年、1966年、1972年、1981年、1989年、1991年多次修订的《防止贪污法》和相关法律的规定,贪污调查局的职责:一是调查被检举的贪污嫌疑人;二是侦察符合逮捕条件的贪污罪犯。

对于通过调查或侦察属实的贪污人,已构成犯罪的,经总检察长同意后,可以直接向法院提起控诉。贪污调查局以人员少、效率高著称。1988年全局只有49名正式调查人员,每人每天要查证30多条线索。他们重视民众检举,对每一封匿名信都进行侦察。

贪污调查局的工作任务主要包括受理、查究、预防三个方面:一是接受并调查涉嫌贪污的投诉;二是调查有贪污嫌疑的公务员不检点及渎职行为;三是检讨公共服务的运作惯例及程序,以减少公务员贪污的机会。

贪污调查局贪污贿赂的调查既适用于政府公务员,也适用于私人企业人员。目前新加坡涉及贪污行为的案件,只有大约20%是公共机构雇员,大部分被调查者来自私人企业。

贪污调查局的局徽图案是一朵金黄色亭亭玉立的荷花,一柄利剑从荷花正中穿过,露出锋利的剑刃。荷花因有"出淤泥而不染"的美誉,被称为"花中之君子",代表着品质的纯正、廉洁;利剑因其锋利,象征着法律的权威。利剑从荷花正中穿过，显示出执法的公正严明、不徇私情。

贪污调查局的组成

新加坡贪污调查局机构独立专业，而不独断专行，成为反贪先锋。贪污调查局是新加坡独立行使肃贪职能的专门机构，既是行政机构，又是执法机关。贪污调查局官员的地位、身份、权力、薪金有严格的法律保障。

新加坡贪污调查局由行动部和行政与特别支援部两大部分组成，分别由一名副局长协助局长领导该部门。贪污调查局在编人员不到100人，均为大学以上学历，具有丰富的法律、经济、会计等专业知识，行动部即“前线人员”约占3/4，行政与特别支援部即“支援人员”约占1/4。

行动部负责案件调查工作，下设五个调查组，其中有一个由精英组成的特别调查组，专门负责处理重大和复杂案件。行动部设有情报小组，负责收集和综合情报，同时执行外勤调查，以支援行动部调查工作所需的情报资料。

行政与特别支援部是综合服务机构，主要负责职务犯罪预防、调查局工作方针的制定、调查局工作计划的制定以及日常的行政管理与人事安排、后勤服务等。

贪污调查局的职权

根据新加坡1960年颁布、多次修订的《防止贪污法》和相关法律的规定，贪污调查局享有广泛的权力，职权主要有：

(1)逮捕权。根据《防止贪污法》第15条的规定，调查局局长、副局长、首席特别调查员或特别调查员可以在无逮捕证的情况下，逮捕任何牵涉犯该法规定之罪者，或者逮捕被合理控告、有可靠情报或合理怀疑表明其涉嫌犯该法规定之罪者；在执行逮捕时，上述官员有权对被逮捕者的人身进行搜查并没收在其身上发现的有理由认为是犯罪所得或证据的一切物品；被逮捕者应押送贪污调查局或警察局。

(2)调查权。根据《防止贪污法》第17条的规定对于《刑法典》规定的公务人员的有关职务犯罪和《防止贪污法》所列的犯罪以及可能在调查过程中发现的依据任何成文法可逮捕的犯罪，贪污调查局可以在没有检察官命令的情况下行使《刑事诉讼法典》规定的所有或任何一项与警察调查犯罪有关的权力。

根据第18条的规定，贪污调查局还享有特别调查权，即经检察官以命令授权，贪污调查局还可以行使调查任何银行账目、股份账目、购买账目、开支账目和其他账目以及任何银行中的保险寄存箱等特别调查权,并有充分的权力要求任何人披露和提供被要求提供的所有或任何一种信息、账目或物品,任何人如果不向贪污调查局披露此种信息或不提供此种账目、文件、物品的,即构成犯罪,应处2000新元以下的罚金,或者1年以下的有期徒刑,或者两罚并处。

(3)搜查权和扣押权。根据《防止贪污法》第22条的规定,如果治安法官或局长根据信息,或经过其认为必要的询问之后,确信某地方藏有罪证(包含任何含有证据意义的文件、物品或财产),地方法官或局长可授权特别调查员或级别不低于督察的警官在必要的时候强行进入该地,并进行搜查、查封、扣押这些文件、物品或财产。

(4)秘密跟踪、监视权。贪污调查局拥有类似美国联邦调查局和苏格兰场等秘密警察部门的独立的、完整的秘密调查权,对新加坡的所有公务员,上至政府部长,下到普通警员,不论该公务员是否受到举报,都有权进行秘密跟踪,观察监视其日常行为。

监视的内容包括私生活是否正常,有无嫖娼、赌博、酗酒等不良嗜好,对法律评定必须申报的财产和收入是否已经申报,有无以权谋私和贪污受贿行为等。如果发现可疑行为,贪污调查局可采取卧底、"放蛇"、窃听、录音、秘密拍摄、录像等方式收集和固定证据。

(5)不明财产检查权。新加坡建立了较为完备的公务员财产申报制度。根据《公务员行为准则和纪律条例》的规定,公务员初次出任公职时和每年的1月2日,必须就个人的动产、不动产、银行存款和股票、债券等投资,以及配偶、子女等家庭成员的财产、投资状况向上司申报并进行公证。

贪污调查局可随时调阅公务员在法院公证处的财产申报材料副本,对公务员的任何不明财产进行检查。公务员所属部门根据需要也可以主动将公证后的财产清单和公证书送交贪污调查局审核。贪污调查局审核的范围包括:财产申报是否确实,有无故意漏报或故意将其财产转移到他人名下。政府工作人员在任职后财产有变动,贪污调查局除了审查其变动财产是否确实外,还要审查其变动财产的来源是否正当、合法,以及是否与该工作人员的正当收入相符合。

贪污调查局的监督

新加坡实行侦控判分立的肃贪体制,新加坡贪污调查局主侦,总检察署主控,法院定罪，总检察署通过检控权对贪污调查局进行法律监督，法院通过定罪权对贪污调查局进行法律监督。总检察署是新加坡唯一的国家检察机构。对贪污调查局科学有效的制度设计，保证了它在新加坡反贪斗争中能够屡建奇功、所向披靡，又能受到监督制约。

总检察长与高等大法官一样，独立于政府之外行使法权，不受任何机关、团体和个人的干涉。总检察署主要负责指导和监督贪污调查局调查、侦察活动，决定或者提起公诉，对贪污调查局进行制约。这种既密切又互相制约的关系，对于查处贪污权力人能起到保证作用。

贪污调查局调查结束制作结案报告，可能提控的，向总检察署报告要求提控，总检察署批准后，制作控状告知被告人；不批准的，则退回调查局。凡不能提控的，由调查局向有关单位提出降级、革职、强制退休等处理建议；由调查局直接做出的处理为口头警告，记入电脑表明有劣迹。

新加坡总理直接领导贪污调查局，直接对贪污调查局进行监督和制约。贪污调查局必须随时将工作向总理汇报，接受总理的领导与监督。贪污调查局局长由新加坡总统任命，也接受总统的监督。

贪污调查局必须严于律己、以身作则，必须内部管理严厉，对于害群之马绝不姑息。这是因为贪污调查局是反贪调查机构，要真正有效反贪，“打铁还须自身硬”，必须是廉洁的榜样。同时，社会各界也在认真监督贪污调查局，贪污调查局如果贪污，必将造成贪污的蔓延，那么，新加坡的廉洁必然被毁。

贪污调查局前局长杨温明说：“贪污调查局秉公执法，必然得罪许多人，这些人虎视眈眈地盯着我们，我们稍有不慎，有不轨行为，就会有人向总理或总检察长告我们，总检察长就会命令执法机构调查我们。贪污调查局曾有官员因参与非法赌马，而被人用匿名信告到总理那儿，我们将他清退了。”

2013年8月，贪污调查局局长陈宗宪被撤换，原因是监管疏失，贪污调查局主管行动支援组的助理司长杨少雄得以在4年时间里，避开了财产申报程序与监督，贪污公款176万多新元，其中24.1万新元用于在滨海湾金沙赌场赌博。陈宗宪特发声明说：“在我掌管期间流失公款，我深感抱歉。贪污调查局将从中汲取教训，加强保障措施及改善程序，以预防类似事件发生。”杨少雄2012年9月落马，2013年7月被以贪污公款和失信等21项罪名告上法庭。

贪污调查局举报立案

在20世纪50年代的殖民统治时期,新加坡民众存在着容忍贪污的意识、"生不入衙门"的观念和拒绝在调查方面同当局合作的态度,并担心受到报复而拒绝出庭作证,使得取缔贪污的行动障碍重重。

1953年出任贪污调查局局长的莱尔(C. W. Lyle)因此而设立了"举报邮箱",这个2222号邮箱专让公众投函检举收取"咖啡钱"的官员。目前,这个邮箱已不再使用。

贪污调查局非常欢迎公众揭发或举报任何贪污行为,举报者将受到法律保护,身份受到严格保密,甚至不能在法庭审讯中泄露。为了方便公众揭发或举报,举报者可直接到设在广东民路150号的贪污调查局报案,拨打电话或上网揭发或举报。不过,做出虚假报案或诬告,将受到法律制裁,在防止贪污法令下,罪成时可被判罚款最高1万元,或监禁最长1年,或两者兼施。

贪污调查局风闻出击

当社会上盛传或谣传某种贪污行为时,不管有没有人报案,一听到风声,贪污调查局情报署人员就会出击跟进。一是因为打击贪污行为不能只苦等人们上门报案,也应该主动出击,使行贿和受贿者知道,尽管没有人报案,他们还是会面对贪污调查局找上门的风险。二是因为当社会上传出贪污贿赂的风声,尽管无人报案举报,公众也会期望贪污调查局介入调查,希望查个水落石出。

以20世纪90年代的"越位行动"(Operation Off-side)为例子,贪污调查局就是因为媒体和公众盛传马来西亚杯足球赛和联赛打假球,于是介入调查,结果使一些接受贿赂的球员、裁判、职员和赌球集团成员定罪。

贪污调查局风闻芽笼有个叫蔡忠忠的能呼风唤雨的黑社会人物。蔡忠忠能目无法纪地干非法放贷勾当这么多年,显然受到执法人员包庇。于是,贪污调查局着手搜集证据。由于蔡忠忠本人和涉嫌的警察都矢口否认,拒绝合作,调查过程可说是困难重重。经过一年多明察暗访,终于粉碎这个横行霸道的非法借贷集团,也使多名贪污的警官锒铛入狱。

由于法庭对贪污行为的定义有时候与贪污调查局的看法不同,曾有一个时期,不少被告获得无罪释放。但是,贪污调查局认真对待每个无罪释放的案子,从中学习，避免错误。现在，有98%到99%的被告最终被法庭定罪。

贪污调查局铁面无私

贪污调查局尽管权力巨大，却独立而不独裁，专业而不专断，始终秉公执法、有罪必罚、无畏无惧、不偏不倚，对贪污的界定重质不重量，不论数额，一律治罪，“打老虎，也打苍蝇”，既有因受贿200多万新元被查处的，也有因收受2新元贿赂而被判刑的。

贪污调查局铁面无私，敢于碰硬，法不容情。铁面无私主要体现在“清理门户”和敢抓“老虎”上。“清理门户”是指贪污调查局惩治本部门出现的腐败分子。

严惩知法犯法、执法犯法的部下以“清理门户”，是贪污调查局前局长蔡子益最感痛心的事，而且调查和提控自己人也会使全局上下的士气受到打击。蔡子益担任局长十余年间，曾把两个身为贪污罪案调查员却犯上贪污罪的同事控上法庭，予以定罪。

1997年5月，贪污调查局的高级调查员曾卓凯，以免控为饵，骗取犯下行贿罪的商人8000元，被贪污调查局控上法庭，被判坐牢一年。2002年7月，贪污调查局情报组调查员拉马詹德兰，因为将机密消息通报给两名涉及贪污而受调查的同僚，并接收酬劳，被判坐牢两年。

蔡子益指出：“谁是守卫者的守卫？我不能因为面子或感情而对犯错的部下盖一只眼，不去追究。这是不对的，我如果这么做，也等于犯法。如果贪污调查局里的人也贪污，那么我们多年来建立起来的廉洁成就将被摧毁。我们必须以身作则，不能监守自盗，绝不能让一小撮害群之马破坏这个机构的公信力和道德权威。”

贪污调查局坚决执行人民行动党政府捍卫廉洁的政策，在取缔贪污方面，不论“老虎”“苍蝇”，照打不误，采取无畏无私的铁腕手段。在捕获下面这些“老虎”的行动中，贪污调查局做了大量工作，立下了赫赫战功。

1966年发生的企图向银行索贿案件，造成人民行动党的前部长陈家彦被当时担任总理的李光耀资政解除代表政府担任国家航空公司董事的职务。接着1976年，政务部长黄循文贪污罪成坐牢18个月。1980年，工运领袖及国会议员彭由国被控贪污。1987年，国家发展部长郑章远涉嫌贪污，在调查期间自杀。

与以上这四名政要同被列为贪污调查局捕获的“老虎”的还包括被控的时任商业事务局长的格林奈、前贸易发展局长杨德胜以及公用事业局副局长崔汉添。

贪污调查局雷厉风行

贪污调查局最突出的特点是高效率,贪污调查局雷厉风行、精干高效。新加坡特别强调贪污调查局查案的行动效率,“通过迅速和肯定、坚决但公正的行为取缔贪污罪行”是贪污调查局的使命和宣言。在贪污调查局记录中,办理时间最短的案件从接受报案到移交法院只用了7天。

贪污调查局依照调查难度把案件分为三级,要求那些报案时证据直截了当的案件以最短时间完成调查。2004年,所有案件在60天里完成调查,其中75%在30天里完成。2003年,在90天里完成调查的案件有98%,在60天里完成调查的案件达94%,在30天里完成调查的案件有67%。

贪污调查局每年将大约65到100人涉及贪污控上法庭,2004年被定罪的有97%。这个专揪贪官污吏、纠正贪污风气的机构,誓言继续努力,保持95%案件可及时控上法庭的成就。它决心“以迅速果敢、坚定不移但讲究公正的行动,扑灭贪污风气”。

贪污调查局除了加强接待公众的服务素质,也为调查工作立下服务素质准则,包括接到公众检举的贪污投诉后,须在一个星期里给予书面投诉者答复,而亲自上门者须当场答复。一旦决定调查,贪污调查局须在委定查案官员后48小时内展开调查行动,而还在干案中的案件(Offence in Progress),则必须立刻调查。除非案情复杂,需要更长时间调查,所有的贪污投诉必须在3个月内完成调查。

贪污调查局拟定三项策略来实现它成为顶尖调查机构的目标,包括继续加强行动效率、以更精确的情报收集加强主动出击能力,并通过各种学习、创意和人力资源途径来支援行动。自1997年到2001年这五年间,贪污调查局每年接到大约800到1000起疑是涉及贪污行为的投诉和检举。这些案件中,有60%涉及贪污行为,共约500到600起;其他不涉及贪污行为,但也继续由贪污调查局调查。

虽然贪污调查局的主要职责是调查防止贪污法令下的贿赂案件,但法令也授权它调查在调查贪污行为的过程中所揭发的其他犯罪行为。在500到600起涉及贪污行为的案件中,有80%值得深入调查,受调查者150到200人,其中大约20%是公共机构的雇员,大部分受调查者来自私人企业。

贪污调查局追求透明

贪污调查局在2002年的公众调查显示,超过90%受访者同意贪污问题得到很好控制,但受访者也认为贪污调查局应更广泛宣传它的工作和在社会中所扮演的角色。

很多公众和媒体从业人员认为贪污调查局是神秘机构,也对这个机构的工作不是很清楚。但要继续打击贪污行为,贪污调查局就需要和公众有更好的沟通,让公众了解它的运作和使命,以争取公众的信任和合作,揭发和协助调查贪污案件。

贪污调查局正在改进自己的工作方式,变得比过去更为开放,以减少公众对自己的不理解。透明将是贪污调查局今后需要树立的公众形象。一方面,他们加强同媒体的交流,希望借助媒体的功能扩大跟公众的接触。另一方面,他们也努力加强公众对它的了解,以鼓励公众揭发和协助调查贪污案件。

2002年,贪污调查局刊印了2500本图文并茂的非卖品图书——《雷厉风行:反贪40年》(*Swift And Sure Action: Four Decades of Anti-Corruption Work*)。该书由贪污调查局官员撰写,记载了贪污调查局自新加坡自治以来的发展历程和所侦破的案件,并分发给国会、学校和公共图书馆。

贪污调查局孤独求胜

由于贪污调查局的工作性质,使得人们对在这个机构工作的人敬而远之,生怕无意间溜嘴说错什么,招惹不必要的麻烦。这会不会使在此部门工作的人员感觉到朋友越来越少呢?

贪污调查局前局长蔡子益的回答是,在贪污调查局工作对他个人和家庭生活没有多大影响,因为他本来就性格文静、不嗜交往,愿意给自己留下更大的个人空间和保留更大的隐私。而且,“只要你一开始就朋友不多,你就不会有失去朋友的感觉。”

调查贪污行为的工作需要保持大公无私,甚至六亲不认,以致人们不太愿意跟贪污罪案调查员交朋友。这会不会使一些年轻才俊对加入这个机构犹豫不决呢?

蔡子益对此的看法是:这不应该成为刚毕业大学生加入贪污调查局的阻力。每一份职业都有它本身独特的要求和风险,人们应该选择最适合自己的职业,你不可能什么工作都能做,一些工作可能适合你,一些可能不适合。

贪污调查局的三迁之苦

过去，威名赫赫的新加坡贪污调查局一直寓居在十分“寒酸”的屋宇之下，经历了“寄人篱下”“逼迁”和“业主收回房屋赶搬”等阶段。1952年9月，贪污调查局成立时，它借用谐街高等法院大厦二楼几个办公室办公。当时，只有13个职员办公。

1961年，它在高等法院大厦的办公设施不够用了，于是，搬迁到史丹福路国家图书馆现址左邻的三层楼建筑。但是，这座建筑物却在1984年重新发展计划下被拆除，该地段现在成了国家图书馆旁熟食中心毗邻停车场。被“逼迁”后，贪污调查局向当时的百腾置地(现在已经重组为嘉德置地)租下禧街中心6楼栖身。

1998年3月，百腾置地决定重新发展禧街中心地段，把它拆除，贪污调查局最后找上广东民路空置的岌巴小学校舍。受过三迁之苦后，贪污调查局开始物色永久办公楼。租用商业办公楼虽是其中一个方法，但拥有本身专用的建筑物，才便于保护执法行动的机密和隐秘。

1998年，设在麟谷峇鲁的砖厂联络所关闭他迁后，交给警察部队暂用为红山西邻里警局。红山西邻里警局在2000年搬迁到红山景，同亨德申民众俱乐部共用新的建筑物。在麟谷峇鲁的旧址才拨给贪污调查局建造新厦。

贪污调查局的透明新厦

新加坡麟谷峇鲁的贪污调查局大厦置身组屋区，可谓“深入民间”。贪污调查也只有深入民间，才能贴近群众，获得公众的支持。

贪污调查局的新厦在建筑设计上充分体现了“透明”。透明是贪污调查局建筑设计的基调。该建筑有一边的外墙是由玻璃建成，其他外墙也多开窗口，使整栋建筑给人一种透明的感觉。从使用价值来看，大面积的玻璃墙让各层楼在白天能充分利用自然光，节省能源；到了晚上，办公楼里的灯光，也能透过玻璃墙，为建筑物外面提供照明。新厦的透明风格反映了贪污调查局所要追求的“透明”境界。

过去，贪污调查局以塑造和维持清廉政治和健康商业竞争环境闻名于世，但由于该局所调查的案件深具敏感性和机密性，执法行动须在不动声色下进行，使它的工作充满神秘感。这种神秘感往往造成了与群众的隔膜，不利于公众积极参与对腐败的检举揭发。为此，贪污调查局将透明作为自己的努力方向。

贪污调查局新厦的整栋建筑物最特别的地方是一堵大隔墙,好像由上而下对建筑物一刀切下,把它分成两大翼块,大有“黑白分明”的意思,好像体现了贪污调查局的“爱恨分明”。

贪污调查局的成功缘由

新加坡的贪污调查局与香港的廉政公署同样齐名,取得了显著的防治腐败的成效。一些其他国家或地区也有类似机构,却没有取得同样令人满意的效果。有人认为原因在于新加坡和香港地区采用的都是与英国类似的司法独立制度。

法官虽然是政府委任,但不受政府管束。行政长官不是法官的上级,不能干涉司法部门的任何判决。而一些其他国家或地区由于司法不独立,必定出现权大于法的情况。

李光耀曾谈到过这么一件事情,1964年,某国的一位大法官被拘留。“那位大法官为什么被拘留呢?那是因为在审判中,或在上诉的时候,他宣判一位已经卸任的部长无罪释放。那位部长被控谋杀这个新兴国家的总统。这件事发生后,整个司法界都改变了。这不只是大法官被扣押,如此而已。新的一位大法官被任命,从此所有法官都明白在以后的任何案件中,谁的意见是判决案件时的最重要依据。”

当司法部门成为执政者的一种政治工具,当司法人员的任免和司法机构的财政都不独立于地方政府,当没有司法独立,就会出现某位政府官员所说的“司法人员是我任免的,司法经费是我给的,司法机关须听我的”的不正常现象。

由于缺乏司法独立,就会出现这样的情况,或者司法人员与贪官勾结,中央无法对付地方贪污;或者司法人员纵然知道贪污事件,调查时也因受官员干预或怕丢掉公职而被迫视而不见。

新加坡的贪污调查局和香港的廉政公署之所以能取得卓越的成效,首先是因为拥有强大的调查权、直接隶属政府首长的地位、政府首长的大力支持,还因为拥有不受官员干扰的独立司法做支援。这样,才能执法必严,违法必究。

第三节　反贪根本——严明的法律

新加坡以立法严明、立法严密著称于世。新加坡虽然立法众多,但通过“有漏即补”的法律修订，堵塞任何贪污贿赂的漏洞，使反贪法律规定十分明确，在罪与非罪、是与非的问题上界限清楚，某种犯罪适用何种法律、给予什么处罚，一目了然。由于立法严明、严密，执法便极少有回旋余地，自由裁量权极少，防止了司法的腐败。

完备的反贪法规体系

新加坡从自治至今，一共制定执行400多部法律，涉及反贪污的法律有多部。新加坡健全的法律、法规、规定约束了公务人员及社会各界工作和生活等方面的行为，遏制了贪污贿赂，为打击贪污贿赂提供了法律依据，为打击腐败现象提供了规定依据。

新加坡《宪法》中规定了公务人员不得从事商业活动。《新加坡刑法典》中对经济犯罪和贿赂犯罪做出了明确规定。《公务员法》对贪污贿赂犯罪的构成、惩处、侦查、起诉、审判等讼诉程序做了说明和规定。

《防止贪污法》对受贿的内容、范围、形式和主体，尤其对整治贿赂的机构、职权和调查程序等都做了详细规定。《没收非法所得法》详尽规定了法院在审理贪污犯罪案件中适用没收贪污所得利益的命令的条件和程序，以及没收所得财产的范围，可操作性很强。

《财产申报法》规定每位公务人员聘用前必须申报本人和配偶的财产情况，如发现收入与财产不相符，而又不能得到令人信服的解释，多余财产即当成贪污的证据被指控。

《公务员规则和法律法规》《公务员惩戒性程序规则》《公务员纪律条例》对公务人员行为准则和行政处分做了具体规定。《公务员指导手册》对公务人员奖惩、津贴、穿着、言行等问题都做了周到细致的要求。

严明的《防止贪污法》

1960年6月17日，新加坡颁布了《防止贪污法》，又称《规定更奏效地防止贪污的一种法令》，全文共35条。《防止贪污法》是一个极其重要的法律，融实体法、程序法和组织法于一体，对惩治贪污起到了关键性的作用，对防止贪污起到了十分有效的作用，有效地保证了政府官员的廉洁和政府机构的高效。

新加坡的反贪立法是“有漏即补”，不断完善。1963年、1966年、1972年、1981

年、1989年、1991年重新修订了《防止贪污法》，从而使《防止贪污法》越来越完备，越来越严密，越来越易于操作。1989年7月10日，新加坡颁布了反贪污的程序性法律《没收贪污所得法》，与《防止贪污法》相配套，对刑诉法做了补充，突出了重点打击贪污贿赂的刑事政策，具有很强的操作性，进一步完善了反贪污法律。

在《防止贪污法》中，不仅严格详细地规定公务员不准利用职务之便和权力收受报酬，而且对官员如何处理那些无法推辞掉的礼品做了详细规定。严厉处罚是新加坡反贪污法律的另一个特点。如《防止贪污法》规定，对犯有贪污罪的人除没收其全部非法所得外，还要处以罚金或判处5年以上7年以下的监禁，或并处之。

公务员一般受贿罪

《新加坡刑法典》就"公务员一般受贿罪"的许多概念进行了详细注释。法典指出：本罪是指身为公务员或将成为公务员的任何人，为自己或任何其他人，从任何人处收受或索取，或同意收受或着手索取任何合法报酬之外的酬劳作为诱因或报酬，而履行或不履行任何职务上的行为，或在执行职务时，对任何人给予或不给予优惠或不利待遇；或凭借政府、任何议会或内阁成员和上述机构中的公务员的职权而给予或着手给予任何人任何服务或损害行为。

《新加坡刑法典》详明注释："公务员"是指一切国家机关，包括行政、立法、司法机关的工作人员。"将成为公务员"是指已被指令或选举充当公务员。如果并非确实已被指令或选举为公务员而使他人相信其即将担任公职，并骗称到时可以为他人服务的人，可以成为欺诈罪的主体，不能成为本罪主体。

《新加坡刑法典》详明注释，犯罪有两方面的行为：一是收受、同意收受、索取、着手索取合法报酬以外酬劳的行为。"合法报酬"指依据法律允许收受的报酬。"报酬"不限于金钱酬劳或可以用金钱计算的酬劳，还包括一切不可以用金钱计算的物质性利益，如地位、职称等，以及各种服务，如劳务、性服务等。二是为行贿人行为或不行为，具体形式包括履行或不履行职务上的行为；在执行职务时，对任何人给予或不给予优惠或不利待遇；或凭借政府、任何会议或内阁成员和上述机构中的公务员的职权而给予或着手给予任何人任何服务或损害；等等。以上两方面的行为必须是存在因果关系的，接受贿赂的行为或者是为行贿人办事的报酬，或者是诱因。如果二者不存在报酬或诱因的关系，就不成立本罪。

《新加坡刑法典》详明注释：所谓"诱因"，是指一个人由于报酬的推动去做他本无意去做的事。本罪在主观方面出自故意,有非法牟利的目的。可能是为自己谋利,也可能是为任何其他人谋利,不影响本罪的成立。例如,法官甲在一个案件中做出有利于银行家乙的决定,银行家乙在他的银行中给法官甲的兄弟弄到一个职位作为给法官甲的报酬,甲就犯了本条规定的罪。

利用职务关系受贿罪

《新加坡刑法典》就“公务员利用职务关系受贿罪”进行了详明的释例,释例明确、清晰、具体。法典指出,本罪是指身为公务员的任何人,为自己或任何人,从该公务员明知与他所进行或将要进行的任何诉讼或商业交易或未来交易曾有关、现有关、将有关的人处;从他明知与上述有关的人有利益关系的人处无代价地或明知代价不相称地收受或索取,或同意收受或着手索取任何有价之物的行为。

《新加坡刑法典》就“公务员利用职务关系受贿罪”进行了详明的释例,犯“公务员利用职务关系受贿罪”的应被判处3年以下监禁,或罚金,或二者并处。

(1)法官甲租赁乙的一所房屋,乙正有一件案件由甲负责处理。双方同意甲每月给付50元,如以善意进行交易,甲应该每月给付200元。甲就是以没有相称的代价从乙处获得了有价之物。

(2)法官甲从乙处以有折扣的价钱购买到如在市场出售应加红利的政府债券,而乙又有一件有待甲的法院审理的案件。甲就是没有以相称的代价从乙处获得有价之物。

(3)乙的兄弟因伪证罪被捕并送交一兼理司法的地方官甲处,甲把如在市场出售需打折扣的银行股票以加红利的价钱出售给乙,乙照价付款。甲这样取得的利益就是他没有以相称的代价获得的有价之物。

巨额财产来源不明罪

新加坡立法严明,财产超过收入所得又不能解释,视为受贿。对任何人所拥有的财产或其在某财产里占有的利益,如果与该人已知的收入来源不相符合,又不能向法院做出合理的解释时,即被视为贪污所得,从而使得各种隐形的贪污贿赂行为都会受到惩罚。

《防止贪污法》规定,在审问或调查中,如果被告人拥有与其已知收入来源不成比例的金钱或财产而又无法做出令人满意的说明,或在他犯被指控的犯罪时或前后，曾获得了一笔他无法做出令人满意的说明的金钱或财产增值，这一事实经法院证实后，可以证明审问或调查中被指控人接受、得到、同意接受或意图取得任何报酬的证据的确实性，并表明该报酬是作为引诱或报答而被腐化地接受、获得或同意接受或企图获得的，法院可确认这些证据。

《防止贪污法》规定，根据第(1)款的目的，如果另外某个人占有了某种物资或财产，或获得了某种物资或财产的增值，而根据该人与被告人的关系或其他背景，有理由相信该人是代理人或代表被控告人占有那些物资或财产，或获得其增值，或作为礼物从被控告人那里获得了它们，该被控告人将被视为拥有这些资源、财产或增值。

李光耀曾反复申明上述法律条文的功效。他在1967年指出，如果任何一名官员被发现拥有无法解释的财富，而又不能提出非由贪污得来的确证，他的全部财产是可以被没收的。一定要有处罚，不然贪污者便可逍遥法外。

1992年，李光耀在介绍新加坡防治腐败的经验时说，取缔贪污的法律应该收紧，把举证责任转移到财富过多，与入息不符者身上。在2000年出版的《李光耀回忆录（1965—2000）》中，李光耀指出，在1960年修订的最有效的法律条文，是控方一旦证明被告生活阔气，超过他的收入所能承受的程度，或拥有同收入不相称的财产，法庭就可以以此作为被告已经受贿的佐证。

贿金涵各种贪腐行为

新加坡《防止贪污法》对“报酬（贿金）”的含义、范围做了广泛解释，从而使得各种类型的腐败行为都会受到惩罚。根据新加坡《防止贪污法》规定，“报酬（贿金）”具体包括：

(1)金钱，或者任何礼品、贷款、费用、酬金、佣金、有价证券或者其他财产或者任何形式的财产性利益，不论其是否动产或者不动产；

(2)任何职务、就业或者契约；

(3)任何支持、免除清还或者清算任何贷款、责任或者其他负债，不论其是否全部或者部分；

(4)任何其他服务、优惠或者任何其他形式的好处，包括提供好处使之免受任何刑罚或者被剥夺资格的处分或者逮捕，或者使之免受任何纪律或者刑事性质的诉讼或者控告，不论这种诉讼或者控告是否已经进行，还包括执行或者被迫放弃执行任何权利或者任何权力或者职责；

(5)任何提供、承担或承诺(1)(2)(3)(4)所说的任何报酬。

违法贿赂没有门槛

新加坡《防止贪污法》对“报酬(贿金)”不做最低金额的限制，从而使得各种程度的腐败都会受到惩罚。

由于《防止贪污法》对“报酬(贿金)”未做最低金额的说明，所以，即使收受最少金额的“报酬(贿金)”，也可作为贪污受贿处理。这就是说，在一定情况下，接受一杯咖啡也可以理解为收受“报酬(贿金)”。

在现实生活中，也确实有过一位公职人员因接受一杯咖啡而被定罪的事实。还有一名狱吏，因为服刑罪犯请他买一条香烟，并额外送了他15元钱，他接受了，于是这名狱吏受到如下严厉处罚：开除公职，监禁3个月，撤销全部公积金。

“房地产经纪人沈某某违章停车后，20元贿赂交警”，这件案例可以很好说明新加坡的“轻罪重惩”，违法贿赂没有门槛。2009年2月26日晚上11时许，辅警阿兹在新加坡建安大厦前执行交警任务时，看见三辆汽车违法停在苏菲雅路的双黄线上，其中一辆是沈某某的车。阿兹开罚单后，沈某某上前表示自己是因为肚子痛，情急之下才会违法停车，希望他取消罚单。

辅警阿兹表示无法照做，只能把被告的解释写下，附注在传票上，由交警评估。这时，车辆同样被抄牌的一名华族男子走上前来，把一包价值五角钱的咖啡粉放在阿兹的摩托车上。沈某某见状灵机一动，从手提袋里掏出两张10元钞票，塞进阿兹的左手，作为取消罚单的酬劳。

辅警阿兹尝试退还，但沈某某立即走开。阿兹于是将此事上报，沈某某随即被捕，被控向执法者行贿。2010年3月4日，沈某某在贿赂罪名下，被法庭判处坐牢3个星期。在新加坡贿赂或贪污与数额多少关系不大，只要有贪污意图，想利用金钱或酬劳获得不正当利益，就是犯法。

惩罚各种状态贪腐

《防止贪污法》规定，不管行贿性报酬给予或未曾给予，只要“同意给予”或“同意接受”均视为犯罪；不管贿赂性报酬的接受者去行动或未曾去行动，或“无意这样做”，均认为犯罪。这就使得各种状态的腐败行为都会受到惩罚。

例如，法律规定，贪污性地接受、获得或同意接受或企图获得任何报酬，且有理由相信或怀疑报酬是作为诱惑或酬金而提供的，因为他为其当事人的事情或事业采取或容忍采取任何行动，或向任何人表示或容忍表示任何赞同或不赞同，他虽然无权力、权利或机会去这样做，或虽然他接受该报酬而无意去这样做，表示或容忍表示去做，或虽然事实上他未曾这样做，表示或容忍表示这样做，或虽然这种行动、赞同或反对并不是为其当事人的事情或事业，还是会被视为犯罪。

暗中跟踪查处贪腐

对公务员的行为进行跟踪，通过行为跟踪的威慑，使公务员不敢为非作歹。行为跟踪制度是以反贪局为主、公务委员会和铨叙组以及广大民众共同配合执行的一项制度。

对于所有公务员，尤其是新任职的公务员，无论职位高低，均可暗中派人跟踪，或受到举报后派人跟踪，以了解公务员在公务活动或日常活动中是否有违法违纪行为，私生活是否正常，是否有上班时炒股票、嫖娼、赌博、出入酒吧等行为和与不法团体往来的行为。如发现可疑劣迹，跟踪人员会通知上级另派摄影人员前往现场进行秘密拍摄，使当事人在确凿的证据面前束手就擒。

贪污调查局在每周一将调查报告送往被跟踪人员的主管官员，核实当事人的日记所记内容是否属实。行为跟踪制度曾招致争议，但对腐败分子具有极大威慑作用。

连锁惩罚警示强

新加坡让贪污者“在政治上身败名裂，在经济上倾家荡产”。对贪污者不仅给予刑事处罚，还要判处罚金，还要以罚款的形式全部追回贪污贿赂的金钱，还要撤销其巨额公积金充公，不能再聘用为公务员，连自办企业都不能当董事，同时其直接领导也要承担连带责任。

新加坡对贪污贿赂者实行连锁惩罚，代价巨大，效应明显，警示性强，使公务人员不敢以身试法、铤而走险。这是新加坡反贪污的一个非常高明的“招”，就是使贪污的人为贪污付出极大的代价，使人不敢轻易冒险贪污，贪污的犯罪成本太高，遏制了贪污的犯罪活动。

新加坡的公务人员如果因贪污贿赂判刑，那么他将失去可贵的自由、高薪的职业、高额的公积金、社会的尊重、公众的信任、做人的尊严，成为“人人喊打的过街老鼠”，这极大地提高了贪污的犯罪成本，让公务人员真正觉得“得不偿失”，从而不敢、不愿贪污。

贿赂推定制度

《防止贪污法》特别规定了贿赂推定制度，只要行贿或受贿任何一方提供证据证明对方受贿或行贿，而对方又提不出相反的证据，贪贿罪即可成立，这就解决了贿赂案件因“一对一”而缺乏旁证、无法定案的难题。

第四节　反贪关键——严厉的执法

新加坡以反贪立法严明、严密著称于世，也以反贪执法严正、严实，惩罚严厉、严峻闻名于世。新加坡惩治腐败的执法严正、严实，惩罚腐败的严厉、严峻，既表现为“有罪必惩”，也表现为“轻罪重惩”。执法严正、严实，惩罚严厉、严峻是“不敢贪”的关键。

反贪“四项基本原则”

法治的真正实现不仅需要有法可依，而且必须有法必依、执法必严、违法必究。立法严明、立法严密只是“管得住”的必要条件，而不是充分条件，只有在立法严明、严密的基础上，真正做到执法严正、严实，才能将严厉、严峻的惩罚公正、公平地落到实处。

李光耀毕业于英国剑桥大学法律系，深受西方法治思想的影响，他强调无论是高级官员还是平民，在法律面前都应一视同仁，任何组织和个人都不得逾越。李光耀提出了反腐败的“四项基本原则”：法律面前人人平等、法律里面人人自由、法律外面没有民主、法律上面没有权威。

反腐败必须坚持从严惩处，执法严格。新加坡的法制严明、执法严格是举世公认的，严格执法对创造正直、公正的社会舆论是极好的导向，而正直、公正的社会舆论又是严格执法的社会基础。只有严格执法才能最大限度地发挥法律的功效，产生威慑力，提高法律在人们心中的神圣感和尊严感；不严格执法是对法制的最大破坏。正因为有如此的反贪污贿赂力度,才使新加坡有一个良好的廉洁局面。

由于新加坡特殊的历史发展背景和李光耀所领导的人民行动党的不懈努力,新加坡逐渐克服了东方传统文化中的人治思想和官本位思想,法治观念深入人心,使法律不折不扣得以执行的法治精神在新加坡的廉洁建设实践中得到了充分体现,这既极大地增强了政府反腐败的威慑力,又极大地增强了公众对政府反腐败的信心,成为新加坡廉洁建设取得辉煌成就的一个法宝。

新加坡不仅防治腐败立法严明,而且惩治腐败执法严厉,这种严明和严厉必须由贪污调查局落实,既表现为"有罪必惩",也表现为"轻罪重惩",在贪腐金额上不做最低限制,坚持"零容忍",即使公务员贪污1元钱公款,也可能面临惩处。高风险、高成本和可预测的高亏损,对于防止公务员贪污受贿和保证政府的廉洁起到了重要作用。

反贪的"有罪必惩"

执法严正就是公正执法,不是选择性执法,要做到法律面前人人平等。公正、公平是法治的灵魂,也是惩罚严厉、严峻能够实现、生效的关键所在。为什么许多国家或地区有反腐的法律,而腐败却越来越严重呢?就是因为选择性执法,就是没有公正执法。

新加坡的司法制度运行非常良好,其中一个重要原因是李光耀先生是英国剑桥大学法律系毕业的,毕业时名列前茅,是法律系的高才生,是当时的剑桥状元。李光耀深知立法缜密、执法严厉,对维护社会治安、促进社会安定的重要性。

李光耀强调,必须依法治国。在李光耀的领导下,制定了一系列有效的法律、法令,新加坡的立法明确、详细。李光耀曾说:"新加坡所建立的制度,不是假设没人会贪污,而是确保一旦有人贪腐,必会被揭发并被处罚。"查处及时是新加坡惩治腐败的一大特点。

近代刑法学之父贝卡利亚说:"刑罚的威慑力,不在于其严酷性,而在于其不可避免性。"在新加坡,"不论他处于什么社会地位,有什么政治关系,属于什么肤色和信仰",都没有法外特权,都是"有罪必惩",其严格执法产生的震慑力打消了人们的侥幸心理,增强了法律在人们心中的神圣感。

制止犯罪关键不在于法律是否非常严厉,关键在于犯罪者被发现、被处罚的概率是否高。新加坡在反贪上"有贪必查","有罪必惩",查处及时,在反贪上切实做到了执法严正，做到了公正执法，不是选择性执法，做到了法律面前人人平等，这是新加坡在反贪上取得成功的关键。

新加坡商业事务局局长格林奈的有关遭遇很能说明“有罪必惩”。格林奈是商业事务局的创立者，领导商业事务局一直从事与商业犯罪进行斗争，对防止和惩治商业犯罪做出过重要贡献。他判案公正、精明、快捷。由于他亲自处理过新加坡7大商业犯罪案，为政府追回2亿新元的国家资产，政府授予他“杰出公务员”称号，公众称他为“商业犯罪的克星”。

1990年，新加坡商业事务局局长格林奈因两件“说谎罪”而受到法律的惩治。其一，格林奈曾向财政部申请了一笔购买新汽车的贷款，实际上却是用来还了一辆旧车的债。尽管他如期还了这笔贷款，但根据政府对公务员的要求，他仍触犯了法律，被判为用误导性文件诱骗贷款。其二，格林奈在某印尼商人尚未签约购买新加坡梦幻度假村时，两次对新加坡公共汽车公司谎称该商人已签约购买，劝说公共汽车公司也投资300万新元与外商合作。

这两件“说谎”罪行，在一般人眼中也许不太严重，甚至看来不是犯罪，而是正常的商业技巧。但是，根据新加坡有关法律他仍被判坐牢3个月，并开除公职，永不录用，失去了每月2万新元的职位津贴，同时被取消了50万新元的公积金和30万元的退休金。

反贪的“轻罪重惩”

执法严实就是切实执法，将法纪落到实处。新加坡在反贪上切实做到了执法严实，将反贪的法律都落到了实处，得到了执行，而不是选择性执法，对有些贪污进行了执法，而对有些贪污却在枉法，这是新加坡在反贪上取得成功的关键。新加坡在反贪上的“轻罪重惩”，就是执法严实，就是将法纪落到实处。

新加坡“轻罪重惩”表现在对于很小的贪腐处以相对很重的惩罚，如行贿受贿10元就要坐牢，就可能失去几十万新元的公积金。新加坡之所以少有贪污贿赂现象，很大原因就在于对很小的贪污贿赂处以相对很重的惩罚，也就是对贪污贿赂的“零容忍”，从而避免了“小洞不补，大洞吃苦”的恶果。

就“轻罪重惩”而言，新加坡环境发展部政务部长（副部级）接受了印度尼西亚商人赠送的7张机票，携带家人旅游，被发现后不仅被撤职，还被判刑4年。一名在监狱工作的警员，只因帮犯人买了条香烟收了15元“好处费”，被查出后不仅被解职,而且被判3个月徒刑。

"贪污百元潜逃5年,最终被判坐牢6月"的案例,可以说明新加坡的"轻罪重惩"。被告詹德南案发时在工商保安机构护卫组工作,职务包括护送运载大型货物的重型货车。负责护送任务的工商保安警员必须确保重型车辆持有交警发出的准证。此外,他们也必须检查车辆和货物,以确保车辆遵守条例等,违反条例的车辆不允许在马路上行驶。

作为护送公司的重型货车通行时放宽检查的酬劳,詹德南于1998年曾与一名同事5次接受运输公司职员的贿赂。贿赂金额最少30新元,最多60新元,总数220新元。被告总共分得110新元(相当于人民币550元)。

贪污调查局是在1998年接获情报展开调查,逮捕了包括被告在内的32名工商保安警员。被告跟与他串谋的5名同事过后被控上法庭,他们否认有罪。案件2000年在初庭审讯。被告的5名同事被判罪名成立,坐牢6个月到24个月不等。

至于被告本人,初庭法官裁决他无须答辩,无罪释放。同年6月16日,控方向高庭上诉,高庭法官裁决被告必须答辩。被告原本应在同年10月18日出庭,但他潜逃,法庭于是发出通缉令。

2005年11月,新加坡贪污调查局接到情报,获知被告在马来西亚。在马来西亚反贪污部门的协助下,贪污调查局在马来西亚的新山逮捕了被告。最后,法官下令要他交出与另一个工商保安警员共谋受贿的220新元贿金的半数,即110新元,并判他坐牢6个月。

"索贿未成"的重惩

新加坡法律对贪污受贿犯罪有很严厉的规定,任何人只要有收取贿金的意图,即使最终没有收受贿金,也一样构成犯罪。行贿受贿一旦被揭发,不仅受贿者会受到法律惩罚,行贿者一样逃不脱法网。"轻罪重惩"使新加坡很少有行贿受贿行为发生。

因索贿50元未成而被判罚款6000元或以6个星期的刑期替代的案例最能说明"轻罪重惩"。据报道,被告依万受雇于Pesterminator私人有限公司。这家公司是市镇理事会的承包商,负责派灭虫人员到住宅区查看是否有蚊虫滋生。一旦发现孑孓滋生的迹象,灭虫人员就会把每日或每周汇报提呈给市镇会,而有关居民随后将收到国家环境局发出的警告信。

2005年12月的一天，依万受委查看惹兰德惠第25座、第26座及第150至159座组屋。约下午4时，依万抵达邝平发的家查看走廊上的花盆。邝平发当时在外找工，其妻王慧芳在一旁观看依万检查的情况。依万告诉王慧芳，他发现了两只孑孓，会把这事通知有关当局。他还说，每只孑孓的罚款额是1000元。

王慧芳听了很害怕，因为她的丈夫刚失业，家庭正面临经济困难。她后来联络上邝平发，并让依万跟他说话。依万对邝平发说，他在花盆里找到两只孑孓，邝平发将因此被罚款2000元。邝平发感到担忧，因为他无力偿还罚款额，请求依万给他机会。依万声称他也需要钱，而他每捉一只孑孓的酬劳是100元。他接着对邝平发说，如果邝平发给他50元，他就不再追究此事。

邝平发听了觉得可疑，决定报警。但他假装说愿意支付50元，还通知依万到楼下等他付款。邝平发放下电话，即刻到蔡厝港邻里警局报警。警员赶到第158座组屋楼下，逮捕了依万，同时拿走依万装孑孓的罐子和环境局的工作证件。

根据有关法律，依万的罪名一旦成立，可被判罚款高达10万元，或坐牢长达5年，或两者兼施。最后，依万被法院判罚款6000元或以6个星期的刑期替代。

"企图贿赂"的重惩

马来西亚违章行车司机"企图贿赂交警"可以很好地说明新加坡的"轻罪重惩"。2007年10月31日傍晚5时27分，交警白文祥警曹在兀兰路巡逻，发现一辆白色汽车打着危险讯号灯，反方向停在路边。司机做了U型调头后逆向行驶了500米后，转进加油站，差点撞上一辆电动车。交警白文祥跟进加油站，示意司机下车，告诉他犯了危险驾驶罪。

这位司机是马来西亚商人林某某，林某某承认危险驾驶，并解释说他是为了避免前方的交通堵塞，以便尽快赶回马来西亚。他声称在遇到交通阻塞时，车辆倒退并逆行是非常普遍的事。他向交警求情，问他是否可以不要给他太重的罚单。

交警将他带回警局，和他聊天。聊天时，林某某告诉白文祥，自己是一名常来往新加坡和马来西亚的商人，在哥打丁宜附近的边佳兰拥有种植地，也在新加坡经营起重机生意。其后，他们就开始谈论有关钓鱼和如何寻找种植地的内容。

在谈话过程中，林某某对白文祥说："你应该放过我，我们可以成为朋友。下次你到马来西亚，我会照顾你，还有好处。"白文祥听了之后回答说，接受贿赂放他一马是犯法的。林某某只回答了一句"OK"，就没有再与警员纠缠下去。交警白文祥事后投诉林某某企图贿赂。

2008年7月,贪污调查局以“意图贿赂交警”的罪名将林某某控上法庭。法庭上,林某某的律师为他求情说,林某某是马来西亚人,妻子和3名年长的孩子都在新加坡,在新加坡有吊车出租生意,不过长期住在马国照料那里的生意。林某某是马华公会的会员,也是柔佛州甘榜爪哇的副主席,负责居民的福利。他乐善好施,常捐钱给庙宇和孤儿院。林某某被初级法庭以“企图贿赂”的罪名,判处罚款15000元。

控方不满判决,决定上诉,并且提出林某某应该被判坐牢。由于控方的上诉,2009年1月6日,高级法庭判林某某坐牢6个星期。法官判决认为,被告是经过处心积虑后,才对交警说:“下次你到马来西亚,我会照顾你,还有好处。”这句话属于意图行贿。品行良好、社区服务和真诚后悔,只能当是求情因素影响刑期长短,但不能偏离一贯的判刑标准。

第五节　严明规定——减少贪腐机会

严明规定就是指通过严密规定、明确规定,从而步步设防,釜底抽薪,堵塞贪污贿赂漏洞,防止贪污贿赂钻空,减少贪污贿赂机会,实质是减少权力的自由裁量权,增加有效监督,实现防患未然,最终达到使人“不能贪”的效果。

防贪的“一增五减”

新加坡通过“一增五减”的方法,严密规定,明确规定,减少贪污贿赂机会。“一增五减”的具体方法如下:

(1)增加权力之间的摩擦

贪污贿赂是权力的滥用,权力的运用越是专断,权力滥用的机会也就越多。如果能够增加权力之间的摩擦,就能够通过防止专断而避免权力的滥用,从而减少贪污贿赂机会。

为了增加权力之间的摩擦,新加坡有关法纪规定,实行双重检查制度,确保一个官员的决定必须由另一个官员审查或监督。

为了增加权力之间的摩擦,新加坡有关法纪规定,实行有效监督,例如,如果年轻资浅的公务员被赋予裁决案件的权力，那么，必须有控制制度以保证该权力不被滥用。这些控制可以包括监督人员的查复以及资浅公务员在做出决定之前征得监督人员的同意；工作的分配和组织方式应当使监督者有足够的时间检查和控制下属人员的工作，各级监督人员和管理人员能够确信他们的下属，采取了有力的反贪污措施，而且他们在检查和报告其下属工作方面没有松懈。

(2)减少权力运作黑幕

贪污贿赂是一种见不得人的丑恶现象，往往需要依靠人们不易察觉的黑幕加以掩护。如果通过政务透明而减少权力运作的黑幕，也就能够减少贪污贿赂机会。为了减少权力运作黑幕，新加坡有关法纪规定，一切有关政府官员的权力的工作条例力求简单明了。这样一来，任何违反条例的行为都很容易引起怀疑或找来投诉。

(3)减少权力运作环节

贪污贿赂是在权力运行的过程中发生的，权力运行的环节越多，贪污贿赂的机会也就越多。减少权力运行的环节，也就能够减少贪污贿赂机会。为了减少权力运作环节，新加坡有关法纪规定，在颁发许可证等方面，应改进烦琐的工作方法和程序。

(4)减少自行处理权力

贪污贿赂是贪腐者运用自己手中掌握的公共权力谋取私利。自行处理的权力越多，贪污贿赂的机会就越多；自行处理的权力越少，贪污贿赂的机会就越少。减少政府官员自行处理的权力，就能减少贪污贿赂机会。为了减少自行处理权力，新加坡有关法纪规定，在批准发给执照或许可证方面，要尽量减少政府官员的自行处理权。

(5)减小公共权力涉足

贪污贿赂就是利用公共权力来谋取私利。公共权力涉足的范围越广，贪污贿赂的机会也就越多；公共权力涉足的范围越小，贪污贿赂的机会也就越少。减小公共权力涉足的范围，也就能够减少贪污贿赂机会。为了减小公共权力涉足范围，新加坡宪法规定，总统和内阁成员不得担任任何营利性职位，不得从事商业活动。

(6)减少势力网和关系网

贪污贿赂的运作往往需要凭借势力、利用关系，掌握特殊权力的公职人员如果久任一职、久处一位，就容易在人事熟稔之后，凭借其职高权重的特殊条件而结党营私、贪赃枉法。通过岗位轮换,就可以减少势力网、关系网,从而减少贪污贿赂机会。

为了减少势力网、关系网,新加坡有关法纪规定,公务员必须定期和制度化地从一个职位轮换到另一个职位。一名公务员在一个职位的工作时间应有多长,则根据各部的情况而定。并确实保证某一公务员或公务员团体在一个单位不存留太长时间。

(7)及时解决贪腐先兆

新加坡的行政管理非常有效,能够及时发现公务部门及其公务人员出现的贪污贿赂异常信号,就被认为有可能是产生贪污贿赂行为的先兆,会引起管理层的高度重视,管理层将及时通过"一增五减"的具体方式,进一步严密规定,进一步落实规定,减少贪污贿赂机会,防止贪污贿赂出现。

产生贪污贿赂行为的具体先兆是,公务人员权力垄断,拥有宽泛的自由裁量权,个人贪婪成性,为人处世态度明显变化,对上级指令执行不力,处理公务缺乏透明度,管理工作缺乏清晰的规则和流程,监督和控制不力,信息控制不力,对下级信赖过度,公务人员拒绝休假或调动工作岗位,公务人员与管理对象存在利益冲突,公务部门缺乏反贪污贿赂具体工作计划等。

严格的公务员制度

由于公务员是公共权力机关最主要的组成部分,也是最容易出现腐败的群体,为了防止公共权力的腐化,所以新加坡制定了公务员选拔、考核、管理的严格规定。新加坡政府及各部门不能自行招聘公务员,公务员要公开招聘,公平竞争,择优录取,还必须经过考试、审查、试用方可聘任。

为了保证公务员选拔的公开、公平、公正,新加坡成立了独立于内阁的公务员委员会,该委员会直属于总统,不受政府各部门的制约和影响,专门负责公务员的录用、任命、奖惩,并对公务员进行严格的道德考核。委员会由学术界、商界、金融界和其他社会知名人士兼任,不得由政界人士出任。

新加坡制定了一套完整、具体、实用的政府公务员体制,主要包括《公务员法》《公务员行为准则》《公务员纪律条例》等,与《防止贪污法》《没收贪污所得法》等配合,构成了一系列完整、具体、实用的公务员法律体系,为公务员的选拔、考核及管理提供了法律和制度的保证。

新加坡政府制定了《公务员指导手册》,应聘的公务员每人发一册,新上任的公务员必须书写本人宣誓书。手册里面对政府各部门公务员不同的职务行为,小到穿着、言行,大到奖惩、津贴、晋级、休假、退休等都有严格的准则和规范,有几百条。手册中除包括有关法规外,还在防止贪污受贿方面,对公务员有详尽明确的规定。

新加坡政府明确规定,决不允许官员的子女借父母的地位非法经商或营私;政府官员不准直接或间接拥有在新加坡营业的任何公司的股份或证券;政府官员严禁参加任何形式的赌博,不许进入酒吧间、歌舞厅、红灯区,否则给予处罚。

新加坡政府发给每个公务员一本日记手册,公务员要随时记录本人的活动情况,公务员在每星期一上午上班时,将其记录本呈送主管官员检查、签名,主管官员如果发现下属记录的内容有问题,会及时主动将该项记录移送反贪污调查局进行审核检查,否则主管官员和下属就要承担连带责任。此项工作由单位常务秘书负责,相当于内地的纪检组组长和监察室主任。

为了使公务员倍加珍惜来之不易的职位,不会冒失去工作和公积金的危险去贪污受贿,新加坡政府对公务员采取定期培训措施,加强政治思想教育,加强廉洁自律教育。新加坡政府专门设立了公务员学院和培训中心,新招聘的公务员必须首先接受训练,在职的公务员每年也必须有一两周的轮流进修,学习政治、法律、知识和技术。政府有关部门对公务员要进行考察和评价,每年底召开全国公务员评奖大会,表彰先进人员。

公务员财产申报制度

新加坡政府制定了严格的财产申报制度。每个公务员都必须申报财产,做资产宣誓证词。每个官员被聘用之前,必须申报自己的财产,包括本人拥有的股票、房子、土地、汽车以及其他财产等,配偶或其他家庭成员在私人公司的投资收益,尤其是其投资可能与公务员职务冲突或者影响其职务执行的,更应申报。

以后每年7月1日,由公务员直接向上司申报。政府每位职员都必须填写一份个人财务表格,写明自己的财务状况,各部门的常任秘书对每一份申报表都要进行详细阅审,以了解是否有不法行为。

一般情况下,公务员申报的财产不予公开,任何人非经受理申报机关首长许可,不能获得申报人的财产资料,承办人员也应当保密。此外,政府官员或公务员要做本职以外的其他工作,必须先得到上司的批准,否则就属于犯罪。

公务员不申报或做虚假申报都是犯罪。对于申报的财产说不清来源,特别是有关部门调查时,不能给以满意答复的,那么说不清的财产则被推定为贪污所得。财产申报制度有效地防止了公务员的贪污行为,公务员一旦涉嫌贪污,其申报财产的资料就是调查和提控的重要证据,为执法部门惩处公务员贪污行为提供了有力证据。

新加坡有关法律规定,不能说明财产来源的便属违法,即被告人占有不能做出令人满意的说明的、与其已知收入来源不相称的财力或财产,或他在被指控的犯罪时间或大约这个时间获得了他不能令人满意地说明其财力或财产的增添时,就无须证明有任何具体贪污、受贿行为,即可推定为贪污或受贿所得,并据此处以刑罚。

公务员品德考核制度

根据公务员品德考核制度,政府每年发给政府工作人员一本编印好页次和年月日的日记本。第一页由公务员本人在其主管官员面前当面书写宣誓书,保证其所记内容均为事实,否则,愿受严厉处分。公务员随身携带日记本,随时记录自己的活动内容。在办公时间内,如有家属亲友来访,要详细记录来访者姓名和来访事由。

公务员每周一上班时,须将日记本送交主管官员检查,检查完毕后签名发还。如主管官员发现所记内容有疑问,须将该日记本送交贪污调查局审查核实。否则,如果贪污调查局从别种渠道查明该公务员有贪污贿赂行为,该主管官员将作为知情不报予以相应的刑事处分。这种连带责任保证了考核严肃认真,不走过场。

采购招标规定

新加坡有关法规对采购招标进行了具体详细的如下规定:

(1)邀请至少三家信誉良好公司开价或投标;

(2)超过1000新元之器物、服务或工程应书面开价;

(3)超过10000新元之单项器物、服务或工程必须投标;

(4)长期供应之器物或工程必须投标;

(5)各种招标条件必须详细列明;

(6)采用总检查署批准之特定表格;

(7)招标通告必须广泛发出;

(8)超过15000新元器物、服务或30000新元工程必须在政府宪报及报章公开招标;

(9)投标者需缴交柜金;

(10)投标箱必须上锁,锁匙由授权职员保管;

(11)未到截止日期与时间不准打开标箱;

(12)开标时必须有两位授权职员在场(一位开箱,一位见证);

(13)超过15000新元的器物、服务或30000新元的工程投标,见证员必须由常任秘书委任;

(14)见证职员不应与招标器物、服务或工程有关联;

(15)投标者数目、商号、标价等详情必须清楚记录;

(16)成功承包商(超过15000新元)之详情必须在政府宪报公布;

(17)不准与承包商讨价还价,以避免贪污。

公务员借钱的规定

《公务员指导手册》对公务员借钱进行了如下规定:

(1)不得向下属或受职权管辖者及有公务往来者借钱,不得贷款收息。

(2)对初任人员须要求其以书面叙明是否有债务困扰,如有则须说明其债务情形。

(3)向亲友借钱,不得超过本人三个月工资的总和(因为新加坡政府认为,公务员负债过多,无力偿还,便易生贪污之心,就有贪污的可能)。

(4)每年7月1日,每个政府职员都须填写一份个人财务表格,写明自己的财务状况及所欠债务。如果一名官员所负债务已超过自己三个月工资的总和,则被视为陷入"债务麻烦"中的官员。该官员必须向其所属部门的常任秘书报告。凡是陷入"债务麻烦"中的官员或所填表格的内容虚假者,都将构成惩处,严重者可开除公职。

公务员收礼的规定

《公务员指导手册》对公务员接受礼品进行了如下规定:

(1)不得接受公众人士任何礼物、钱财或其他利益如娱乐、免费旅行等;

(2)除非在退休时,不得接受下属送礼或娱乐应酬;如果因为退休而要接受下级所赠礼品,则必须向常任秘书写报告,申报所受礼品的价值、名称等;所受礼品不得超过300美元;

(3)特殊情况下,如无法拒绝或拒绝则不近人情,可暂时把礼品收下来,过后向上面报告,并将礼品上交。如本人需要这个礼品,经上级批准,按礼品价格付款。

财政部公共服务处的司长陈文华在接受记者访问时,为说明他们如何遵纪守法,从抽屉里拿出一张单据,托起桌上的铜色小乌龟说:"这是我付了两新元买下来的。"

1992年,中国赴新加坡精神文明考察团在新加坡考察12天,新加坡外交部的三位官员陪了12天。临走的前一天,代表团表示要送点礼品给这三位陪同的官员。他们的第一反应是不收。代表团解释说,这是文化性质的纪念品,没有商业价值,符合你们政府的规定。

陪同的三人请示后说可以接受,但要代表团等陪同的三人同时在场时再给,代表团分别给他们每人一份礼品。但是,过了一个小时后,代表团却发现三份礼品放到了一个人的提包里。这就是说,回去后还是要上缴。

代表团所说的没有商业价值的礼品,实际上是沿袭新加坡的说法。例如,新加坡贪污调查局送给代表团的领带,上面印有贪污调查局的标记,不能拿去买卖,就属于没有商业价值的礼品。

公务员赴宴的规定

按规定,公务员不得接受宴请。如果接受下属人员的宴请,必须报告宴请的时间和地点,宴请必须是适度的,不能超过举办宴请人员月工资的2%。上述规定不仅写在纸上,也确实落实到行动上。当新加坡政府官员接到邀宴时,第一句问话往往是"在哪里请"。如果在快活谷等豪华饭店,他们肯定不答应。

中国司法部部长访问新加坡时,当时中国驻新加坡大使张青举行宴会,邀请新加坡最高法官(相当于中国最高人民法院院长)杨邦孝出席。杨邦孝到达宴会厅与张青大使握手时微笑地说:"我担任最高法官两年多了,这是第一次参加宴会。"

张青大使问他为什么能够参加自己举行的宴会。杨邦孝回答说:"按照我们的法规,我们国内机关、人士不敢宴请我,我更不敢接受。你是中华人民共和国特命全权大使,不受我们法律管制,我才敢接受你的宴请。"

公务员购买股票的规定

《公务员指导手册》对公务员购买股票进行了规定。官员购买股票必须经所在部门常任秘书批准。如果购买国营企业的股票，或者购买外国在新加坡上市而不在新加坡经营业务的公司的股票，容易得到批准。如果购买与本单位有业务往来的公司的股票就得不到批准。

公务员拒贿的规定

《公务员守则》不仅要求公务员拒绝贿赂，还规定公务员必须呈报有人要贿赂他的意图。这是写在纸上的规定，也是落实在新加坡公务员身上的行为。

在新加坡的报纸上，人们间或可以读到载有警员拒收贿赂事实的报道。例如，2003年6月14日《联合早报》就有一则《逾期居留且贿赂警员　中国女子坐牢罚款》的报道：

> 一名逾期居留的中国女郎被警员截查时公然贿赂警员，两度下跪哀求警员放她一马，公正不阿的警员拒绝受贿，将她绳之以法。
>
> 行贿不遂的女郎梁珠蓉（32岁）昨天承认一项行贿和一项逾期居留的罪状，法官判她入狱5个月及罚款2000元。
>
> 被告梁珠蓉是在今年1月3日持社交访问准证进入新加坡，她获准逗留14天。可是她在1月17日准证到期后继续留在新加坡。
>
> 5月27日晚上10点，芽笼邻里警局警曹长柯康海和同僚古男尼桑二划警员奉命到奥南路调查一起工人吵架案件。之后，他们离开现场。
>
> 当时被告在附近，她一见柯康海等人，立即拔腿逃跑。柯康海怀疑她是非法移民，跟古男尼桑追赶她，在奥南路一条后巷捉住她。
>
> 柯南海要被告出示证件，被告没有反应，她突然跪了下来，哀求两人放了她。柯康海不为所动，他检查被告的手提袋，但找不到任何证件。
>
> 柯康海将手提袋交还给被告，被告打开手提袋，拿出一叠50元和10元的钞票，向柯康海表示，只要放了她，就可把钱拿走。柯康海警告被告，贿赂警员是犯法的，并要被告把钱收起来。
>
> 柯康海逮捕了被告后，押着她走向警车。他们走到警车前，被告又跪在地上，哀求柯康海放了她。她掏出100元，要柯康海收下。柯康海拒绝受贿，并

再次警告被告贿赂警员是犯法的。

后来,柯康海的一名女同僚到场支援,他们将被告押回勿洛警署。

进一步调查显示,被告在本地逾期居留了131天。

新加坡媒体所报道的行贿者多是在新加坡居留的外国人士,由此可知,行贿已不是新加坡人的行为方式;新加坡媒体对于拒贿行为一般都采取就事论事、不事张扬的文字,由此可知,公职人员拒贿已是新加坡人所认为的理所当然。

严规明法的科学性

通过以贪为耻而使人不想贪是要让人在贪污腐败方面能而不为。能而不为是通过内在思想觉悟的提高以矫正、克服不正当的私欲,从而凸显出主体崇高性。

通过严规明法而使人不能贪就是要让人在贪污贿赂方面为而不能。为而不能是通过外在法律和规定的防范以减少、杜绝贪污贿赂的可能,从而表现出客观的有效性。

由于人性的弱点,“良心”往往是一种靠不住的东西,所以,外在的高薪厚禄就显得重要,外在的法律和规定的防范就显得特别重要,外在的依法严惩就显得更加特别重要。

人民行动党政府通过减少机会、步步设防、堵塞漏洞等方式,通过“一增五减”的办法,严密规定,明确规定,严明立法,权力制衡,并且“有漏即补”立即修订法律和规定,从而使人“不能贪”,取得了明显的防贪成效。

第六节　廉洁光荣——倡导儒家价值

廉洁光荣就是指以德反贪倡廉,通过思想道德教育,通过倡导儒家价值,倡导廉洁之风,树立廉洁意识,在思想上抵制贪腐,使廉洁思想从国家意识潜移默化为国民的自觉行动,使“廉洁光荣、贪贿可耻”成为全社会的共识,最终达到使人“不想贪”的效果。

儒家价值观的生命力

在华人社会,长期占据统治地位的道德文化是儒家文化。儒家文化顺应人性自然,谋求社会功利,强化道德意识,塞乎天地宇宙,因此,儒家道德也就既有入世的理性,又有出世的精神。

人民行动党政府一贯以倡导儒家价值观著称于世,长期担任人民行动党总理的李光耀也曾担任过国际儒联名誉理事长,并被世人尊称为当代儒者。面对全球化浪潮,李光耀说:“改变在所难免,我们还是必须设法保留我们基本的核心文化价值观,这些价值观使中华文明成为世界持久的文明。”可以这样说,儒家道德正是维持新加坡政府廉洁的思想武器。

李光耀认为,将亚洲金融危机的原因归咎于儒家文化的人们,实际上是误读了儒家文化,误会了君子的精神:“西方论调其实都贬损了儒家价值观。儒家君子对家庭的义务,对朋友的忠诚,设想的纯粹是个人的施与,而不是假手官方资源。”

当记者问及亚洲价值观为东亚带来发展,但它是否也会导致东亚衰落的问题时,李光耀说:“之所以会衰落,是因为儒家价值观被贬低。我指的是对朋友和家人的义务。你必须照顾你的家庭和大家族,对朋友忠诚支持。当然,在对朋友和家人尽义务时应该自掏腰包,而不是挪用公款。一旦政府势力减弱,贪污的情况就会乘虚而入,因此就有动用公费来尽个人义务的情况出现。这是错误的。”

李光耀认为,儒家要求个人照顾家庭,但是这不应该理解为鼓励滥用个人的地位,牺牲公众的利益。置个人利益于社会之上的“小人”行径,是直接违背儒家思想的基本道德准则的。这种脱离常规的行为必须加以纠正。

总括上面的论述,李光耀的有关思想可以归纳如下:

(1)儒家价值观肯定积极履行对于家庭和朋友义务的君子作风。

(2)儒家价值观反对在行使对于家庭和朋友义务时的假公济私的小人行径。

(3)采用假公济私的方式关照家庭和朋友,就由儒家所肯定的君子沦为儒家所否定的小人。

因此,任人唯亲并非儒家价值观肯定的行为,而是儒家价值观否定的做法;并非奉行儒家价值观引发的结果,而是歪曲儒家价值观带来的恶果。

正因为如此,针对有人将亚洲金融危机的原因归罪为儒家价值观,并将带来东亚经济腾飞的“儒家资本主义”贬低为带来亚洲金融危机的“裙带资本主义”的观点,李光耀告诉遭到金融危机打击的韩国朋友:不必为韩国的价值观(韩国被认为是儒家文化保持得最好的地方)道歉,而是必须纠正韩国的制度——做生意的制度以及治理国家和政府的制度。

儒家价值观并不一定会导致制度缺乏透明度。李光耀以新加坡为例说，虽然新加坡拥有以儒家思想为主体的亚洲价值观，但新加坡的制度是完全透明的，而且儒家强调社会重于个人的价值观。

在韩国陷入金融危机的最困难时刻，充分展现了“儒家的社会重于个人的价值观”的意义。韩国人民当时排队捐献金银首饰和其他个人财宝来解救国家，以使国家免于破产。他指出，尽管这些努力无法非常有效地解决韩国严重的经济问题，但韩国社会所表现的团结和活力，却赢得世人的尊敬，从而鼓励外商更看好韩国的前景。

李光耀相信，当这个地区开始复苏时，儒家所鼓励的勤劳、节俭、为未来牺牲奉献、重视教育和学习等美德，将促使像韩国这样的国家复苏得更快。而且“亚洲式资本主义最终必定能克服经济危机”。韩国克服金融危机的表现证明了李光耀的预言：1997年金融风暴初起之时，韩国是个濒临破产的国家，外汇储备仅38亿美元；但在全民努力下，不靠外人，它的外汇储备到2001年便已增加到1000亿美元。

一心为公永忠于国

李光耀将儒家道德归结为最重要的“八德”——忠、孝、仁、爱、礼、义、廉、耻，并大力加以倡导。李光耀倡导的儒家“八德”中的每一德目都各有其义，但又直接或间接地与廉洁品质有所关联。例如，八德中的廉本身就是廉洁之意。忠、耻同廉洁具有直接、密切的关系。

忠是指忠诚无私，尽心竭力。出自司马光《四言铭系述》：“尽心于人曰忠，不欺于己曰信。”在孔孟政治儒学中，下对上或臣对君是相对的、有条件的，如“君使臣以礼，臣事君以忠”。

在传统中国，国家的命运常常系于君主一身，君与国难以分割，忠于君常常就是忠于国，忠于国常常就是忠于君。在现代社会，君与国易于分开，竭诚忠于国家的精神需要继续继承和加强发扬。

新加坡是移民国家，绝大多数的新加坡人都是移民的后代，其先辈来自中国、印度、印度尼西亚、马来西亚，具有不同的语言、宗教等文化传统。新加坡独立之初，由于国小人少，资源缺乏，国民缺乏将新加坡视为祖国的认同感。

李光耀认为，忠就是要忠于国家，有国民意识。李光耀所倡导的忠的具体内容包括：

（1）归属感。每个新加坡人都应意识到自己是新加坡人，归属于新加坡，不能把自己当作中国人、印度人、印尼人、马来人，要把新加坡视为自己的祖国而扎根于此。新加坡人是出生、成长或居住在新加坡的人，愿意维持一个多元种族、宽宏大量、乐于助人、向前看的社会，时刻准备为新加坡献出生命。

（2）国家利益第一。强调新加坡人应忠于国家，热爱国家，当个人利益和国家利益发生冲突时，要以国家利益为先，牺牲个人利益，在必要时甚至牺牲生命来维护国家利益。

（3）群体意识。要求新加坡人认识到新加坡的成就就是集体协作的成果，个人和群体不可分割，个人的生活、工作与群体息息相关。只有加强群体意识，才能提高生产力，才能提高生活水平。加强群体意识要克服以自我为中心的倾向和宗教情绪。为了培养群体意识，新加坡将“德智体美”扩大为“德智体美群”。

由于忠意味着忠于国家、公家、群体，忠就与利用公共权力牟取私利的腐败相对立，并对维护廉洁品质具有积极意义。李光耀等人民行动党领导人之所以能够保持廉洁品质，是与他们对于国家的赤胆忠心密不可分。

新加坡现任总理李显龙从小接受儒家教育，自小最崇敬历史人物诸葛亮，因为诸葛亮“足智多谋，用兵如神，鞠躬尽瘁，死而后已”，他指出：“我们不能以成败论英雄，他布衣南阳，后来跟随刘备，之后是刘禅，人家叫作阿斗。”李显龙说：“但是他是一个封建时代的人物，能够像他这样深谋远虑，处于一个比较弱的地位，却差一点击败对方，这是非常难得的。”

当记者追问“刚才您提到鞠躬尽瘁，死而后已，您的感触似乎很深”时，李显龙说，是责任，这可能是读中国历史的传统。各个历史人物不管是岳飞、诸葛亮，还是文天祥、林则徐，他们都有一个理想，那就是对国家有一个效忠的责任。国家需要你，你必须为国家效劳。

贪污是极大的耻辱

耻即知耻，知耻本源于人的羞恶之心。羞是指羞于自己为恶，恶是指厌恶别人作恶。有知耻的“羞恶之心”，才能扩而充之使自己的行为合乎义。儒家文化很强调教化人们知耻，“道之以政，齐之以刑，民免而无耻；道之以德，齐之以礼，有耻且格”。孔子将“免而无耻”视为治理的低级境界，将“有耻且格”视为治理的高级境界。

李光耀对于儒家之耻也有阐释。他认为,耻就是知美识丑。因此,应该创造一种舆论,告诉人们什么是错的,应当受罚;什么是对的,应当发扬。如果一个国家的公民美丑不分,对文明的行为不以为美,对丑恶的行为不以为丑,那么,这个国家距离垮台就为时不远了。新加坡政府将中华文化中知耻的故事融入中小学道德教育课程之中。

新加坡对公民从小就进行诚信教育和廉洁教育,培养诚信和廉洁的美德。新加坡在中学普遍设立了廉政课程,教育青少年"贪污贿赂如同黑社会和贩毒问题一样,都是严重的社会罪恶"。同时,采取讲座、讨论、展览等方法,通过报纸、电台、电视等媒体进行肃贪倡廉教育,促使"廉洁光荣、贪贿可耻"成为全社会的共识,形成了廉洁的政治文化和舆论氛围,推动全社会参与反贪污斗争。

当社会培养出知耻的廉洁文化,贪污行为作为严重罪行更是无容身之地,贪污贿赂者在社会中难以立足,甚至沦落到"千夫所指,无疾而终"的境地。更为严重的是,在新加坡有贪污罪行的公务员信誉丧失殆尽,在新加坡几乎没有生存空间,甚至影响家人和子孙后代,损失难以估量。据介绍,一位即将退休的博物院院长因收受4万新元被判刑一年,他不仅丧失了全部公积金及养老金,妻子也因社会舆论压力而自杀。他出狱后生活窘迫,晚景凄凉。

1986年11月,新加坡国家发展部部长郑章远的一个老朋友在贪污调查局的盘问下,承认曾经前后给过两笔各40万元的现款给郑章远。郑章远否认拿了钱,却企图跟贪污调查局高级助理局长讨价还价,要求他不再查下去。内阁秘书向李光耀报告事态的发展,并告诉李光耀郑章远要求见他。李光耀说自己必须等调查结束后才能见他。一个星期后的一个早上,郑章远自杀了,并给李光耀留下了一份遗书:

> 总理:
>
> 过去两个星期来,我一直感到非常伤心和沮丧。
>
> 对于这件不幸的事故的发生,我觉得应该负责,而且,我觉得应该负起全部的责任。作为一个东方的正人君子,我觉得应该对自己的错误付出最高的惩罚代价,这是合情合理的。
>
> 您的忠诚的郑章远

根据新加坡法律,受贿罪并不会处以鞭刑或极刑。有人对郑章远的自杀产生不解。工人党秘书长惹耶在群众大会上暗示,郑章远自杀的原因是李光耀认为政府会因郑章远受贿之事蒙羞,才叫郑章远自尽。

李光耀指出,华人往往因为“面子”问题而自杀。“面子”问题又可细分为“面”与“脸”两个方面。前者是一个人靠自己努力所取得的荣誉。后者是群众赏识一个人的优良品行和勤奋工作所给予的尊重,显示社会的推崇。因此,一个人“没有面子”仍可在社会上立足;但他一旦“丢了脸”,就无法在社会立足,甚至也使家人蒙羞。

李光耀认为,郑章远身为内阁成员,绝对明白政府总理对“清廉政治”的立场。而李光耀本人也强调绝不容许任何行动党议员或部长利用本身的职权牟取私利。对于郑章远来说,失去荣誉是最受不了的事情。当政府未因郑章远的哀求而终止调查时,郑章远因丢脸而自杀,因没面子而自杀。有关郑章远的报道使他的妻子和女儿面临更大的痛苦。不久,郑章远的妻子和女儿离开新加坡,再也没有回去,原因是他们太没面子了。

新加坡已经建立起这样的舆论氛围,人们把担任公职贪污受贿的人看成社会公敌。郑章远宁可了结生命,也不愿面对耻辱,遭受社会的唾弃。这里,知耻促使人们树立堂堂正正的做人准则。在新加坡,如果你破坏了这个准则,你将会让你所属的单位蒙羞,你也会为自己和家庭带来耻辱。

文质兼备方为君子

由于倡导儒家思想,人民行动党领导人倡导君子作风,强调君子执政。新加坡政府在20世纪80年代曾在李光耀的倡导下,为中学学生组织编写了《儒家伦理》教材。当代新儒家余英时、杜维明对该书的编写给予了详明的指导。教材中专门有《君子的含义》一课。

孔子对于君子的道德境界规定很高,仅次于可望而不可即的圣人。他自己也不敢自许已达到完满的君子境界。孔子将君子之德区分为文与质两方面。文指外在的文化修养,质指内在的朴实本性。缺文则鄙略,缺质则不诚;二者兼备,方为君子。

所谓“文胜质则野,质胜文则史,文质彬彬,然后君子”,说的就是这个意思。根据孔子的思想,作为君子朴实本性的质是仁,作为君子文化修养的文是礼。仁是君子的内在根据,礼是君子的外在表现。礼以仁为本,故曰:“人而不仁如礼何?”仁以礼为用,故曰:“克己复礼为仁。”

君子诚实是廉洁之本

君子的诚实是廉洁之本。在人民行动党领导人的言论中,诚实总是和廉洁紧密相连的。李光耀曾向世人讲到过“做人诚实绝对有回报”(it pays to be honest)的人生体验,谈起过保持廉洁就能占据政治上的优势的政治心得,并描述过他之所以能够坚持保持清廉信念的心路历程:自小,他父母与祖父母教育他们兄弟要明辨是非;长大成人以后,李光耀真切领悟了哪一种处世方式更能给他带来美好人生。

在日据时代,李光耀当过建筑承包商,当新加坡恢复英国统治后,他为英军提供劳工。有一次,李光耀与合伙人进入一座大货仓,里头装满纺织品等值钱的货物。他本有机会将货物据为己有,大赚一笔。然而,李光耀与合伙人都没有这么做。

早期与激进党人的激烈斗争,更巩固了李光耀的价值观。当时,激进党人非常擅长毁灭对手的信誉,他们讥讽李光耀住洋房,睡冷气房,弦外之意是李光耀需要钱,反之激进党人却能够不计钱财为工友牺牲。

为了反击激进党人,李光耀与同僚将“不收馈赠”作为首要的品格。他们义务为许多职工服务而不收取费用,并由此创建起人民行动党。工友给予人民行动党回报,就是让人民行动党赢得大选。而人民行动党获得的政治支持,价值非金钱可比。

李光耀很早就认识到,清廉对东南亚和亚洲国家的重要性。在上台执政后,人民行动党制定许多条例确保党员及政府不贪污。比如,他们不能私下接受贵重物品的馈赠,任何贵重馈赠都必须经过估价。这就向外界发出清楚的信息——人民行动党政府不收馈赠,当然也不收钱。

李光耀认为,人民行动党之所以能够一次又一次获得人民投票支持,其最大实力就是不贪污。人民行动党开始贪污的那一天,就是完蛋的那一天。反对党要战胜人民行动党的最大困难,就是要达到和人民行动党同等的廉洁水平。

君子正直是廉洁之源

君子的正直是廉洁之源。人民行动党领导人十分重视保有正直品质。由于强调正直,政治工作就不是纯粹为了一己之私。

李光耀在回答记者提出的“您能想象自己完全撤离政府或放弃政治吗”及“您

什么时候会退休”的问题时说:“你的问题错了,我涉及的不是政府,也不是在搞政治。我是因为要改变社会,要改善人民的生活,要让他们的子女有更美好的前途才从政和组织政府的。”

由于强调正直,政治斗争就不会沦为狭隘的权力之争。李光耀也反复申明自己与政敌的斗争,绝不仅是权力之争,而是信念之争。李光耀说他会动用自己的一切智慧和力量来对抗当年在新加坡的过激分子。但是,他很尊重他们的领袖,尊重他们为理想、为信念所体现的牺牲精神。他对林清祥、方水双、方壮璧等并没有个人夙愿。他与他们自始至终都维持正确与和睦的个人关系,相互之间的冲突与个人恩怨无关,完全出于各自不同的信念和人生目标。但正因为彼此的信念根深蒂固,使得相互之间的冲突更为激烈。

李光耀也曾在国会和媒体上与社阵领袖李绍祖医生发生激烈争论。李光耀认为李绍祖脾气火暴,但心肠不坏,只不过政治上很幼稚,并在1990年10月最后一次以总理身份官方访问中国时邀请李绍祖及其妻子同行,前后时间达两个星期。由此可知,他们之间没有个人恩怨。同时,李光耀也觉得反对党人詹时中、刘程强和谢镜丰都相当友善,为人可亲。正是由于强调正直,李光耀等人民行动党领导人在处理问题时才能努力做到秉公办事,尽量避免以权谋私。

李光耀说:“我私下可以为朋友做很多事,只要对我们共同奋斗的目标没有影响。我们一块儿建立这个国家,如果牺牲国家利益,就损及我们一向努力的目标,这是绝对不可以的。但如果你需要十万块钱,我会拿出自己的钱借你,或帮你奔走筹钱。那是另一回事,那是私人交情,但再好的私交也不能默许你损害国家利益。这不可以,因为国家是我们毕生心血的结晶——制度下,人人都必须遵守某些原则。目标不仅是秉公行事而已。我们的目标是建立制度,枉法徇私,制度就维持不下去。我让郑章远受法律制裁,不是要表现我铁面无私,而是因为妥协会毁了整个制度。”

第七节　净化官场——廉洁政治文化

政治文化是社会成员在政治活动中产生并通过后天学习和社会传递形成的反映客观政治过程的观念意识,是客观政治过程在社会成员心理反应上的积累或积淀，是一定范围的社会成员普遍遵循的政治价值取向、共同信守的政治行为模式和广泛流传的政治态度作风，即政治文化。政治文化是文化在政治领域的特殊表现。

新加坡的廉洁政治文化

在倡导儒家核心价值的同时，人民行动党政府也注重净化环境，建设廉洁政治文化。人民行动党政府所营造的廉洁政治文化的一个主要特点是，当领袖的人不能自私自利或以自我为中心。人民行动党的每个干部都必须抱着利他主义，有一种肯为同胞做事的思想。

站在严格意义的政治文化的角度来考察，在一个彻底腐败的政治集团中，虽然集团成员所讲的政治理论还是“领导就是服务”，但是这个集团的政治文化却是“领导就是谋私”。换句话说，“领导就是服务”仅仅是他们说在嘴上的政治口号，写在纸上的政治理论，“领导就是谋私”才是他们内化为价值取向、外化为行动模式和体现为态度作风的政治文化。

政治文化是一种政治生活方式。李光耀说，人民行动党政府人员之所以穿着朴素，是因为这是政府官员应有的生活方式。来见他的人都穿得比他华丽。但他感到满足的是，知道不那么做就不能达到原定的目标。

政治文化弥漫成政治环境。李光耀说，廉洁的政治环境是新加坡最宝贵的资产。在这样的环境里，掌管政府、主要机关和大学的人，都是一群廉洁、可靠、能干并且致力于为国人创造一个美好前途的人。

道德是清廉的精神保证

在中国乃至东亚，道德的作用就更为重要。在重视道德教育的同时，李光耀也重视道德教育在维持政府廉洁中的重要作用。他强调道德领导是竞争优势，也是有利于国家发展的因素。

1959年，当人民行动党政府上台时，李光耀等人就有一股建立一个清廉和有道德的政府的使命感。他们把进行有道德和清廉的领导定为全国选举的核心课题，倡导道德和清廉的政治风气，倡导道德和清廉的社会风气。

李光耀之所以将有道德和清廉相提并论，是因为清廉本身就是有道德的具体表现，有道德则是维持清廉的精神保证。人民行动党之所以能在长期执政的条件下保持廉洁，原因之一是以德倡廉，倡导儒家核心价值，倡导廉洁光荣，提倡君子执政，营造廉洁政治文化。

廉洁的白色“党服”

白衣配白裤，被称为人民行动党“党服”。1959年5月，人民行动党参加在新宪制下举行的第一次自治邦议会大选，在51个议席中赢得43席。同年6月5日，人民行动党执政，时年35岁的李光耀宣誓就任新加坡自治邦首任总理。

李光耀及其同僚怀着强烈的使命感，决心建立廉洁有效的政府。在市政厅大厦会议室宣誓就职的时候，他们一律穿白色的衬衫和长裤，以此象征个人行为纯洁，政府作风廉洁。从此，白衣白裤就成为李光耀和他的战友亲自缔造的人民行动党的“党服”。

人民行动党的重大活动，如党员代表大会、党员干部大会、每年的国庆检阅典礼、五年一次的政府换届竞选等，参加这些活动的人民行动党的党员和干部一律着白衣白裤。

中国摄影家邓伟曾“冒昧”请求为李光耀拍摄个人照片。当时，李光耀的秘书曾事先询问如果李光耀同意拍摄，该让李光耀穿什么颜色的衣服。邓伟回答说，白色衣服。后来，李光耀真的同意接受邓伟的拍照要求。邓伟事后回忆说，自己的上述回答也许是使得李光耀同意接受拍摄的重要原因。因为李光耀由此知道邓伟在拍摄之前，已经对李光耀及人民行动党进行了研究和了解。

从1959年到现在，人民行动党人一直保持着重大活动穿着白色“党服”的传统。他们自己也说，世界上大约没有哪个国家的政党有像新加坡人民行动党这样的传统。

白色是一种象征，也是一种提醒。它要求穿着这种颜色的人民行动党人必须和自己所穿的白衣白裤一样纯洁、廉洁。但是，部分新加坡的年轻一代却认为如此着装有些单调刻板。必须接受大选考验的人民行动党十分强调与时并进，紧随年轻人的步伐。因为只有争取年轻人的心，才能争取到未来。

1990年，国会议员梁汉基、尚穆根写信给《行动报》，对“党服”提出了异议，认为这种单调的穿着很像校服，给人的印象是有点过时、严肃和乏味。这表明党没有按照新加坡社会观念的转变而改变形象，信中的观点引起了党员对这个课题的议论。

唯一赞同信中观点的翁执中博士呼吁党应该跟上潮流。他说，如果今天还得穿裤脚宽宽的卡其短裤，你认为年轻的新加坡人会加入警界服务吗？

许多国会议员普遍认为，白衣白裤既象征着党的纯洁的目标，也反映了党员的纯朴的需求；它代表了诚实和正直，也代表了廉洁和与贪污绝缘。他们对这套白衣白裤的拥护，就像对红色国旗的拥护一样。

为了既保持白色所象征的质朴、纯洁的理念，又不要让人觉得单调乏味，人民行动党议员杨荣文曾建议在一些特别的场合，不妨在白衣白裤的上面加穿一件颜色鲜艳的外套。

人民行动党党督李文献在党报中对有关“党服”的异议做出裁决说，如果有些年轻的新加坡人因为觉得这套服装落伍而不愿意入党，那么，把这些这么在乎时装潮流的年轻男女引进党，他们又能有什么贡献呢？到时如果他们被派去支持和向选民解释一个既不合潮流也不受选民欢迎的政策，那将怎么办呢？因此，对白衣白裤的结论是：人民行动党会尽量做到与时并进，但有些东西必须保持现状。白衣白裤是其中之一，这种精神叫作“忠于传统”。

杨荣文的建议似乎也获得了采纳。我们可以在2004年举行的人民行动党成立50周年庆典中看到，与会的人民行动党人所穿的服装正是白衣白裤的上面加穿一件颜色鲜艳的红色外套。

低调俭朴的党总部

人民行动党总部坐落在新樟宜路上段的一个很不起眼的小办公楼里，周围是住着普通居民的组屋。来往的民众既可以在楼前楼后随意行走，也可以擅自推开办公楼门，因为楼前并没有任何岗哨和围墙。

人民行动党总部的助理主任马元麟曾告诉来访客人：“我们就那么低调。”而他俭朴的穿着、温和的笑容以及低头的姿态，仿佛就是低调的人格化身，与这座“很不起眼”的执政党的总部浑然一体。

实际上，有些客人在访问总部之后，会带着疑惑口气问道，是不是全部都在这里？他们很难相信，长期执政的人民行动党的总部，会局限在这么一个小小的地方。

有感于乌节路上的总部的老旧，吴作栋早年曾经向行动党中央执行委员会提呈一份报告，建议在设于乌节路的总部的地皮上建起一栋办公楼。办公楼除了能够作为党总部，也可以出租楼面来增加党的收入。吴作栋当时是在私人企业界任职,深知投资回报的重要。他认为行动党当时并没有在这块珍贵的土地上取得充分的回报。

当时担任行动党秘书长的李光耀虽然明白他建议这么做的用意,却拒绝了他的建议。李光耀认为,以一栋大楼来作为行动党的标志,对行动党没有益处。如果盖了高楼用作党总部,的士司机每天经过,都会向乘客指出这栋大楼就是行动党的总部,那么人们就会以为行动党是很富有和好炫耀的,这样会使行动党给人留下不好的政治形象。

李光耀的上述观念在其继任者吴作栋身上得到传承。在吴作栋接任总理之后,人民行动党在植物园一带有一块地皮,并曾考虑应否兴建一座高耸的大厦。目的并非要以它来作为党的标志,而是希望通过它来为党带来收入。

作为总理的吴作栋已经超越了自己早年纯粹从经济角度思考问题,而是善于从政治角度思考问题。与李光耀的思维视角完全一致,接任总理的吴作栋也否认了兴建一座高耸大厦的想法。

吴作栋总理说,如果人民把某座大厦看成属于行动党的大厦,而且又是一座很高的大厦,这对党没有好处。作为执政党的人民行动党如果对自己的存在及地位不刻意低调处理,就会给人高高在上的感觉。即使人民行动党没有这个意思,人们还是会以为它高高在上。

目前,设在樟宜的行动党总部地点虽然不在市区,但行动党人形容这里"静中带动",所占用的面积也只有300平方米。当外国政党的代表访问行动党总部时,总是很惊讶地发现党的总部竟然设在这么不起眼的建筑物里。他们更感到不解的是,只有8名职员(1999年的人数,2005年据说增加为11人)在那儿承担日常工作。他们无法理解,单靠这几个人,行动党是如何执政这么多年的。

当外人提出这样的疑问时,行动党就会向他们解释,党内各支部的秘书和活跃党员都负起推动党务的工作,他们是行动党的骨干。他们平日同基层保持联系,协助议员开展接见选民的工作,在大选时则四处奔波。

人民行动党的骨干们长期吃苦,却从来都没有因此而获得任何好处,甚至连国家给予基层领袖的奖励他们都享受不到。尽管如此,他们还是忠于行动党和他们的议员,全心全意地为选区里的居民服务。实际上,行动党到1988年,才颁发奖状来肯定这些忠诚党员所做的贡献。

人民行动党总部的助理主任马元麟在总部服务了许多年,他的工作主要是跟党的83个支部保持联系，确保要求参观人民行动党总部的海外访客得到国会议员的亲自接待。此外，他也协助像家庭日、时事座谈会和政治性对话等活动。总部的职员负责管理图书馆、档案资料、党员名册和党的账本。

人民行动党总部的这类党务年复一年地照常运作，只有选举期间才有变化。那时候，总部会非常忙碌，因为总部一向是指挥中心。马元麟对来访的客人说："我们不能向你透露太多，因为这会变成泄露秘密。我们这个中心如何运作，选举期间这里会出现什么情况，我们见些什么人，这些都是秘密。"

人民行动党这样告诉世人：唯一可以泄露的秘密就是，对党来说，它不是依靠某一座大厦来肯定它的权力和地位，而是依靠人民的支持和拥护。

第八节　高薪养贤——市场决定薪金

人民行动党政府敢于正视现实，主张"根据市场的做法"，让市场决定公职人员包括部长和高级公务员的薪金，就是根据人才的价值和供求关系，"以市场力量来决定薪金"，给予了公职人员特别是高级公职人员高额的薪金，实现了高薪养贤、高薪促廉，最终达到了使人"不必贪"的效果。

正视社会人与经济人

在如何确定公职人员特别是部长和高级公务员的薪金标准的问题上，人民行动党政府领导人反复强调要敢于正视现实，抱持诚实的态度。李光耀说，不要假惺惺，应该诚实和实际地看待问题。如果大家继续虚伪的作风，就不能维持现有制度，这个制度肯定会垮下来。

人民行动党政府十分深切地认识到人是包含着"经济人"和"社会人"正反两面的"复杂人"。一方面，人民行动党政府看到了人性中的"社会人"的一面。在特定时期与特定环境，这种"社会人"的一面甚至可以表现为一种杀身成仁、为国捐躯的英雄气概。

当问题确实涉及国家的生死存亡，对个人利益或安全的考虑会被搁在一旁。一场革命进行的时候，全体人民的命运取决于少数人的行动，要是再出现这样的局面，李光耀相信一些新加坡人会再度挺身而出应付紧急事变。

人民行动党政府也透视到人性中的“经济人”的一面。1985年，当大法官、总检察长和法官职位即将出现空缺，而这些职位的薪金又远远低于律师时，李光耀曾和10多名律师谈过，但他们都不想担任上述职位。李光耀对此并不感到奇怪，因为这是个很简单的人性问题，任何人都有着常人的欲望需求。

有人认为，把部长、常任秘书的薪金与私人部门高层管理人员的薪金进行比较是错误的，李光耀反问道：“我们的思维是否完全不同？难道一个不必吃、不必生活、不必把孩子送去念大学，另一个就需要？你是否生于不同时代，一个在公元前，一个在公元后？”

如果说，领袖也有着常人的欲望需求，那么，领袖的家属就更是常人。李光耀指出，要劝说才俊参政时，连他的妻子也要能被劝服。部长的妻子也是普通人，她们也像丈夫同辈的妻子那样，有着一般人的期望。参政意味着牺牲一定意义的家庭生活。那不仅仅是钱，而且是时间、隐私和一起度假的闲暇。

人民行动党政府能够诚实地看待人性，表现在它能够正视人作为“经济人”和“社会人”的两个方面，并给予二者不同的定位。在制度建设方面，人民行动党政府立足于人是“经济人”，从而实行“高薪养贤，积薪防贪”；在道德教育方面，新加坡政府着眼于人是“社会人”，从而强调修身、正己，养成君子的品格。

儒法互用、礼法交融的中华传统治官之道有两个相辅相成的程序。一是制度建设立足于性本恶或人是“经济人”，从奠定经济基础开始，使官员之俸“足以代其耕”和“足以养廉耻”。这是践之于足下的基础，是安身之道。二是道德教育着眼于“性本善”或人是“社会人”，从“反求诸己”开始，由“明明德”而达于“止于至善”。这是悬之于头顶的境界，是进德之门。只有诚实地看待人性中的“经济人”与“社会人”的两方面因素，才能实现修身、齐家、治国、平天下的理想。

正视和适应时代变化

随着消费时代的到来，李光耀认为自己这一代政治领袖已经成了恐龙般的绝种的人。第一代领袖是出于信念的激情投身政治活动，但是这一代人不能自我繁殖。即使能无性繁殖，年轻的繁殖品也不可能同第一代人一样，因为当时所面对的局势已经不复存在。

吴作栋总理也强调新加坡不能重新创造同样的条件和环境，然后找出类似的人才，来献身新加坡的政治。人们也希望这个时代不会再回来。因为如果它再回来,新加坡将需要不同的一组人挺身而出,来协助解决危机和难题,他们必须牺牲自己的薪金收入,把什么薪金标准都抛在脑后。新加坡不应该重复这个时代所经历的一切和所付出的代价。因此,现在的问题是,在不同的客观环境下,如何吸引人才参加政治。

新加坡之所以能够取得今天的成就,是因为人民行动党政府领导人能够随着情况与社会的改变而改变。他们知道,新加坡需要有献身精神的部长,但在新的社会环境下,人们不能要求他们像特丽莎修女那样做出牺牲。

为国牺牲的精神必须以现在新加坡的现实环境来看待。这就像新加坡的国庆检阅典礼那样,政府在20世纪60年代发汽水和蛋糕给参加检阅游行的队伍,但在90年代却发给他们最好的T恤、牛仔裤和运动鞋。

李光耀说:“我们是否已经放弃理想主义,而采纳物质主义?不是的,我们只是在适应新环境。”为了适应时代的变化,新加坡政府不断调整公职人员的薪金。从1970年6月开始,当新加坡渡过第一个阶段的经济衰退和1968年英军从新加坡撤离的危机后,除总理李光耀自己外,新加坡人的薪酬都得到提高:第一副总理的月薪提高到4500新元,大法官的月薪提高到3500新元,议长的月薪提高到3000新元,部长的月薪提高到4500新元,而总理李光耀仍维持在3500新元。

李光耀冻结自己薪酬的目的是因为担忧国人可能误解加薪的讯号,致使工会过分狂热地争取工资,并导致在准备吸收失业所带来的冲击前,使国家陷入困境。难关渡过之后,1973年,李光耀的薪酬也提高到9500新元。

李光耀强调,政府设法招募年轻的人才,他们属于不同的时代。这不是说他们不能做出同样的牺牲。自己仍可付给他们旧的薪酬,但自己这样做,对得起国家,对得起他们吗?他还说:“我不需要向我那一代的国人证明我们的牺牲,不过是为了年轻一代的新加坡人,我不相信要求年轻同僚具有和我们一样的绝对献身精神是一种聪明的做法。这并不意味着他们不会献身,只不过是不要去压迫他们罢了。”

政治的事业性与职业性

政治既是一项事业,也是一种职业。政治作为令人献身的事业,要求参政者具有奋不顾身的责任感、使命感,并令参政者获得自我实现的满足;政治作为借以谋生的职业,必须根据按劳付酬的原则给予从政者合适的薪金,使之能够维持自己及家人应有的生活水平。

当国家处于危难之时,政治主要是作为一项事业召唤着人们投身其中,就如新加坡的第一代领袖是出于信念的激情才投身于政治活动的一样;当国家处于稳定之时,政治必须作为一种职业付给人们应有的报酬,以吸引能干的人才从政。

当国家处于稳定之时,人人都说:“哎,国家治理得不错,为他们欢呼吧。我只想找份好工作。”好工作很多,但问题也在这里。李光耀说,除非能够为政治注入更多的诱因,否则,人才都会去做企业主管、做经理,只剩二流的就业人才。

2000年,新加坡国会在讨论调整部长薪金的辩论中,反对党议员刘程强认为,政治是为国为民服务的事业,将部长与高级公务员薪金和市场挂钩的做法,降低了从政者为国为民服务的精神。而且以国家资源为后盾,在人民的委托下治国,和以私人的资金投入市场做生意,是两回事,市场也不相同。前者的市场并不大,竞争性也有限。

反对党议员詹时中说,部长的薪金标准不应带入私人企业以利益为元素的方式,以免给年轻一代错误的信息,把金钱当作唯一的激励因素。他以世界级网球员张德培为例,说明部长也应该以工作本身的满足为上,而非因为能赚很多钱。因此,他建议部长薪金应与美国等其他国家相似人员相比较。

针对上述观点,李显龙回答说,他完全同意一些议员指出部长和行政服务官的薪金不应该与企业家如比尔·盖茨及李嘉诚做比较,因为这些人都投入了自己的资金。但是,政府并没有这样做,而是把部长和行政服务官的薪金与为比尔·盖茨及李嘉诚工作的专业人士及行政人员做比较。同时,政府也没有以在美国的一些大公司如国际商业机器或惠普公司的高级执行人员的薪金做比较,而只是比较了本地跨国公司的薪金。

人民行动党议员易华仁举本身的经历为例子说,他在1987年加入行政服务,在1994年薪金调整之前的六七年里,他的同僚中有3/4已辞职到私人企业界发展。他说,必须给予公务员具有竞争力的薪金,公益之心与牺牲的意愿,是每个人自己的选择。

人才价值确定薪金

根据人才价值确定薪金,势必因为贡献、能力和表现的不同而拉开不同人员收入的差距。面对由此引起的世人的争论和非议,吴作栋曾在1994年的国会演讲中指出,当人们谈论部长与高级公务员薪金标准时,首先必须决定他们所要的是怎么样的政府及具备什么素质的人才。如果人民所要求的只是一个平庸甚至低劣的政府,并准备接受"阿陈阿末"为部长或常任秘书,那政府就可以把部长及高级公务员的薪金标准定在一般新加坡人的平均收入水平上,这约等于每月1500新元。

吴作栋指出,他不能接受这么低的标准。因为既然国会选择他为总理,把国家的前途交托给他,他就有义务集合最杰出的人才为国家服务。如果人民希望自己的生活更安全,就必须把治理国家的重任交付给最杰出的人才。这些人的收入都是全国最高的几百名之一。每月至少能赚取4万元。

吴作栋说,部长的才能不一,在私人企业界赚钱的能力也不一样。要是他们选择在私人企业界任职的话,他肯定他的内阁中有超过一半的成员将能名列收入最高的100名高薪人士名单内。有资格成为部长或高级公务员的人们,应该属于那些有能力登上私人企业界顶峰的人。因此,部长和高级公务员的收入,应该与本地私人企业界的顶尖专业人士相比较。

实事求是地说,一个国家的总理、部长及大法官对人民生活的影响、对国家的责任以及上述职务所要求的能力远远高于当地顶尖的私人企业总裁和律师。但是,在新加坡,当地顶尖的私人企业总裁和律师的薪酬却远比总理、部长和大法官高。

1985年,新加坡有676人所缴付的所得税比部长们的薪金高。李光耀认为,这些人的收入虽然比部长们高,但他绝不相信,这676人对新加坡会比财政部部长、国防部部长和国家发展部部长更重要。他说,在新加坡,任何人做出的决定,都不会比他们这三位的影响重大深远。

李光耀在1990年底卸下总理职务之前做的最重大任命之一,就是委任一名大法官接替黄宗仁大法官。通过反复挑选,李光耀最后决定选择毕业于剑桥大学法律学院、时任作为本地最大银行的华侨银行主席,并且在新加坡与国际银行家当中建立了正直、能干美誉的杨邦孝担任大法官。

按照有关规定,如果杨邦孝接受委任,他必须先担任一年高庭法官,然后才能出任大法官。杨邦孝决定接受这项任命。他离开了华侨银行,并于1989年7月1日受委为高庭法官,1990年9月受委为大法官。

作为华侨银行主席,杨邦孝在1989年上半年的薪金、花红和现金代替年假方面的收入是130万新元。如果杨邦孝留在华侨银行,他在1989年一整年的收入将是260万新元。然而，作为一名高庭法官，他在1989年下半年的收入总和是17.7万新元，不到他在华侨银行上半年年薪的1/7；即使担任大法官之后，收入也不及担任华侨银行主席职务的1/5。

李光耀认为，杨邦孝是把大法官工作作为一项使命而接受了这项任命的。当然，由于继承了父母的一些遗产，减薪问题没有对他构成就任的障碍。但是，未来的新加坡不能奢望找到一位同样正直、能干而又刚好继承了父母遗产的大法官。部长的情况也与此类似。因此，处理数以几十亿元计的部长，不应该领取低薪。

低薪不可能吸引能干又能在本身的专业或商业领域取得杰出成就的人才。低薪所能吸引的只是以公共服务为名，靠甜言蜜语取得政权的伪君子。一旦由他们治理国家，其真面目将暴露无遗，国家也将毁在他们手中。

李光耀说，每当你选区的居民问你：为什么部长要那么高的薪金？告诉他们：经过部长之手的钱以十亿元计，部长的一个签名可以决定一间公司的成败，所以，他必须是具备那种素质、地位、道德的一个人。如果他根本不值得领取市场价格的60%（当时新加坡政府提出以市场价格的60%作为部长薪金的计算标准）作为薪金，他根本不值得担任这个职位！

人才供求决定薪金

在市场中，商品的供求状况是影响商品价格的重要因素。当商品供不应求时，商品的价格就会上涨；当商品供过于求时，商品的价格就会下跌。一件商品能否卖得出去，或卖多少价钱，取决于有没有人买或愿意花多少钱买。同样，在人才市场中，人才的薪金也必然受到人才供求状况的影响。尊重这一原则，就必须根据市场供求状况确定人才薪金。

1994年，新加坡大多数公共服务的薪金已跟私人企业的薪金标准挂钩。但是政府还没有为部长以及特级和超级公务员，尤其是行政服务的公务员，制定一个正式的薪金标准。为了使“根据市场的做法”决定公职人员薪金的举措落到实处，李光耀建议政府制定一个公式，使部长、法官和高级公务员的薪金同私人企业界的报税额挂钩，自动进行调整。

从供应与需求的关系来理解，新加坡容易出现政治领袖人才供不应求的状况。一方面，新加坡作为一个国家，麻雀虽小，五脏俱全，需要大批政治、行政人才充实各个政府部门。但其小国寡民的现实，又造成求才不易的问题。

在20世纪的50年代到60年代,新加坡从每年出生的5万到6万名婴儿中,分别产生大约五六十个第一流的人才,即平均每千人中就有一个。但并不是所有这些有天赋才干的人都兼具坚强的性格、健全的气质和高度的干劲,以配合他们的高超天资。

李光耀在1982年说,过去15年里,他一直观察公共服务委员会的奖学金得奖人,并阅读他们在公共服务部门和武装部队工作表现的机密报告。他发现,兼具正直性格和品格的奖学金得奖人实际上算起来每三千人中只有一人。在70年代,新加坡常年婴儿出生人数下降到4万名。以每三千人只有一名人才来计算,则具有天赋才华兼心智平衡的新加坡人,每年只有12到14人。

在稳定与繁荣时期,能干的新加坡人喜欢追求具有挑战性、有满足感和高酬劳的私人界职业,所以,很难说服他们接受政治职业的风险和公众责任。这就造成部长、大法官等人才供不应求,为了吸纳优秀人才担任部长、大法官及高级公务员职务,解决政治、行政人才的供不应求,必然要根据供求状况确定薪酬。

1985年,新加坡的律师有1000名,其中有12位有资格当法官。但当邀请他们做法官时,他们却说要等几年赚够钱后再说。当时,新加坡有一个大法官、一个总检察长和两个法官职位空缺。但是,在符合条件的人中,却没有人愿意接受这几个职位。原因很简单,因为牺牲太大。

政府提出的部长与高级公务员薪金标准是与本地私人企业界的顶尖专业人士相比较,反对党议员建议,应该比较其他国家的部长薪金,以确定新加坡部长的薪金标准。例如,1996年,新加坡政府首长的年薪为812858美元,是美国政府首长200000美元年薪的4倍。按照按劳取酬的原则,新加坡政府首长的年薪就应该降低,因为新加坡总理所做工作或所负责任不可能是美国总统的4倍。

吴作栋总理反驳说,这样的比较没有意义。薪金并不完全反映政府的总成本。因为薪金不是政府成本的唯一成分。只有加上其他额外利益,才能准确计算。例如,美国总统克林顿有“空军一号”座机来为他服务,并且还有戴维营。根据了解,“空军一号”每年需要1800万美元的经费。菲律宾原总统马科斯的薪金远远比不上新加坡资政李光耀,但他的财富却是李光耀的不知多少倍。在新加坡,总理和部长除了享有免税汽车津贴外,并没有额外的津贴。例如,没有房屋津贴或假日津贴,还得缴税务,交水电费、电话费和住院费。

吴作栋总理说,各国的部长或总理是无法相互交易的。他们不可能像货品一样可以在国际市场交易。即使英国的梅杰首相多么想成为新加坡的总理，也不能够成为新加坡的总理。这就是说，尽管新加坡总理的薪酬比英国首相高，也不可能按照追求物美价廉的买家原则，将"价廉"的英国首相梅杰"买"来做新加坡总理。另外，其他国家的做法不一定能产生最好的政府，因此，如果这些国家的部长薪金低，新加坡不一定要跟随。

早在1989年，李光耀在国会辩论法定职位的薪金调整声明时，便对此已有评述：撒切尔夫人当首相的薪酬，只相当于公务员首长薪酬的一半。这便使得英国的常任秘书比部长要聪明能干，而撒切尔夫人第一任政府的人才，还不足以组成一家跨国公司的管理层。

李光耀指出，良好的行政系统是重要的。但是在发展中国家，一个杰出的政治领袖却对国家的存亡有生死攸关的关系。在一个发达的社会里，平庸之辈当部长并无大碍，国家还是会生存。但是在一个发展中的社会里，如果政治领导层懦弱，就算有最好的行政系统，也起不了什么作用。

综上所述，就根据供求状况确定薪金这一原则而言，人民行动党领导人的观点是，当总理薪金不能吸引到最适合担任总理的人才来担任总理的话，那么，就应该增加总理薪金，直到这一薪金能够吸引到最适合担任新加坡总理的人才来担任总理。

机会平等才是真平等

在现实生活中，平等可以区分为结果的平等、起点的平等和机会的平等。结果的平等只能打击能者和勤者的积极性，导致干与不干一个样、干多干少一个样、干好干坏一个样，最后走向平等的贫穷或贫穷的平等。起点的平等在现实生活中是不可能的，站在亿万富豪父亲的肩膀上的子女与站在普通工人父亲的肩膀上的子女拥有不同的起点。

只有机会的平等是现实的，也是必需的。这种机会的平等意味着任何想进入大学或想竞选总统的个人都要平等地经过同样的程序，遵守同样的规则。这就是说，即使是普通工人的子女，也拥有与富豪子女平等的机会。

从人的智力、能力的不平等的事实出发，李光耀强调实现人与人之间的机会平等，而不是结果绝对平等。李光耀说，自己相信平等机会，相信人类愿意跟其他人类分享平等的机会，不计较父辈的财富和地位，这样人人才都能发挥所长，参与竞争,攀越巅峰。不论在莫斯科、北京,还是在华盛顿、伦敦都是如此。

不平等也可以区分为封闭的不平等与开放的不平等。在封闭的不平等社会中,"公之子恒为公,士之子恒为士",不同等级之间没有相互流动的可能性,这种不平等将阻碍社会前进,导致社会动荡。一方面,这种不平等将由于不能体现各尽所能、各取所值的原则而导致社会停滞;另一方面,这种不平等将使低层的贤能之士不能通过正常渠道走向高层,于是这些贤能之士便只好通过非正常的暴力方式推翻现有秩序。

在开放的不平等社会中,各个等级之间的人员将由于各自的能力和表现而自由流动。这样有能力和贡献大的人将凭着自己的能力和贡献获得晋升,缺乏能力和贡献小的人将通过提高自己的能力和增加自己的贡献而有望晋升;即使有些人的能力不可能提高和贡献不可能增大,但是由于大家认同了这种机会的平等,社会也将因此而处于一种动态平衡之中。

新加坡的一大优势在于没有牢不可破的阶级区分。其人与人之间的不平等是一种开放式不平等:穷人可以白手起家,富人也可能倾家荡产。按照李光耀的说法,这正是新加坡成功的"半个秘诀"。

诚实看待收入差距

诚实地看待收入差距,必须正确理解平等的内涵,正确认识社会应该追求什么样的平等。李光耀也强调社会应该避免让胜者全利尽收,否则就会打击落后者再接再厉的士气,进而造成社会普通成员的不满乃至社会动乱,影响国家经济长期发展。

人民行动党政府的治国原则可以概括为"各尽所能,各取所值,扶贫济困"。"各尽所能,各取所值"强调自由,是一种鼓励竞争、奖励强者的举措;"扶贫济困"强调正义,是一种追求平等、保护弱者的方法。没有前者,社会就会缺乏竞争力,就不能快速发展;没有后者,社会就会缺乏凝聚力,就不能保持稳定。

在2000年6月的国会辩论中,多名议员针对高收入和低收入家庭,尤其是收入最高的10%家庭与最低的10%家庭的收入差距明显扩大这个现象,询问政府已制定了哪些计划去协助低技术和低入息工人。

贸工部部长杨荣文准将答复说,这其实是两个完全不同的问题,须要有两套方法去解决。低收入工人所面对的是缺乏当前经济所需的熟练技术的问题,需要通过长期的重新培训去解决。当然,政府也有责任提供"社会安全网",保障他们的起码温饱和子女教育。

贸工部部长杨荣文准将说,至于高收入阶层,由于他们掌握了全球吃香的知识与技术,随时可以东家不打打西家。因此,无论是私人企业界或政府,都必须提出一套足以吸引他们的酬赏制度。只要人们不自欺欺人,这两个问题是很容易分开来谈的。

在全球化和新经济时代,全世界都在竞争顶尖人才,因此,收入差距的扩大是不可避免的事实。问题的关键是要确保国人收入都往上提升,确保不论家庭背景如何都有均等的机会,确保大家能够根据本身的能力发挥最大的潜能。

为了缩小收入差距而制定薪金顶限、放弃市场机制,将使顶尖人才移民他国。它的代价将是经济变缓、高失业率,以及整体薪金的下降。这不但帮不了低收入者,而且会使他们的生活陷入第三世界的水平。

便宜没有好政府

"根据市场的做法",看一项投入是否值得或必要,不能孤立地光看投入本身,而应该比较这项投入所带来的收益,才能做出正确的判断。比较收益确定投入,也就需要根据政绩(收益)确定薪金(投入)。

例如,孤立看投入,1000元的投入当然比2000元的投入更省钱。但是联系收益看,如果1000元的投入仅能带来1万元的收益,2000元的投入则能带来10万元的收益,则2000元的投入无疑要比1000元的投入更合算。

在金融危机期间,新加坡所受的影响比其他区域国家小。其原因用驻新加坡的美国大使格林的话说,就是因为新加坡人很幸运有个管理好、有远见而且敢于改变的政府。

吴作栋总理在2000年的一次国会演讲中再一次阐释了上述投入与收益的经济学:新加坡人每年只花11元,就能换取一个好政府,让他们得以安居乐业。如果政府没有把经济管理好,新加坡的经济增长率有可能下跌5%。这就意味着新加坡国内生产总值会减少95亿元,若除以300万的新加坡人口,每名国人就会因此而损失3166元。在调整部长薪金后,部长们一年的薪金总额达3400万元。这将占1999年1440亿元的国内生产总值的0.024%。这笔数目无论是跟95亿元的损失比较或所占国内生产总值的百分比,都是小数目。

吴作栋总理强调,新加坡在金融危机中使经济免受的损失数额,用来支付部长及其他担任政治职位者在政治生涯中的薪金绰绰有余,而且实际上还可以养他们几辈子!

吴作栋总理说,他领导政府已有10年,人民可以自由地判断,政府的表现是否与所领取的薪酬相称。他相信多数新加坡人会根据逻辑做出理性的判断。

第九节　积薪防贪——经济手段防贪

新加坡实质是积薪防贪,通过公积金制度,使贪污贿赂者得不偿失,从经济上遏制了贪腐,促进了廉洁。根据新加坡的公积金制度,公务人员一般都有几十万新元的公积金,如有贪污受贿等违法行为,撤销其全部公积金。公积金制度使官员不敢因小失大。

新加坡的公积金制度

新加坡中央公积金制度创建于殖民地时代的1955年,一开始只是为工人提供退休保障的社保强制储蓄计划,后来被李光耀改革并发扬光大。中央公积金制度保障范围不断扩大,最终演变为涵盖养老、医疗、住房、教育、投资等内容的社会保障制度。中央公积金制度是新加坡最重要的经济政策之一。

新加坡政府制定了完整的《中央公积金制度》,规定所有参加社会工作的人员包括政府公务员、企业职员、一般工人都必须参加公积金制度。2013年,新加坡中央公积金总余额高达2000亿美元,相当于其2012年GDP的74%。实行中央公积金制度,为新加坡政府进行公共建设和投资提供了廉价的巨额资金,也增强了新加坡政府的财务能力。

中央公积金制度本质是一个强制储蓄计划。法律规定每个国民不分职业,只要是受雇员工,都要缴纳20%的薪水到他个人的公积金账户里,雇主则要缴纳16%到员工的账户内。缴纳比率在员工年龄超过50岁后会逐渐下降。就是说每个职工享有工资36%的公积金,以个人名义存入银行。

55岁以下雇员的个人账户,分为普通账户、医疗账户和特别账户三类。普通账户的储蓄可用于住房、保险、获准的投资和教育支出;医疗账户用于住院费支出和获准情况下的医疗项目支出;特殊账户中的储蓄用于养老和紧急支出。55岁以后个人账户变为退休账户和医疗账户,其成员只有在中央公积金计划账户内的数额达到最低规定后才可以提取部分积蓄。

公积金属于个人所有,但不得随意提取。按制度规定只能用于四项内容:(1)购买政府组屋;(2)医疗治病;(3)为子女交学费;(4)养老基金。养老金必须在退休后方可领取,政府和企业不另发养老金。可以想象,一个公务员每月可获得月薪36%的公积金,工作时间越久,所得积蓄越多。

据统计,高级公务员(司局级)到55岁退休时,公积金总额有80万~90万新元,相当于人民币400万~500万元。如果在职时廉洁奉公,没有贪污贿赂和违法行为,退休后,可以保证全家生活富裕、安居乐业。一旦贪污受贿,公积金一律全部撤销充公,你将失去养老金。

公积金防贪养廉

新加坡法律规定,凡是有贪污、受贿等违法行为者,一律全部撤销其公积金。新加坡贪污的经济成本,非常特别表现在公积金的丧失上,一旦坐牢,就是坐牢一天,所有公积金就会被撤销充公。可以想见,在如此严厉的法律面前,又有几个人敢冒此风险为贪小便宜而毁掉自己整个后半生呢!

如商业部一位局长,以购买新汽车的理由向银行申请贷款,银行付款后他却不买汽车而挪作他用。法院以“欺骗银行的行为”判处其受监禁一天,政府开除其公职,而处罚最严重的则是取消他约50万元的公积金,以至身败名裂、倾家荡产。

新加坡公积金制度的成功经验表明,推行公积金制度,可以提高公务员廉政勤政的收入预期,能够增加公务员贪污贿赂的即期成本和未来风险,从而对公务员的廉洁从政行为起到激励作用、对公务员的贪污贿赂行为起到约束作用,使得公务员不敢也不愿因贪图蝇头小利而毁掉自己后半生的幸福生活。

新加坡给公务人员相当高的薪酬,并且还在不断提高,积存的公积金(薪酬的36%)也越来越大,一旦贪污受贿入狱,公积金包括养老金将全部撤销充公,这是一项非常重的经济惩罚。如果工作30年到退休时,公积金将有80万~90万新元。这样的惩罚,提高了贪污成本,让公务人员真正觉得“得不偿失”,达到了“不必贪”的效果。

1992年中国赴新加坡精神文明考察团团长徐惟诚说,新加坡人非常怕开除公职,因为每个人都有一大笔公积金,相当于每月工资的36%。公积金不在企业里,也不在机关里,而是在国家手中。任何被开除公职的人公积金都会被没收。资历越老,地位越高的人,公积金越多,多在六位数以上,就是几十万元。一旦被开除公职,几十万元就没有了,这个损失就大了。

徐惟诚说,收人家一杯咖啡,才几块钱,但可能导致开除,一开除,几万、几十万就没有了。所以公积金成为威慑力量的最大后盾。因为公积金代替了养老金和退休金。一旦公积金没收了,所有的保障包括医疗费都没有了。一有小贪污就被开除,被开除这笔钱就没有了,所以非常可怕,大多数人都不敢贪污。

在中国有“59岁现象”,就是临近退休的公务人员,展望前程,提拔希望不大,即将失去权力,于是就有“有权不用,过期作废”的想法,在退休之前往往利用手中权力大肆贪污受贿,甚至大肆索贿,退休之前成为公务人员的腐败高发期。在新加坡,越是临近退休的公务人员,越是不敢贪腐,因为怕辛辛苦苦一辈子积累的数额巨大的公积金会被撤销充公。

新加坡的公积金制度在防贪促廉方面是成功的,特别是对资深公务人员的防贪促廉更加成功,而资深公务人员往往有自由裁量权,因此,新加坡的公积金制度防贪促廉非常有效。建议探讨将公务人员的住房公积金、医疗保险、养老保险整合成符合中国实际的公积金制度,防止“59岁现象”的蔓延,防止资深公务人员的贪污贿赂。

先廉洁而后高薪

许多人认为,新加坡的廉洁是靠高薪养出来的,但新加坡的机构和官员不认同这一说法。新加坡是先有廉洁,后有高薪。在实行高薪制之前,新加坡已经较好地解决了廉洁问题。

实行高薪制的主要目的不是养廉,而在于揽才引贤,吸引最优秀的人才到政府任职。同时,高薪是相对的,公职人员的工资与企业家、律师、医生等社会精英相比,并不算高,而且不再享有住房、用车等额外待遇。

李光耀领导的人民行动党1959年上台执政,开始大力反贪倡廉,1965年特别是1970年以后,新加坡贪腐已经刹住,实现了初步廉洁,但新加坡公务员的薪酬还是很低的。20世纪70年代,部长的月薪酬不过2500新元,到了80年代初,才提高到10000新元以上。80年代初,总理的月薪酬是17000新元,以后逐渐提高到

20000新元以上。新加坡是先廉洁后高薪，而不是先高薪后廉洁。

20世纪70年代，有一位部长因为月薪酬只有2500新元，无法供养几个孩子上大学，不得不提出辞职，想跳槽到公司工作。李光耀没有批准他的辞职申请，而是给部长提薪，将部长们的月薪都提高到4500新元，使他们可以维持中等以上的生活水准。因此，新加坡是先廉洁后高薪，首先是为了吸引和留住人才实行高薪，当然高薪也促进了廉洁，防止了贪污。

新加坡对公务员是高薪酬、严管理，新加坡公务员管理之严举世闻名。比如行为跟踪制度，贪污调查局有权对所有公务员进行行为跟踪，暗地调查公务员私生活是否正常，是否有嫖赌、出入酒吧的行为，有无暗中与不法团体往来的行为等等。新加坡通过实行高薪酬、高待遇政策，同时辅以严格管理，达到了吸引优秀人才和促进公务员廉洁从政的目的。

毫无疑问，高薪厚禄并非养贤、养廉的充分条件，因为人的欲望没有止境，人的欲望无法满足，必须辅之以及时有效的监督和及时有效的惩处才能保证政府的廉洁和效率。但是，一定程度的高薪厚禄又是养贤、养廉的必要条件，因为悬之于头顶的境界并不是践之于足下的现实；相反，必须立足现实，才能不断提拔人生的境界。

“高薪养贤，积薪防贪”的制度有利于新加坡公共部门和内阁争取和保留到好人才，并保证政府保持高水平的廉洁诚实和高水准的能力。“高薪养贤，积薪防贪”的基础是实现了基本的廉洁，实现了精政减员，实现了政府的高效率；在机构和人员臃肿的情况下，“高薪养贤，积薪防贪”必将导致税赋增加，政府破产。

高薪厚禄养贤促廉

为了吸引人才，为了使政府高级官员和公务员抵御贪污受贿的诱惑，在李光耀总理的倡议下，新加坡政府和国会大幅度提高了公务员的工资，以俸养廉。新加坡总理年薪比世界最富国家美国总统的工资高四倍。

新加坡为什么能够采取此项措施？主要原因是：(1)企业高管薪金高于政府官员，这就诱使一些学历高、能力强的政府官员退职转到企业工作，致使政府官员素质降低，提高工资可防止人才流失；(2)政府官员工资高、待遇好，一般不会贪污受贿，能够保持自身廉洁；(3)公务员既然为国家事业做出贡献，就应该获得应有的报酬；(4)新加坡政府机构精简，经济非常发达，财政可以承担官员高薪。

新加坡选择公开给予部长实际的堂堂正正的高额薪金，而不是藏着其他额外利益的低薪。在新加坡，部长们除了享有免税汽车津贴外，并没有房屋津贴、假日津贴等额外津贴。此外，也得缴税务，交水电费、电话费、住院费。吴作栋曾在1994年举例说，如果很不幸的，副总理李显龙的恶性直肠癌淋巴肿瘤复发的话，他也得自负本身的医药费。

人民行动党政府所采取的公开给予部长堂堂正正的高薪，而不是藏着其他额外利益的低薪的做法，被一些外人认为“太过开放，太过耿直，太过老实”，但是，吴作栋的观点是，政府应该对人民诚实。如果这是国家支付给政府管理人民的实际成本，那么，这也应是人民所能看到的数字。

有人曾问李光耀是否考虑过以其他方式给予部长酬劳，例如给他们车子、房子或其他好处，以及他是否曾参考其他国家支付部长的薪金方式。

李光耀回答说，他曾小心考虑其他国家的做法。其实，新加坡可以通过许多方法提高部长酬劳，例如每年给部长免费旅行、免费医药服务等。但是给予部长这样的好处是危险的，不如让他们拥有自己的户头支付自己的一切费用。他们若不喜欢大型车，可以买辆较小型的。让部长利用自己的薪金像一般人那样支付自己的汽车、汽油和医药费，将能确保廉洁的政府。

吴作栋指出，部长的薪金成了一些人妒忌的根源未必是坏事。这样，政府比较可能从这方面延揽到好部长。如果倒转过来，反而会令人极度担心。假使是部长妒忌在私人企业界服务的人，这无疑是朝向贪污的第一步。

高额薪金的局限性

提高部长和议员的薪酬在许多国家是一个深具争议性的问题。有些国家把部长大部分的薪酬改以非现金的酬劳来掩饰——房屋、汽车、海外度假等；另一些国家则提供其他合法化的收入给部长和议员；还有一些则默默地容许因公共服务薪金太低所造成的人才流失。

李光耀出国访问时，许多国家的总理和部长们在私下讨论时告诉李光耀，他们非常羡慕和妒忌新加坡有能力把薪酬的事情公开提出来，以接近市场的水平付薪酬给政府的部长和文职官员。

在许多国家，历史传统与媒体所制造的公共舆论气氛，迫使政府按照习惯标准付很少薪酬给担任高职位者，却为他们提供办公室、官邸、家庭佣人、司机、汽车和飞机。这种办法是复杂的，有许多优秀的人才因此不愿意参与政治或替政府做事。

新加坡是一个很小的城市国家，经济非常发达，财政收入高，社会治安很好，社会矛盾已很好缓解，所以，政府首脑、部长及高级公务人员可以实行高薪，自己掏钱解决交通、医疗等问题是可行安全的，政府财政也能够承担。

但大国政府必须为国家领导人、部长及州长或省长提供办公室、官邸、汽车、飞机、司机、家庭佣人等，这一是可以保障安全，二是可以提高效率，三是可以保守秘密。国家领导人和部长等离开工作岗位，政府一般不再提供办公室、官邸、飞机等。

第十节　权力制衡——民选总统防贪

通过民选总统，实行权力制衡，增强总统对政府的制衡力，防止内阁、政党贪污腐败。李光耀于1984年提出了实行民选总统制的设想，该设想赋予民选总统更大权力，以阻止政府滥用储备金。人民行动党政府领导人认为，一个好的政治制度必须有有效的制衡。民选总统制是新加坡在权力制衡方面迈出的重要一步。

没有权力的荣誉总统

1991年以前，新加坡总统由议会选举产生，任期为4年，可以连任，任职期间不得在任何法院被起诉，罢免总统的决议必须至少有2/3的多数通过。按宪法规定，总统居于立法、行政、司法三大权力机构之上，拥有很大权力，如任命内阁总理，根据总理提名任命内阁部长，任命最高法院院长、法官、总检察长和公务委员会成员；召开或解散国会，批准国会通过的法案等。

新加坡总统不能单独行使上述职权。例如，总统任命内阁总理只能任命在议会大选中取得多数席位的政党领袖，而不能随意任命任何人；宪法还规定，总统“应依照内阁或在内阁一般领导下的部长的咨询意见行事”。因此，总统实际上主要是个荣誉性、象征性和礼仪性的职务，总统对政府的制约十分有限。

权力没有制约的内阁

新加坡的国会对新加坡内阁缺乏足够的制衡。当政府进行非法行为——超出宪法或法律的法定界限时，人民可以向法庭申诉。但是，现行的宪法无法审核合法政府有损国家最佳利益的决定或行动。新加坡没有上议院,没有统治者理事会或相等于美国联邦储备局的组织来讨论或审议政府的行动;或在必要时,限制或否决政府明显损害国家利益的活动。

新加坡的政府制度是一院制——一个国会,一个在此国会里拥有大多数议席的政党组成的政府。只要这个政府的行为是合法的,它便可以随意动用国家的财务资产和储备,委派人选出任公共服务的要职。只要政府在国会里占大多数席位,它便可以通过它的任何拨款法案或预算案。反对党可以对之质疑,但不能阻止一个挪用储备的奢侈的预算案。

政府也可以停止在委任或提升公务员时选贤任能的政策,鼓励裙带关系或任人唯亲。反对党也可以而且应该暴露这样的胡作非为,并且在下一次大选中推翻政府。但是一个腐败的政府,便足以使政府破产。

特别幸运的是,新加坡一直由英明正直的人统治,他们没有滥用职权,使国会制度运用得很好。但是,这应该归功于当政者的素质及良好的品格,而不是制度本身的优点。

当正直的人仍然在位的时候,应该慎重地为政府引进制衡的制度。不应指望幸运之神永远眷恋着新加坡,以为在未来不断会有英明又正直的政府出现。

总统有权制约内阁

1991年1月,新加坡通过了"民选总统法令",修改了宪法关于总统产生的方式、任期及职权等方面的条款。"民选总统法令"规定总统由全体合法公民直接选举产生,任期6年,民选总统具有监督、制衡政府的重要职权,具体如下:

首先,确保政府不会滥用国家储备金,也就是牵制政府耗尽历届政府所累积的储备金。政府如果要从每年的财政预算取得拨款,必须在国会通过拨款法案及附加拨款法案。民选总统将有权批准或否决这些法案。他在做出决定之前,须咨询总统顾问理事会的意见。

如果总统认为有关财政年度的预算案会动用到历届政府的储备金,总统可否决或同意这项预算案。总统如果同意推行有关预算案,而该预算案又牵涉到动用历届政府的储备金的话,总统须通过宪报向人民交代。

其次,为维护公共服务的廉洁和政治,总统有权批准或拒绝委任下列要职的人选:高等法院的大法官、法官和司法委员,总检察长,少数民族权利总统理事会主席和成员,公共服务委员会主席和委员,总审计长和会计总长,武装部队理事会成员,武装部队三军总长,武装部队陆军总长、空军总长和海军总长,警察总监,贪污调查局局长。

再次,为制衡政府,防止政府滥用权力,宪法授权总统负起监督内部安全法令、维护宗教和谐法令和贪污调查局调查权力的任务。

过去,内部安全法令拘留犯可以向一个咨询团提出上诉,咨询团负责向部长建议这名拘留犯是否应再拘留,但部长可以不遵从咨询团的意见。民选总统制度实施后,如果咨询团建议这名拘留犯应被释放,而部长仍要继续拘留他,部长必须获得民选总统的同意。

总统在维持宗教和谐法令上也扮演着同样重要的角色。这项法令过去交由特选委员会负责,法案授权部长签发限制令,以制止人们从事不利于宗教和谐的活动。宗教和谐总统理事会负责向部长提供咨询,并可建议部长撤销或修改限制令,但部长可以不遵守宗教和谐总统理事会的建议。民选总统制推行后,如果部长要执行和宗教和谐总统理事会意见相反的行动,必须先获得总统的同意。

民选总统的职责是要制衡那些不负责任、不妥善管理国家钱财,或通过裙带关系和委任某些人士来达致政治目标,从而破坏民事服务的廉洁性的政府。这类政府可能阻止贪污调查局对有关贪污的投诉展开调查。因此,即使总理不同意贪污调查局局长对有关部长展开调查,总统还是可以授权贪污调查局局长对有关部长进行调查。

总统权力的约束与监督

总统虽然有着监督和制衡政府的权力,但是,总统的权力也受到总统顾问理事会和国会的约束。总统在应用权力,以批准或否决政府部门、法定机构和国营公司的财政预算时,必须向总统顾问理事会咨询。总统在实行其他职权时,如委任担任民事服务要职的人选,必须征求总统顾问理事会的意见。不过,最后的决定权还在总统。

国会也扮演着约束总统权力的角色。若总统在顾问理事会的反对下,坚持否决财长提呈的会动用到历届政府积累储备金的财政预算案,政府可把问题带到国会辩论。如果三分之二的议员支持政府,新的财政预算案就会获得批准。如果政府不能得到三分之二议员的支持,新的财政预算案就无法通过。

总统必须是无党派人士。所有总统候选人都必须在参加提名时宣誓和任何政党脱离关系或不再是任何政党的党员。所有总统候选人在参加竞选时不得使用任何代表或暗示某一政党的竞选标志或佩戴任何政党的徽章。

因为如果总统还是某个政党的党员，人们就会对他的行为存疑，认为他在行使职权时，还会受到党纪的约束，不能不遵从党的干部会议的决策。相反，如果总统是以自己的立场而不是党的立场出来竞选，公众才会感到放心。

新加坡第一任民选总统王鼎昌在宣誓就职后的致辞中说："总统必须超越党派政治，即使他所做出的决定，在广义来说仍是政治决定。总统必须保护全国人民的利益。"

国家安装的安全锁

关于民选总统的监督、制衡作用，新加坡政府及其领导人有过多种比喻。李光耀把推行民选总统制比喻为替国家安装一个安全锁头，或者是火患警报器套一层玻璃，虽然可以打破玻璃，取下警报器，但是，那层玻璃会带来一种安全感。

白皮书《保护金融资产及维护公共服务廉洁正直》认为，总统对于金融资产及公职的委任所拥有的赞成或反对的权力，犹如一项有两把锁头的保障措施。总理及内阁拥有一把钥匙，而且有主动权。若要实施他们的决策，一定要动用第二把钥匙，即获得总统的同意。

吴作栋将民选总统比喻为守门员，只要政府是廉洁的，在财政预算方面采取谨慎的态度，以及在委任公务人员时任人唯贤，民选总统的监督与制衡就只会成为例常的程序。不过，当一个机会主义的政府试图掠夺国家储备金，以实现政治上或其他目的，或者试图削弱公共服务的廉洁，以方便它进行不正当的行为时，这项保障就变得格外重要。那时，作为"守门员"的总统，将是最后一道防线。

吴作栋在谈到强有力及仁慈的民选总统是否会削弱总理及政府的地位时指出，如果有能干及具献身精神的总理及内阁成员的话，这种情况就不会出现。这就像一张支票有两个签名一样，一名能干的财务管理人员不会因为他签的支票需要经过董事经理签名，而觉得失去权力。

时任律政兼内政部部长(1990年)的贾古玛则将民选总统制比作是保障新加坡永不受致命创伤灾难打击的一种保险制度。他以大公司都有保险保障的事实问道："我们有没有听说过哪一家大公司在没有保险保障的情况下营业？是否有哪一家大公司沾沾自喜地向股东说,他们能很特别地在没有购买保险的情形下面对未来的挫折?”

权力制约的科学性

用权力制约权力是以对行使权力的人持猜疑、不信任的态度为出发点,并且视“良心为最不可靠的东西”。

正如《联邦党人文集》指出的那样:“如果人都是天使,就不需要任何政府了。如果是天使统治人,就不需要对政府有任何外来的或内在的控制了。在组织一个人统治人的政府时,最大的困难在于必须首先使政府能管理被统治者,然后再使政府管理自身。”

用权力制约权力的体制,不是积极地增进效率的体制,而是消极地防止滥用权力和贪污贿赂的体制。其目的不是为了避免权力之间的摩擦,而是通过不可避免的权力摩擦来防止权力的滥用和贪腐。

如前所述,民选总统制是新加坡在权力制衡方面迈出的重要一步。但是有关规定还须不断完善,有关作用还须得到证实。民选总统制只是朝着权力制衡迈出了一步,权力制衡的进一步落实,还有待于朝着这一方向继续走下去。

一党执政的三权制衡

从1959年到1991年新加坡“民选总统法令”通过前,新加坡一直是在人民行动党一党领导下的立法、行政、司法三权制衡,出色完成了经济发展,出色完成了廉洁社会的建设,出色完成了法治社会的建设,建成了廉洁新加坡,建成了法治新加坡。

从1991年新加坡“民选总统法令”实施以来,新加坡从理论和法律上讲是总统领导下的立法、行政、司法三权制衡,实质仍然是人民行动党一党领导下的立法、行政、司法三权制衡,经济继续发展,并越来越发达,廉洁社会建设继续推进,廉洁社会程度越来越高,法治社会建设继续推进,法治社会程度越来越高。

廉洁的新加坡点评

腐败是全球性问题,是世界性难题。腐败关系到“人亡政息”,腐败会导致政权合法性的丧失,腐败是政权岌岌可危的征兆,政权腐败将失去群众的支持,甚至导致群众的反抗。反腐败成功与否直接决定着国家、民族、政党的兴衰命运。本节探讨总结一下新加坡模式的成功和借鉴之处。

反贪的丰功伟绩

1959年前,新加坡腐败猖獗、民怨沸腾。1959年,李光耀领导的人民行动党上台执政,开展坚决的反贪倡廉,实现了工业化、服务化、城镇化、现代化,通过多年努力,新加坡已建立起了“不敢贪、不能贪、不想贪、不必贪”的肃贪倡廉机制,成为举世公认的廉洁国家。

到2014年,新加坡已连续20年进入透明国际的廉洁排行榜前10名。2010年新加坡与丹麦、新西兰并列世界最廉洁的国家,新加坡已经成为亚洲最廉洁的国家。新加坡反贪倡廉的成功经验形成了新加坡模式,成为东方社会学习借鉴的楷模,新加坡“国父”李光耀反贪倡廉的丰功伟绩必将彪炳史册。

反贪的综合治理

新加坡反贪成功是肃贪倡廉综合治理的结果,是一个有机的有效的系统工程。新加坡构建了完整的廉洁机制体系,这就是贪污惩治机制、权力制约机制、廉洁教育机制、廉洁激励机制,主要是依法严惩——不敢贪、明规严法——不能贪、廉洁光荣——不想贪、积薪高薪——不必贪。

中国的反腐倡廉一定要综合治理,要坚决惩治违法的腐败犯罪,要加快进行明确严密的立法,要加快打造反腐利器,要加快进行具体详细的立规,要加强反腐倡廉的宣传教育,还要逐渐精简机构、精减官员、精减人员、提高公务人员的工资。当前,坚决惩治、立法立规、打造反腐利器应该是中国反腐倡廉最主要最紧迫的工作。

反贪的坚定决心

最高领导层尤其是最高领导人坚定的反贪污意志和坚定的反贪污决心,是防止贪污滋生,保证政府廉洁的关键。没有最高领导人坚定的反贪污意志和决心,任何反贪污都不可能成功。新加坡最高领导人李光耀具有清除腐败的非凡勇气和决心,对待贪污犯罪,不管犯罪者的职位多高,曾经的贡献多大,和自己关系多好,都坚决查处。

以习近平为总书记的党中央具有非常坚定的反腐败意志和非常坚定的反腐败决心，坚强领导和坚决支持了十八大以来的反腐败工作，在中央纪委的具体领导下，纪检、监察、检察等部门共同努力，严肃查处了周永康、郭伯雄、徐才厚、令计划、苏荣等严重违法违纪案件，遏制了腐败蔓延的势头，取得了反腐败工作的阶段性成绩，深得党心、民心和军心。

反贪的领袖榜样

在新加坡人民行动党领袖李光耀的坚强领导下，把廉洁上升为国家战略，明确提出“为了生存，必须廉洁；为了发展，必须反贪”。新加坡最高领导人李光耀自执政以来，始终如一、坚定不移地开展反腐败斗争，而且没有半途而废，没有雷声大、雨点小。李光耀以身作则，严格要求自己，严格要求家人，是自律的典型，是廉洁的榜样，获得了“环球廉洁奖”。

以习近平为总书记的党中央高度重视从严治党，坚决落实从严治党。2014年12月，习近平总书记要求“协调推进全面建成小康社会、全面深化改革、全面依法治国、全面从严治党”，新增了“全面从严治党”，将“全面从严治党”纳入了“四个全面”。党和国家领导人特别是最高领导人率先垂范，以身作则，严格要求自己，带头落实“八项规定”，带头落实党风廉政建设和反腐败工作责任制。

反贪的严明法律

新加坡反贪污法律立法明确、缜密、严厉，立法明确便于执法，立法缜密防止钻空子，立法严厉表现在对贪污贿赂犯罪惩戒严厉。1960年制定的多次修改的《防止贪污法》，完备、严密、易于操作，融实体法、程序法和组织法于一体，对惩治腐败起到了关键性的作用。1989年7月制定的《没收贪污所得法》，突出了国家重点打击贪污贿赂，具有很强的操作性。

中国反贪污贿赂的法律相对分散、滞后，操作上有些实际困难，建议加快制定明确、详细、缜密、严厉的《反贪污贿赂法》。建议《反贪污贿赂法》要打造独立、专业、强大、垂直的反贪污贿赂机构，要明确贪污贿赂的起诉由检察院负责，贪污贿赂的审判由法院负责，实行侦查、起诉、审判的相互监督。《反贪污贿赂法》要明确广大群众和新闻舆论对腐败的监督，对反贪污贿赂部门的监督。

反贪的强大利器

新加坡反贪成功的首条经验是独立、专业、强大侦查权的贪污调查局，香港地区学习新加坡经验成立了廉政公署。反贪的关键是落实，独立的反贪机构非常有利于落实坚决惩治等反贪工作。新加坡贪污调查局有强大侦查权，独立而不独断，专业而不专行，秉公执法，敢于碰硬，有罪必查，成为反贪利器，为新加坡的廉洁做出了巨大贡献。调查局根据反贪污实践又推动了反贪法律和规定的修订和完善。

建议探讨将最高检察院的反贪污贿赂总局、渎职侵权检察厅及相关部门划归中央纪委、监察部，与中央纪委和监察部的部分纪检监察室合并成立反贪污贿赂部，对反贪污贿赂部门实行垂直管理，形成中央纪委、监察部、反贪污贿赂部三位一体由中央纪委具体领导的反腐格局。通过法律赋予反贪污贿赂部门强大侦查权，使其可以查清一切腐败，达到“天网恢恢、疏而不漏”，打消贪腐的任何侥幸思想。

反贪的有罪必惩

在新加坡，“不论他处于什么社会地位，有什么政治关系，属于什么肤色和信仰”，都没有法外特权，都是“有罪必惩”。反贪的“有罪必惩”提高了查处概率，实现了“有贪必查”，有效地增加了腐败的法律成本、经济成本、精神成本，使人们从腐败廉洁决策树途径中选择廉洁。新加坡通过一律取消公积金的有益做法，增加经济处罚成本，使贪污贿赂者得不偿失，使贪污贿赂者身败名裂。

坚决惩治是反贪综合治理的核心和关键，是反贪预防、反贪教育的基础，反贪必须首先落实坚决惩治。如果查处概率很低，或者根本不查，那贪污受贿就是“无本万利”，腐败成本太低，必将变相鼓励贪污受贿，导致腐败盛行。中国前几年就是由于查处概率低，导致腐败在一些地方和一些领域蔓延，我们必须坚决查处新增的违法腐败，切实提高腐败的查处概率，防止腐败重新蔓延。

反贪的财产重刑

新加坡的《防止贪污法》对贪污贿赂者除给予刑事处罚外，还要给予财产重刑对其进行经济制裁，经济制裁除判处罚金外，还要对贪污贿赂的金钱以罚款的形式全部追回，撤销贪污贿赂者的巨额公积金充公，失去养老金，使贪污贿赂者倾家荡产。财产重刑对贪污贿赂者不只是一时一事的威慑，而可能是一生一世的影响。

俗话说，人为财死，鸟为食亡。贪污受贿主要是为了钱、为了财产，大多都是爱财贪财之人，通过财产重刑，打击贪污受贿针对性很强，是“以钱制钱”“以毒攻毒”的有效反贪措施。我国今后也应该高度重视财产刑，积极追缴贪污贿赂的财产，积极追缴流失的国有资产及利息，使贪腐者赔了夫人又折兵，得不偿失，从而遏制贪污腐败。

反贪的连锁惩罚

新加坡让贪污者“在政治上身败名裂，在经济上倾家荡产”。对贪污者不仅给予刑事处罚，还要判处罚金，还要以罚款的形式全部追回贪污贿赂的金钱，还要撤销其巨额公积金充公，不能再聘用为公务员，连自办企业都不能当董事，同时其直接领导也要承担连带责任。这种连锁惩罚代价巨大，效应明显，警示性强，使公务人员不敢以身试法、铤而走险。

新加坡反贪污有一个非常高明的“招”，就是使贪污的人为贪污付出极大的代价，使人不敢轻易冒险贪污，贪污的犯罪成本太高，遏制了贪污的犯罪活动。新加坡的公务人员如果因贪污贿赂判刑，那么他将失去可贵的自由、高薪的职业、高额的公积金、社会的尊重、公众的信任、做人的尊严，成为“人人喊打的过街老鼠”。这一点值得我国反腐倡廉工作学习和借鉴。

反贪的法治社会

新加坡的贪污调查局和香港地区的廉政公署之所以能取得卓越的成效，首先是因为拥有强大的侦查权、直接隶属政府首长的地位、政府首长的大力支持，还因为拥有不受官员干扰的独立司法做支援，才能对贪污贿赂执法必严、违法必究。法治社会和廉洁社会是相互补充、相辅相成的，如果社会腐败盛行，那么司法也就腐败了，不会有公开、公平、公正的独立司法。

习近平总书记多次强调，要全面依法治国，要全面从严治党，必将推动中国法治社会的建设，必将推动中国廉洁社会的建设；法治社会建设促进廉洁社会建设，廉洁社会建设推动法治社会建设；法治社会和廉洁社会必将相互促进、相互推动、共同建成。实践证明，新加坡和香港地区通过反贪倡廉，铲除了司法界特别是警界的严重贪污贿赂，实现了廉洁社会和法治社会的共同建成。

反贪的明确规定

新加坡规定严密、明确,对法律和规定“有漏即补”,就是使人没有贪污贿赂的机会和途径,从而减少贪污贿赂的机会,实质是步步设防,釜底抽薪,权力制衡,堵塞贪腐漏洞,减少权力的自由裁量权,增加有效监督,从而使人“不能贪”。具体方式是“一增五减”,增加权力之间的摩擦,减少权力运作黑幕、减少权力运行环节、减少自行处理权力、减少公共权力涉足、减少势力网和关系网等。

习近平总书记强调,任何人都没有法律之外的绝对权力,任何人行使权力都必须为人民服务、对人民负责并自觉接受人民监督。建议学习借鉴新加坡和香港地区的成熟规定,结合实际,制定出符合中国实际的法规和规定体系,制定出符合中国实际的党规和党纪体系,切实加强对权力运行的制约和监督,形成“不能腐”的防范机制,切实落实好习近平总书记提出的“把权力关进制度的笼子里”。

反贪的廉洁教育

新加坡从小就进行廉洁教育,在中小学设立廉洁课程,培养廉洁的美德。教育青少年“贪污贿赂如同黑社会和贩毒问题一样,都是严重的社会罪恶”。同时,采取讲座、讨论、展览等方法,通过报纸、电台、电视等媒体进行肃贪倡廉教育,促使“廉洁光荣、贪贿可耻”成为全社会的共识,培养出了知耻的廉洁文化,贪污贿赂者在社会中难以立足,甚至沦落到“千夫所指,无疾而终”的境地。

我国应该从娃娃抓起,从小进行廉洁教育,在小学、中学、大学设立廉洁课程,培养廉洁的美德,树立廉洁的榜样。要通过参观监狱、服刑人员现身说法等多种形式,切实加强对公务人员的警示教育。要按照“有则改之、无则加勉”的原则,按照“抓早”“抓小”的原则,防止“小苍蝇”变成“大老虎”,按照级别和职级对腐败苗头和腐败现象进行诫勉谈话,要真正做到警钟长鸣。

先廉洁而后高薪

李光耀领导的人民行动党1959年上台执政,开始大力反贪倡廉,1965年特别是1970年以后,新加坡贪腐已经刹住,实现了初步廉洁。但新加坡公务员的薪酬还是很低的。20世纪70年代,部长的月薪酬不过2500新元,到了80年代初,才提高到10000新元以上。80年代初,总理的月薪酬是17000新元,以后逐渐提高到

20000新元以上。新加坡是“先廉洁后高薪”，而不是“先高薪后廉洁”。

高薪可以促进廉洁，但没有及时有效的监督，没有及时有效的惩治，绝对不会实现廉洁，因为欲望是无法满足的。个别国企高管年薪达到几十万甚至几百万，但仍然大肆贪污受贿。低薪确实不利于反腐倡廉，因此，我国要逐步精简机构，要逐步精减官员，要逐步精减人员，要及时有效地监督和惩治，要逐步提高公务人员的工资，使公务人员的工资达到合理的水平，同时探讨建立符合中国实际的公积金制度，努力实现“不必贪”。

反贪的制约监督

新加坡总理直接领导贪污调查局，直接对贪污调查局进行监督和制约。新加坡实行侦控判分立的肃贪体制，新加坡贪污调查局主侦，新加坡总检察署主控，新加坡法院定罪，总检察署通过检控权对贪污调查局进行法律监督，法院通过定罪权对贪污调查局进行法律监督。贪污调查局严于律己、以身作则，内部管理严厉，对于害群之马绝不姑息，坚决“清理门户”。

我国目前由检察院的反贪污贿赂局、反渎职侵权局进行职务犯罪的侦查，由检察院向法院起诉，由法院审判。由于检察院工作职责多，无法集中全部力量实施反腐侦查。建议探讨成立反贪污贿赂部，实行反贪污贿赂部门垂直管理，专门负责职务犯罪的侦查工作。检察院通过起诉、法院通过审判监督反贪污贿赂部门。反贪污贿赂部由党中央、国务院领导和监督，具体工作由中央纪委和监察部领导和监督。

反贪的三权制衡

新加坡从理论和法律上讲是总统领导下的立法、行政、司法三权制衡，实质是人民行动党一党领导下的立法、行政、司法三权制衡、互相配合，成功出色地发展了经济并越来越发达，成功出色地建成了廉洁新加坡，成功出色地建成了法治新加坡。香港地区过去是在香港总督的独裁领导下，发展了经济，建成了廉洁香港，建成了法治香港。

中国在中国共产党的领导下，在以习近平为总书记的党中央坚强领导下，实行立法、行政、司法三权制衡、相互配合，在全国人民的共同努力与奋斗下，必将成功发展经济，全面建成小康社会；通过全面依法治国，必将能够成功建成法治中国，全面建成法治社会;通过全面从严治党,必将能够成功建成廉洁中国,全面建成廉洁社会。

反贪的借鉴作用

新加坡曾经腐败盛行,民怨沸腾,在新加坡人民行动党的领导下,通过反贪污的立法、侦查、起诉、审判等共同努力和权力制衡,坚决反贪倡廉,建成了廉洁社会,建成了廉洁的新加坡。全世界治理腐败的成功模式有以权力制约权力的西方模式、设立独立反腐机构的新加坡模式,香港地区的反贪是学习借鉴的新加坡模式。

新加坡与我国地缘相近、人文相亲,在文化习俗等方面有许多共通之处,其廉政建设经验尤为我国值得学习借鉴。在中国共产党的领导下,打造反腐利器——反贪污贿赂部,通过反腐败的立法、侦查、起诉、审判等共同努力和权力制衡,坚决反腐倡廉,必将建成廉洁社会,必将建成廉洁中国。

第四章　廉洁关键:廉洁的坚强支柱

腐败=权力÷监督,腐败与权力呈正相关,与监督呈负相关。反腐败的监督主要是坚强领导、反腐利器、新闻舆论、广大群众、司法机构。市场机制可以配置资源,从而减小权力,因此,坚强领导、反腐利器、新闻监督、群众监督、法治社会、市场经济是廉洁社会的六大坚强支柱。

第一节　廉洁与坚强领导

从世界来说,腐败问题一直困扰着各个国家或地区,腐败几乎无所不在,无论大国还是小国,富国还是强国,都在一定程度上受到腐败的困扰。反腐倡廉不仅成为各个国家或地区的共同任务,而且成为国家信誉与形象的象征。

坚强的反腐领导

廉洁社会的建成,廉洁国家或地区的建成首要因素是最高领导对反腐倡廉的坚强领导,首要因素是最高领导对反腐倡廉的坚决支持,首要因素是最高领导对反腐倡廉的坚定意志。国家或地区最高领导人彻底反腐倡廉的坚定意志是廉洁社会建立的最关键的因素。

最高领导人的反腐意志不能停留在口头上,也不能是折中的、妥协的、不彻底的,其特点应该如下:一是不仅严厉查处腐败案件,而且建立反腐的法律、法规、纪律,推进法治反腐;二是以身作则,严格要求家人、身边人廉洁自律;三是一定要彻底铲除腐败,而不是权宜之计;四是一定要把反腐倡廉当作目的,而不是手段;五是反腐要坚持原则性和公正性,而不能有选择性。

在中国的封建社会,最高统治者皇帝坚决反腐,则社会就相对廉洁。武则天、朱元璋、雍正坚决反腐,严惩贪官污吏,则大周王朝、大明洪武时期、大清雍正时期相对清廉。朱元璋坚决反腐,严惩贪官污吏,官员贪腐六十两白银要被"剥皮实草",朱元璋的"剥皮实草"虽然严酷,但使官员胆战心惊,遏制了贪污腐败,维持了社会清廉,保护了普通群众。

成功的坚强领导

新加坡在1959年以前,贪污腐败相当严重。1959年李光耀领导的人民行动党通过选举取得执政权力,开始零容忍的坚决打击贪污腐败,经过新加坡贪污调查局的严厉打击,新加坡是世界公认的最廉洁的国家之一。人民行动党的反腐得到新加坡国民的高度拥护,从而多次当选长期执政。

新加坡贪污调查局杨温明局长概括新加坡反贪污腐败的成功经验说,政府最高领导人必须具有坚定的反贪污意志和坚定的反贪污决心。杨温明局长指出,只有最高领导人具有坚定的反贪污决心,才能使人们确信政府不能容忍贪污行为。没有这一点,任何反贪污运动都不可能成功。

新加坡贪污调查局杨温明局长指出,廉洁的政治领袖给人民树立了良好的榜样,使人民相信政府的诚意。最高领导层特别是最高领导人的坚定的反贪污意志和坚定的反贪污决心,是防止贪污腐败滋生、保证政府清正廉洁的关键。李光耀认为,如果政府贪污腐败,就会严重损害政府的威信,影响政府和民众的关系,破坏社会的稳定。

1959年,李光耀领导的人民行动党在竞选中把"铲除贪污"作为自己的竞选纲领。李光耀当选总理后,不遗余力地倡导廉政,反复地告诫政府官员,特别是高层领导人,必须奉公守法,清正廉洁。他强调政府工作人员必须"两手干净"。他指出:"如果我们允许你们把手放进别人放钱的抽屉里,那么,在政治上,我们全完了。"

李光耀对自己的要求非常严格,在清正廉洁方面做出了表率,这在新加坡是家喻户晓的。李光耀带头廉洁奉公,不图私利,他的汽车和住房都是自己花钱买的。李光耀在1981年的一次国会辩论中指出:“如果我要贪污,没有人可以阻止我贪污,但其代价是整个制度的崩溃。”

李光耀对他的家庭要求也非常严格,李光耀当选总理后,把他的父母兄弟都召集到一起,郑重告诉他们,从今以后不应该指望从他那里得到特殊照顾,他们应该完全和普通老百姓一样来对待自己。李光耀总理的父亲和三个兄弟并未因李光耀成为总理而枉法。

20世纪60年代末70年代初,香港的贪腐几乎到了无人不贪的地步,香港的反腐机构也已腐败。1973年,愤怒的香港居民上街游行示威,打出“反贪污、捉葛柏”的大幅标语,坚决要求港英当局反贪腐。迫于压力,港督麦理浩爵士于1974年成立廉政公署。港督麦理浩爵士及后任港督支持廉政公署坚决反腐,香港建成了廉洁社会。

反腐要领导先行

中国社会历来讲究“上行下效”,总是“上有所好,下必甚焉”,“善禁者,先禁其身而后人”。推进反腐倡廉工作要从领导干部做起,既严于律己,又加强对亲属和身边工作人员的教育和约束。中国共产党成立以后,作为马克思主义的新型政党和先进政党,要求领导干部在反腐倡廉工作中,要以身作则,身先士卒,争当表率。

十八大以来,以习近平为总书记的党中央在反腐倡廉斗争中,坚持从中央政治局做起,率先垂范,以上带下,发挥表率作用。中央政治局以至诚践诺,认真践行“八项规定”,同时要求各级领导干部要廉洁自律,以身作则,争当表率,带头遵守反腐倡廉的法律法规,带头落实廉政建设的各项规定。

2012年11月15日,习近平在十八大当选中共中央总书记后,首次在新闻媒体前亮相就提到“打铁还需自身硬”。早在2007年,习近平就曾指出,反腐败要切实过好亲属关,既要管好自己,以良好作风言传身教,又要对亲属和身边工作人员严格要求、严格监督。

2013年3月26日,国务院总理李克强在国务院第一次廉政会议上强调,要全面贯彻落实党的十八大精神和中央关于反腐倡廉建设的决策部署,依法规范权力运行,着力建设廉洁政府。各级领导干部都要以身作则,国务院要做各级政府、各部门的表率,各部门要做本系统的表率,领导干部要做干部群众的表率。

要真正做到管好自己、亲属和身边工作人员,还必须惩治那些没有管好的领导,特别是高级领导干部。党员干部特别是领导干部不仅要以身作则,带头遵纪守法,而且要严格管理和约束亲属和身边工作人员,坚决反对和克服特权思想、特权现象,决不能搞封妻荫子、封建依附那一套。

领导干部管好自己的确可以减少腐败。西部某省的一位副省级的领导干部,水平非常高,能力也很强,严格律己更让人敬佩。在十八大之前,他曾拒绝原来工作的高校给自己分配的经济适用房,后来又拒绝现在兼职单位给自己分配的经济适用房。我曾有缘当面问他:“大家都在要经济适用房,您为什么拒绝这两套经济适用房?”他回答:“我有房子住就可以了,应该让给没有房子的干部职工。”我说:“您要下这两套经济适用房,然后让出,至少可以获得30万元。”他说:“工资够花了,钱多少是个够。”

领导要坚持“五慎”

古往今来,廉政是治国大纲,廉政是为官之要,廉政事关国家兴衰、事业兴旺。实现廉政的关键是公务人员的廉洁,公务人员的廉洁非常需要领导干部来带头。领导干部的廉洁自律非常重要,领导干部需要坚持慎权、慎友、慎初、慎微、慎独,把住内因这个拒腐防腐的关键,才能筑牢拒腐防腐的思想防线,把廉洁从政落到实处。

慎权。慎权就是领导干部要慎用手中的权力,要明白手中的权力是党和人民给的,树立正确的权力观,一定要用手中的权力为人民服务。领导干部必须始终保持清醒的头脑,“权力是一把双刃剑”,权力可以使人书写光辉的篇章,也可以把人钉在历史的耻辱柱上。当用它来为人民服务的时候,就能造福人民、造福社会;而一旦用它来为个人谋取私利的时候,就会祸害百姓、祸害国家。

慎友。慎友就是领导干部要慎交朋友,因为“权力旁边多小人”,许多人阿谀奉承、曲意巴结是为了换取你手中的权力,是与权力交朋友,而不是真正要与你交朋友。领导干部要交“诤友”,不要交“媚友”,要时刻牢记“良药苦口利于病,忠言逆耳利于行”,防止“媚友”想方设法走“夫人路线”“公子路线”“战友路线”“同学路线”“老乡路线”等,设法让你为其违法违纪谋私。

慎初。慎初就是领导干部要时时警觉,如履薄冰,防止第一次违纪违法腐败的发生,要在思想上筑牢拒腐防腐的“第一道防线”。面对社会上的权力、金钱、美色等种种诱惑，领导干部一定要守节持定、坐怀不乱，严格要求自己，不要打开违纪违法腐败的“潘多拉魔盒”，“廉者常乐无求，贪者常忧不足”，一旦打开就无法止住，最后可能就酿成终身之祸。

慎微。慎微就是领导干部要防微杜渐，防止腐败逐渐腐蚀自己，防止“媚友”首先通过礼品、烟酒、宴请等“小恩小惠”，日积月累，一步一步将你“拉下水”。“魔鬼与天使常常只有一步之遥”，“苍蝇”常常变成“巨蝇”，“小老鼠”常常变成“硕鼠”，“小老虎”常常变成“大老虎”，违纪的腐败常常变成违法的腐败，因此，一定要防微杜渐，筑牢思想防线，及时改正自己的错误行为。

慎独。慎独就是领导干部在个人独自居处的时候，要自觉严于律己，谨慎对待自己的所思所行，防止贪污腐败的欲念产生，防止贪污腐败的行为发生。有些领导干部在公众场合非常注意自己的言行，在新闻媒体的监督下更加注意自己的言行，但在没有监督的情况下，常常“好逸恶劳、骄奢淫逸”，甚至“背离人民、危害祖国”。领导干部不能一天“三省吾身”，但一定要“月省吾身”，拒腐防腐。

领导要过好“五关”

领导干部应该从自身做起，不断增强“党的意识、执政意识、大局意识、责任意识、担当意识”，不断增强为人民服务的宗旨意识，不断强化“做官为党为民不为亲，做事唯公唯正不唯私，做人唯理唯廉不唯权”，努力加强自我修养，自觉做到廉洁自律，在拒腐防腐中过好“权力使用关、家属子女关、利益分配关、灯红酒绿关、人情交往关”。

过好“权力使用关”。领导干部都掌握权力，在权力使用中有举足轻重的作用。领导干部必须正确使用手中的权力，必须坚持按原则用权，决不以权谋私；必须坚持按程序用权，不搞个人专断；必须坚持公开用权，防止权力越轨。有的领导干部不能正确对待权力，私欲过重，损公肥私，不做对党对民有贡献的事，只是努力将自己的事办得很圆满。有的领导干部眼睛盯在权力可能给自己带来的好处和利益，把权力当作谋取私利的资本，不顾党和人民的利益，滥用职权，贪赃枉法。

过好“家属子女关”。领导干部家属子女的行为，直接影响领导干部的自身形象。领导干部要严格要求并教育好家属子女，要求他们自尊自立自强，不允许利用职权、影响来谋取私利，要带头执行有关廉洁自律的规定。一些不法分子常常走“夫人路线”“公子路线”，而领导干部却没有管好家属子女，结果不仅自己的形象受损，还影响了领导干部队伍的威信，还影响了党的威信。当家属子女出现不良苗头，领导干部要严肃批评，自觉纠正，坚决制止；当家属子女触犯刑律，要主动移交司法机关，决不包庇、怂恿，搞法外施恩。

过好“利益分配关”。领导干部要处理好三个关系，才能过好“利益分配关”。领导干部要正确处理好社会利益和个人利益的关系，虽然掌握权力，在利益分配中占据有利地位，属于强势群体，一定要以社会利益为重、为先，个人利益为轻、为次。领导干部要正确处理好长远利益和眼前利益、全局利益和局部利益的关系，一定要以长远利益和全局利益为重、为先，以眼前利益和局部利益为轻、为次。领导干部要正确处理好奉献与索取的关系，要积极奉献、勇于奉献，只获得按法律和规定应该属于自己的利益。

过好“灯红酒绿关”。在当前的历史条件下，腐蚀与反腐蚀的斗争更加复杂，更加激烈，“灯红酒绿”的腐蚀比“糖衣炮弹”的攻击更加具有隐蔽性、诱惑性、复杂性，“灯红酒绿”的腐蚀常常给“糖衣炮弹”的攻击开路。一些领导干部从“灯红酒绿”开始，从生活作风不检点开始，一步步陷入违纪的泥潭，一步步陷入违法的泥潭，在这方面栽了跟头，落得身败名裂。领导干部一定要记住“天下没有免费的午餐”，在思想上防止“灯红酒绿”的诱惑，在行动上要坚决抵制“灯红酒绿”，清清白白做官。

过好“人情交往关”。礼尚往来是中华民族的传统美德，领导干部正常的人情交往是应该的，是正常的。领导干部一定要注意不能把自己手中的权力掺和到礼尚往来中，利用权力为亲朋好友谋取不合理、不正当、不合规利益，由此产生不正之风，由此产生各种腐败，更不能利用手中的权力为了亲朋好友，进行枉法活动，谋取违法利益。领导干部一定要在“礼尚往来”中坚持党的原则，坚守廉洁自律的规定，多交“诤友”，不交“媚友”，“君子之交淡如水”，少“大吃大喝”，多学习探讨问题，多沟通讨论工作。

第二节　廉洁与反腐利器

腐败与监督呈负相关，监督越强，腐败的可能性越小；监督越弱，腐败的可能性越大。最有效的监督是专业的反腐倡廉机构的监督。腐败越来越隐蔽，腐败分子越来越狡猾，这就要求反腐倡廉机构要越来越独立、越来越专业，要有强大的侦查权。

新加坡贪污调查局

新加坡贪污调查局成立于1952年,是新加坡防止贪污贿赂的最高机关,其组织和体制具有一定的独立性和权威性,在肃贪倡廉中得到最高决策者的全力支持,独立行使职权,不受外界影响。贪污调查局将强兵精,以少治多,四面出击,成绩卓著,雷厉风行的工作效率和高超神秘的办案方法令人肃然起敬。

贪污调查局首要任务是调查《防止贪污法》所规定的贪污贿赂行为,有权对任何形式的贪污贿赂行为进行调查。不仅追查业已发生的腐败行为,而且有权对容易发生贪污的政府部门或公共机关提出反贪防腐的改善建议。

贪污调查局主要成就:新加坡在1959年人民行动党上台以前,贪污腐败现象相当严重,贪污成为一种生活方式,被许多人当作“低风险、高回报”的事情。贪污调查局在全国范围内开展了大刀阔斧的肃贪行动,自此开始举世闻名,以敢于“打老虎”著称,使贪污贿赂者闻风丧胆,取得了卓越成效,新加坡一跃成为当今世界公认的最廉洁的国家之一,成为当今世界公认的亚洲最廉洁的国家,在国际上享有诚实而廉洁的良好声誉。

贪污调查局的人员换了一茬又一茬,但其执法如山的形象和廉洁高效的作风却一直未变,享有专吃害虫的“啄木鸟”盛誉。主要特点:

一是以完备的法律体系为支撑。新加坡坚持依法反贪和推进廉政建设,先后制定了《防止贪污法》《贪污收益没收法》《公务员法》《公务员行为准则》《公务员纪律条例》《财产申报法》等法律,形成了严厉而完备的肃贪倡廉法律体系,为贪污调查局开展工作提供了法律依据。

二是拥有广泛而特殊的权力。《防止贪污法》对贪污调查局的职责进行了规定,同时赋予了贪污调查局许多特殊权力。贪污调查局依法可行使调查权、特别调查权、搜查权、逮捕权。如果调查官查明被调查人占有其合法收入以外的金钱或财产,又不能做出满意的解释,有权将该嫌疑人以财产来源不明罪移送检察官检控。

三是依法从严执法。依据《防止贪污法》,贪污调查局对公务员所有贪污行为进行调查,包括调查违犯肃贪法律罪案的指控和嫌疑、被揭发的可逮捕罪案、公务员舞弊和涉嫌贪污的不法行为。经调查或侦查证明情况属实的贪污人员,凡构成犯罪的,移交司法机关处理。

香港廉政公署

香港廉政公署成立于1974年,是香港肃贪倡廉的独立机构。廉政公署最高行政长官是廉政专员。廉政公署不隶属于政府公务员架构,不受任何政府部门的管辖,直接对行政长官负责。廉政公署使命是"致力维护本港公平、正义、安宁、繁荣,务必与全体市民齐心协力,坚定不移,以执法、教育、预防工作肃贪倡廉"。

廉政公署主要成就:20世纪60年代末70年代初,香港的贪腐达到令人发指的程度,成为贪污贿赂的天堂,几乎到了无人不贪的地步,香港的反腐机构也已腐败,香港居民上街游行示威要求港英当局反贪。港英当局迫于压力,于1974年成立廉政公署。廉政公署极力反贪,反贪功绩举世瞩目,使贪污贿赂者闻风丧胆,得到国际社会的高度认可,成为亚洲少有的廉洁社会。廉政公署多次被邀参加国际反贪会议,交流、介绍香港反贪经验。

廉政公署成立四十多年了,"铁打的营盘流水的兵",但秉公执法和高效廉洁却一直如此,既善于"打老虎",又精于"拍苍蝇"。主要特点:

一是把反腐作为一个系统工程来抓。廉政公署在履行肃贪倡廉职责中,实行执法、预防、教育三管齐下的战略,把肃贪、防贪、教育结合起来,形成一个有机的系统,实现了标本兼治的目的。

二是依据法律坚决查处贪污贿赂。依据《防止贿赂条例》《廉政公署条例》《防止选举舞弊及非法行为条例》,廉政公署拥有调查权、拘捕权、获取资料权、限制被调查者及有关人员处置财产的权力、搜查与求得协助的权力、扣留旅行证件的权力等,这些权力极其有助于调查,对贪污贿赂者进行出其不意的打击。

三是充分发挥新闻媒体监督责任。廉政公署与新闻媒体密切合作,报纸、电视、电台等对公务员贪污、贿赂、舞弊等行为追踪报道,穷追不舍,直至水落石出。有不法行为和腐败的官员都害怕新闻媒体的披露,许多官员因此洁身自好,避免成为公众谴责的对象。

四是注重自身队伍建设。廉政公署不属于公务员体系,而是由廉政公署向社会公开招聘,择优录用,不称职者即予解雇。廉政公署人员不仅具有高学历、高职称和丰富工作经验,更重要的是对维护香港地区公平正义、安宁繁荣具有的强烈事业心和责任感。

五是认真调查取信于民。廉政公署长期致力于宣传教育,不断提高公众的反贪意识，不断提高公众的道德标准，十分注意爱护和保护公民举报的积极性，对于任何可以追查的贪污举报，无论性质多么轻微，廉政公署都进行认真的调查，决不辜负举报人的信任和期望。

反腐机构的独立性

反贪是对既得利益阶层潜在或现实利益的剥夺过程，注定要遭到既得利益阶层的强烈反对。既得利益阶层通过各种措施，或明或暗地与反贪机构展开针锋相对的斗争。在缺乏独立性的情况下，反腐机构始终难以很好开展工作，甚至会沦为牺牲品。在复杂的反贪斗争环境中，反贪机构顺利开展工作的前提是必须具有公正性和公信力，不偏不倚地执行国家的法律。实践证明，独立性是反贪机构公正性和公信力的保障，反贪机构的独立性主要体现在地位独立、人事独立、经费独立。

地位独立表现在反贪机构不从属于政府部门，保持超然和独立地位，直接对最高权力机构的最高领导负责，这是反贪机构成功的关键。人事独立是反贪机构独立性的重要组成部分，反贪机构的负责人由最高权力机构的最高领导直接任命，有反贪机构内部的独立人事权力，确保反贪工作不受任何团体或个人干涉。经费独立是反贪机构的经费一般单列预算开支，基本不受财政部门的控制或其他因素的影响。

贪污贿赂是最复杂最难以打击的违法犯罪活动，反腐机构承担着无比艰巨的任务，受强势部门、强势人物等的影响和干扰的可能性非常大。为了摆脱影响和干扰，反腐机构必须在相对独立的体制下运行，直接对最高权力机构的最高领导负责，并拥有独立的人事权力和经费渠道。缺乏独立性的反腐机构，时常会受到多种力量的影响和干扰，无法很好地开展工作，反腐的稳定性和持续性无法保障。

新加坡的贪污调查局、香港地区的廉政公署分别是新加坡、香港地区的唯一的贪污侦查机构，都实行垂直管理，具有明显的独立性，具有高度的权威性，都是类似安全部门的职业化、专业化的专业机构，有强大的侦查权，具有秘密侦查腐败的权力，具有搜查权、逮捕权、批评权、行政处分建议权。

新加坡贪污调查局、香港廉政公署的成功反腐经验表明，反腐监督机构的设置不在于数量众多，关键在于合理设置并赋予其高度独立地位和有力的法定监督手段和权威。反腐机构过多，浪费了大量的人力、物力和财力，往往形成责任不明确、推诿扯皮、“龙多不治水”“三个和尚没水吃”的现象。

国内外成功的反腐机构特别是新加坡贪污调查局、香港廉政公署，都有巨大的权威性，都有高度的独立性，权威性、独立性是反腐机构能够卓越地开展反腐败工作的关键所在，应当保障反腐侦查机构及其人员高度独立的地位，以确保其权威、独立、公正、高效地履行反腐败的神圣职责。

反腐的强大侦查权

贪污贿赂是一种难以被发现、难以进行调查和控告的犯罪行为。由于实施贪污贿赂的犯罪主体拥有实际的权力，有时甚至是比反贪机构大得多的权力，反贪机构很难对犯罪主体形成威慑；受到贪污贿赂侵害的有些是非特定的对象，受侵害者很难像起诉其他犯罪行为一样起诉贪污贿赂，从而使很多贪污贿赂事实上难以被揭发和控告。因此，不仅要建立专门的反贪机构，而且必须授予反贪机构完善的侦查能力和强大的执法能力，反贪才能成功。

反贪机构是一个特殊的行政执法部门，惩治的是特殊的贪污贿赂犯罪，必须赋予其特殊的执法权力。没有特殊的执法权力，贪污贿赂犯罪线索的掌握与侦查、犯罪嫌疑人的控制、涉案财产的扣留等都会面临众多的困难，贪污贿赂者的反侦查机会也会相应增加。拥有特殊权力的权威反贪机构的存在，本身就会对贪污贿赂者造成心理上的威慑，时刻警告意欲贪污贿赂者考虑自己的犯罪成本和犯罪后果。

联合国大会指出，贪污舞弊是隐蔽行为，如无强有力的执法手段，永远也查不出来。反腐机构是否被赋予足够充分的权力，直接关系到反腐机构反腐执法的力度和开展工作的能力。当反腐机构的权限与其职责需求相比出现不足时，反腐机构的威力就会降低，难以有效地履行职责。新加坡贪污调查局、香港廉政公署的成功反腐经验表明，反腐成功的一个非常重要原因就在于反腐机构拥有广泛充分强有力的侦查权力。

授予反腐专门机构特殊侦查手段是履行《联合国反腐败公约》义务的要求，是世界上很多国家或地区反腐倡廉成功的重要经验。英国重大欺诈侦查起诉院、西班牙反腐败委员会、新加坡贪污调查局、越南反腐败委员会、文莱反贪污局、澳大利亚新南威尔士州廉政公署，以及香港廉政公署和澳门反贪污暨行申诉高级专员公署等反腐败专门机构都具有在腐败案件侦查中采取特殊侦查手段的权力。

国内外成功的反腐机构特别是新加坡贪污调查局、香港廉政公署，都有强大的侦查权，包括秘密侦查权、搜查权、逮捕权、批评权、行政处分建议权等等。建议通过反贪污贿赂立法赋予反贪污贿赂部门调查违法违纪腐败的强大侦查权,包括秘密侦查权、搜查权、逮捕权、批评权、行政处分建议权等。

反腐机构的专业性

当今时代,贪污贿赂的隐蔽性、智能性、复杂性越来越强,腐败越来越隐蔽,腐败分子越来越狡猾,这就要求反腐机构要越来越专业、越来越强大。同时,要及时发现和侦查贪污贿赂的犯罪,必须拥有现代化的一流的技术和设备。成功的反腐机构都越来越专业,装备越来越先进,发现腐败的概率日益提高,反腐成果越来越明显。

国内外成功的反腐机构特别是新加坡贪污调查局、香港廉政公署,在反贪污贿赂方面都非常专业、非常保密。一定要切实加强反贪污贿赂部门的专业性,使其能够按照法律、法规、纪律认真出色地完成反腐倡廉侦查,使每个案件都达到铁证如山。

反腐机构的监督

权力的强制性、排他性和易腐性等特点,决定了权力必须接受监督。反腐专门机构的腐败比一般腐败具有更为严重的危害性。世界各国或地区为保证反腐专门机构的公正性和有效性,避免反腐权力被滥用,无不对其权力的行使实施必要的监督和一定的制约。世界各国或地区的反腐专门机构越来越重视强化自律机制,维护自身的纯洁性和信誉。

反腐专门机构人员的行为规范、内部组织纪律一般较为严格。新加坡贪污调查局从其工作人员就职的第一天起,就对他们提出要廉洁自守等特别忠告,要求他们时时处处注意道德品质修养,工作、生活中要十分检点,不可有任何越轨举动。香港廉政公署的人事政策赏罚严明,其职员聘用采取“可续展的合同”方式,合同期满,表现好者可以继续聘用。

打造反腐利器

为了解决我国反腐专业机构的分散、多元问题及地方性,建议在反腐败领域,探讨将检察院的反贪污贿赂局、反渎职侵权局及相关部门划归纪检监察机关,与纪检监察机关的部分纪检监察室合并成立反贪污贿赂部门,探讨将公安部门的经济侦查部门负责的非国家工作人员腐败犯罪(私营领域腐败)的职能及部门划归反贪污贿赂部门,打造独立、专业、强大、垂直的反腐利器,由反贪污贿赂部门侦查违法违纪腐败,形成纪律检查部门、监察部门、反贪污贿赂部门三位一体的预防机构与惩处机构分离又统一的反腐格局。

各级反贪污贿赂部门侦查的违法腐败由各级检察院起诉,由各级法院审判,实行侦查、起诉、审判的相互监督、相互制约、相互补充。各级反贪污贿赂部门在违法腐败的侦查中发现并侦查的违纪腐败,移交各级纪律检查部门和各级监察部门调查落实,然后根据有关程序经党委或政府批准后,给予相关人员党纪或政纪处分,实行侦查、审查、批准的相互监督、相互制约、相互补充。

反腐机构的大功绩

在贪污贿赂已经严重的时期,反腐机构必须以雷霆万钧之势打击贪污贿赂者的气焰,击溃贪污贿赂者的侥幸和观望心理,全面树立反腐机构的权威。贪污贿赂不是个体现象,而是社会现象,人的行为是个人理性考虑的结果。当大多数人认为贪污贿赂被发现的概率很低、犯罪成本很低时,贪污贿赂就会大规模地发生。

反腐机构必须对新腐败"零容忍",拟订详细可行的反腐计划,建立高效、精干的反腐队伍,对各种贪污贿赂坚决打击,对各种贪污贿赂实行严厉刑事处罚、判处足额罚金、追回贪腐财产等连锁惩罚,切实提高贪污贿赂的犯罪成本,使贪污贿赂者"在政治上身败名裂,在经济上倾家荡产",通过铁腕肃贪争取取得阶段性的成果。

反腐机构要通过卓有成效的坚决惩治,赢得社会各方面的信任和支持,通过惩治和预防结合,实行标本兼治,与新闻媒体、非政府组织、广大群众进行精诚合作,共同推进权力规范运行与廉洁文化建设,有效遏制贪污贿赂,使廉洁服务、诚实无私的观念深入人心,反腐机构的权威得以建立,政权的合法性基础将得到前所未有的巩固和提高。

与贪污贿赂造成的政治、经济、文化、社会等损失相比,反腐机构的经费投入并不显得浪费,而是一种成本——效益比非常高的政治投资行为,而是一种一本万利的政治投资行为。反腐机构惩治贪污贿赂常常查处没收大量的贪污贿赂财产,追回大量的国有资产及利息,常常超过反腐机构的经费投入。需要特别指出的是,反腐成功将取得巨大的政治、经济、文化、社会效益,功在当代,利在千秋。

第三节　廉洁与新闻监督

新闻监督是对社会上某些组织或个人的违法、违纪、违背民意的不良现象及行为,通过报道进行曝光和揭露,抨击时弊、抑恶扬善,以达到对其进行制约的目的。新闻舆论监督是现代反腐败斗争的重要手段,新闻监督被认为是成本最低的反腐倡廉机制,甚至新闻监督被认为是最重要的排在第一位的反腐倡廉机制。

新闻监督的优势

新闻舆论监督是通过新闻媒体进行的监督,遵从新闻传播的规律,具有新闻的某些特点,这就决定了新闻监督在反腐败斗争中具有自身独特的优势。

新闻舆论监督具有公开性。新闻舆论监督是面向社会、面向全体公众的,新闻监督是通过公开报道、公开讨论表现出来的。它可以最大限度地调动整个社会的正义、良知和公理,向一切腐败行为做斗争,将各种违法违纪的腐败行为暴露于光天化日之下,使权钱交易、权色交易、以权谋私、贪赃枉法、徇私舞弊、腐化堕落等腐败现象无法藏身。

新闻舆论监督具有广泛性。新闻媒体的受众之巨大、覆盖面之广是任何形式的传播都无法比拟的。新闻舆论监督报道尽管是一个或几个记者采写,一家新闻媒体刊播,看似一种个别监督行为,实则一经刊播出来,其他新闻媒体特别是网络媒体一经转发,广大受众会了解来龙去脉、是非曲直,参与监督。

新闻舆论监督具有及时性。新闻舆论监督遵守的新闻规律就是及时、真实,这是一切新闻媒体都必须遵守的法则。报纸、电台、电视台每天都要刊播正在发生的新闻事件。新闻媒体传播新闻舆论信息速度之快是任何形式的传播都无法比拟的。新闻舆论的监督可以做到及时、连续,做到现场监督和跟踪监督。

新闻监督的作用

新闻舆论监督是现代反腐败斗争的重要手段,新闻监督被认为是成本最低的反腐倡廉机制,甚至新闻监督被认为是最重要的排在第一位的反腐倡廉机制。新闻舆论监督与其他监督相互作用、相互补充,共同形成防止腐败的强大阵地。

威慑遏制作用。新闻舆论监督对于腐败分子有巨大的威慑和遏制力量。很多腐败分子不怕上级批评、不怕群众非议、不怕检查调查,因为他们信奉“上有政策、下有对策”,信奉自己办法多、神通广大,可以“摆平”一切,但就怕自己的违法乱纪行为被公众知晓。无论什么腐败现象,一旦通过新闻媒体被广大群众知晓,必将很快得到应有的惩罚。

监督促进作用。新闻媒体揭露不良现象可以让国家机关或人员引以为戒,对照改正。对于贪污、受贿等违法犯罪行为,新闻舆论监督的作用是客观报道这些现象,履行正常报道职能。对于这些违法乱纪行为的裁定、处理是纪检、行政、司法等部门的职责。新闻舆论监督要公正、客观报道各种社会现象,监督政策制定和执行中的各种问题,并督促、促成问题解决。

警示挽救作用。从小贪到大贪,成为巨贪,是逐渐被腐蚀的,是逐渐膨胀的;新闻舆论监督可以起到警示的作用,对欲“伸手者”起到当头棒喝的作用,使之有所畏惧,不敢越雷池半步。新闻媒体要发挥新闻舆论监督的作用,必须有敏锐的洞察力,不做事后诸葛亮,提前发现问题的苗头,刚露头就批评,不仅能警示、挽救干部,还能最大极限地为国家减少损失。

教育引导作用。反腐是手段,倡廉才是目的。新闻舆论监督不仅要批评、揭露社会上的假、恶、丑,更要宣传、褒扬真、善、美。成功的引导教育,能够使党员干部真正做到权为民所用、情为民所系、利为民所谋,使社会的权力部门正确地行使职能,使每个公务员都做到克己奉公、每个公民都有强烈的法治道德观念,从根本上杜绝腐败产生的源头。

信息传达作用。新闻媒介覆盖面广,传播速度快,能够宣传反腐败的法律、法规、规定,能够广泛发动群众,使群众能够及时了解反腐败的新政策,运用法律武器与腐败行为做斗争。新闻舆论监督具有强大的群众基础,可以得到许多腐败线索,涉嫌腐败的新闻一旦报道,能够很快引起纪检、监察、检察部门的注意,甚至成为破案的线索或者证据。

新闻监督的现状

新闻舆论监督对廉洁中国的建设发挥着重要作用,新闻舆论监督对反腐倡廉建设发挥着重要作用,但新闻舆论监督的现状并不令人满意,现实中存在的问题制约着新闻舆论监督积极作用的发挥。

新闻监督不够。新闻舆论监督的力度不够表现在监督一般性问题多,监督重大问题少。重大问题关系自然和社会、关系社会和民生、关系现在和未来,更应该严格监督。监督中层基层多,监督高层少,“只打苍蝇,不打老虎”。事后监督多,事前监督少,“只打死老虎,不打活老虎”。

新闻监督难。新闻舆论监督采访难、取材难、发稿难,获得有关部门支持难,打官司难,新闻监督的阻力很大,最大的阻力是当地的地方保护主义。当新闻监督要反映与自己有关,或与自己所管辖的地区及分管工作有关的问题时,一些领导出于各种目的便千方百计“捂盖子”。

新闻从业人员自身素质参差不齐。有些记者作风不踏实,走马观花,缺乏细节核对,写出失实报道,引发官司,造成不良影响。有些记者不是把自己定位在“第三者”,而是认为自己是法官,以言代法。有些记者吃拿卡要,搞有偿新闻。有些记者被财物诱惑,进行有偿不闻,轻描淡写,甚至加以歪曲地进行报道。

新闻监督的措施

新闻舆论监督对廉洁中国的建设发挥着重要作用,但现实中存在的问题制约着新闻舆论监督作用的有效发挥,需要采取积极的措施加强反腐败的新闻舆论监督。

要加强新闻监督的力度。要对重大决策、重大问题进行重点报道、连续报道,使重大决策、重大问题时刻处于群众的视线之内,处于群众的监督之中。新闻监督要采取灵活多样的形式,提高新闻监督的水平、质量,可以采取公开曝光的形式,也可以采取内参的形式,还可以采取向有关部门反映的形式。

要加强新闻监督的立法。没有法律的保护,新闻监督的作用就不能充分发挥,功能就会削弱。没有法律的约束,新闻监督可能被滥用。针对新闻媒体监督权益受损或监督权滥用,针对某些干部不理解、不支持新闻监督,应该为新闻监督立法,从而做到依法依规、科学合理监督。

要加强新闻腐败的防治。新闻媒体作为社会舆论监督工具,必须置于党的领导和国家法律的监督之下,决不允许随心所欲,把新闻舆论监督当成牟取利益的工具。要切实打击新闻媒体及新闻队伍中的腐败,更好地发挥新闻舆论监督的作用。要采取果断措施,坚决打击“有偿新闻、有偿不闻”等腐败。

要提高新闻从业人员素质。新闻从业人员必须不断加强思想修养,必须不断提高工作能力和水平,严守职业道德,严守新闻纪律,坚持实事求是、客观公正的报道。新闻从业人员要学法、懂法、用法,尊重名誉权、隐私权,依法依规进行新闻监督;针对恐吓和施暴,要善于用法律武器保护自己的合法权益。

第四节 廉洁与群众监督

群众监督是指公民个人和集体以及基层自治组织对行政机关及其工作人员的监督,也指一般群众对于领导干部的监督。群众监督是人民主权原则、基本人权原则和法制原则的体现,是社会主义国家的一种最主要的监督方式,是宪法赋予公民的基本权利之一,是社会主义民主的重要体现。

群众监督的依据

群众路线是中国共产党的根本工作路线,中国共产党在长期斗争中形成了一切为了群众,一切依靠群众和从群众中来,到群众中去的群众路线。群众路线是我们党的根本工作路线,是我们党的根本的领导作风和工作方法,是党的群众观点的具体化。

坚持党的群众路线就能保证党与群众的血肉联系,保证党的各项工作的成功。群众路线的实质就是代表人民群众,为人民谋利益,就是要执政为民。群众路线是我们的事业不断取得胜利的重要法宝,也是我们党不断焕发生机与活力、永葆先进性的力量源泉。

历史经验充分表明,党的成长与壮大、革命的胜利与发展,都与群众路线息息相关。当党正确地制定和实行群众路线时,革命就胜利、发展;反之,党和人民的事业就会遭受损失、失败。在当前的反腐败的斗争中,我们一定要依靠群众、相信群众。

群众监督的作用

人民群众是反腐败斗争的主体力量,充分发挥人民群众在反腐败斗争中的作用,会产生事半功倍的效果。抗战胜利前夕,毛泽东回答黄炎培"其兴也勃焉,其亡也忽焉"隐忧时说,"只有人人起来负责,才不会人亡政息"。实践证明,人民群众的参与和支持是取得反腐败斗争胜利的根本保证。

人民群众是反腐败斗争的不竭动力。人民群众是腐败现象和不正之风的直接受害者,他们对腐败现象有切肤之痛,因此,他们强烈要求党和政府深入开展反腐斗争。广大人民群众对于腐败现象的痛恨是充分调动广大群众积极性、深入开展反腐败工作的不竭动力。

人民群众是反腐败斗争信息的主要来源。领导生活在群众之中,他们的一言一行、功过是非、勤政廉洁,群众最了解,最有发言权。无论违法违纪还是权钱交易都逃不过群众雪亮的眼睛。有关资料显示,在目前已查处的腐败案件中,有六至七成的大案要案是通过群众举报发现和查处的。

人民群众是反腐败斗争取得胜利的保证。群众的实践经验和正确意见为反腐败政策和措施的制定提供了重要依据。群众对反腐败各项政策和措施的支持和自觉行动,有力地保证了反腐败各项工作任务的顺利落实。近年来,反腐败工作取得新成绩、新突破,群众的支持和参与是重要因素。

人民群众是反腐败斗争的创新源泉。反腐败工作必须不断创新,而这种创新只有来源于人民群众的实践,来源于人民群众的首创精神,才会充满生机和活力。近年来,在反腐倡廉实践中涌现的政务、厂务、村务公开等有效形式都来自人民群众的实践,我们要始终把群众的智慧作为工作创新的力量源泉。

群众监督的原则

群众反腐败监督是一项政策性很强的系统工程,不仅关系到能否把反腐败斗争引向深入,而且事关改革发展稳定的大局,与政治、经济、社会环境相联系,与社会主义民主政治的发展水平相联系,要坚持原则,力戒盲目性、随意性。

开放性的原则。要从实际出发,坚持已有成功做法的基础上,敢于和善于借鉴国内外一切行之有效的经验和做法,不断探索新的路径方法,走出一条中国特色的群众反腐败监督的新路子。

全程参与的原则。群众反腐败监督要尽量做到有尺度而无禁区,从监督权力的授予、监督权力运行过程、监督权力运行结果都要有全程参与的机制,确保群众反腐败监督无盲区。

民主治腐的原则。群众反腐败监督要充分发扬民主,坚持走群众路线,通过广泛深入地发动群众,来充分调动群众的积极性,切实发挥民主治腐的作用和威力。

依法反腐的原则。群众反腐败监督必须贯彻全面依法治国的方针,坚持在法律规定的范围内有序进行，坚持依法依规依纪，确保反腐败斗争的合法性。

稳步推进的原则。群众反腐败监督要从整体着眼，着力于扎实有效地稳步推进，使群众反腐败监督由浅入深、由窄到宽、由被动到主动、由随意到规范，最终达到高质量、全方位的进行。

群众监督的措施

从当前反腐败斗争的形势来看，反腐倡廉工作充满艰巨性、复杂性，是一项长期的系统性工程，抓党风廉政建设和反腐败斗争，仅靠个别职能部门的力量是远远不够的，必须调动人民群众的积极性，形成全民齐抓共管的氛围，才能取得成效，取得成功。

要充分发挥党报、党刊、电视、广播、网络等新闻媒体作用，大力宣传反腐败对改革、发展、稳定大局的政治保证作用，宣传党和国家关于反腐败的方针、政策，宣传反腐败各项工作的动态和成效，培养广大群众的防腐意识，增强群众反腐的自觉性、责任感、使命感，激发群众支持和参与反腐斗争的热情。

要克服影响群众监督作用发挥的障碍，要经常对各级领导干部进行马克思主义群众观点和群众路线的再教育，使他们树立正确的群众观；牢固树立权力是人民群众赋予的观念；坚定相信群众、依靠群众、向人民群众负责的思想，充分认识群众监督的重大意义，增强接受群众监督的自觉性。

要畅通群众监督渠道。“言路不通，万事皆空。”没有畅通的言路，就不可能有理性的监督。进一步完善群众参与监督腐败的途径，群众的监督意见能够通过信访特别是网络信访等形式，反映到有关职能部门和领导手中。只有依靠群众监督的力量，把权力关进制度的笼子里，才能从源头上铲除腐败滋生蔓延的土壤。

国家应尽快通过立法程序出台法律法规，对群众反腐败监督的主体与客体、权利与义务、形式与内容、受理与反馈等方面予以明确界定，配套健全相应的责任机制、激励机制、惩戒机制、保障机制。不断完善“便利、高效、安全”的群众反腐败监督举报机制，使群众监督有法可依、有章可循。

要进一步规范群众反腐败监督举报的行为，实现群众反腐败监督的有序性。明确规定群众反腐败监督的责任、义务，提出规范要求，避免过激和无序行为，规范群众反腐败监督的途径、载体，明确群众反腐败监督的组织形式，逐步使群众反腐败监督走向法制化、规范化的轨道。

要提高群众反腐败监督的积极性，要实现群众反腐败监督的持续性，必须完善群众反腐败监督的反馈机制。要做好反腐败监督的保密工作，要加强反腐败监督的反馈工作。对于实名进行反腐败监督的一定要进行认真调查，对有关当事人一定要进行“有则改之、无则加勉”的诫勉谈话，向举报人实事求是地反馈认真调查的情况，反馈诫勉谈话的情况。

郑重建议纪检监察部门、检察机关的反腐部门建立反腐败的表彰奖励制度，建立反腐败的奖励基金，实现精神奖励与物质奖励的结合，对提供腐败线索的人给予奖励，甚至给予重奖。在表彰奖励群众监督制度下，如果出现专门的反腐败的职业监督人员，我们也要给予支持，鼓励他们监督。

第五节　廉洁与法治社会

法治社会是和人治社会相对而言的，法治社会是指国家权力和社会关系按照明确的法律秩序运行，并且按照严格公正的司法程序协调人与人之间的关系解决社会纠纷，在法律面前人人平等。廉洁社会和法治社会相互促进、相辅相成、缺一不可。

全面依法治国

十八届四中全会首次以全会的形式专题研究部署全面推进依法治国，通过了《中共中央关于全面推进依法治国若干重大问题的决定》，中国掀起了法治社会建设的高潮，掀起了法治中国建设的高潮，法治中国的关键是依法治国。

依法治国是坚持和发展中国特色社会主义的本质要求和重要保障，是实现国家治理体系和治理能力现代化的必然要求，事关我们党执政兴国，事关人民幸福安康，事关党和国家长治久安。

我们要完善以宪法为核心的中国特色社会主义法律体系，加强宪法实施；深入推进依法行政，加快建设法治政府；保证公正司法，提高司法公信力；增强全民法治观念，推进法治社会建设；加强法治工作队伍建设；加强和改进党对全面推进依法治国的领导。

坚持依法治国首先要坚持依宪治国，坚持依法执政首先要坚持依宪执政。健全宪法实施和监督制度，完善全国人大及其常委会宪法监督制度，健全宪法解释程序机制。完善确保依法独立公正行使审判权和检察权的制度，建立健全司法人员履行法定职责保护机制。

法律的权威源自人民的内心拥护和真诚信仰。人民权益要靠法律保障，法律权威要靠人民维护。必须弘扬社会主义法治精神，建设社会主义法治文化，增强全社会厉行法治的积极性和主动性，形成守法光荣、违法可耻的社会氛围，使全体人民都成为社会主义法治的忠实崇尚者、自觉遵守者、坚定捍卫者。

全面依法治国对于预防腐败、惩治腐败都有非常重要、非常直接的意义。要彻底铲除腐败必须很大程度依赖于法治。目前，我国法治社会的建设正处于关键阶段，法治社会的建设对反腐败具有巨大的推动作用，将促进廉洁社会的建设。同样，廉洁社会的建设将对法治建设具有巨大的推动作用，将促进法治社会的建设。

法治是廉洁的保障

在中国封建社会的王朝，由于严格治理腐败，也出现过廉洁时期，例如武则天时期、朱元璋时期、雍正时期，其中明王朝的朱元璋时期，对贪污受贿的惩处非常严厉，贪污白银60两就“剥皮实草”，但随着朱元璋的离去，明王朝越来越腐败，最后被农民起义军推翻。

这充分证明人治的廉洁不会持久，会随着人的离去而失去，没有法治的廉洁不会持久。廉洁可以推动法治，法治可以促进廉洁。1949年以来，刘青山、张子善被杀后，出现了相当长的一段廉洁时期，但由于缺乏法治，腐败开始蔓延，在一些地方、在一些领域腐败相当严重。

没有廉洁的法治是假法治、真腐败。没有廉洁的法治是法治的形式，不可能实现法治的公开、公平、公正，是假公开、假公平、假公正。中国封建社会王朝的初期，也出现过短期的法制，但随着封建王朝的腐败，法制被腐败破坏，法制甚至成为腐败的帮凶。

繁荣与稳定必需廉洁和法治来保障，没有廉洁和法治的繁荣与稳定不会长久，必将失去，中国有多少盛世都已失去，成了过眼云烟。腐败和人治导致了中国近代的深重苦难。

一个国家，一个社会，要实现持久的繁荣，要实现持久的稳定，她必须是一个廉洁的国家，她必须是一个法治的国家，她必须是一个廉洁的社会，她必须是一个法治的社会。

新加坡实现了持久的繁荣，实现了持久的稳定，新加坡是一个廉洁的国家，是一个法治的国家；新加坡是一个廉洁的社会，是一个法治的社会。

香港地区实现了持久的繁荣，实现了持久的稳定，香港地区是一个廉洁的地区，是一个法治的地区；香港地区是一个廉洁的社会，是一个法治的社会。

法治反腐的优势

反腐倡廉是一项长期的全局性工作，既要治标，又要治本，反腐败要依法依规依纪进行，要纳入法治化的轨道，要依靠党纪、国法来规范，法治反腐具有根本性和稳定性、权威性和强制性、公开性和规范性的优势。

根本性和稳定性。解决腐败问题，必须标本兼治，综合治理，从根本上解决问题。既要持之以恒抓治标，露头就打；又要坚持不懈搞好治本，强化教育，提高素质，健全法制，规范行为。要使这项工作长期持续稳定开展，避免断断续续、大起大落，就必须将防治腐败纳入法制轨道，因为法制具有持久性和稳定性。

法律一经制定颁布实施，就具有非人格化的特征，如要修改变动，就必须经过合法程序。把反腐倡廉的方针、政策、制度用法律形式固定下来，就能较好地避免因领导人的变动，或领导者主观意志的转移而出现的不稳定性。把公职人员的授权和用权行为用法律规范固定下来，有利于防止权力滥用。

权威性和强制性。法律经国家权力机关制定颁布后，就具有绝对权威性和其他社会规范无法具有的约束力。任何个人和组织以及单位都必须严格遵守和执行，违法就会受到惩罚和追究。近年来反腐败斗争实践也证明，惩罚机制是决定违法犯罪行为发生概率的重要因素。在其他条件不变情况下，增加惩罚将会降低腐败行为。

1998至1999年，中央和有关省纪检监察机关查处了湛江、厦门特大走私案，严惩一批走私犯罪和一些国家公职人员的腐败案件，就使全国范围内的走私势头得到遏制，全国海关的关税也骤然攀升。运用法治来反腐倡廉，就能很好发挥它的惩戒功能，有利于遏制腐败的蔓延，也能很好发挥它的预防、约束功能。

公开性和规范性。法律是公开的，要求是同等的，不管什么人，不论职位高低，都一样要严格遵守，一样要依法办事。这有利于公共权力的规范运作，防止滥用手中权力，克服审批资金、土地、工程等的“暗箱操作”。法律的公开性，也有利于广大群众参与反腐败。我国《宪法》就赋予公民申诉、控告和检举的权利，这对腐败分子有威慑作用。

法律作为一种普遍的社会规范和比较稳定的行为规范，它严格规定了人们在社会生产和生活中的行为规范。缺少法律或法律不健全，都容易使社会运作出现混乱，容易使腐败分子有机可乘。依靠法制来规范、约束公职人员的用权行为和管理社会，使社会运行有序、干部依法用权，是反腐倡廉工作健康发展的关键因素。

法治约束权力

腐败是公职人员滥用手中的公共权力谋取私利。腐败的本质特征就是权力与利益的非法交换，要防止滥用权力，就必须以权力约束权力。靠法治防治腐败，重要的是靠法治的力量来约束和监督权力。

依法授予权力。要防止权力滥用，基础在于掌握权力的人要选准。如果权力掌握在廉、德、才综合素质高的人手上，权力就能正确行使而不易被滥用。反之，掌权者就易被权力腐蚀，就容易用权损害国家集体和其他公众的利益。

选拔领导干部，要坚持廉、德、才兼备，以廉为先的方针，选综合素质高的人；要充分听取民意，严格按程序进行推荐、考察、讨论、决定；要引入竞争机制，考察干部应有差额，在一定范围内公选、直选领导干部；要增加选任领导干部的透明度，做到任职岗位条件、候选人推荐、考察对象公开，任前公示，保证授予权力或获得权力的过程依法、民主、公正。

依法行使权力。权力的正确行使，离不开一套严密、科学的程序来做保障。现行颁布实施的行政法规中，多是实体性规范，程序性规范少。由于缺乏程序性规范的保障，实体性规范也难以得到很好的执行，行政权的扩张和滥用时有出现。要加快建立和完善权力运行程序，使权力行使有章可循、有法可依，要严格议事规则和决策程序，杜绝“一把手”专断。

各级领导班子要严格执行民主集中制，对“三重一大”要经集体讨论决定，加快建立和推行“三重一大”讨论表决制度。“三重一大”即重大问题决策、重要干部任免、重大项目投资决策、大额资金使用。加快政府职能转变，改革行政审批。加快政务公开进程，把行政审批内容、条件、程序、时限公开，以约束审批人员的审批行为。对重大问题的决策程序和结果，财务收支和领导干部的费用开支，也要在一定范围内公开，接受干部群众监督。

依法监督权力。权力无监督制约,掌握权力者就容易以权谋私。对权力的监督——对权力主体用权过程和用权结果进行监察、检查,纠正其用权的错误行为,惩治用权上的违纪违法行为。公共权力的行使必须置于党纪国法的制度监督和民主监督之下,权力行使到哪里,就监督到哪里,解决"上级监督不到、同级监督不了、下级监督无用"的问题。

对权力的监督,一要重点监督主要领导干部,切实加强领导班子内部监督,认真执行民主集中制;二要加大纪检监察机关的监督力度,实施全程监督、同步监督,把事前、事中和事后监督结合起来;三要加快监督制度化、规范化,使监督工作有章可循;四要加强新闻监督,发挥新闻监督的影响力和约束力;五要科学适度分解权力,防止权力过分集中。

法治反腐措施

依法反腐是反腐倡廉的必然要求,法治是遏制腐败的根本途径。人治是反腐的初级形式,法治是反腐的高级形式,反腐用"硬约束"比"软约束"更有效,搞法治比搞人治靠得住,反腐必须尽快从靠人治转变到靠法治的轨道上。面对当前及今后一个时期反腐倡廉的繁重任务,必须加快推进反腐倡廉的法治进程。

加快反腐立法,建立完善的反腐倡廉的法治体系。依靠法治反腐倡廉,首先要有法可依。加快反腐倡廉法律、法规和规定建设,建立和完善反腐倡廉法治体系,这是法治反腐倡廉的前提和基础。建立完善的反腐倡廉法治体系,应包括预防性、监督性和惩戒性的各类法规制度。要根据社会经济的发展变化,及时修改、充实、完善法律、法规和规定,防止制度缺陷导致腐败机会。

加强法治教育,切实增强国家公务人员的法治观念。依靠法治反腐倡廉,加强国家公职人员乃至全体公民的法治教育是基础。加强法治重要的是要进行教育,根本问题在于牢固树立法治观念。广大国家公职人员学法才懂法,懂法才谈得上守法,才能保证手中权力在党纪国法范围内行使。要重点抓好各级领导干部的法治教育,增强他们的法治观念。很多被查处的领导干部,都反省自己不学法、不懂法,不依法办事,不依法行政。

严格执法执纪,充分发挥法律、法规、纪律的威力。要努力做到有法必依、违法必究、执法必严,既是法治反腐倡廉的必然要求,也是法治反腐倡廉的关键。只有严格执纪执法,使腐败分子得到应有惩罚,使人不敢产生腐败念头,才能有效防治腐败。要加强纪检监察机关与司法机关的协调，司法机关认定不违法可能违纪的，要移送纪检监察机关处理；纪检监察机关认定已触犯法律的，要移交司法机关惩处。要突出查处大案要案，对典型的重大案件，要集中力量查办，严格依纪依法惩处。

第六节　廉洁与市场经济

中国社会存在许多问题，需要明确指出的是，这些问题不是改革开放造成的，不是市场经济造成的，其根本原因归根结底是腐败造成的，是不讲法治造成的。中国当前急需加快廉洁中国和法治中国的建设，中国当前急需加快廉洁社会和法治社会的建设。

计划经济无法长久

计划经济在短期内可以有效，计划经济在战争状态下可以有效，但计划经济在长期的和平时期是行不通的。从历史上看，苏联实行过计划经济，后来苏联解体了，解体后的俄罗斯、乌克兰、白俄罗斯、哈萨克斯坦等原苏联国家均开始实行市场经济。

东欧国家也实行过计划经济，伴随着东欧国家的剧变，东欧国家均开始实行市场经济。越南、古巴也实行过计划经济，但现在都在向市场经济过渡。目前，全世界只有朝鲜一个国家还在继续实行计划经济。

中国实行过计划经济，在战后的恢复期间，在朝鲜战争期间，应该说计划经济是有效的。但随着长期的和平时期的到来，计划经济的弊病越来越多、越来越严重。

随着计划经济的弊病越来越严重，国民经济处于崩溃的边缘，老百姓长期吃不饱肚子，许多种地的农民长期吃供应粮，1978年我国开始改革开放，迅速解决了长期吃不饱肚子的问题。

市场经济的辉煌成绩

在当今社会，在现在的生产力条件下，经济领域必须实行市场经济，这是实践检验了的唯一真理。当今世界,持久繁荣的基础是市场经济。全世界只有朝鲜一家仍然在实行计划经济,但举步维艰,困难重重。

改革开放以来,中国国民经济迅速发展,中国国民收入迅速提高,中国成为世界第二大经济体。中国的辉煌成就是改革开放的结果,是有序逐步实行市场经济的结果,看不到辉煌的成就不是实事求是者。

现在,大家都吃饱肚子了,许多人营养过剩,甚至出现了"三高",许多人忘了饥饿的感觉,许多人忘了60年的大饥荒,许多人好了伤疤忘了疼。

要改变"不患寡而患不均"的思维,过去大家都吃不饱肚子,大家都喝稀粥;现在大家都吃饱肚子了,有人吃肉吃菜,有人吃鱼翅鲍鱼;于是不平衡了,意见反而多了起来,只要是合法所得,是应该的,如果是违法所得,要坚决监督,要坚决打击。

腐败与市场经济无关

腐败的原因是巨大的失去监督的权力,权力越大,腐败的风险越大;权力越小,腐败的风险越小。对权力的监督越强,腐败的可能性越小;监督越弱,腐败的可能性越大。

腐败是权力得不到有效监督导致的,腐败与市场经济没有直接的因果关系,不是市场经济导致腐败。没有实行市场经济的奴隶社会、封建社会腐败令人发指,实行计划经济的社会主义国家仍然存在腐败。

奴隶社会没有实行市场经济,腐败是非常严重的,大多达到令人发指的地步,特别是最高统治者、最高统治家族、最高统治集团极其腐败。奴隶社会的夏桀王荒淫无度,暴虐无道,腐败令人发指。

封建社会没有实行市场经济,许多腐败达到令人发指的地步,王朝末期皇帝往往昏庸腐败,贪官猖獗,富豪奢靡。封建社会实行的是君主专制,皇帝拥有至高无上的权力,皇帝凌驾于法律之上,绝对权力产生绝对腐败,封建专制反不了腐败。

在改革开放之前,我国一直实行社会主义的计划经济,没有实行市场经济,但仍然存在腐败,一些时候还出现腐败的蔓延趋势。为了遏制腐败蔓延,在新中国成立初期开展了"三反"运动和"五反"运动,在"三反"运动中查出的巨贪刘青山、张子善被处以死刑。

腐败的滋生和蔓延不是市场经济导致的,腐败与市场经济不相容,市场经济通过市场机制配置资源,市场经济要求公开、公正、公平的法治社会,市场经济要求法治经济，而贪污贿赂等各种腐败都在破坏市场机制配置资源，破坏市场经济的健康发展。

市场经济遏制腐败

腐败是权力得不到有效监督导致的，绝对的权力导致绝对的腐败，没有监督的权力必然导致腐败，监督不力的权力也必然导致腐败。现在腐败蔓延是过去反腐败的力度、强度不大造成的，是对权力的监督不力造成的，是不讲法治造成的，是一些腐败分子为所欲为造成的。

腐败蔓延不是市场经济造成的，早在市场经济之前腐败就产生并为所欲为。市场经济遏制了一些腐败，因为市场接替计划配置了许多的资源，减少了许多官员手中的权力，减少了他们腐败的机会，减弱了他们腐败的程度。

如果没有市场的配置，实行计划，那掌管计划的人权力更大，更腐败，可能会有更多的“2亿元的魏鹏远”。魏鹏远只不过是一个正处级干部，关键他是国家发改委能源局煤炭司副司长、处长，手中掌管着极大的实权，监督又不到位。

改革开放以来，我国逐步实行市场经济，随着改革开放的深入，随着市场经济的发展，我国综合国力迅速增强，社会财富迅速增加，腐败分子贪污受贿的金额也急剧增长，因此，有人错误地认为是市场经济导致腐败，是改革开放导致腐败，其实腐败自从奴隶社会开始就有了。

市场经济本质上是一种法治经济，随着市场经济的发展，社会的法治进一步完备，为深入开展反腐倡廉提供了坚实的基础。市场经济所蕴含的效益、平等、规范、开放、创新等理念，必将促进人们的思想解放和观念更新，为深入开展反腐倡廉提供强大的精神动力。

发展市场经济和深入反腐倡廉是辩证统一、相辅相成、相互促进的，二者之间的辩证统一和相互促进不是自然而然就能实现的，只有通过人类的正确实践才能成为现实。既不能认为市场经济发展了，腐败就消失了，也不能认为反腐倡廉搞好了，市场经济就会水到渠成。我们既要坚定不移地发展市场经济，又要旗帜鲜明地深入反腐倡廉。

腐败破坏市场经济

腐败违背了市场经济的平等性原则。市场经济遵循价值规律，实行等价交换，交换主体双方的地位是平等的。腐败的出现——权力介入交换过程之中,导致交换双方地位的不对等,交换的一方凌驾于另一方之上,实行不等价交换。这种权力的介入,就是腐败行为的表现,它违背市场经济的平等性原则,不利于市场经济的发展。

市场经济条件下要求人们具有与封建特权意识有根本区别的平等意识。自由的商品交换以其特有的方式抹去了人与人之间的等级关系和等级意识,客观上要求交换各方权利是平等的,市场主体自由地进出市场,并根据自己的利益做出各种选择。在尊重自己利益的同时,还要尊重其他经济主体自由参与市场竞争和获得利益的权利。

腐败削弱了市场经济主体的竞争力。竞争性原则是推动市场经济发展的主要动力。通过自由竞争,才能搞活整个市场经济。没有竞争的市场,就不是有效的市场。腐败现象中最明显的表现就是权钱交易,在公开招标中,政府官员利用手中的权力,给予某些竞标企业优先选择权,把招标项目给予向其行贿的企业,破坏了市场的公平秩序,从而削弱了市场主体的竞争力。

实行市场经济把国有企业推向市场,参与优胜劣汰的竞争,提高了国有企业的效率,提高了市场经济主体——国有企业的竞争力。随着市场经济的深入推进,出现了腐败的蔓延,于是有人就把腐败的蔓延归咎于市场经济体制的推行。市场经济没有导致腐败蔓延,而是对权力的监督不力导致腐败蔓延,腐败削弱了市场经济主体的竞争力。

腐败影响市场经济的开放性,使经济发展局限于狭隘的范围内,不利于市场经济的健康发展。统一、开放的全国性大市场正在形成,有的要素市场存在条块分割、各霸一方或各管一线的情况,为地方保护主义提供了条件。在狭小的市场范围内,腐败分子才能控制经济发展形势,为自己谋私创造条件,而在较大的市场范围内,他们便鞭长莫及、无能为力。

在一定地区的一定范围内,通过制定某些优惠政策,保护当地的个体、私营企业,为它们提供便利,而对其他外来企业,则是提出某种限制政策。这种地方保护主义就是腐败的寄生方式,在狭隘的市场范围内腐败现象要比市场范围较大地区要多,因此,腐败分子为了谋取私利,不愿扩大市场。

社会主义市场经济是法治经济,它规范各方利益主体的行为,努力做到公平、公正、公开。腐败现象的出现与市场经济的原则是相悖的,它完全与市场经济的法治原则冲突。腐败现象的出现就是对法律、规章、制度的蔑视,腐败分子通过权钱交易谋取暴利,最重要的就是以权夺法、以权枉法。

腐败破坏市场经济公平竞争的法治原则,阻碍市场经济的发展。在市场经济转型的过程中,存在很多法律法规漏洞,很多腐败分子就是钻法治建设不完善的空子,钻对权力监督不到位的空子,进行违法违纪的腐败。随着市场经济法治建设的完善,随着对权力监督的完善和到位,违法违纪的腐败就会逐渐减少。

第五章　廉洁指向:廉洁中国的组成

我们一定要在以习近平为总书记的党中央坚强领导下,在中央纪委的具体领导下,坚决查处团伙腐败、家族腐败、国企腐败,坚决打击行业腐败、单位腐败,实行“简政减官减员”,坚决铲除腐败土壤,建设廉洁的党、廉洁的政府、廉洁的军队、廉洁的社会,从而建成一个廉洁的中国。

第一节　廉洁中国的组成

什么是真正的全面的廉洁中国?真正的全面的廉洁中国就是群众希望的“人人不求人、事事不求人”“一切按法律、法规、规定办”的公开、公平、公正的廉洁社会。

什么是腐败

腐败是公职人员滥用手中的公共权力谋取私利。腐败的本质特征就是权力与利益的非法交换,权钱交易、权色交易、权权交易等等都是腐败。私利包括金钱、官职、地位、名誉、女色等等,甚至包括通过违纪、违规或不正当手段使孩子上学、病人就医等等。

腐败包括由作风不正、行为不正当而产生的结党营私、徇私枉法、颠倒黑白等各种违法违纪行为，也包括利用出身背景、政治地位、经济权利、熟人关系进行的各种违法违纪行为。

腐败就是牟取或牟得私利。违法的私利就是违法腐败，违纪的私利就是违纪腐败。严格来说，牟得或没有牟得，只要牟取了就是腐败，牟得是结果，成为事实。

腐败无处不在、无处不存，与权力相伴相生，腐败有传染倾向，历来就有。腐败危害国家政治安全、社会稳定、百姓利益。违法的腐败包括经济犯罪、政治犯罪、社会犯罪三个主要问题。

腐败问题是各国都存在的通病，而我国腐败蔓延的势头，既危及和破坏法律的权威性和有效实施，又破坏我国社会主义的经济基础，动摇我国社会的政治基础。腐败问题已经对党、国家、社会构成了重大威胁。

腐败与权力成正比，越是权力集中，腐败的风险越高；越是权力低弱，腐败的风险越低。腐败与监督制约成反比，监督制约强度越高，腐败的风险越低；监督制约强度越低，腐败的风险越高。

严厉惩治腐败犯罪，强化监督制约力度，制定完善制度程序，把权力关进制度的“笼子”，是铲除腐败土壤、解决腐败问题的根本，是建设廉洁中国、廉洁社会的关键，是建设法治中国、法治社会的关键。

什么是廉洁

廉洁最早出现在战国时期伟大的诗人屈原的《楚辞·招魂》中：“朕幼清以廉洁兮，身服义尔未沫。”东汉著名学者王逸在《楚辞·章句》中注释说：“不受曰廉，不污曰洁。”也就是说不接受他人馈赠的钱财礼物，不让自己清白的人品受到玷污，就是廉洁。

廉洁是指不损公肥私，不贪污。“廉洁”一词，《辞源》上解释为“公正，不贪污”。《辞海》上解释为“清廉，清白”。汉代王充《论衡》中有“案古篡畔之臣，希清白廉洁之人”之句。

廉就是清廉，就是不贪取不应得的钱财；洁就是洁白，就是指人生光明磊落的态度。历史证明，清正廉洁盛行之日，则国家昌盛；贪污腐败猖獗之时，则国势衰微。历来清官受人颂扬，污吏遭人唾骂。

我们要大力弘扬中华民族的清正廉洁的传统美德，做人要清清白白、光明磊落，提倡廉洁自律、秉公办事、不徇私情、不谋私利，要一切按法律、法规、规定办理，共同建设廉洁中国、廉洁社会。

廉洁中国的组成

廉洁中国是公开、公平、公正的廉洁社会，是“不敢腐、不能腐、不想腐、不必腐”，是一切按法律、法规、规定办理，是“人人不求人、事事不求人”。牟取或牟得违法、违纪或不正当利益的行为极少极个别，牟取或牟得违法、违纪或不正当利益的行为必将受到惩处。

中国“不患寡而患不均，不患贫而患不安”，小康社会解决“寡”和“贫”的问题，廉洁社会、法治社会解决“不均”和“不安”的问题，群众对廉洁社会、法治社会的期待甚至超过小康社会，建议小康社会、廉洁社会、法治社会三位一体、共同全面建设。

廉洁中国应该由廉洁的党、廉洁的政府、廉洁的军队、廉洁的社会组成，缺一不可，相互补充。打造符合中国实际的廉洁中国，不仅要坚决查处各种团伙腐败，还要查处家族腐败、国企腐败、行业腐败、单位腐败，不能有特权行业，也不能有特权单位。

第二节　建设廉洁的政党

历史选择了中国共产党，只有中国共产党能够救中国。中国共产党是中国的执政党，我们必须坚持治国必先治党，治党务必从严，从而建成廉洁的党。党的廉洁建设功在当代，利在千秋。

关键是从严治党

中国共产党是中国的执政党，肩负着国家繁荣、民族复兴的重任。中国要建成廉洁中国关键在党，中国要建成廉洁中国首先是建成廉洁的中国共产党，要建成廉洁的中国共产党，必须从严治党。从严治党，关键在治、要害在严。

腐败问题关乎人心向背，关系实现中华民族伟大复兴。党中央坚持党要管党、从严治党，把反腐败斗争提到新高度，坚定不移改进作风，坚定不移惩治腐败。没有党中央鲜明的政治态度、坚强领导、率先垂范，反腐败斗争就会一事无成。

从严治党必须严明党纪，要严格按党章办事，按党的制度和规定办事；要对党员特别是领导干部严格要求，严格管理，严格监督；要在党内生活中讲党性，讲原则，开展积极的思想斗争，弘扬正气，反对歪风；要严格按照党章规定的标准发展党员，严肃处理不合格党员；要严格执行党的纪律，坚持在纪律面前人人平等。

严明党的纪律

纪律是党的生命，要严明党的政治纪律和政治规矩。从严治党关键在严格执纪。要把纪律建设作为治本之策，摆在更加重要的地位。没有规矩，不成方圆。我们党是肩负着历史使命的政治组织，必须有严明的政治纪律和政治规矩。

党员领导干部特别是高级领导干部，必须遵守政治规矩，以更强的党性意识、政治觉悟和组织观念要求自己。纪律不可能囊括所有规矩。守纪律是底线，守规矩靠自觉。政治规矩是我们党在长期实践中形成的政治规则、组织约束、优良传统和工作习惯。遵守政治规矩是讲党性、讲政治的具体体现。

党的奋斗目标越宏伟、任务越艰巨，就越要讲规矩、守纪律，统一意志、统一行动，形成一个声音。我们党决不允许结党营私、培植亲信、拉帮结派；决不允许自行其是、另搞一套、阳奉阴违。要深入开展纪律监督和教育，增强组织纪律性，坚决纠正无组织、无纪律问题，严肃查处欺骗组织、对抗组织的行为。

建设廉洁的党

中国共产党之所以生命力强，就是因为我们党能够自己纠正自己的错误，能够自己肃清队伍中的腐败分子。经过自我完善、自我净化，我们能建成风清气正、斗志昂扬、能打胜战的中国共产党。

党风廉政建设和反腐败斗争是一场输不起的斗争，不能一阵风，要保持政治定力，踩着坚定的步伐，踏石留印，抓铁留痕，一步一个脚印，从而建设一个廉洁的中国共产党，从而建设一个廉洁的中国。

对腐败分子的查处充分表明了以习近平同志为总书记的党中央从严管党、从严治党的坚强意志，充分体现了我们党反腐败无禁区、零容忍的坚定态度，充分展现了我们党自我净化、自我革新的政治勇气，必将对严明党的纪律、加强作风建设、深化反腐倡廉起到重要的指导和推动作用。

中国共产党与腐败水火不容。开弓没有回头箭，反腐败斗争是一场输不起的斗争,必须决战决胜,坚持零容忍的态度不变、猛药去疴的决心不减、刮骨疗毒的勇气不泄、严厉惩处的尺度不松,全党上下齐心协力,人民群众鼎力支持,我们就一定能够打赢反腐败斗争这场攻坚战、持久战,迎来河清海晏的廉洁中国。

第三节　建设廉洁的政府

各级政府和各部门深入推进党风廉政建设和反腐败工作,转政风,改机制,强监管,严政纪,取得明显成效。但纠正“四风”不彻底,一些领域腐败问题易发多发,权力寻租空间仍然存在。有的干部为官不为,对改革发展重大决策部署落实不到位。

建设廉洁的政府

各级政府和部门要按照习近平总书记重要讲话精神和中央关于反腐倡廉的总体部署,以建设法治政府、廉洁政府为目标,以深化改革为动力,以正风肃纪为抓手,以制度约束为重点,持续推进政府系统党风廉政建设和反腐败工作,营造风清气正的经济社会发展环境,促进经济平稳健康发展和社会和谐稳定。

各级政府和部门要切实增强忧患意识和责任感、使命感,坚持一手抓改革发展,一手抓反腐倡廉,以更坚定的决心和更有力的举措,毫不松懈地把政府系统党风廉政建设和反腐败工作推向深入,努力打造廉洁政府,努力建设法治政府。

廉洁政府的措施

简政放权,坚决打掉权力寻租空间。继续深入推进政府职能转变,大幅减少投资项目前置审批,取消全部非行政许可审批事项,消除行政审批“灰色地带”, 以权力“瘦身”为廉政“强身”。 要对中介服务进行清理,破除垄断、规范收费、加强监管,整治“红顶中介”。 中央和地方各级政府要加快建立权力清单、责任清单和负面清单,扎紧管权限权的制度“围栏”,着力铲除滋生腐败的土壤。

加强监督,严管公帑。严肃财经纪律,加强审计监督,确保公共资金安全运行。政府收支一律纳入预算并公开,向老百姓交出一本能看得懂的“明白账”。所有公共资金一律接受审计监督,牢牢守住资金安全的“底线”和防腐败的“红线”。

长期“趴窝”的沉淀资金一律调整回收，尽快把沉淀的资金调整用到保民生、补短板、增后劲的“刀刃”上。加强对国有资产和国有企业的监管，决不能让全民资产变成少数腐败分子的“私人钱袋”。

勤政有为，推动重大决策落实。领导干部要敢于担当，主动作为，善谋善为，干事创业谋发展。重大任务要明确分工，逐级签订目标任务责任书，立下“军令状”。重点工作要严格时限，确保完成，说到做到，不放空炮。决策部署要督查落实，认真开展督查落实专项行动，确保政策落地生根。对懒政庸政怠政、不作为的要严肃问责，对不敢抓不敢管、尸位素餐、碌碌无为的干部，坚决采取组织措施。重实绩、讲实效，让大批有能有为的“千里马”竞相驰骋。

标本兼治，坚定不移惩治腐败。要始终坚持对腐败零容忍，不论何人，只要有贪腐，都要依法依纪严肃处理，做到有腐必反、有贪必肃。要遵章守纪纠“四风”，大力倡俭治奢，持续推进政风作风转变。惩防并举肃贪腐，始终保持高压态势，对腐败分子零容忍、严惩戒，猛药去疴，重典治乱。依法反腐建立机制，用法治思维和法治方式推进工作，努力铲除滋生腐败的土壤，把权力关进制度的“笼子”。

依法行政，规范权力。推进政务公开，透明用权。用制度形成对权力的有效制约，筑牢法治“篱笆”，防范权力“越线”。要倡俭治奢，转变作风。坚持纠正“四风”和树立新风并举，继续严格执行中央“八项规定”和国务院“约法三章”，加强“三公”经费管理，节约政府开支，降低行政成本。

坚持“一岗双责”，认真落实责任制。各级领导干部要以上率下，带头守纪律讲规矩，带头执行廉洁从政各项规定。各级政府及部门党组要切实履行主体责任，主要领导是第一责任人，对本部门本单位党风廉政建设负总责；各级监察机关要履行监督责任，确保经济社会发展和廉政建设各项任务落实。

第四节　建设廉洁的军队

强国必先强军，强军必先反腐。廉洁军队的建设必须走在全党全社会的前面。中共中央总书记、中央军委主席习近平强调，要坚持有腐必反、有贪必肃，反腐没有禁区，执法没有特例。虽然军队是一个执行特殊任务的武装集团，但在反腐上绝对不能特殊，不能成为“真空地带”。

强军必先反腐

人民军队是执行党的政治任务的武装集团,在党风廉政建设上要坚持高标准、严要求。党内决不允许有腐败分子的藏身之地,军中也决不允许有腐败分子的藏身之地。全党全军必须充分认识反腐败斗争的长期性、复杂性、艰巨性,把反腐倡廉建设放在更加突出的位置,坚决查处违纪违法案件。

军队腐败是对官兵信仰大厦的极大腐蚀,是对部队战斗力的极大损害,是对新型官兵关系的极大破坏。古今中外一切强军劲旅,无不视腐败是腐蚀军队肌体的最大毒瘤,是影响军队凝聚力的最大因素,是损害军队战斗力的第一杀手,都将反腐列为从严治军之要。贪腐不除,未战先败,甲午海战就是佐证。

军队反腐要做到零容忍的态度不变,猛药去疴的决心不减,刮骨疗毒的勇气不泄,严厉惩处的尺度不松,绝不能让腐败分子在军队有藏身之地。军队更应该保持廉洁,坚决反腐,不能因为军队“特殊”而产生“特殊论”。如果借口军队的特殊性而网开一面,只能姑息养奸、自毁长城。

中国人民解放军之所以生命力强,就是因为我们军队能够自己纠正自己的错误,能够自己肃清军队中的腐败分子。在以习近平为总书记的党中央坚强领导下,在以习近平为主席的中央军委坚强领导下,经过坚定的反腐肃贪,必将能够建成一支廉洁的能打战、打胜战的人民军队。

强国必须强军,强军必须反腐,军队反腐就是为了净化肌体,提高战斗力。党中央处理郭伯雄、徐才厚严重违纪涉嫌违法犯罪问题的决定得军心、顺民意,让立志投身强军事业的官兵,更加坚定了信心,更加紧密地凝聚在党的旗帜下,士气更加高昂,部队战斗力得到进一步提升。

保密不保“腐”

党风廉政建设和反腐败斗争永远在路上。军队反腐机制要逐步走向更加公开、透明的道路,这是必然趋势。世界各国军队反腐实践都表明,权力运行透明度越高,对腐败制约就越有力。军队内部民主监督和接受社会监督,也是人民军队的优良传统和性质要求。

军队保密不能保“腐”,监督不能缺失。没有军内外的民主监督和检举,“老虎”“苍蝇”不会自己就范。应尽快规范军队各类各项工作的保密范围和程度要求,严格划分保密与非保密界限,完善军队内外的监督机制,畅通军队内外的反腐举报渠道,形成抑制腐败的高压密网。

当前全军上下狠抓党风廉政建设和反腐败斗争,对军队腐败案件的审理,在不涉密的前提下,可在适当范围内向广大官兵或社会公众公开,并以新闻发布的形式,及时向社会公布军队反腐进程和成果,以取信于民,发挥示范效应,发挥震慑效应,彰显作风过硬之形象。

任何人不论权力大小、职务高低,只要触犯党纪、国法、军法、军规,都要严肃查处,绝不姑息,绝不手软。要深刻认识党中央查处郭伯雄、徐才厚决定的重大意义,自觉与党中央、中央军委保持高度一致,把思想和行动统一到中央精神上来,投身强军兴军的伟大实践。

腐败军官出卖军队

腐败军官为了自己的私欲,罔顾军纪。他们一定怕死,一定会在关键时候出卖军队,出卖党和国家。腐败军官不清除,"不怕死、敢打战、打胜战"是不可能的。腐败军官出卖军队、出卖国家的事例自古有之、中外有之。

2015年1月15日至7月31日,党中央和军队权威部门主动披露了最近查处的军级以上干部重大贪腐案件情况,共披露了40只军"老虎",这其中有中央军委原副主席郭伯雄、徐才厚等。40名"军老虎"落马,展示了人民解放军真反腐的决心,展示了人民解放军"刮骨疗毒"的力度。

2014年3月15日,中共中央依照党的纪律条例,决定对徐才厚涉嫌违纪问题进行组织调查。经审查,徐才厚利用职务便利,为他人晋升职务提供帮助,直接和通过家人收受贿赂;利用职务影响为他人谋利,其家人收受他人财物,严重违反党的纪律并涉嫌受贿犯罪,情节严重,影响恶劣。

2014年6月30日,中共中央政治局会议听取中央军委纪律检查委员会《关于对徐才厚严重违纪案的审查报告》,并根据《中国共产党章程》《中国共产党纪律处分条例》有关规定,决定给予徐才厚开除党籍处分,对其涉嫌受贿犯罪问题及问题线索移送最高人民检察院授权军事检察机关依法处理。

2015年4月9日,中共中央依照党的纪律条例,决定对郭伯雄进行组织调查。经查,郭伯雄利用职务便利,为他人谋取职务晋升等方面利益,直接或通过家人收受贿赂,严重违反党的纪律,涉嫌受贿犯罪,情节严重,影响恶劣。

2015年7月30日,中共中央政治局会议审议并通过中央军委纪律检查委员会《关于对郭伯雄组织调查情况和处理意见的报告》,决定给予郭伯雄开除党籍处分,对其涉嫌严重受贿犯罪问题及线索移送最高人民检察院授权军事检察机关依法处理。

严肃查处郭伯雄、徐才厚严重违纪涉嫌违法犯罪问题,充分体现了以习近平同志为总书记的党中央推进全面从严治党、依法治军、从严治军的坚定政治决心,表明了党中央坚定不移惩治腐败的坚强意志。全党全军必须充分认清当前党风廉政建设和反腐败斗争形势依然严峻复杂,坚定不移把党风廉政建设和反腐败斗争引向深入。

从严治军的决心

2015年7月30日,在"八一"建军节前夕的特殊时刻,党中央反腐再出重拳,决定给予郭伯雄开除党籍处分,对其涉嫌严重受贿犯罪问题及线索移送最高人民检察院授权军事检察机关依法处理。这充分彰显了党中央、中央军委从严治党、从严治军的鲜明态度,表明了我们党坚决反对腐败、以零容忍态度惩治腐败的坚定决心,必将得到全党全军和广大人民群众的衷心拥护和坚决支持。

郭伯雄堕落到今天这个地步,完全是咎由自取。他当年身居庙堂之高、肩负领军之责,本应一心为公、严于律己,却把党和人民的重托抛诸脑后,将三军将士的期望撇在一边,利欲熏心、私欲膨胀,在诱惑面前腐化变质,打了败仗。其所作所为完全背离了党的性质和宗旨,严重损害了党和人民军队的形象,造成极其恶劣的社会影响,实在是党纪难容、国法难恕,将被永远钉在历史的耻辱柱上。

查办郭伯雄这件事,此前坊间早有传闻。不乏有人猜测和担忧,查了徐才厚,再查郭伯雄,会不会对全军上下震动太大了?对人民军队形象的损伤太深了?中央能不能下这个决心?这种担忧显然低估了我们党惩治腐败的坚定决心,低估了党中央、中央军委在全军官兵中的崇高威望,低估了人民子弟兵对党和人民的无限忠诚。

我们可以回想一下,党在延安时期处决了曾立下战功的腐败分子肖玉璧、杀人犯黄克功,在新中国成立初期严惩张子善、刘青山,最近依法依纪查处了周永康、薄熙来、徐才厚、令计划、苏荣等严重违法违纪者,得到了人民群众的极大拥护,深得党心、军心、民心,维护了党的形象,提高了党的形象。

我们可以再回想一下，曾任红军师长的余洒度，与毛泽东、朱德并称“朱毛龚”的红四军参谋长龚楚，曾任红军总政委的张国焘，权倾一时的“副统帅”林彪，不管他们多么位高权重，一旦变节叛逃，哪一个能把部队带走？谁不是众叛亲离？

至于郭伯雄、徐才厚的所作所为，广大官兵本身就是受害者，对其恶劣行径无不深恶痛绝。现在他们落马了，只能使广大官兵更加衷心拥护党中央的正确决定，一切行动坚决听从党中央、中央军委指挥，进一步把意志力量凝聚到强军兴军伟大实践上来。事实证明，惩腐肃贪越坚决、越有力、越彻底，军队将越纯洁、越巩固、越强大。

依法治军没有禁区，从严治军没有例外。党中央和中央军委严肃查处了郭伯雄、徐才厚等严重违纪涉嫌违法犯罪问题，按照国法、军法、军规、军纪处理了40只军“老虎”，充分体现了我们党依法治军、从严治军的坚定决心和坚强意志，对于纯正部队风气、凝聚强军力量，必将产生深远影响。

人民军队始终是党和人民信赖的队伍。改革开放以来，在党中央、中央军委的坚强领导下，国防和军队建设取得了显著成就，人民军队在维护国家主权、安全、发展利益，保卫人民安定生活等方面做出了重大贡献。各地区各部门要一如既往关心和支持军队建设改革，维护和促进军政军民团结，为实现强军目标提供坚强保障。

军队各级要深入抓好思想政治建设和作风建设，认真贯彻落实全军政治工作会议精神，坚持思想领先，坚持练兵备战，坚持严字当头，坚持以身作则，继承发扬党和军队的光荣传统和优良作风，永葆人民军队政治本色，确保高度稳定和集中统一，不断凝聚强军兴军的强大正能量。

郭徐的惊人相似

2014年3月15日，中央军委原副主席徐才厚宣布被查，2015年3月15日徐才厚因膀胱癌医治无效死亡。2015年4月9日，中央军委原副主席郭伯雄宣布被查。中央军委原副主席郭伯雄、徐才厚成为最大的“军中老虎”，其落马再次表明军中绝不能有腐败分子的藏身之地。从目前公开报道的情况看，郭伯雄和徐才厚的落马有四点相似性。

郭伯雄、徐才厚的家人都均涉案。2014年10月27日，军事检察院侦查查明，徐才厚直接和通过家人收受贿赂，数额特别巨大。而在郭伯雄落马之前，其子郭正钢已经被查。

郭伯雄、徐才厚都从基层做起。郭伯雄历任战士、副班长、班长、排长、参谋、副处长、处长、参谋长、军长、副司令员、司令员、副总参谋长、军委副主席。徐才厚也是从普通战士、副指导员、干事、副处长、副主任、主任、政委、总政副主任,最后到军委副主席的。这种基层成长起来的干部都深受党和国家培育,初期也是清廉的。徐才厚的同学撰文称,20世纪90年代初徐连同学赠送的冷气机都不敢收。但最终还是被金钱腐蚀了灵魂,落得个身败名裂的下场。

郭伯雄、徐才厚落马的影响都极其恶劣。从2014年徐才厚落马至今,习近平总书记在军队公开讲话中三次提及徐才厚案,表示要从思想上、政治上、组织上、作风上彻底肃清徐才厚案件的影响。在最近一次讲话还出现"徐才厚的违纪违法活动对部队建设的损害是全面的、深层次的"的表述。郭伯雄被查带给部队建设的损害并不会比徐才厚小,而是更大。此前,媒体曾批徐才厚是"两面人",他用假面具掩盖肮脏灵魂。像徐才厚那样,管灵魂的出卖灵魂,管反腐的带头贪腐,管干部的带头卖官鬻爵,讲艰苦奋斗的带头贪图享乐,即使信仰信念讲得再多,理想宗旨说得再好,也都是空言空谈,只能让人产生怀疑,只会遭到官兵唾弃。

郭伯雄、徐才厚被查处的意义相同。党中央对郭伯雄、徐才厚的查处展示出的意义是相同的,都充分体现了从严治党、依法治军、从严治军的坚定政治决心。全党全军必须充分认清当前党风廉政建设和反腐败斗争形势依然严峻复杂,坚定不移把党风廉政建设和反腐败斗争引向深入。任何人不论权力大小、职务高低,只要触犯党纪国法,都要严肃查处,绝不姑息,绝不手软。

全军各级党委机关要以郭伯雄、徐才厚为反面教材,教育引导官兵坚定理想信念,加强思想作风建设。无论在任何时候、任何地方,人民军队都要切实把思想和行动统一到党中央、中央军委的决策指示上来,都要坚决听党的话、跟党走,牢记职责使命,自觉把精力投入军队建设,努力为实现强军目标做贡献,努力为军旗添光彩,努力为祖国和人民再立新功。

辉煌功绩永在

"瑕不掩瑜",个体代表不了整体,问题否定不了成绩,污渍掩盖不了本色,极少数腐败分子改变不了人民军队本色。人民群众决不会因为个别人的问题而否定军队的建设成就,否定军队的良好形象。人民军队在清除毒瘤之后肌体会更加健康,钢铁长城在查处腐败之后基石会更加牢固。一支善于自我净化、自我革新，敢于凤凰涅槃、浴火重生的军队，必将以自己的好榜样不负人民群众的期待和厚爱。

纵观我军八十多年奋斗发展的历史，听党指挥的坚定信念、服务人民的根本宗旨早已融入广大官兵的血脉。我们这支军队从来没有因为出了几个变节变质分子而改变性质宗旨和本色，反而在自我净化中开拓奋进，在大浪淘沙中更加坚强。任何腐败分子都代表不了人民军队，代表不了千千万万忠诚勇敢、无私奉献的广大官兵，更阻挡不了人民军队建设发展的铿锵步伐。

人们不会忘记，从抗击非典到汶川、雅安抗震救灾等，哪里有危险，哪里就有子弟兵；从亚丁湾护航到利比亚、也门撤侨，我军官兵第一时间远赴险地把亲人们安全地接回了家；从万里边关的座座哨卡到祖国的碧海蓝天，一代代官兵以对党和人民的赤胆忠诚，奉献着青春热血，守护着祖国安宁。

谁也不能否认，在党中央的坚强领导下，改革开放以来，国防和军队建设取得伟大成就，“神舟”飞天、“北斗”组网、“歼20”试飞、“辽宁号”入列等捷报频传，大批舰艇、潜艇、导弹、飞机等高新技术武器装备陆续列装，实战化训练如火如荼，人民军队遂行任务的能力今非昔比。

世界有目共睹，中国军队以更加自信开放的姿态走向国际舞台，对外军事交流日益广泛，中外联演联训更加频繁，国际维和、海外救援等任务完成出色，参加国际军事比赛斩金夺银，为祖国和人民赢得了荣誉。

凤凰涅槃整行装

党的十八大以来，军队通过严查腐败分子，割毒瘤、扫障碍、整纲纪、固命脉，三军将士重整行装再出发，正以崭新的姿态在强军兴军的征程中奋力前行。当前，我军正处在强军兴军的加速推进期、履行使命的严峻考验期、作风建设的破立并举期、深化改革的攻坚克难期，各项任务紧迫而艰巨。

我们已经迈出了强军兴军的坚实步伐，但依然任重道远，必须深刻汲取郭伯雄、徐才厚等腐败分子的教训，从思想上、政治上、组织上、作风上彻底肃清其影响，继承发扬党和军队的光荣传统与优良作风，永葆人民军队政治本色，确保部队高度稳定和集中统一，不断凝聚强军兴军的强大正能量。

军心更加凝聚。反腐清走的是沉疴流弊，汇聚的是意志力量，带来的是新的希望。全军上下令行禁从、立行立改，严守政治纪律和政治规矩，政令军令更加畅通，全军更加自觉地团结在党中央、中央军委和习主席周围,沿着党指引的方向前进。

风气更加纯正。“四风”走了,新风来了,“拼爹”“拼钱”“拼关系”不灵了,吃喝风、送礼风、人情风刹住了,训练场上假把式少了,官兵埋头苦干劲头更足,有本事的更有盼头,政治生态日益清朗,老红军的光荣传统和优良作风恢复起来了。

篱笆扎得更紧。两年多时间,密集出台50多项法规制度,纪检、审计、巡视等工作全面加强,执行纪律规定较真碰硬,用人用钱用权更讲规矩,多年清不动的房子、车子清了出来,瞒报住房的被免职处分,违规提拔的被打回原形,纪律真正成了不可触碰的高压线。

强军势不可挡。反腐为改革清障,改革为强军铺路,强军为强国铸剑。强军兴军战略立体布局、渐次展开,全军官兵牢记使命担当,自觉坚持战斗力标准,备战打赢氛围更加浓厚,军事斗争准备扎实推进,国防和军队改革大幕渐启,依法治军、从严治军全面实施,强军兴军不断向纵深推进。

古田全军政治工作会议召开以来,人民军队革除积弊、重整行装,站上了新起点,踏上了新征程。一个正本清源、聚力强军的政治生态正在形成,一个革弊鼎新、重塑威信的生动局面正在开启,这种大好局面来之不易,我们要倍加珍惜爱护、不断巩固发展。全军领导干部更要以忠诚于党的永恒信仰、献身使命的无私担当,带领广大官兵以勇者无敌的姿态,在强军兴军的征程上奋勇前进。

严格军队纪律

中央军委日前印发《严格军队党员领导干部纪律约束的若干规定》(简称《规定》)。《规定》要求紧紧围绕实现党在新形势下的强军目标,认真落实依法治军、从严治军要求,对严格军队党员领导干部纪律约束做出明确规定,是新形势下严格党员领导干部纪律约束、加强军队纪律建设的重要指导性文件。

《规定》要求,必须保持坚定正确的政治信仰,必须防止和纠正政治上的自由主义,必须认真贯彻民主集中制原则,必须落实党的组织生活制度,必须严格执行请示报告制度,必须纠治选人用人上的不正之风,必须严守财经纪律,必须持续反“四风”改作风,必须破除特权思想和特权现象。

全军一定要做到知纪、畏纪、守纪、严纪,一定要强化监督检查,发挥纪检、巡视、审计等部门职能作用,坚持明察暗访、问题通报、舆论引导等多手并用,织密监督之网,让违纪的“隐身人”无处藏身。

全军一定要严惩违纪行为，坚持有纪必执、有违必查，“老虎”“苍蝇”一起打，不管谁违反《规定》都要严肃查处，构成犯罪的，依法追究刑事责任，特别是对顶风违纪、不收敛不收手的，露头就打、从严查处。

全军一定要坚持以上率下，在遵守和执行纪律上，军委及各总部要为全军做表率，机关为部队做表率，领导为部属做表率，不给出轨越界留“暗门”、开“天窗”，不站在制度“笼子”之外搞特殊，坚决做到守纪如铁、执纪如山。

全军各级党委一定要加强对党员干部特别是高中级领导干部的教育、管理、监督，加强反腐倡廉法规制度建设，发挥法规纪律的约束作用，推动形成不敢腐、不能腐、不想腐的有效机制，不断取得党风廉政建设和反腐败斗争新成效。

全军各级领导干部必须牢固树立马克思主义世界观、人生观、价值观，自觉加强党性修养，严守党的政治纪律和政治规矩，树立正确的权力观、地位观、利益观，不断增强宗旨意识，带头践行“三严三实”要求，带头遵守廉洁自律各项规定，带头反对腐败，自觉经受住各种诱惑和考验，永葆党和军队的先进性和纯洁性。

打造军队反腐利器

根治军队腐败，必须长期持久、有规范有秩序地进行，重在建立具有人民军队特色的防止腐败的管理监督机制。腐败形式在变化，反腐机制建设也应不断调整。健全反腐机制，须从制度上坚决防止形式主义，改革完善军队思想教育、选人用人、军费使用和军产管控等各项工作机制。

军队各级纪检监察机关要真正成为反腐主力军，须确保不受干扰、独立有效地履行监督检查职责。解放军审计署由总后勤部划归中央军委建制，军纪委更应由总政治部划归中央军委建制。军纪委书记由总政治部副主任兼任，无法对军队高级将领实行监督，郭伯雄事件、徐才厚事件的教训是深刻的。

建议探讨中央军委增设一名新的中央军委副主席，或者增设一名新的中央军委委员，兼任中央军委纪律检查委员会书记，直接接受中央军委和军委主席领导，分管中央军委纪律检查委员会、军事法院、军事检察院、军委审计署等监督部门。

建议探讨军事法院、军事检察院、军队审计署等监督部门实行垂直领导，军队纪委实行双重领导，以上级领导为主，形成直接向中央军委负责的纪检监察体系和办案机制。

我党我军每一次整风整顿都是一次刮骨疗毒、去腐生肌，每一次拨乱反正都是一次浴火重生、凤凰涅槃。作风建设永远在路上,反腐肃贪只能前进不能后退。我们完全相信,在党中央、中央军委的坚强领导下,在全党全军全国各族人民的共同努力下,我们一定能够打赢反腐这场攻坚战、生死仗。

第五节　建设廉洁的社会

廉洁社会就是贪污腐败必受惩处的社会,就是“一切按法律、法规、规定办”的社会,就是群众希望的“人人不求人、事事不求人”的社会,就是群众盼望的公开、公平、公正的社会。

腐败的“求人”

全国政协委员周新生讲,一位司局级老领导说到,女儿在他的极力反对下仍入外籍并嫁给外国人,是女儿劝他的一句话,最终让他接受了女儿的做法。这句话是“爸爸您将来再不用为您的外孙在国内上幼儿园、小学、中学求人了”。

周新生强调,我们国人的生活中,存在大量求人的事,生老病死都要求人。生得好要求人;病了,治得好要求人;死了,烧得好、埋得好要求人;上好学要求人;找工作要求人,调动工作要求人;异地迁徙取得户籍要求人;职务职称晋升要求人,不一而足。

周新生强调,求人的主体上至高级官员下至布衣百姓,大有无人不求人之势。求人的客体是在各个涉及公共利益岗位上掌握着大大小小权力和资源的官员或工作人员。需要注意的是求人者求人,被求者也求人,求人者也是被求者,相互交织构成了一幅壮观的中国式求人图卷。

腐败的关系网

周新生强调,在“求人”中,中国人传统的人情世故得到演绎,使得本来处于困境寻求帮助的事以及原本正常靠制度靠法制应办的事变得几乎事事求人。

周新生总结,求人成了常态,使得人际关系变得复杂,变得不堪重负,变得变了味道,从而形成了若干潜规则,形成了权钱交易,形成了人身依附,形成了特权,形成了不公平。

周新生强调，为了求人编织关系网，疏通关系，维持关系，寻租、请客送礼耗费了单位、家庭及个人的诸多资源和精力。在这样一个以权力为基础、以人际关系维系的社会中，人情世故自然变成了比学识、能力更重要的“制胜因素”。

求人牺牲幸福

有人求人，有人不求，形成不公平，形成腐败。人人求人，仍然形成不公平，形成腐败；因为有人权大，有人钱多，有人势大，人人求人的结果不公平。人人不求人，事事不求人，一切按法律、法规、规定、规矩办，就会人人公平、事事公平。

由于违法违纪的腐败，许多事被掌权者寻租，谋取不正当利益，出现“大权大贪、小权小贪”“重权重贪、轻权轻贪”的现象，社会出现了“事事求人、人人求人”的现象。

求人让人感到不快，让人感到耻辱，求人的人很烦很累，被求的人也很烦很累，大家都感觉很烦很累，大家都感到活得不轻松，过得不开心，牺牲了大家的幸福。

周新生强调，人情世故变成了比学识、能力更重要的“制胜因素”。这种状况把人才的才华和注意力吸引到了关系学和钻营上，从而影响了社会的创新能力。

为了不再求人

“八项规定”出台以后，各级纪检监察机关积极落实，从作风建设抓起，查处了许多违反“八项规定”的行为，遏制了腐败行为的蔓延，但腐败行为并没有完全消失，而是更加隐蔽。国家卫计委主任李斌谈到医药利益链时表示，我们中国用药量这么大，反而还比其他国家还要贵，这不正常嘛！

我国一定要完善各类各种制度，提高制度刚性，严格规定办事程序，使寻租者无市场。我国一定要加大对权力的约束与监督，加大反腐倡廉力度，重点查处各类各种腐败行为，该处分的要处分，该开除的要开除，从而消除腐败，实现“人人不求人”。

为了我们子孙后代都不再求人，为了国人不受求人之累，为了给国人精神减负，为了让国民活得轻松、快乐、幸福，我们一定要坚决地共同反腐倡廉、共同努力，争取建设真正的全面的廉洁社会！争取建设真正的全面的廉洁中国！

第六节　坚决查处团伙腐败

团伙意味着什么？干部入团伙意味着进圈子,进圈子意味着进班子,团伙就是某些官员上位晋级的踏脚石;商人入团伙意味着保护伞,既是输送利益的渠道,又是利益产出的“聚宝盆”,商人就成了团伙圈子里的“润滑剂”。

团伙腐败危害严重

团团伙伙形成了利益共同体、权力共同体,最严重的就是利益与权力的媾和,实质是权钱交易,实质是违法腐败和违纪腐败,实质是“串案”“窝案”。山西官场的塌方式腐败,案案惊心。

团伙腐败破坏了政治纪律。维护党的团结统一,党员要服从党组织,是我们党最根本的规矩,是我们党最严肃的纪律。团团伙伙则恰恰相反,它割裂了党的一致性,破坏了党的团结,党员干部听命于团团伙伙。

团伙腐败破坏了组织纪律。干部选拔任用,遵循任人唯贤而非任人唯亲。团伙腐败最直接的就是破坏了“贤”的标准,多了“亲”的成分。这种“亲”除了亲属关系,更重要的是利益交换,买官卖官之风见长,行贿受贿之气更盛。

团伙腐败的渗透力很强,即便在反腐高压下,纪检队伍也曾出现“灯下黑”,向嫌疑人通风报信。同样基层的团伙腐败也值得警惕。刹住团伙腐败风,必须严格政治纪律、组织纪律。

查处团伙腐败

腐败是癌症,也是传染病,腐败的癌细胞转移扩散很快。团伙腐败性质更恶劣、社会危害更严重,应当引起全社会的警惕。病灶不除,顽疾难医。周永康、薄熙来、郭伯雄、徐才厚、令计划、苏荣等等,每一只“大老虎”背后都刮着团伙、“山头”、圈子的腐败之风。

大案往往也是窝案,在近年来落马的一些“大老虎”背后,多有一帮官员与之有着千丝万缕的利益勾连,形成一个个或明或暗,或松散或紧密的腐败“帮派”、腐败“团伙”。我们一定要以零容忍的态度,坚决彻底地有力打击团伙腐败。

团伙腐败的特点非常突出。周永康一案涉及了中石油、四川省、政法系统的大量党羽，如蒋洁敏、李东生、李崇禧、冀文林、郭永祥、王永春等，其儿子、儿媳、亲家、兄弟、侄子均卷入窝案，成为权钱交易、政商勾结的典型案例，终归被一网打尽。

干部是党的干部

中国是人民的国家，国家的公务人员是人民的公仆，要全心全意为人民服务，不能为个人谋取私利，不能为家族谋取私利，也不能为团伙谋取私利，坚决不允许利益集团的存在，坚决不允许利益家族的存在。

团团伙伙是封建人身依附关系和江湖帮派文化的产物，一些人却乐此不疲。他们把权力当私产，大搞选边站队、亲疏远近；谋人不谋事，整天琢磨拉关系、套近乎、抱大腿。甚至笼络身边人，网罗亲朋故友、同学同乡形成关系圈，组建“个人王国”，打造“一荣俱荣，一损俱损”的腐败共同体。

习近平总书记告诫广大党员干部应当铭记，党内决不允许搞团团伙伙、拉帮结派、利益输送，绝不允许自行其是、阳奉阴违。随着反腐倡廉斗争的深入推进，“结党营私”“拉帮结派”“团团伙伙”将难有生存空间。

君子之交淡如水，为政之道清似茶。我们党内向来主张同心同德、清清爽爽的同志情谊，反对“圈子文化”和“山头主义”。党的领导干部在为人处世过程中，要讲友谊，但更要讲原则；要讲人情，但更要讲党性；要讲交情，但更要讲纪律。

第七节　坚决查处家族腐败

“欲治其国者，先齐其家；欲齐其家者，先修其身。”“齐家”是维系“修身”与“治国”的精神纽带，居家正方能居官正。家庭是社会的细胞，是人生的第一所学校。我国自古以来，注重家庭、注重家教、注重家风。

全家腐败总动员

中国封建社会的时间比较长，现在社会上遗存的封建糟粕也比较多。“一人得道，鸡犬升天”式的家庭腐败、家族腐败仍在一些地方蔓延，仍在一些领域蔓延，仍在一些高官重权的领导干部身上存在。

从近年来曝光的腐败案件看,不少"老虎""苍蝇"的背后,都呈现出家庭式甚至家族式贪腐的特征,一查就是一串,一抓就是一窝。"老子办事,儿子收钱""一人当官全家涉腐,一人落马牵出全家",特别是"老虎"的家族贪腐,真是"一人办事全家收钱,一抓一窝"。

不久前,《人民日报》刊发了一篇评论,称周永康、苏荣、令计划等"大老虎"落马的背后,都呈现出家庭式甚至是家族式贪腐的特征。文章认为,正是因为家教不严、家风不正,让他们把家庭当成了权钱交易所,把家人当成了利益共同体。除"大老虎"家族式腐败外,各类家族式贪腐现象呈蔓延趋势。

国家食品药品监督管理局原局长郑筱萸单独或通过妻子刘耐雪、儿子郑海榕,受贿649万多元人民币。郑筱萸被以受贿罪判处死刑,被以玩忽职守罪判处有期徒刑7年,两罪并罚,决定执行死刑。2007年7月10日上午,经最高人民法院核准,郑筱萸被执行死刑。

湖南省农业厅原厅长程海波先后单独或伙同其弟程海良、其子程高受贿人民币1961万元,被以受贿罪判处死刑,缓期两年执行;程海波与其子程高共同收受他人财物人民币252万元,其子程高犯受贿罪,判处有期徒刑十年;程海波与其弟程海良共同收受他人财物人民币396万多元,其弟程海良犯受贿罪,判处有期徒刑九年。

广东省韶关市公安局原局长叶树养,曾有一个腐败的"宏伟目标",2000万元给儿子、2000万元给女儿女婿、2000万元给自己安度晚年。为了实现这一目标,叶树养在尽可能多的领域贪污受贿,过一个年,就收受一两百万元"礼钱"。

湖南省机械工业局原局长兼党组书记林国悌,利用职务之便谋取不义之财。妻子赵幼娟、儿子林如海也参与受贿,3人受贿赃款达500余万元。林国悌交代,自己涉入经济犯罪,主要是为了家庭,想为子女以后的生活留下一点东西。

广东省财政厅原副厅长危金峰多次收受贿赂,家庭财产高达7000多万元,他的妻子、岳母、兄弟、妻妹等近亲属全部涉案;浙江省宁波市委原书记许运鸿,其妻子、儿子从宁波金融大案的当事人手中先后收受了600万元人民币和若干美元、港币。

贵州省委原书记刘方仁为其经商的儿媳提供便利;广西壮族自治区原副主席刘知炳为其女经商大开绿灯;沈阳市委原书记慕绥新为女儿、女婿包揽工程倾情关照。

为什么会发生家族腐败案呢？一是许多领导干部理想信念动摇，总想在位时为家庭，特别是为儿女多留些钱财，导致贪污腐败，全家同流合污；二是行贿人不容易直接接触领导干部，但与领导干部的亲属接触相对容易；三是领导干部通过亲属办事想逃避法律制裁，出事容易搞攻守同盟，只承担管理亲属不当的责任。

父子贪腐齐上阵

在近年的家庭、家族腐败案中，父子联手贪腐是其中最为常见的情况，占六成以上。父子搭档式的家庭腐败已成为一种典型的腐败模式，贪腐“父子兵”已经成为“标配”。当权者父亲利用手中职权为儿子安排工作，通过儿子收受第三方贿赂，通过儿子与商人勾结，形成利益集团等。

“周老虎”曾不让儿子经商，父子为此吵架。“周老虎”的判决书中，出现了“周老虎”之子周滨的名字，称“周滨、贾晓晔（周滨妻子）收受吴兵、丁雪峰、温青山、周灏给予的折合人民币1.29亿元的财物并在事后告知周老虎”。庭审中，“周老虎”最后陈诉时表示，“有关人员对我家人的贿赂，实际上是冲着我的权力来的，我应负主要责任；自己不断为私情而违法违纪，违法犯罪的事实是客观存在的，给党和国家造成了重大损失”。

据有关资料，“周老虎”之子周滨曾经是全国最出名的“神秘商人”，游走于官商两界，建立了一个庞大的“黑金帝国”。“周老虎”曾经不让他经商，父子俩还吵了一架，“周老虎”最终让步，还给刘汉打了电话，让刘汉照顾好他。有报道称，周滨跟郭永祥之子郭连星、蒋洁敏之子蒋峰等，过从甚密。周滨的“黑金帝国”中，郭连星、蒋峰都是重要成员。

将军父子两个月内相继被查。2015年7月30日，中央政治局会议决定给予郭伯雄开除党籍处分，对其涉嫌严重受贿犯罪问题及线索移送最高人民检察院授权军事检察机关依法处理。会议通报称，郭伯雄利用职务便利，为他人谋取职务晋升等方面利益，直接或通过家人收受贿赂，严重违反党的纪律，涉嫌受贿犯罪，情节严重，影响恶劣。

上述通报中提到了郭伯雄“直接或通过家人收受贿赂”，不过没有通报具体的家人身份。值得注意的是，有关方面于2015年3月通报，浙江省军区原副政委郭正钢因涉嫌违法犯罪，2015年2月军事检察机关对其立案侦查。

2014年12月10日，刘铁男被以受贿罪判处无期徒刑。在整个审判过程中，刘铁男情绪严重失控,声泪俱下忏悔自己害了儿子。判决书中两次提到,刘铁男直接或通过其子刘德成非法收受他人财物,没有父亲刘铁男的“扶持”与“关照”,刘德成很难做到这一切。法院认定刘铁男受贿金额共计3558万余元。据了解这3558万余元,绝大多数都是刘德成收的。

据检方信息,刘铁男之子刘德成21岁的时候,就拥有了一辆30多万元的轿车;22岁时,就有人把750万元汇入他的账户;在23岁到25岁的时候,他已经成为千万元户;而在2007到2011年这几年的时间,他没有上班,却挂名领取薪金121万元。

2015年4月9日,中纪委通报郭永祥的调查结果时,提到“经查,郭永祥利用职务上的便利为他人谋取利益,本人或通过其子收受巨额贿赂”。郭永祥通过其子收受巨额贿赂,“其子”应该是郭永祥长子郭连星。

2014年11月22日,浙江省温州市中级人民法院对瑞安市原副市长冯康锐等5人贪污案进行审判。冯康锐和两个儿子冯熠、冯燏等人,合谋侵吞国有资产金额高达3487万余元。冯康锐犯贪污罪,被判处无期徒刑,冯熠等人也分别被判处有期徒刑。

云南省原省长李嘉廷曾向其子李勃面授机宜:“你可以找一些合作伙伴,我给他们帮助,你负责拿钱。”李勃不负父亲期望,“合法赚钱”不费吹灰之力。

河北省人大常委会原主任程维高扬言:“我在官场已经得到这个地位,我儿子在商场能取得很大成功,也是光宗耀祖。”他包庇、纵容儿子程慕阳利用其职务影响进行违法犯罪活动。

2012年8月,安徽省宿州市国土资源局原局长张治淮、宿州市国土资源局经济技术开发区分局原局长张冬受贿一案判决。张治淮被判死刑,缓期两年执行,张冬被判无期徒刑。父子俩都是“土地爷”,供职同一系统还都大权在握,两人受贿数额超过两千万元。

浙江省原副省长许运鸿为儿子经商给予帮助;浙江省原副省长王钟麓为其经商的儿子提供方便;安徽省财政厅原厅长匡炳文、匡中平父子,吉林省榆树市人大常委会原副主任徐凤山、徐伟父子等共同腐败,令人震惊。

中国人民大学教授黄京平告诉记者,当前,一些掌握实权的官员失去有效监管,将手中公权变成了家族私权,特别是一些行业“国家权力部门化、部门权力个人化”现象依然严重,很容易出现“贪腐父子兵”模式。要铲除此现象,除了加强法律监督外,良好的家风建设越来越重要。

全国政协委员张静认为，父母是孩子的第一任老师，要给孩子做好的榜样，用正能量培养教育孩子，让孩子懂得遵纪守法，懂得按规矩做事和自律。树立良好的家风对孩子成长是一个潜移默化的过程。很多落马官员贪腐的初衷是为了让家人生活得更好，结果却让原本幸福的家庭分崩离析。

夫妻弄权又弄钱

“枕边风”有两种形式，一种是“廉内助”，时刻为配偶敲响廉洁的警钟；另一种是“贪内助”，支持、参与配偶贪污受贿。领导的配偶是家庭的大后方，吹好“正风”，养好“家风”，能督促领导干部走正道，干干净净做事，堂堂正正做人，能在领导干部履职过程中起到廉政推动作用，反之将给家庭带来“毁灭性灾难”。

2013年9月22日，在薄熙来案约5万字的判决书中，其妻薄谷开来的名字出现高达282次。法庭认定，1999年至2012年，薄熙来明知并认可薄谷开来收受徐明财物折合人民币1933万余元，并利用职务便利为实德集团谋取利益。薄谷开来证词显示，在长达10余年的贪腐中，她多次向薄熙来推荐大连实德的老板徐明，在徐明引进项目、土地租赁等方面，薄熙来为徐明违法开绿灯。作为回报，薄谷开来想在法国买别墅，徐主动表示由他支付全部房款。此外，薄谷开来对于薄熙来的影响也延伸到了人事安排上。

2014年6月14日，全国政协原副主席苏荣被宣布落马之后，有媒体爆料，在苏荣担任江西省委书记期间，其第二任妻子于丽芳，被指多次染指江西的矿产资源、土地出让、房产开发、工程项目等诸多领域。而不少江西省内的高级领导以贿赂“于姐”的方式，变相贿赂苏荣，以此获得苏的信任和提拔机会。据因贪腐问题锒铛入狱的江西省赣州市安远县委原书记邝光华在法庭上供述，苏荣妻子对安远县的钼矿很感兴趣，想把它收购过来，曾派人到赣州洽谈。邝光华被要求居中协调，促成此事。

2014年8月29日，全国人大环境与资源保护委员会副主任委员、云南省委原书记白恩培涉嫌严重违纪违法，接受组织调查。一个多月之后，白恩培的妻子张慧清被撤销云南省政协常委、委员资格。张慧清是白恩培的第二任妻子。据媒体报道，张此前曾是一名服务员，在成为白恩培的妻子后，从一个小招待所的服务员起步，后成为云南电网公司党组书记。报道称，凡与张慧清交好的，官员升官，商人发财。而四川汉龙集团的刘汉在结识了白恩培之后，也走“夫人路线”。据称，去云南省委大院拜年时,刘汉还送过翡翠手镯、钻石、名表等礼品。

安徽省人民政府原副省长王怀忠与妻子韩桂荣,因涉嫌受贿夫妻同时被捕;湖北省原副省长孟庆平,曾7次通过妻子郑秀英之手接受了个体户庄某的贿赂计14.5万元人民币,10万元港币;黑龙江省牡丹江市公安局原局长韩健与黑龙江省海事局原党委书记卢晓萍是典型的"夫妻贪官",二人也双双身陷囹圄。

山东省泰安市郊区检察院曾有一组数据统计,在他们立案查处的37起领导干部受贿案中,有34名"贪官夫人"充当夫君的"收银员",夫妻联手作案率高达90%以上。

清政风先正家风

习近平总书记指出,不论时代发生多大变化,不论生活格局发生多大变化,我们都要重视家庭建设,注重家庭、注重家教、注重家风。好家风是好作风的营养剂,家风正则作风淳;坏家风是坏作风的催化剂,家风不正则很容易导致作风不正、为官不廉。

一人不廉,全家不圆。清廉是从政的"护身符",也是给家人最好的馈赠。领导干部关心家人、帮助亲人都是人之常情,但不能让亲情凌驾于原则之上。"子孙若如我,留钱做什么?贤而多财,则损其志。子孙不如我,留钱做什么?愚而多财,益增其过。"

老一代共产党人为我们党员干部树立了光辉榜样。毛泽东有著名的"三原则":恋亲不为亲徇私,念旧不为旧谋利,济亲不为亲撑腰;周恩来专门制定了《十条家规》严格要求亲属;朱德引导子女要"接班不要接官";彭德怀教育侄子"近水楼台不得月"。

好家风是一面明镜,我们不一定留给后人家财万贯,但一定要给后人留下淡泊名利、无私奉献的家风。陈云同志曾给家人定下了"三不准"家规:不准搭乘他的公务车,不准翻看、接触他看的文件,子女不准随便进出他的办公室;罗荣桓教育子女不能成为"八旗子弟"。

"心正而后身修,身修而后家齐,家齐而后国治,国治而后天下平。"有专家指出,要澄清政风,必须纯正家风。对于领导干部来讲,就是要抓好自身修行,纯正家风,管好家属,才能治理好国家。我们领导干部应弘扬、传承好先贤伟人们的良好家风,切实当好家庭的"掌门人",对亲属严加教育、严加管理,不要让亲属把自己

“拉下马”。

北京大学廉政建设研究中心主任李成言教授告诉记者，令人痛心的是，当前一些官员受封建观念的影响，一旦获得权力，便把家庭甚至家族利益放在首位，可谓“一人得道，鸡犬升天”“前门当官，后门开店”。他建议要有效防范“全家腐”，还要建立严格的责任追究制度和加大惩戒力度。一旦出现“全家腐”现象，必须严格追究领导干部的相应责任。

全国政协委员、上海教科院副院长胡卫建议，当前家庭观念逐渐淡薄，不利于培育良好的家风。时至今日，我国有关家庭教育政策及相关制度建设还很薄弱，有关部门应加快制定和健全家庭教育政策及制度。

全国政协委员张静认为，2014年全国妇联在全国城乡广泛开展了“寻找最美家庭”活动，通过这一活动让广大家庭用中华民族的传统美德、社会主义核心价值观等弘扬好的家风，自觉去培育廉洁自律的家风，这对筑牢“家庭廉洁防线”也会起到积极的促进作用。

第八节　坚决查处国企腐败

国有企业是全面建成小康社会的重要力量，是中国特色社会主义的重要支柱，是公有制为主体的经济基础的重要体现，为推动经济社会发展、提高我国综合实力做出了巨大贡献。国有资产来之不易，是全国人民的共同财富。但从巡视、审计、信访反映的问题以及腐败案例引出的问题看，国企在廉洁建设上存在一些普遍性问题，有的问题还相当突出。

国企贪腐相当严重

国企的贪腐者把国有资产当成自家私产，有的与私企老板比吃喝、比奢华，有的利用国企资源搞利益输送，为自己谋求政治方面的晋升，甚至是为亲属子女谋取巨额不法利益。国企的贪腐行为破坏了社会主义市场经济的正常秩序，给国家造成了巨大的经济损失，对政治生态造成了严重的影响。

2015年全国两会刚刚闭幕，“一汽”董事长徐建一接受组织调查。随后，中石油总经理廖永远接受组织调查，广东电网原党委书记黄建军、国家电网直流建设分公司副总经理于志刚被立案侦查并采取强制措施，南方电网副总经理祁达才接受组织调查……国企“老虎”的接连落马，拉开了2015年国企反腐的帷幕。

高薪养廉让高薪的腐败的国企高管变成了伪命题，实践证明，廉洁的关键是及时有效的监督和及时有效的惩治，多高的薪酬都无法满足贪腐的欲望。

国企贪腐损失巨大

从公开曝光的案例可以发现，一些国企的“家臣化”倾向比较严重。有些国企领导以“家长”自居，大搞“一言堂”，决策权掌握在“一把手”手中，企业“三重一大”制度形同虚设，甚至为了谋取个人私利不惜拿国家利益做交换，假借并购重组贱卖国有资产，给国家造成巨大损失。

很多国有重要骨干企业掌握着与人民群众生活息息相关的生活生产资料，如水、电、油、气、通信、交通等，必须通过国企反腐，让人民群众对改革有更多的获得感，提高国企服务群众的质量，更多地分享国企改革的红利，从而获得更广大群众的支持。

国企贪腐的表现

改革开放以来，国有企业克服重重困难，不断发展壮大，走出了一条别人没有走过的路，为国家经济社会发展做出了重大贡献。当前，落实全面从严治党任务，在国有企业尤为紧迫。对中管国有重要骨干企业专项巡视中发现的问题，再次印证党中央对形势的判断是完全正确的，全面从严治党任务十分艰巨。

巡视发现，有的国有企业贯彻党的路线方针政策态度不坚决、执行不到位；违背党的组织原则，用人不守纪律、不讲规矩，“党管干部”变成“一把手”管干部，搞“一言堂”“家天下”。中央“八项规定”颁布后，有的国有企业仍然顶风违纪，花巨资购买豪华度假村，携妻带子公款打高尔夫球等等。

巡视发现，教育实践活动刚刚告一段落，有的国有企业就接着公款吃喝送礼。有的国有企业权力寻租、以权谋私问题严重，亲属子女围着企业转，靠山吃山、损公肥私。有的国有企业利用手中掌握的国有资源，搞团团伙伙、利益输送，“围猎”领导干部。

注重追讨流失国有资产

有些国企高管不能正确认识自己，不能正确认识是国有资产和国企地位为国企带来了巨额的利润，年薪上百万还心理不平衡，认为自己的贡献大于所得，把国有资产当成自家私产，想方设法损公肥私，以改革为名，打着建立现代企业制度的旗号，贱卖贵买、予取予求，侵吞国有资产如探囊取物，造成国有资产的巨大损失。

对国企腐败决不能听之任之，应该按照中央的要求，必须下猛药，坚持“无禁区、全覆盖、零容忍”，严肃查处腐败分子，坚决打击国企腐败，遏制国企腐败的蔓延势头，着力营造“不敢腐、不能腐、不想腐”的政治氛围。

在坚决打击国企腐败中，不仅要对腐败分子给予惩治，还要积极追讨流失的国有资产及利息，坚决不能让腐败分子继续占有窃取的国有资产。对于积极归还国有资产及利息的可以依法依规给予从轻处理。

从严治理国企

国有企业出现这些腐败问题根本原因在于，企业党组织主体责任缺失，管党治党不力，领导干部忘记了自己管理的是党领导下的国有企业，党的观念淡漠、组织涣散、纪律松弛。在党要管党、从严治党方面，离党中央的要求还有很大差距。

全面从严治党，靠全党、管全党、治全党，国企不能例外，必须落实管党治党主体责任。要从班子做起，党委书记是第一责任人，党委成员在职责范围内都负有领导责任。企业纪委要回归本职、干好主业，纪委书记不允许兼职，不允许不作为。对责任落实不力、造成严重后果的要严肃问责。

全面从严治党，国有企业决不能置身事外，必须把党章党规党纪挺起来、立起来、严起来，认真遵守法律、法规、规章，认真开展反腐倡廉斗争，坚定不移把国有企业做强做优做大。国有企业要紧紧扭住“四个全面”战略布局，切实加强国有企业党的建设，把全面依法治国落到实处，把全面从严治党落到实处，促进国有经济持续健康发展。

第九节　坚决打击行业腐败

哪一个行业都为国家做出了贡献,贡献不能成为特权行业的理由。想想为打败日本法西斯牺牲的革命烈士,谁的贡献有他们大呢?想想朝鲜战场上牺牲巨大的铁道兵,哪个行业的贡献有他们大呢?铁道兵转行中铁工程局,继续为铁路建设奉献!

行业待遇差距巨大

当前,中国存在许多的行业不公平,不公平有时很严重,甚至出现了“女怕嫁错郎,男怕入错行”的说法,例如,垄断的供电行业其普通职工的收入甚至高于所在城市市长的合法收入。再如,一个西部省会城市的垄断收费的企业化管理的正县级事业单位,其负责人年薪收入竟然是其正厅级市长年收入的13倍。

垄断行业和企业(包括垄断收费的企业化管理的事业单位)的平均工资不应高于所在地公务人员平均工资的120%,要把垄断行业和企业的高工资、高收入降下来,实现社会公平。行业严重的不公平形成了特权行业,实质是行业腐败。

垄断行业和企业(包括垄断收费的企业化管理的事业单位)发放高额的工资、福利,浪费非常严重,造成高成本,则提高电、气、水、油等价格,损害群众的利益;再发放更高额的工资、福利,出现更严重的浪费,造成更高成本,再提高价格,更多地损害群众的利益。

行业腐败惊人

行业腐败在个别领域变得十分严重,行业腐败祸国殃民,不仅影响人们对社会公正的期待,影响个人对政府的信赖,还严重影响到行政目标的实现,影响到政府提供公共产品的质量。行业腐败已引起政府的高度重视以及全社会的关注,人们为行业腐败的蔓延和升级而深感忧虑。

行业腐败最为突出的有国土资源领域、公路建设领域、城市建设领域、海关管理领域、城市规划领域等等。河南省四任交通厅厅长“前腐后继”就是明证,国土资源领域多位局长贪污腐败就是铁证。

绝对的权力必将造成绝对的腐败。行业腐败频频发生于那些权力过于集中的领域。河南省交通厅四任厅长之所以“前腐后继”,贪污受贿不断,前提就是他们掌握了巨额公路建设款的支配权,而没有有效的监督。

我国自古具有重实体、轻程序的传统,自然导致了对权力、身份、地位的看重,而对程序的淡漠。程序的不完备还表现在行政权力运行的不公开和不透明。虽然近年来制定的法律中也设置了权力运行程序,但程序制度仍不完备。

根除行业腐败

人既不是天使,也不是魔鬼,人都有向善的一面,也有作恶的天性。我们的制度设计却常常把权力的行使者假定为一个道德化身,善良、理性、完美无缺。即使做一些制度上的防范,也很不到位,难于实现预期目标,从而为腐败提供了大量机会。

一定要完善行业制度设计,健全行政程序制度,通过精细的程序设计来达到制约权力的目的。一定要加强监督制度建设,变内部监督为外部监督,以真正发挥监督制度的功能。在人、财、物以及政策资源的支配过程中,要杜绝个人说了算。

我们要让行业权力在公开透明的环境中运行,使人民能够更为充分和有效地进行监督,给行业权力涂上防腐剂,只能为公,不能私用。我们要对权力集中的行业加强监督,加快干部交流,加强反腐倡廉。

我们还要建立和完善不能贪、不敢贪的行业反腐机制,严明法律、法规、规定,坚持有贪必反、有腐必惩,对腐败分子和腐败行为实行零容忍,严厉打击各种行业腐败,让违法腐败分子依法受到严惩。

第十节　坚决打击单位腐败

当前,中国存在许多的单位不公平,不公平有时很严重,有权有势的单位福利非常好,有许多高配的职位,个别管钱的单位钱花得很多,个别管人的单位提拔得很多,这实质是单位腐败。

单位腐败严重

单位腐败是指国家机关、企事业单位、社会团体及其他社会组织,以单位名义集体实施的危害国家和社会利益的腐败行为。单位腐败是腐败的一种特殊形式,包括单位犯罪行为和单位一般违纪违法行为。

单位领导公开为本单位的干部职工谋利益,这样的领导还被视作群众拥护的好领导,实质是损害社会利益,谋取单位私利,实质是单位腐败,公开进行“靠山吃山、靠水吃水”“近水楼台先得月”的谋私活动。

一些地方党政部门和企业不惜用巨额公款进行贿赂,跑项目、跑工程、跑贷款、跑指标、跑救济等等;一些地方党政领导将国家利益、社会利益抛在脑后,不惜化大公为小公,支持或参与单位弄虚作假,骗取国家的补助资金等等。

打击单位腐败

在形形色色的腐败现象中,单位腐败比较特殊,公款行贿受贿、集体公费旅游、集体公款吃喝、集体私分公款、集体虚报浮夸、集体奢侈浪费等等,由于单位腐败是一种披着集体外衣的腐败,且往往具有计划性、隐蔽性、欺骗性和复杂性,使得单位腐败更难被发现,更难被查处。

中央政治局关于改进工作作风、密切联系群众的八项规定,有力地打击了形形色色的单位腐败,各级纪检监察机关坚持一个节点一个节点抓,由浅入深、循序渐进,巩固严禁用公款赠送贺卡、月饼等节礼专项整治成果,严肃查处公款吃喝、公款送礼、公款旅游和领导干部出入私人会所、借婚丧喜庆敛财、在培训中心搞奢靡享乐等问题。

2014年各级纪检监察机关共查处违规违纪问题5.3万起,处理党员干部7.1万人,其中给予党纪政纪处分2.3万人。中央纪委分7次对33起违反中央八项规定精神典型问题进行通报曝光。在中央纪委监察部网站开通“四风”举报直通车,发挥群众和媒体监督作用。

我国要加强单位腐败的司法打击,积极解决立法、司法等方面存在的问题,主要是实体立法滞后、程序立法滞后;法律规定零散、不统一,法律用语模糊、不明确,处罚偏轻、处罚单一;认识不清导致打击不力,权钱交易导致打击不力,行政干预导致打击不力,查证难导致打击不力,司法机关利益驱动导致打击不力。

第六章　廉洁路径：廉洁中国的道路

我们一定要在以习近平为总书记的党中央坚强领导下，在中央纪委的具体领导下，一定要抓住这千载难逢的最佳时期，打一场反腐败的人民斗争，铲除腐败，建设一个“人人不求人、事事不求人”的公平、公开、公正的廉洁社会，建成真正的全面的廉洁中国，建成真正的全面的廉洁社会。

第一节　廉洁中国建设的最佳时机

从天时地利人和看，目前是中国建设廉洁中国和法治中国的最佳时机，有以习近平为总书记的党中央坚强领导，十八大以来的空前反腐遏制了腐败蔓延的势头，世界各国对中国的反腐追逃追赃给予了合作与支持，群众热切期盼深入反腐，反腐深得党心、民心、军心。

坚强的反腐领导

以习近平为总书记的党中央，从关系党和国家生死存亡的高度，以强烈的历史责任感、深沉的使命忧患感、顽强的意志品质，旗帜鲜明地推进党风廉政建设和反腐败斗争。没有党中央鲜明的政治态度、坚强领导、率先垂范，反腐败斗争就会一事无成。

党中央坚持党要管党、从严治党，把反腐败斗争提到新高度，坚定不移改进作风，坚定不移惩治腐败。习近平总书记就从严治党、严明纪律、改进作风、惩治腐败发表一系列重要讲话，态度坚决、铮铮有声，为深入推进党风廉政建设和反腐败斗争提供了强大思想武器。

空前的反腐成绩

在以习近平为总书记的党中央坚强领导下，在中央纪委的具体领导下，各级纪检监察机关、各级检察机关坚决反腐倡廉，强化监督执纪问责，坚持无禁区、全覆盖、零容忍，严肃惩治腐败分子，反腐败斗争不断深入，腐败蔓延势头得到遏制，着力营造“不敢腐、不能腐、不想腐”的政治氛围。

党风廉政建设和反腐败斗争不断深入，全党动手一起抓、人民群众积极参与的局面巩固发展，“四风”问题和腐败蔓延势头得到遏制。严肃查处周永康、郭伯雄、徐才厚、令计划、苏荣等严重违纪违法案件，充分体现了党中央坚定不移惩治腐败的坚强意志，彰显了从严治党的鲜明态度，深得党心民心。

积极的国际支持

党中央高度重视反腐败国际追逃追赃工作，相关部门加强《联合国反腐败公约》框架下双边、多边协作，与美国、加拿大、澳大利亚等国建立反腐败执法合作机制。亚太经合组织领导人非正式会议期间，发表《北京反腐败宣言》。从世界范围来看，世界各国包括西方国家对中国的反腐追逃追赃给予了前所未有的支持。

中央反腐败协调小组设立国际追逃追赃工作办公室，健全协调机制，明确任务分工，建立外逃信息统计报告制度，摸清底数。开展“猎狐2014”行动，开通网上举报，敦促在逃境外经济犯罪人员投案自首，共追逃500多人、追赃30多亿元。

坚实的群众基础

腐败现象的蔓延引起了社会各界的高度警惕，引起了广大群众的不满和痛恨，社会各界都积极支持坚决惩治腐败，党中央严肃查处了各种各类严重违纪案件，坚决查处了各种各类严重违法案件，深得党心、民心、军心，深得广大群众的拥护。

广大群众热切期盼党中央深入反腐，广大群众热切期盼“人人不求人、事事不求人”，广大群众热切期盼公平、公开、公正的廉洁社会，广大群众热切期盼“不敢腐、不能腐、不想腐、不必腐”的廉洁社会，这是廉洁中国建设的坚实群众基础。

坚定的反腐定力

党的十八大以来，我们党顺应党心民意，坚持党要管党、从严治党，以猛药去疴、重典治乱的决心，以刮骨疗毒、壮士断腕的勇气，深入推进党风廉政建设和反腐败斗争，党风廉政建设和反腐败斗争取得了新的重大成效，党风政风为之一新，党心民心为之一振。

当前，反腐败斗争形势依然严峻复杂。开弓没有回头箭，反腐没有休止符。我们必须保持坚定的政治定力，以抓铁有痕、踏石留印的劲头持续抓下去，继续查处各种腐败问题，在减少腐败存量的同时，坚决遏制腐败增量，推进反腐倡廉工作制度化、规范化。

十年建成廉洁中国

我国反腐败没有“铁帽子王”，反腐败绝不封顶设限，我们党以铁腕反腐的行动向世人证明，中国共产党敢于直面问题、纠正错误，勇于从严治党、捍卫党纪，善于自我净化、自我革新。我们要“无禁区、全覆盖、零容忍”坚决反腐倡廉，不断把反腐败斗争引向深入，夺取反腐败斗争的最后胜利。

十八大以来，在以习近平为总书记的党中央坚强领导下，在中央纪委的具体领导下，经过两年多的坚定反腐，一大批“老虎”“苍蝇”落马，社会风气得到净化，政治生态得到改善，腐败蔓延势头得到遏制，取得了空前的反腐成绩，为廉洁中国建设开了好头。

在以习近平为总书记的党中央坚强领导下，在中央纪委的具体领导下，全面落实依法治国，全面落实从严治党，经过五年的依法依规依纪的坚定反腐，我国必将初步建成廉洁中国、法治中国，初步建成廉洁社会、法治社会；再经过五年的依法依规依纪的坚决反腐倡廉，我国必将建成真正的廉洁中国、法治中国，建成真正的廉洁社会、法治社会。

第二节 加强完善廉洁中国的领导

廉洁中国的建设需要坚强的领导，廉洁中国的建设需要坚定的反腐意志。以习近平为总书记的党中央坚定反腐，对腐败零容忍，在以习近平为总书记的党中央坚强领导下，全党全国全社会一起努力，必将建成真正的全面的廉洁中国，必将建成真正的全面的廉洁社会。

历史选择中国共产党

中国共产党成为执政党，是历史的选择，是人民的选择。近代以来，为了改变半殖民地半封建国家的悲惨命运，中国人民进行了不屈不挠的斗争，无数仁人志士苦苦探索救国救民的道路。在中国共产党的领导下，中国人民才真正找到了实现民族独立、国家富强的光明道路。

中国共产党成立以后，坚持把马克思主义和中国的国情相结合，领导中国人民上下求索，在不断变动的时局中寻找历史发展的正确方向，为中国的发展和现代化开辟了一片新天地。中国共产党走过的90多年，就是领导中国人民实现民族独立、国家富强、人民富裕、社会和谐发展的90多年。

中国共产党做出了符合国家、民族、人民利益的选择，做出了符合社会历史发展规律的选择。从马克思主义传入中国—中国共产党的成立—党在民主革命中发展壮大—党的执政地位的确立和巩固—党领导中国人民改革开放、探索中国特色社会主义道路的伟大历程，是一个“历史的选择”与“选择的历史”相互结合、相互促进的过程。

反腐的坚强领导

中国共产党是中国工人阶级的先锋队，是中国人民和中华民族的先锋队，是中国特色社会主义事业的领导核心。中国共产党坚持全心全意为人民服务，没有自己的特殊利益，坚持权为民所用、情为民所系、利为民所谋，因此，中国共产党坚决反对各种腐败，坚持不懈地惩处腐败，是我国反腐败斗争的坚强领导。

以习近平同志为总书记的党中央，旗帜鲜明地推进党风廉政建设和反腐败斗争,中央政治局、中央政治局常委会多次专题研究部署。严肃查处了周永康、郭伯雄、徐才厚、令计划、苏荣等严重违纪违法案件,充分体现党中央坚定不移惩治腐败的坚强意志,彰显了从严治党的鲜明态度,深得党心民心;向世人证明中国共产党敢于直面问题、纠正错误,勇于从严治党、捍卫党纪,善于自我净化、自我革新。

习近平总书记强调,我们党从关系党和国家生死存亡的高度,以强烈的历史责任感、深沉的使命忧患感、顽强的意志品质推进党风廉政建设和反腐败斗争,坚持无禁区、全覆盖、零容忍,严肃查处腐败分子,着力营造"不敢腐、不能腐、不想腐"的政治氛围。

习近平总书记强调,要按照"四个全面"的要求,坚持思想建党和制度治党,严明政治纪律和政治规矩、加强纪律建设,深化纪律检查体制改革、完善党风廉政建设法规制度,落实"两个责任"、强化监督执纪问责,持之以恒落实中央八项规定精神,坚决遏制腐败现象蔓延势头,坚守阵地、巩固成果、深化拓展,坚定不移推进党风廉政建设和反腐败斗争。

习近平总书记强调,反腐败斗争形势依然严峻复杂,主要是在实现"不敢腐、不能腐、不想腐"上还没有取得压倒性胜利,腐败活动减少了但并没有绝迹,反腐败体制机制建立了但还不够完善,思想教育加强了但思想防线还没有筑牢,减少腐败存量、遏制腐败增量、重构政治生态的工作艰巨繁重。

习近平总书记强调,要保持高压态势不放松,查处腐败问题,必须坚持零容忍的态度不变、猛药去疴的决心不减、刮骨疗毒的勇气不泄、严厉惩处的尺度不松,发现一起查处一起,发现多少查处多少,把反腐利剑举起来,形成强大震慑。党风廉政建设和反腐败斗争永远在路上。有全党上下齐心协力,有人民群众鼎力支持,我们一定能够打赢党风廉政建设和反腐败斗争这场攻坚战、持久战。

中纪委书记王岐山指出,习近平总书记的重要讲话旗帜鲜明、立场坚定,激浊扬清、振聋发聩,展示出全面从严治党的坚强意志,体现了崇高的党性品格和担当精神。要坚决落实习近平总书记的要求,切实担负起党风廉政建设主体责任和监督责任,加强纪律建设,严明党的政治纪律和政治规矩,坚决纠正"四风",遏制腐败蔓延势头,加强制度建设,强化党内监督,不断把党风廉政建设和反腐败斗争引向深入。

反腐败的主体责任

进一步健全完善反腐败领导体制和工作机制，严格落实党风廉政建设责任制，党委负主体责任，纪委负监督责任，改革和完善各级反腐败协调小组职能，充分发挥党委巡视工作领导小组作用。

各级党委和政府要把贯彻落实反腐倡廉列入重要议事日程，与经济社会发展同部署、同落实、同检查；支持和保证纪委认真履行职责，发挥监督执纪作用。各级党组织要动员和组织人民群众有序参与，发挥社会各有关方面的积极作用。

各级领导班子主要负责同志要履行党风廉政建设和反腐败工作第一责任人职责，做到重要工作亲自部署、重大问题亲自过问、重点环节亲自协调、重要案件亲自督办。领导班子其他成员要坚持“一岗双责”，根据分工抓好职责范围内的党风廉政建设和反腐败工作。

反腐败的监督责任

各级纪委要履行协助党委加强党风建设和组织协调反腐败工作的职责。全面落实中央纪委向中央一级党和国家机关派驻纪检机构，实行统一名称、统一管理。派驻机构对派出机关负责，履行监督职责。驻在部门要自觉接受监督，提供工作保障。

推动党的纪律检查工作双重领导体制具体化、程序化、制度化，强化上级纪委对下级纪委的领导。查办腐败案件以上级纪委领导为主，线索处置和案件查办在向同级党委报告的同时必须向上级纪委报告。各级纪委书记、副书记的提名和考察以上级纪委会同组织部门为主。

进一步明确纪检监察工作职责定位，强化对监管者的监督。转职能、转方式、转作风，把不该牵头或参与的协调工作交还给主要责任部门，集中精力抓好党风廉政建设和反腐败工作。加强对同级党委特别是常委会成员的监督，更好发挥党内监督专门机关的作用。加强和改进行政监察工作。

各级纪检监察机关要加强自身建设，牢固树立进取意识、机遇意识、责任意识，坚守责任担当，做到正人先正己，以更高的标准、更严的纪律要求自己，强化基础工作，坚持和完善约谈制度，树立忠诚可靠、服务人民、刚正不阿、秉公执纪的良好形象。

改进中央和省区市巡视制度，修订《中国共产党巡视工作条例（试行）》，做到对地方、部门、企事业单位全覆盖，发现问题、形成震慑。

反腐败的工作合力

各地区各部门要加强分类指导，抓好组织实施，整体推进作风建设、惩治和预防腐败各项工作。惩治和预防腐败体系建设牵头单位和协办单位要落实责任，相互支持，相互配合。

组织部门要加强对干部经常性的管理监督，坚决纠正选人用人上的不正之风；宣传部门要抓好党风廉政建设和反腐败斗争宣传，强化舆论引导；纪检监察、司法、行政执法等机关和部门要充分发挥纪律约束、法律制裁、经济处罚、市场监管、科技支撑作用，多措并举，增强党风廉政建设和反腐败工作综合效果。

各地区各部门要抓好反腐败的责任分解和任务分工，有重点、分步骤地落实反腐败工作规划部署的任务。对阶段性任务，在规定时间内高质量完成；对持续性工作，结合新情况新问题推进提高；对根据新形势新要求充实的工作，及时研究安排。

各地区各部门要建立工作台账制度，健全惩治和预防腐败体系建设信息管理系统。完善督查考核机制，每年对工作进展情况进行检查，总结评估，查找不足，督促任务落实。制定实施切实可行的责任追究制度，对反腐败工作不力、造成不良影响的，严肃追究领导责任。

第三节　健全完善廉洁中国的法律

“打虎拍蝇”是破，建章立法是立。产生腐败问题的重要原因是反腐败体制机制建立了但还不够完善，一些体制机制仍存在漏洞。建设廉洁中国首先要健全完善廉洁中国的法律、法规、规定，加强制度建设，这是建设廉洁中国的基础，需要进一步夯实。

反腐立法的意义

习近平总书记强调，法规制度带有根本性、全局性、稳定性、长期性。要贯彻全面深化改革、全面依法治国的要求，加大反腐倡廉法规制度建设力度，把中央要求、群众期盼、实际需要、新鲜经验结合起来，本着于法周延、于事有效的原则制定新的法规制度、完善已有的法规制度、废止不适应的法规制度，努力形成系统完备的反腐倡廉法规制度体系。

习近平总书记指出，反腐倡廉法规制度建设系统性强，要坚持问题导向、突出重点，充分体现科学性、针对性、可操作性。要坚持宏观思考、总体规划，既要注意体现党章的基本原则和精神，符合国家法律法规，也要同其他方面法规制度相衔接，提升法规制度整体效应。

习近平总书记强调，要系统完备、衔接配套，立治有体、施治有序，把反腐倡廉法规制度的笼子扎细扎密扎牢，做到前后衔接、左右联动、上下配套、系统集成。要务实管用、简便易行，法规制度在务实管用。要责任明确、奖惩严明，明确责任主体，确保可执行、可监督、可检查、可问责。

建设廉洁中国，加强反腐倡廉，首先是立法、立纪、立规，争取做到立法严明、立纪严格、立规严密，使反腐倡廉有法可依、有纪可遵、有规可循。同时，反腐倡廉的立法、立纪、立规不可能一蹴而就，也不能“求全拖延”，而将来要根据反腐倡廉的实际情况，再进一步及时进行法律法规、党规党纪、行政规章的“有漏即补”。

反贪污贿赂法

我国关于贪污贿赂的法律主要是刑法和刑事诉讼法的相关内容，刑法和刑事诉讼法对贪污贿赂罪明确有相关规定，但存在着定性幅度较宽、量刑数额标准不明确、标准较低等问题。

在市场经济条件下，在公共资源配置、公共产品生产等利益突出的领域，反贪污贿赂的法律比较分散、相对滞后，操作上有一些实际困难，建议制定《反贪污贿赂法》，为反贪污贿赂工作提供更明确更具体的法律依据。

现实和实践表明，我国需要制定一部集司法组织法、刑事实体法、刑事程序法、行政法等集于一体的《反贪污贿赂法》，这已经成为我国当前反腐倡廉工作的头等大事。同时，还应适时地修订和完善其他相关的法律法规，最终构建具有中国特色的反腐倡廉法律体系。

通过《反贪污贿赂法》的立法，进一步明确贪污贿赂的概念，确认反贪污贿赂的基本原则，完善反贪污贿赂的预防机制、国际合作机制、财产申报制度以及责任追究制度等一系列反贪污贿赂制度和措施，努力实现从“权力反腐”向“制度反腐”、从

“分散反腐”向“系统反腐”的转变。

《反贪污贿赂法》一定要确认一个从“预防”到“惩治”的反腐倡廉综合治理体系，建立和完善反腐败预防机制。惩治腐败，重在“防患于未然”。要坚持惩防并举、重在建设，强调要以建设性的思路、举措和方法推进反腐倡廉建设，在坚决惩治腐败的同时，更加重视预防。

《反贪污贿赂法》要着力打造独立、专业、强大、垂直的反贪污贿赂机构——反贪污贿赂部，要结合中国侦查权方面的成功的有效的经验，学习借鉴新加坡、香港地区赋予反贪机构强大侦查权的成功经验，被侦查人员必须说明财产来源自证清白，赋予反贪污贿赂部强大的侦查权，成功打造反腐利器。

《反贪污贿赂法》要明确贪污贿赂的起诉由检察部门负责，贪污贿赂的审判由法院部门负责，实行侦查、起诉、审判的相互监督。《反贪污贿赂法》要明确新闻舆论对腐败的监督，明确新闻舆论对反贪污贿赂部门的监督。《反贪污贿赂法》要明确广大群众对腐败的监督，明确广大群众对反贪污贿赂部门的监督。

《反贪污贿赂法》要健全和完善反腐倡廉责任追究机制。惩治腐败现象，不能仅仅采取说服、教育、批评以及舆论监督的手段，而是要注重法律制度建设，强化和落实责任追究制度，由“权力问责”转向“制度问责”，这样才会走出“治标不治本”的反腐怪圈。

《反贪污贿赂法》要强化反腐败领域的国际合作。腐败问题已经超越国界，日益演变为一个全球性问题。目前，我国已经正式加入《联合国打击跨国有组织犯罪公约》，并签署和批准了《联合国反腐败公约》，这为我国在反腐败领域的国际合作奠定了法律基础。

反腐倡廉法律应当有利于反腐败，应该具备这些特点：惩处腐败使腐败成为高风险、低收益行为；要使侦查腐败变得容易、低成本、高效率，不给反腐机构设置种种障碍；要赋予反腐机构很大的侦查权；要让腐败分子承担更多反腐败的法律责任，例如承担自证清白的举证责任、巨额财产来源不明罪等。

延长有期徒刑

我国刑罚分为主刑和附加刑，主刑有管制、拘役、有期徒刑、无期徒刑、死刑。有期徒刑的期限除《刑法》第五十条、第六十九条规定外，为六个月以上十五年以下。

《刑法》第五十条规定，判处死刑缓期执行的，在死刑缓期执行期间，如果没有故意犯罪，二年期满以后，减为无期徒刑；如果确有重大立功表现，二年期满以后，减为二十五年有期徒刑；如果故意犯罪，查证属实的，由最高人民法院核准，执行死刑。

《刑法》第六十九条规定，判决宣告以前一人犯数罪的，除判处死刑和无期徒刑的以外，应当在总和刑期以下、数刑中最高刑期以上，酌情决定执行的刑期，但是管制最高不能超过三年，拘役最高不能超过一年，有期徒刑总和刑期不满三十五年的，最高不能超过二十年，总和刑期在三十五年以上的，最高不能超过二十五年。

我国的法律过去死刑相对较多，有期徒刑的期限六个月至十五年是基本合适的。但现在死刑大量减少，只有极少的罪大恶极的才执行死刑，无意中压缩了刑罚的空间，导致贪污受贿十几万、几十万、几百万、上千万的都判十几年，出现审判的困境。

外国有期徒刑可达几百年。中国减少了死刑，需要延长有期徒刑，建议适当延长有期徒刑，具体有期徒刑确定为多长，需要立法部门确定。死缓减为无期徒刑再减为有期徒刑需二十五年，数罪并罚的最高不超过二十五年，旁证了有期徒刑需要适当延长。

第四节　修订完善廉洁中国的纪律

腐败分为违法的腐败和违纪的腐败，违法的腐败应该按照法律、法规依法惩处。违纪的腐败应该按照党规党纪和行政纪律进行处理。信任不能代替监督，管长远要靠制度。党规党纪应该严于国家法律，行政纪律也应该严于国家法律，要加快修改完善反腐倡廉的党规党纪和行政纪律。

加强制度建设

中共中央总书记习近平在十八届中央纪律检查委员会第五次全体会议上强调，要加强纪律建设，把守纪律讲规矩摆在更加重要的位置。党章是全党必须遵循的总章程，也是总规矩。党的纪律是刚性约束，政治纪律更是全党在政治方向、政治立场、政治言论、政治行动方面必须遵守的刚性约束。国家法律是党员、干部必须遵守的规矩。

习近平强调,党在长期实践中形成的优良传统和工作惯例也是重要的党内规矩。纪律是成文的规矩,一些未明文列入纪律的规矩是不成文的纪律;纪律是刚性的规矩,一些未明文列入纪律的规矩是自我约束的纪律。我们党在长期实践中形成的优良传统和工作惯例,经过实践检验,约定俗成、行之有效,需要全党长期坚持并自觉遵循。

习近平强调,深入推进党风廉政建设和反腐败斗争,同样要做好"破"和"立"这两篇文章。要着力健全党内监督制度,着手修订党员领导干部廉洁从政若干准则、中国共产党纪律处分条例、巡视工作条例,突出重点、针对时弊。

中共中央总书记习近平在主持第二十四次政治局学习时强调,铲除不良作风和腐败现象滋生蔓延的土壤,根本上要靠法规制度。要加强反腐倡廉法规制度建设,把法规制度建设贯穿到反腐倡廉各个领域、落实到制约和监督权力各个方面,发挥法规制度的激励约束作用,推动形成"不敢腐、不能腐、不想腐"的有效机制。

中共中央政治局常委、中央纪委书记王岐山在修订廉政准则和党纪处分条例征求意见座谈会上强调,依法治国必然要求依规治党。修订廉政准则和党纪处分条例,是落实党的十八大和十八届三中、四中全会精神,贯彻习近平总书记系列重要讲话精神的具体行动。全面从严治党必须推进制度创新,立足当前,着眼长远,认准正确方向,解决现阶段突出问题,实现制度建设的与时俱进。

王岐山指出,去年以来,中央纪委深入思考全面依法治国条件下党要管党、从严治党靠什么,党纪和国法的区别是什么。从研读党章入手,联系历史、把握当下,捋清来龙去脉,研究完善党内规则体系、强化自我监督的制度安排。坚持标本兼治、扎紧制度笼子,深化纪检体制改革,把纪律和规矩挺在前沿,深入推进党风廉政建设和反腐败斗争,为修订廉政准则和党纪处分条例奠定实践基础。

王岐山强调,全面从严治党永远在路上,制度创新是永恒的课题。不同时期党面临的形势和任务、特点和问题各不相同。党章党规党纪始终坚持理想信念宗旨不变,又根据变化着的形势和任务不断丰富完善。修订党规党纪永远是一个过程,迈出的每一步都是万里长征的第一步。我们要从党史中获得启示,坚持问题导向、确定正确方向,这个方向就是确保党始终成为中国特色社会主义的坚强领导核心、解决人民群众反映集中的问题。只要方向正确,立行立改,迈出一步就是胜利。

王岐山强调,要坚持纪严于法、纪在法前,实现纪法分开。严明党的纪律,首要任务就是遵守和维护党章，把政治纪律和政治规矩、落实中央八项规定精神突出出来，把党章党规的纪律要求丰富、完善、具体化。全面从严治党要管全党、治全党，准则应成为执政党廉洁自律的宣誓和向人民的承诺，党纪处分条例应成为从严治党的一把尺子、广大党员的基本底线和遵循。

王岐山强调，与时俱进是我们党的理论品质。党的制度是在马克思主义中国化进程中探索出来的，要推进理论创新和制度创新，加强党章党规党纪教育，运用辩证唯物主义和历史唯物主义，探究党内规则的理论源头，研究中国特色社会主义政党理论，为全面从严治党、推进党内法规制度建设提供理论支撑。

总结十八大以来纪律检查体制改革实践成果，总结十八大以来巡视工作的探索实践，抓紧修订《中国共产党党员领导干部廉洁从政若干准则》《中国共产党纪律处分条例》，系统修订《中国共产党巡视工作条例》，把制度篱笆扎得更紧，实现党规党纪和法律法规的有机衔接，完善全党一体遵循的准则，让党规党纪成为红线。

全面深化改革，全面加强制度建设，是深入反腐倡廉的必然要求。制度好可以使坏人无法任意横行，制度不好可以使好人无法充分做好事，甚至走向反面。针对突出问题，我们要查漏补缺，通过改革创新完善体制机制，不断把制度笼子织密织牢，全方位加强党内监督。

我们要向制度建设要长效，要强化监督执纪问责。制度建设重在务实管用，突出针对性和指导性。反腐倡廉建章立制需要突出重点、针对时弊，有什么漏洞堵什么漏洞，有什么问题解决什么问题，就是要对症下药、真抓实干，使制度更完善、监督更有力。

把权力关进“笼子”

中共中央总书记习近平在十八届中央纪律检查委员会第二次全体会议上强调，要加强对权力运行的制约和监督，把权力关进制度的笼子里，形成不敢腐的惩戒机制、不能腐的防范机制、不易腐的保障机制。

习近平强调，要继续全面加强惩治和预防腐败体系建设，加强反腐倡廉教育和廉政文化建设，健全权力运行制约和监督体系，加强反腐败国家立法，加强反腐倡廉党内法规制度建设，深化腐败问题多发领域和环节的改革，确保国家机关按照法定权限和程序行使权力。

中共中央政治局常委、中央纪委书记王岐山在陕西调研时强调，把权力关进制度笼子，首先要加强党内监督制度体系的顶层设计。中国的历史、文化、国情和现实都决定了，我们必须走中国特色社会主义道路。我们党长期执政，制度的优越性已经充分展现，但也面临不少风险和挑战。

王岐山强调，要强化党的自我监督和人民群众的监督，探索形成发现问题、纠正偏差的机制，让“三个自信”建立在坚实的基础上。要不断增强党的自我净化、自我完善、自我革新、自我提高能力，永葆共产党人的青春，推进国家治理体系和治理能力现代化。

王岐山指出，制度建设必须坚持问题导向，突出针对性和有效性。执政党的党规党纪严于国家法律。在全面依法治国大背景下，要去除现行党纪处分条例中与刑法等法律重复的内容，使条例成为管党治党、严肃纪律的尺子。党要管党、从严治党就要尊崇党章，以严明的纪律维护党章，把党章的权威立起来。

王岐山强调，中华民族传统文化，历来都讲德法相依、德治礼序。公民不能都踩到法律的底线上，党员也不能全站在纪律的边缘，依规治党必然要求以德治党，这个德就是党的理想信念宗旨。全面从严治党，全体党员都要廉洁自律，这是新时期党执政条件下，继承发扬党的优良传统的必然要求。要坚持正面倡导，把现行准则规定的“不准”列入修改后的党纪处分条例，使准则成为执政党向人民的宣誓。

王岐山指出，修订党纪处分条例要针对现阶段突出问题。落实中央八项规定精神关乎人心向背，是最大的政治，是一场输不起的斗争，要把享乐、奢靡等“四风”问题纳入党纪处分范围；针对一些党员干部在政治纪律和政治规矩、组织纪律上思想麻木、意识淡漠问题，要把十八大以来党中央提出的要求细化、具体化，体现作风建设和反腐败斗争的最新成果。

王岐山强调，全面从严治党永远在路上，制度建设也没有终极版、只有进行时。要着眼未来、立足当前、立行立改，遵循正确方向，一步步向前迈进。众人拾柴火焰高，要集中全党智慧，把法规修订作为统一思想、统一认识的过程，唤醒党章党规党纪意识。

王岐山强调，有纪律不执行，党就必然是一盘散沙。全面从严治党，就是要从宽、松、软到严、紧、硬。党委要把纪律和规矩挺在前沿，把党的领导体现在日常管理和监督中，真正担负起管党治党的主体责任。纪委要在全面从严治党中找准职责定位，全面履行党章赋予的职责。

“党纪”与“国法”

中共中央政治局常委、中央纪委书记王岐山在浙江调研时强调，贯彻党的十八届三中、四中全会和习近平总书记系列重要讲话精神，落实中央纪委五次全会部署，要唤醒党章党规意识、推进制度创新，修改好《中国共产党纪律处分条例》，把纪律和规矩挺在法律前面，挺在党风廉政建设和反腐败斗争前沿。

王岐山强调，党要管党、从严治党，要靠党章党规党纪。“党纪”与“国法”不是一个概念，不能混同。党纪严于国法。党是政治组织，党规党纪保证着党的理想信念宗旨，是执政的中国共产党党员的底线；法律体现国家意志，是全体中华人民共和国公民的底线。党章规定，党员必须自觉遵守纪律、模范遵守法律。全面从严治党，就要抓全党的纪律，使纪律成为管党治党的尺子、党员不可逾越的底线。

王岐山指出，把权力关进制度的笼子，对执政党而言，这个笼子首先是纪律和规矩。修订党纪处分条例要突出两个重点，一是体现全面依法治国、全面从严治党要求，坚持问题导向，应把条例中与法律重复的内容去除，解决“纪”“法”不分的问题；二是把严肃政治纪律和政治规矩突出出来、具体化，使党纪特色更加鲜明。制度创新只有进行时，这次修订条例重在唤醒全党特别是领导干部的组织意识、纪律意识和规矩意识。

“纪”在“法”前

中共中央政治局常委、中央纪委书记王岐山在河南调研时强调，全面从严治党上升为战略布局，体现了以习近平同志为总书记的党中央治国理政的战略谋划。全面建成小康社会、全面深化改革、全面依法治国，都要靠全面从严治党作保障。要站在党和国家事业发展全局的高度，认识全面从严治党的深刻内涵，真正做到“纪”在“法”前，用纪律管住大多数，把从严治党落实到基层，密切党同人民群众的血肉联系。

王岐山强调，全面从严治党，就要把我们的制度优势充分发挥出来，战胜面临的风险和挑战，实现执政党的自我完善、自我净化、自我革新。全面从严治党，是具体的，不是抽象的，8700万党员的执政党，必须把纪律挺在法律前面，明确纪律的内涵，密切联系实际，求真务实，把纪律执行到位，真正使纪律成为管党治党的尺子、不可逾越的底线。

王岐山强调，全面从严治党，就是要敢于担当，落实主体责任和监督责任要冲着纪律去，领好班子、管住干部、以上率下，实现全方位、全覆盖，既不能光说不干，也不能大轰大嗡。全面从严治党，就是要把严明纪律体现在日常管理监督中，严格执纪，动辄则咎，抓早抓小，使广大党员真正敬畏纪律、遵守纪律。今年要在巩固省一级成果的基础上，层层传导压力，把责任落到地市一级。

王岐山指出，党风廉政建设和反腐败斗争是全面从严治党的重要方面，是管党治党的有力支撑。人心向背是最大的政治。不正之风和腐败损害群众切身利益，侵蚀干群关系，动摇党的执政之基，人民群众深恶痛绝。基层党组织要深刻领会中央精神，把准方向、迈出步伐、由浅入深、由易到难，推动党风廉政建设落实到基层，着力解决群众反映强烈的问题，维护群众利益。

王岐山要求，把纪律挺在前面是“三转”的深化。纪委的职责就是监督执纪问责，要把执纪放在首位，聚焦主业，使“三转”向基层延伸。既要立足当前，遏制不正之风和腐败蔓延势头，又要着眼长远，强化纪律建设，使监督执纪问责成为常态。要运用辩证唯物主义和历史唯物主义驾驭现实，用历史、哲学、文化思考支撑信心。保持坚强政治定力，有静气、不刮风，不搞运动，踩着不变的步伐，以抓铁有痕、踏石留印的劲头，把党风廉政建设引向深入。

制度生命在执行

中共中央政治局常委、中央纪委书记王岐山指出，制度的生命在于执行，执行制度最终靠人。中国共产党是干出来，不是说出来、写出来的。离开了历史责任，没有忠诚干净担当，制度就形同虚设。把纪律和规矩挺在前沿就是治本。从善如登、从恶如崩，由俭入奢易、由奢入俭难，从宽、松、软到严、紧、硬是一个长期的过程。

王岐山指出，各级党委和纪委要切实担负起主体责任和监督责任，敢于担当、敢于执纪，从小错抓起，动辄则咎，早发现早处置。以纪律从严治党，应该使咬耳朵、扯袖子，红红脸、出出汗成为常态，逐步让党纪轻处分、组织调整成为大多数，重处分的是少数，而严重违纪涉嫌违法立案审查的成为极少数。只有这样，才能真正实现全面从严治党。

王岐山要求，落实主体责任和监督责任要密切联系本地区本部门实际，从点滴做起、积小成为大成，把全面从严治党要求落到实处。载着我们党这艘航船胜利前行的“水”，就是广大人民群众。落实中央八项规定精神关乎人心向背，关乎党对人民的承诺能否兑现，检验着党员干部对党的忠诚，必须一把尺子执纪到底、一寸不让。

王岐山要求，从严治党要敢于担当，具有“眼里不揉沙子”的严肃性、认真劲，切实解决执行纪律失之于宽、松、软的问题。纪委要在从严治党中找准职责定位，创新执纪监督方式，强化监督执纪问责。要有“啄木鸟”精神，治病树、拔烂树，保护森林。坚决惩治极少数党内的腐败分子，惩最终还是为了治。在严格执纪中，我们还是要坚持党的一贯方针，惩前毖后、治病救人。

我们必须采取行之有效的可行措施，紧紧抓住基层党组织建设这个关键环节，大力弘扬艰苦朴素的光荣传统，全心全意为人民服务，深化群众路线教育实践活动成果，深入开展“三严三实”活动，切实加强基层的反腐倡廉工作，使广大基层干部增强宗旨意识，牢记为民务实清廉，把基层党组织建设成坚强的战斗堡垒，让群众看得到、体会得到、享受得到全面从严治党的丰硕成果。

纪律管住大多数

全面从严治党必须用纪律管住大多数。今天我们党已发展成有8700万党员的大党，伴随着巨大的基数，管理的难度也随之加大。十八大以来，党中央坚定反腐败的决心，坚决遏制腐败蔓延的势头，打了漂亮的“攻坚战”和“突击战”，赢得了党心民心军心。“突出治表”之后，具体地说“病树治了、烂树拔了”，需要在治本上下大功夫，需要标本兼治的综合治理。

用历史和发展的眼光看，“赢得时间”后，还是要在治本上下功夫，还是要在管住大多数上下功夫。“打老虎”“拍苍蝇”针对的毕竟是少数，受到法律制裁的也毕竟是少数，而其他的大多数则要“靠纪律去管”，而且这必将是“持久战”。拔了“病树、烂树”，还要管好“未病之树”，才能形成良性循环，才有政治生态的洁净清明。

如果多数党员不受管束，甚至把纪律当成可以随意弹跳的橡皮筋，党的纪律成了摆设，就会形成“破窗效应”。我们必须聚焦现实，把大多数管住，把党的纪律落实具体，把各种违纪现象狠狠刹住。如果不用纪律管住大多数，通过严惩腐败、狠抓“四风”好不容易形成的风清气正，很可能就要反弹回去。

用纪律管住大多数，必须树立纪律的绝对权威，使纪律真正成为管党治党的尺子、不可逾越的底线。在纪律面前，党员干部千万不能产生“自我伟大起来”的错觉,认为只要有了权,纪律于我奈何?“权力的强制力”和“纪律的强制力”,两者就像拔河,谁占了上风,对方就会“倒地”。让纪律立起来、严起来,就是要让纪律产生无以对抗的力量,使之成为从政者内在的品格。

将纪律用起来,使之越用越富有生命力,才能将管住大多数落到实处。党委的主体责任和纪委的监督责任,“两个轮子”要一起转,共同“冲着纪律去”。纪委及监察部门尤其要把执纪放在首位。瞪大眼睛,拉长耳朵,着力发现和解决“两面人”“小官大贪”“大罪不犯小错不断”“生活腐化”等群众反映强烈的问题。

纪委及监察部门要把纪律体现在日常管理之中,严格监督执纪问责,充分运用函询、约谈、诫勉、警告、职务调整等手段,使广大党员干部真正敬畏纪律,不敢越雷池半步。同时,要对标准不高、疏于管理、执纪不严,出现“大面积违纪”现象的责任者追究责任。

修订完善行政纪律

从体制机制上分析,近年来查处的腐败案件,暴露了一些共性问题。比如,一把手权力过于集中、受到的监督很少;用人风气不正,存在任人唯亲、卖官鬻爵现象;一些人凭借行政审批权设租寻租、以权谋私;官商勾结、利益输送,造成国有资产和资源巨大损失等等。

要着力健全选人用人管人制度,加强领导干部监督和管理,敦促领导干部按本色做人、按角色办事。要着力防止权力滥用,深化体制机制改革,最大限度减少对微观事务的管理,推行权力清单制度,公开审批流程,强化内部控制。

2015年7月24日,四川省巴中市通江县委办公室、政府办公室发布《关于进一步规范国家公职人员和群众操办酒席的通知》。通知对操办酒席规范力度很大,除了对国家公职人员酒席范围界定进行了规范外,还对农村和城镇居民允许举办的酒席范围进行了界定,规定只可以操办的酒席是婚嫁酒、丧事酒和寿酒,而办寿酒则要求老人年龄70周岁及以上,每间隔十年可操办一次;除此三类之外的升学、满月等则一律不允许操办酒宴。

通江县委办公室、政府办公室规定,办寿酒要求老人年龄70周岁及以上,每间隔十年可操办一次,意味着只能在年龄70周岁、80周岁、90周岁、100周岁等可以办理,还必须以身份证或户口簿为准;由于60岁为一个甲子,全国各地一直都有办60大寿的风俗,而现在按照规定需要70周岁才能办,60周岁的大寿将无缘。

当前，全国各地出现了行政规定混乱的情况，许多规定在制定时没有坚持实事求是的原则，没有结合实际，往往过犹不及，没有做到恰到好处，个别地区的规定甚至违反法律和法规，一些规定没有法律授权，没有法律依据。通江县对办寿酒的规定出发点是好的，但没有结合实际，没有法律授权，没有法律依据。

建议监察部、人力资源部会同有关部门，学习借鉴新加坡、香港地区成熟有效的行政制度、规定、纪律，结合中国的具体实际，加快修订完善我们的行政制度、规定、纪律，经过批准后公布实施，要求所有公务人员自觉遵守，认真执行，切实落实，欢迎广大群众监督。

修订完善我们的行政制度、规定、纪律，要抓住制度、规定、纪律的灵魂——防腐倡廉，建立全国一致的行政制度、规定、纪律，形成全国一盘棋，要实事求是，结合实际，详细具体，使制度、规定、纪律符合实际，恰到好处，便于执行，便于监督。

明制度于前，重威刑于后，好的制度离不开铁的执行。坚持零容忍的态度不变、猛药去疴的决心不减、刮骨疗毒的勇气不泄、严厉惩处的尺度不松，把制度落到实处、让监督如影随形，我们就一定能遏制违纪腐败的蔓延势头，一定能铲除新的违纪腐败，不断取得反腐败斗争的新胜利。

第五节　建设严明高效的执纪机构

法规制度的生命力在于执行，法规执行的关键在真抓，靠的是严管，真抓严管需要严明高效的执纪机构去落实。中国共产党是中国工人阶级的先锋队，是中国人民和中华民族的先锋队，我们要坚持党纪严于国法，把纪律和规矩挺在法律前面，挺在党风廉政建设和反腐败斗争前沿，实行“纪”“法”分开，全面推进从严治党、依规治党。

法规生命在于执行

习近平总书记指出，法规制度的生命力在于执行。贯彻执行法规制度关键在真抓，靠的是严管。加强反腐倡廉法规制度建设，必须一手抓制定完善，一手抓贯彻执行。要强化法规制度意识，在全党开展法规制度宣传教育，引导广大党员、干部牢固树立法治意识、制度意识、纪律意识，形成尊崇制度、遵守制度、捍卫制度的良好氛围，坚持法规制度面前人人平等、遵守法规制度没有特权、执行法规制度没有例外。

习近平总书记强调，要加大贯彻执行力度，让铁规发力、让禁令生威，确保各项法规制度落地生根。要加强监督检查，落实监督制度，用监督传递压力，用压力推动落实。对违规违纪、破坏法规制度踩“红线”、越“底线”、闯“雷区”的，要坚决严肃查处，不以权势大而破规，不以问题小而姑息，不以违者众而放任，不留“暗门”、不开“天窗”，坚决防止“破窗效应”。

习近平总书记指出，要健全问责机制，坚持有责必问、问责必严，把监督检查、目标考核、责任追究有机结合起来，形成法规制度执行强大推动力。问责的内容、对象、事项、主体、程序、方式都要制度化、程序化。

习近平总书记指出，要把法规制度执行情况纳入党风廉政建设责任制检查考核和党政领导干部述职述廉范围，通过严肃追究主体责任、监督责任、领导责任，让法规制度的力量在反腐倡廉建设中得到充分释放。纪律检查机关要加大监督检查力度，对有令不行、有禁不止的，不仅要严肃查处直接责任人，而且要严肃追究相关领导人员的责任。

纪检体制成功改革

中央纪委和监察部全面履行党的纪律检查和政府行政监察两项职能，在内设机构、行政编制、领导职数总量不变的情况下，再次进行机构调整，增设纪检监察室，组建组织部、宣传部、纪检监察干部监督室，监督执纪力量大为增强，取得了空前的成功，值得许多部门和地方机构学习借鉴。

推进双重领导体制具体化、程序化、制度化。制定下级纪委向上级纪委报告工作的具体制度，落实查办腐败案件以上级纪委领导为主要求，在8个地区和部门开展试点。研究制定中央纪委派驻纪检组组长、副组长和省区市、中管企业纪委书记、副书记提名考察办法，强化上级纪委对下级纪委的领导。

推动落实党风廉政建设主体责任。中央纪委负责同志到中央直属机关工委和中央国家机关工委调研，多次主持召开专题座谈会，约谈省区市、中央国家机关部委、中央企事业单位和中管金融企业党委（党组）书记，分赴各地督查指导，狠抓主体责任落实。

中央纪委对一些地方和部门党组织，因领导核心作用弱化、责任缺失，造成严重后果的，实施责任追究。坚决查处山西系统性、塌方式腐败案件，依据党章规定，追究相关党组织责任。对湖南衡阳发生的以贿赂手段破坏选举案件严肃问责，给予党纪政纪处分467人，移送司法机关处理69人。

深化派驻机构改革，实现统一名称和管理。落实十八届三中全会关于中央纪委向中央一级党和国家机关派驻纪检机构，实行统一名称、统一管理的要求，制定实施加强中央纪委派驻机构建设的意见，在中央办公厅、中央组织部、中央宣传部、中央统战部、全国人大机关、国务院办公厅、全国政协机关等新设派驻机构。

中央纪委通过调整结构、盘活存量，实施单独派驻和归口派驻，探索实现全面派驻的有效途径。派驻机构由中央纪委直接领导、统一管理，统称派驻纪检组。明确派驻机构监督对象，纪检组组长不分管驻在部门其他业务工作，监督责任和执纪能力进一步增强。

全力清理参与的议事协调机构，解决职能越位、错位、不到位问题。议事协调机构多、各类领导小组多，既造成职责不清、职能发散、主业荒疏，又造成文山会海、滋生“四风”。中央纪委巩固清理议事协调机构成果，不再参加新的议事协调机构。纪检监察机关真正实现聚焦党风廉政建设和反腐败斗争主业。

全面清理31个省区市和新疆生产建设兵团纪委参与的议事协调机构。清理前，省区市一级共参与4619个议事协调机构，平均每个纪委参与144个，其中个别省多达250个。清理后，省级纪委参与的议事协调机构减至460个，平均参与14个，精简比例达90%以上。地市级纪委也已展开清理议事协调机构工作。

需要特别指出的是，反腐成功将取得巨大的政治、经济、文化、社会效益，功在当代，利在千秋。根据统计，从十八大以来到2015年6月，全国纪检监察机关在查处腐败案件中，除了将涉嫌犯罪所得的款物移交司法机关由司法机关依法处理之外，还收缴了违纪所得201亿元，已经有效挽回经济损失387亿元。

打铁还需自身硬

近年来，各级纪检监察机关按照中央决策部署，聚焦反腐败斗争中心任务，切实履行监督执纪问责职能，用扎实有效的工作、敢抓敢管的担当、踏实辛劳的付出，推动党风廉政建设和反腐败斗争取得了新成效。惩治腐败没有禁区、严明纪律不留特区、聚焦“四风”排除盲区、创新巡视形成震慑。

权力就是责任，责任就要担当。敢于担当是纪检监察干部对党忠诚的具体体现。纪委书记对纪委机关党的建设负主体责任,要发挥党组织的战斗堡垒作用,抓好对纪检监察干部的教育、管理和监督。纪委书记既要自身正、过得硬,又要无须扬鞭自奋蹄,领好班子、带好队伍,为党和人民的事业带出一支能打硬仗的队伍。纪律检查机关要开展"三严三实"教育活动,切实转变工作作风,做到严、细、深、实。

纪检监察干部肩负着维护党纪政纪、推进反腐败斗争的重要职责,其素质、能力和作风直接关系到反腐败斗争的成效。广大纪检监察干部要敢于担当、敢于监督、敢于负责,努力成为一支忠诚、干净、担当的纪检监察队伍。我们的纪检监察队伍是一支立场坚定、态度坚决、行动有力的队伍,是一支值得信赖、敢于亮剑、能打硬仗的队伍。

面对反腐败斗争不断深入的新挑战,各级纪检监察机关要以更大的决心和勇气加强自身建设、强化自身监督,始终确保纪检监察干部队伍成为党纪政纪的忠诚卫士,成为严惩腐败的钢铁拳头。以绝对忠诚标注精神高度,以铁的纪律打造过硬队伍,以担当精神激发干事热情,一支忠诚、干净、担当的纪检监察队伍,必将为夺取反腐败斗争新胜利提供坚强保障。

"己不正,焉能正人?"信任不能代替监督。要心存敬畏和戒惧,增强纪律观念和规矩意识。充分发挥纪检监察干部监督机构的作用,完善自我监督机制,健全内控措施,自觉接受党内和群众监督,坚决防止"灯下黑",用铁的纪律打造全党信任、人民信赖的纪检监察干部队伍。

纪检监察机关不是天然的保险箱,纪检监察干部也生活在社会之中。纪检监察干部发生以案谋私、串通包庇、跑风漏气等问题,对党和人民事业的伤害,将比一般干部更甚。"执纪者必先守纪,律人者必先律己",各级纪检监察机关清理好门户,做到打铁自身硬,才能让监督执纪问责更有底气、更加硬气、更具权威。

纪检监察干部要敢于担当、敢于监督、敢于负责,为反腐败斗争注入强劲动力,纪检监察干部必须具有责任意识、担当精神。不想监督、不敢监督、不会监督,党纪政纪就必然失之于宽、失之于软。因此,对尸位素餐、碌碌无为的干部,该调整的就要调整,对不敢抓、不敢管、监督责任缺位的要坚决问责,从而使责任意识深入人心,使担当精神蔚然成风。

发挥纪检监察干部监督机构的作用,加强日常教育管理,强化自身监督,防止"灯下黑"。2014年对纪检监察干部配偶子女移居国(境)外情况摸底排查,带头对自建培训中心存在问题自查自纠。严肃查处违反中央八项规定精神问题,点名道姓、通报曝光。以零容忍态度清除害群之马，2014年处分违纪违法干部1575人，教育了干部，纯洁了队伍。

畅通群众举报渠道

我们常说，群众的眼睛是雪亮的，要依靠群众，要相信群众。举报和上访是群众积极主动向组织反映情况的重要途径，各级纪检监察机关应该做好信访工作，特别是地方纪检监察机关要进一步做好信访工作，方便群众举报，严格执行保密纪律，尽量减少群众到北京到中央纪委监察部去举报的情况。

党的十八大以来，中央纪委紧紧围绕受理和处理检举控告这个基本职责来谋划、部署和开展信访举报工作，畅通和拓宽举报渠道，网络举报已占半壁江山，充分发挥举报作用，加强信息化、规范化建设，力求做到让来访的群众满意而归。

2014年11月，临近下班时分，中央纪委监察部12388举报电话接到群众来电："在京某单位干部×××严重贪污受贿，目前正打算逃往国外，你们赶紧行动，可别让他跑了！"接听工作人员按照领导指示，第一时间通知中央纪委驻该单位纪检组采取行动，避免了被举报人逃之夭夭。

中央纪委监察部信访室有关负责人说，从群众来访统计情况看，"三转"以后反映党员干部违纪问题的来访数量明显多了、被举报人级别高的明显多了、线索证据质量好的也明显多了。2014年业务范围内来访批次比2012年增长了46.7%。

十八大以来，举报量持续增多，受到实名举报"优先办理、及时回复"的鼓舞，群众信心增强，署名举报比例大幅提升。这些都从一个侧面反映出群众对反腐倡廉工作的满意度不断提高，对反腐倡廉工作的信心不断增强。

垂直管理纪检组

当前，各级纪检监察机关向各监督单位派驻了纪检组，但纪检组的人事关系、工资关系等均在各监督单位，在监督单位享受福利，领取工资外补贴，受制于各监督单位，不能充分发挥纪检组的监督作用。

中央八项规定实施前，各个纪检组的福利和工资外补贴均由各监督单位负责，各级纪检监察机关无力承担这些福利和补贴，从而无法对派驻的纪检组进行真正的人财物垂直管理。

中央八项规定实施后，各个单位均取消了福利和工资外补贴，工资外补贴和福利均由财政发放，因此，建议各级纪检监察机关对派驻的纪检组进行真正的人财物垂直管理，纪检组的人事关系、工资关系等均上收到各级纪检监察机关管理，纪检组的用车也由各级纪检监察机关统一管理。

强化诫勉谈话

当前，各级纪检监察机关的主要力量，对违法的腐败进行调查处理。各级纪检监察机关对派驻的纪检组要及时进行交流，派驻的纪检组一半的时间在本监督单位进行监督检查，另一半时间要统一调配，切实加强反腐预防，切实加强对违纪的腐败进行调查处理。

各级纪检监察机关要组成调查组每季度到各个监督单位进行违法违纪的调查，与领导、干部、群众谈话，收集干部群众的意见和建议，对干部群众的反映无论是实名的，还是匿名的，都要进行登记存档，并拍摄电子照片，存入电子档案。

只要有群众反映的，无论实名或匿名，都要按照“有则改之，无则加勉”的原则，按照“抓早”“抓小”的原则，防止“小苍蝇”变成“大老虎”，按照级别和职级进行诫勉谈话，要求领导干部做出说明，将群众反映材料、诫勉谈话内容、领导干部说明等进行存档，要真正做到警钟长鸣。

第六节　打造独立强大的反腐利器

中国的腐败侦查由各级检察机关的反贪污贿赂部门、反渎职侵权部门负责，由检察院公诉，由法院审判。有法可依是立法，有法必依、执法必严、违法必究是执法，法律和法规关键是执行，没有执行的法律和法规将是空话。反腐执法非常迫切需要独立、专业、强大、垂直的反腐机构去真正落实惩治。

反腐机构的现状

我国反腐机构主要有各级纪律检查委员会，各级监察部门，各级检察院的反贪污贿赂局、反渎职侵权局及预防部门、控告部门（举报中心）等，各级公安机关的经济侦查部门负责非国家工作人员腐败犯罪（私营企业领域腐败）侦查。另外，还有各级审计部门。

纪律检查委员会是指党的各级纪律检查委员会，简称“纪检委”或“纪委”，包括党的中央纪律检查委员会、党的地方各级纪律检查委员会、基层纪律检查委员会，是负责党内监督的专门机关。主要任务是：维护党的章程和其他党内法规，检查党的路线、方针、政策和决议的执行情况，协助党的委员会加强党风建设和组织协调反腐败工作。

监察部门是指各级监察部门，包括监察部、监察厅、监察局，是负责行政监督的各级专门机关。依据《中华人民共和国宪法》和《中华人民共和国行政监察法》，监察部门享有检查权、调查权、建议权和行政处分权。各级监察机关对监察对象（各级行政机关、行政人员）的执法、廉政、效能等情况进行监察。各级监察机关加挂各级预防腐败局的牌子。

各级检察院的反贪污贿赂局的职责是承办对国家工作人员的贪污、贿赂、挪用公款等职务犯罪进行立案侦查及职务犯罪预防等工作。各级检察院的反渎职侵权局的职责是通过对国家机关工作人员渎职侵权犯罪的侦查工作并结合预防职务犯罪工作以有效地控制渎职侵权犯罪。各级检察院的预防部门预防国家工作人员的职务犯罪。

反腐机构的缺陷

目前，我国的各级纪律检查部门、各级监察部门在专业性上存在一定的欠缺，调查队伍行政化。各级检察院的反贪污贿赂局、反渎职侵权局由于机构级别低，权限过小，权威性过弱，人力、物力、财力有限，面对大量复杂违法腐败力不从心。各级检察院由于职责相当广泛，无法集中力量进行反腐倡廉，同时，各级检察院既要进行反腐侦查，又要进行公诉，这不利于监督制约。

我国目前的反腐机构模式呈现分散、多元的状况，没有形成强大的合力，已经不能很好适应日益严峻复杂的反腐败实践。我国反腐的党纪政纪机构有各级纪律检查委员会和各级监察部门，我国反腐的司法机构有各级检察院的反贪污贿赂局、反渎职侵权局及预防部门、控告部门（举报中心）等，我国反腐的行政执法机构有各级公安部门负责非国家工作人员腐败犯罪侦查的经侦部门。

我国目前的反腐机构模式呈现地方化的状况，无法形成强大的合力。我国的反腐机构分别受各级党委和政府领导，中央有中纪委、监察部、最高检的反贪污贿赂总局和渎职侵权检察厅、公安部的经侦局。省（市、区）有省纪委、监察厅、省检察院的反贪污贿赂局和反渎职侵权局、公安厅的经侦总队。市(州、地、盟)及县(市、区)有纪委、监察局、检察院的反贪污贿赂局和反渎职侵权局、公安部门的经侦部门。

与新加坡、香港地区的肃贪倡廉相比,我们反腐倡廉的最大差距在反腐机构方面。新加坡贪污调查局、香港廉政公署独立、专业、垂直,有强大的侦查权,我国的反腐机构分散、多元,地方化还非常严重。新加坡、香港地区的反腐机构属于行政执法机构,与警务部门的性质是一致的,属于侦查机构,其侦查权受司法的检控权、审判权监督。我国的反贪污贿赂部门、反渎职侵权部门受检察院直接领导,侦查权与起诉权由同一部门负责,不利于监督和制约。

打造反腐利器

新加坡实行侦控判分立的肃贪体制,新加坡贪污调查局主侦,新加坡总检察署主控,新加坡法院定罪量刑。香港地区也实行侦控判分立的反贪体制,香港廉政公署负责侦查腐败,香港律政司负责检控,香港法院负责定罪量刑。新加坡贪污调查局、香港廉政公署都非常权威、专业,都是享誉世界的独立强大的反贪侦查机构。

在社会治安领域,侦查由公安部门负责,起诉由检察院负责,审判由法院负责,实现了侦查、起诉、审判的相互监督、相互制约、相互补充,取得了很大的成功,有效地维护了社会治安。在国家安全领域,侦查由国安部门负责,起诉由检察院负责,审判由法院负责,实现了侦查、起诉、审判的相互监督、相互制约、相互补充,取得了巨大的成功,有效地维护了国家安全。

探讨将最高检察院的反贪污贿赂局、渎职侵权检察厅及相关部门划归中央纪委、监察部,与中央纪委和监察部的部分纪检监察室合并成立反贪污贿赂部,探讨将公安部经济侦查部门负责的非国家工作人员腐败犯罪(私营企业领域腐败)的职能及部门划归反贪污贿赂部;形成中央纪委、监察部(国家预防腐败局)、反贪污贿赂部三位一体由中央纪委具体领导的反腐格局。

中央纪委、监察部、国家预防腐败局合署办公,主要负责反腐败工作的统筹领导、违法违纪腐败的预防、违纪腐败的调查和处理等等。中央纪委、监察部在违纪腐败的调查、处理中,发现违法的腐败可以根据情况采取完全移交反贪污贿赂部侦查,也可以与反贪污贿赂部一起调查或侦查。

国家设立反贪污贿赂部,在省(区、市)设立省反贪污贿赂厅,在市(州、地)设立市反贪污贿赂局，在县（区、市）设立县反贪污贿赂局。反贪污贿赂部门实行业务与人财物的垂直管理，由反贪污贿赂部统一领导。建议反贪污贿赂部门的所有费用由中央财政负担，罚没收入实行财政部与地方财政部门分成，真正落实好反贪污贿赂部门的独立和垂直。

各级纪律检查委员会、监察部门仍然实行现在的上级与地方双重领导，以上级为主的领导体制不变。地方反贪污贿赂部门与地方纪律检查机关、监察机关是协同合作的关系，而不是领导关系，在工作协同合作中出现问题，通过中央纪委、监察部的相关部门与省（区、市）纪律检查委员会、监察部门协调解决。

反贪污贿赂部统一垂直领导全国的各级反贪污贿赂部门，可以集中力量握成一个拳头办大事，可以解决目前“上动下不动，个别地方反腐掉链子”的情况，可以解决目前“上级监督太远，同级监督太软，下级监督太难”的问题，可以解决被领导者监督领导者的“儿子监督老子”的尴尬局面，可以解决个别违法腐败的地方主要负责人领导地方反腐机构，使地方反腐机构无法反腐的问题。

国内外成功的反腐机构都有强大的侦查权，包括秘密侦查权、搜查权、逮捕权、批评权、行政处分建议权等等。建议通过《反贪污贿赂法》赋予反贪污贿赂部门侦查违法违纪腐败的强大侦查权，包括秘密侦查权、搜查权、逮捕权、批评权、行政处分建议权等。强大侦查权可以使反腐机构查清一切腐败，达到“天网恢恢，疏而不漏”，打消贪腐的任何侥幸思想。

国内外成功的反腐机构都有巨大的权威性，都有高度的独立性，权威性、独立性是反腐机构能够卓越地开展反腐败工作的关键所在，应当保障反腐侦查机构及其人员高度独立的地位，以确保其权威、独立、公正、高效地履行反腐败的神圣职责。建议反贪污贿赂部由中央纪委具体领导，但不与中央纪委合署办公，保持独立履行职责，以保持独立、专业、保密。

腐败越来越隐蔽，腐败分子越来越狡猾，这就要求反腐机构要越来越专业、越来越强大，国内外成功的反腐机构都非常专业，要学习借鉴新加坡的贪污调查局、香港地区的廉政公署，参照公安部、国家安全部组织体系设置的成功经验，打造符合中国实际的反腐利器，打造独立、专业、强大、垂直的反贪污贿赂部，使其能够按照法律、法规、纪律认真出色地完成反腐侦查，使每个案件都达到铁证如山，经得起历史的考验。

反腐机构的监督

反贪污贿赂部由党中央、国务院领导和监督，由中央纪委、监察部负责具体领导和监督，各级反贪污贿赂部门的违法腐败侦查结果由各级检察院、各级法院通过起诉权、审判权进行监督。各级反贪污贿赂部门在违法腐败侦查中发现并侦查的违纪腐败，移交各级纪律检查部门、各级监察部门进行处理。

反贪污贿赂部门的腐败危害极大，建议反贪污贿赂立法明确规定反贪污贿赂部门设立内部监督机构，建立内控制度，强化内控机制，落实廉洁教育，加强内部监督，严惩内部腐败。建议在反贪污贿赂部门实行积薪防贪、高薪养贤，其工资待遇与司法机构相同甚至略高，同时给予相对较高的办案补助，首先在反贪污贿赂部门实现“不敢腐、不能腐、不想腐、不必腐”。

建议反贪污贿赂立法明确规定中央纪委、监察部设立专门机构专门监督各级反贪污贿赂部门。反贪污贿赂立法明确规定对反贪污贿赂部门及人员的举报由中央纪委、监察部的相关部门受理，具体由中央纪委、监察部的相关部门进行调查，调查中发现违法违纪腐败行为，由中央纪委、监察部的相关部门牵头组织专案组进行调查和侦查。

建立反贪污贿赂部门，将检察院的反贪污贿赂局、反渎职侵权局划归反贪污贿赂部门，既有利于提高、解决反贪污贿赂部门的专业化、法制化、职业化水平，又有利于解决反腐机构侦查权与起诉权合一不利于监督制约的问题。将公安机关经济侦查部门负责的非国家工作人员腐败犯罪(私营企业领域腐败)职能及部门划归反贪污贿赂部门，有利于公安机关集中力量完成维护社会治安的主要任务。

各级反贪污贿赂部门拥有反贪污贿赂的侦查权，实质就是反贪污贿赂领域的公安部门，反贪污贿赂领域的国安部门，实质就是反贪污贿赂的警察，就是反贪警察。各级公安部门、各级国家安全部门、各级反贪污贿赂部门都是行政性的执法部门，拥有本管辖领域的侦查权，同样接受检察院起诉权、法院审判权的监督和制约。反贪污贿赂部门相当于新加坡的贪污调查局、香港地区的廉政公署。

反腐机构的功效

反腐利器通过卓有成效的坚决惩治，通过卓有成效的反腐倡廉综合治理，有效遏制贪污贿赂，人民群众得到廉洁服务，人民群众则会更加拥护政府，更加拥护党的领导，政权的合法性基础将会得到前所未有的巩固和提高，成功的反腐倡廉将会带来巨大的不可估量的政治效益，将会带来巨大的经济效益、文化效益、社会效益。

与腐败造成巨大的政治、经济、文化、社会等损失相比，反腐机构的经费投入非常经济，是效益非常高的政治投资行为，是一本万利的政治投资行为。反腐机构惩治贪污贿赂常常查处没收大量的贪污贿赂财产，追回大量的国有资产及利息，常常远远超过反腐机构的经费投入。

需要特别指出的是，反腐成功将取得巨大的政治、经济、文化、社会效益，功在当代，利在千秋。廉洁中国的建设是空前绝后的伟大工程，自古以来，中国都没有成功地反腐倡廉并建立成功的长效机制，反腐倡廉成功，廉洁中国建成，廉洁社会建成，将确保中国持久的繁荣昌盛，这必将成为中国历史上空前绝后的伟大功绩。

第七节 统一廉洁中国建设的思想

我国反腐的初步目标是遏制腐败蔓延势头，最终目标应是全面建成廉洁中国，全面建成廉洁社会。我国反腐得到了全国各界的广泛支持，但还需用事实批驳错误的观点，进一步统一廉洁中国建设的思想。

我国可以铲除腐败

社会流传着东方社会腐败论、华人社会腐败论，就是东方社会、华人社会的“一人得道，鸡犬升天”“当官是为了发财”等封建残余思想的流毒多，东方社会、华人社会爱讲人情，家庭观念重，家族观念重，容易腐败，有腐败的土壤，有腐败的倾向。

社会流传着腐败没治论，就是认为中国将继续出现“打击腐败—相对廉洁—腐败蔓延—打击腐败—相对廉洁—腐败蔓延”的循环，就是认为中国无法彻底遏制腐败，无法彻底铲除腐败。就是中国无法破解“繁荣—衰败”的魔咒。

社会流传着反腐亡党论。《建国大业》中有“反腐亡党，不反则亡国”之说。其详细情节是：当蒋介石听完蒋经国关于上海孔家腐败的汇报后，无可奈何地说：“这腐败啊，已经到了国民党的骨子里了。反吧，亡党；不反吧，亡国。难啊，难啊！”

社会流传着西式民主反腐论，就是只有西式的民主才能遏制腐败，才能铲除腐败,不实行西式的民主就无法遏制腐败,就无法铲除腐败。

新加坡人民行动党坚决反腐,对腐败实行零容忍,受到新加坡民众的欢迎和支持,用事实证明非西式民主的东方社会、华人社会的政党可以遏制腐败,可以铲除腐败,建成廉洁政党,建成廉洁社会,建成廉洁国家,反腐不仅没有亡党,也没有亡国,而且反腐兴党兴国。

新加坡、香港地区建成了廉洁社会,用事实证明非西式民主的东方社会、华人社会可以遏制腐败,可以铲除腐败。新加坡的腐败曾经非常严重,香港的腐败曾经达到了令人发指的地步,在群众的大力支持下,新加坡贪污调查局坚决打击贪腐,香港廉政公署坚决反贪腐,新加坡、香港地区最后彻底铲除了腐败。

根据致力于打击贪污腐败的无政府国际组织"透明国际"的清廉印象指数(CPI),新加坡的清廉指数远远超过美国,香港地区的清廉指数与美国基本相当,这说明新加坡的廉洁程度远远超过美国,香港地区的廉洁程度与美国基本相当,这充分说明非西式民主的东方社会,持之以恒地坚决反腐倡廉,可以铲除腐败,建成廉洁社会。

统一反腐败的思想

阳光是最好的防腐剂,监督是最好的净化剂。腐败治理一方面要规范权力,降低权力"含金量",最大程度消除寻租空间;约束权力,将公权力关进制度的笼子,不让它随便撒野。另一方面,强化对权力的监督,提高体制监督刚性与效率,完善加强新闻监督和群众监督,让腐败无处藏身。

中国最大的敌人是腐败,中国借鉴新加坡、香港地区的经验,能够彻底铲除腐败。中国反腐败的最终目标是建成真正的全面的廉洁中国,建成真正的全面的廉洁社会,真正的全面的廉洁中国就是群众希望的"人人不求人、事事不求人"的公开、公平、公正的廉洁社会。

建议专门召开会议研究廉洁中国的建设,形成廉洁中国建设的方案,建议召开全国会议专门部署廉洁中国的建设,建议召开省(市、区)、市(州、地)、县(市、区)的廉洁中国的落实会议,各级党校、行政学院要举办廉洁中国建设的学习班,全党全国齐动手,打一场反腐败的人民斗争,打赢这场反腐败的人民斗争。

新闻媒体要做好廉洁中国建设的宣传,要做好反腐败的宣传,强化舆论引导。新闻媒体要着力宣传对新腐败的"无禁区、全覆盖、零容忍",不论什么人,不论其职务多高，只要触犯了党纪国法，都要受到严肃追究和严厉惩处。中央严肃查处了周永康、薄熙来、郭伯雄、徐才厚、令计划、苏荣等严重违纪违法案件。

要通过文件传达、新闻媒体宣传等有效措施，明确告诉广大干部群众，中国可以通过坚决的惩治、有效的预防铲除腐败，建成廉洁中国，建成廉洁社会；中国可以通过全面深化改革、全面依法治国、全面从严治党，共同建成小康社会、廉洁社会、法治社会。

要通过文件传达、新闻媒体宣传等有效措施，明确告诉广大干部群众，从天时地利人和看，目前是建设廉洁中国和法治中国的最佳时机，我们一定要在习近平为总书记的党中央坚强领导下，一定要抓住千载难逢的最佳时机，打一场反腐败的人民斗争，铲除腐败，将中国建成真正的全面的廉洁社会、法治社会。

要通过文件传达、新闻媒体宣传等有效措施，明确告诉广大干部群众，贪污贿赂常常造成巨大的不可估量的政治、经济、文化、社会等损失，中国最大的敌人是腐败，中国最大的危险是腐败，我们必须坚决彻底地反腐倡廉，建成廉洁中国，建成廉洁社会，中国才能够实现持久的繁荣昌盛。

要通过文件传达、新闻媒体宣传等有效措施，明确告诉广大干部群众，将坚决遏制腐败增量，重点查处新腐败，同时依法减少腐败存量。惩治腐败将坚决查处十八大后不收敛、不收手，问题反映集中、群众反映强烈的领导干部；纠正“四风”将重点查处十八大后、八项规定出台后、群众路线教育实践活动后仍然顶风违纪的行为，越往后执纪越严。

要通过文件传达、新闻媒体宣传等有效措施，明确告诉广大干部群众，在贪污贿赂已经盛行和泛滥的情况下，反腐必须进行雷霆万钧之势的惩治，必须对新腐败进行“零容忍”的坚决打击，切实提高贪污贿赂的查处概率，击溃贪污贿赂者的侥幸和观望心理，才能遏制新腐败的蔓延，取得反腐倡廉的阶段性成果。

第八节 对腐败存量坚决依法查处

2015年2月12日，中共中央政治局会议指出，巡视工作必须巩固成果、深化拓展，做到利剑高悬、威慑常在，用最坚决的态度减少腐败存量，用最果断的措施遏制腐败增量，即“两最两量”——最坚决、最果断，腐败存量、腐败增量。

国内惩处减存量

腐败存量是指过去的腐败，是个固定数，查处一个就减少一些腐败存量，查处一批就减少许多腐败存量，减少腐败存量的办法就是“无禁区、全覆盖、零容忍”严肃查处严重的腐败违法案件。

十八大以来，中央保持反腐高压态势不放松。查处腐败问题，必须坚持零容忍的态度不变、猛药去疴的决心不减、刮骨疗毒的勇气不泄、严厉惩处的尺度不松，发现一起查处一起，发现多少查处多少，把反腐利剑举起来，形成强大震慑。

周永康、郭伯雄、徐才厚、苏荣、令计划等一大批“老虎”应声落马，更有许多的“苍蝇”被清理。中国共产党向世人证明中国共产党敢于直面问题、纠正错误，勇于从严治党、捍卫党纪。

从十八大以来查处的案件和巡视发现的问题看，反腐败斗争形势依然严峻复杂，主要是在实现不敢腐、不能腐、不想腐上还没有取得压倒性胜利，腐败活动减少了但并没有绝迹，减少腐败存量、遏制腐败增量、重构政治生态的工作艰巨繁重。

当前，反腐败斗争形势依然严峻，腐败存量在不断打击惩处下，虽然在逐渐减少，这就像要被切除的肿瘤，到底有多大的肿瘤，现在谁也不知道。只有把这块肿瘤切除，把肿瘤清除干净，阻断癌细胞转移，才能说取得了最后的胜利。

海外追逃减存量

2014年1月，习近平总书记在中纪委三次全会上强调，不能让国外成为一些腐败分子的“避罪天堂”，腐败分子即使逃到天涯海角，也要把他们追回来绳之以法，5年、10年、20年都要追，要切断腐败分子的后路。境外追逃腐败分子的号角吹响后，我国掀起了境外追逃风暴。

中央坚持以零容忍态度惩治腐败，明确坚决减少腐败存量，开展大规模海外追逃追赃行动，是对腐败零容忍的强硬表达，是减少腐败存量的重要路径。大规模海外追逃追赃行动主要就是针对既有腐败行为的合法追惩。而追惩对某些尚未东窗事发、正在国内蓄谋外逃的人，也能起到震慑作用。

中国在海外追逃追赃方面大动作频出，“全球撒‘天网’，中国‘猎狐’忙”。通过外交磋商谋求国际反腐共识，通过跨国刑事司法协助体系克服“法治有国界”的主权限度，通过实践证明“无禁区、全覆盖、零容忍”的原则并不因地域限制而失效。

2015年3月，“天网”行动正式启动。寻求全球协同、织密反腐天网，多层次、大范围、高强度的国际合作，堪称中国反腐行动的新常态。贪腐者虽远必追，海外不是法外，天网亦是法网。“天网”行动能打消某些贪腐官员企图外逃的侥幸，让他们逃脱不出法律之绳。腐败分子无论逃多远、无论逃多久，中国政府都一定会将其缉拿归案，绳之以法。

天网恢恢，疏而不漏。中国政府惩治腐败的决心坚定，世界上没有腐败分子的“避罪天堂”。反腐就是要“宜将剩勇追穷寇”，中国与世界在反腐维度的合作不断深化，给“追穷寇”创造着更有利的条件。我们期待中国海外追逃的节奏能往更深处推进，在减少腐败存量中，夯实补全反腐的法治之网。

第九节　对新的违法腐败严判重惩

“逆水行舟用力撑，一篙松劲退千寻。”对腐败增量，不能抓一阵子放一阵子，不能紧一阵子松一阵子。遏制腐败增量事关廉洁中国建设的成败，事关廉洁社会建设的成败，对新腐败坚决不能“失之于软、失之于宽”，如果不用最果断的措施彻底遏制腐败增量，腐败将来还要反复，腐败将来还要蔓延。

果断惩处违法腐败

对腐败增量必须保持反腐高压态势绝不放松，坚决果断惩处违法腐败增量，必须坚持零容忍的态度更坚、猛药去疴的决心更定、刮骨疗毒的勇气更强、严厉惩处的尺度更严，发现一起查处一起，发现多少查处多少，把反腐利剑举起来，形成强大震慑。

要夺取反腐败增量斗争的全面胜利，就得始终保持踏石留印、抓铁有痕的“铁腕精神”，保持“宜将剩勇追穷寇”的反腐败形势，保持“腐败不消，战斗不止”的昂扬斗志，做到有案必查、有腐必反、有贪必肃，不让腐败分子有任何喘息的机会，长期坚持，久久为功，必能形成“不敢腐、不愿腐、不想腐”的新常态。

按照党中央反腐败的要求，对新的违法腐败必须依法严厉惩处，对新的违法腐败分子，不管身居何职、不管涉及什么人、不管涉及多少人，都必须一查到底，都必须严惩不贷，就是出现一锅端的违法腐败窝案也要依法惩处，真正做到“无禁区、全覆盖、零容忍”严肃严厉查处违法的腐败增量案件。

我们必须采取霹雳手段，我们必须首先严厉查处既有腐败存量又有腐败增量的违法腐败分子，我们必须严厉查处新出现的违法腐败，给予严厉的惩处，我们必须对新出现的违法腐败除恶务尽，完成历史赋予我们的使命——建成廉洁中国，永葆国家的繁荣与富强。

严厉惩处新行贿

没有行贿则不会产生受贿，必须在严厉查处贪官受贿人的同时，依法加大对新行贿人的惩治力度，让行贿人为贿赂犯罪付出更多的成本和代价，加大对行贿的惩治力度，将在很大程度上遏制行贿人的动机，从而降低贿赂犯罪的概率，这对于遏制腐败增量、重构政治生态具有重要的现实意义。

要严厉惩处在干部选拔任用中的行贿犯罪，严厉惩处严重侵害民生民利引发群体性事件或者重大责任事故的行贿犯罪，严厉惩处党的十八大以来不收敛、不收手、性质恶劣的行贿犯罪。要充分发挥自由刑、财产刑的刑罚功能，对不择手段、情节恶劣、后果严重的行贿犯罪，坚决依法从严从重处罚，加大对行贿人违法所得的追缴力度，提高行贿犯罪成本，形成强大威慑。

大多数腐败案件都是行贿人通过贿赂受贿人而实现谋取不正当利益为目的。在腐败中捞取更多利益的往往是行贿人，然而在腐败犯罪被发现之后，行贿人却往往没有得到严厉的惩处，这无疑更加消除了行贿人的后顾之忧，鼓励行贿人进行新的行贿，谋取更大更多的利益。

当行贿和受贿一样，成为依法严厉惩处的对象，行贿就成为一个更高风险的犯罪行为；当行贿人必须为行贿付出巨大代价的时候，行贿人的成本与收益就会失衡，行贿人的行贿动机就会被削弱；当社会上具有行贿意愿的人越来越少的时候，受贿人也就会逐渐减少，贿赂现象也就会减少，重构政治生态的目标也就能实现。

新加坡、香港地区在反腐败领域取得的成就获得了世界范围内的普遍认可，被认为是国际上清廉程度较高的地区。新加坡、香港地区对受贿人和行贿人进行同样的严厉惩处，这是新加坡、香港地区反腐败成功的重要原因之一，这样的措施对行贿人起到了很好的警示作用。

第十节　对新的违纪腐败从严处理

许多新的腐败没有违反法律，但违反了党规党纪，违反了行政规章制度，谋取了私利和小集团的利益，破坏了社会的公正、公平。党规党纪严于国家法律，对新的违纪腐败严厉处理，只有这样才能铲除腐败的土壤，才能打赢反腐败的人民斗争，才能建成廉洁社会，才能建成廉洁中国。

严厉处理违纪腐败

全面从严治党任务艰巨繁重，党要管党、从严治党，必须有坚强的制度做保证，要把党规党纪立起来、严起来，要把党规党纪执行到位。党的性质和宗旨决定了纪严于法、纪在法前，要把执纪和执法贯通起来，把党规党纪挺在前面，用党规党纪管住大多数，做到有规在先、抓早抓小，按照党规党纪严厉处理各种违纪的新腐败。

落实纪委监督责任是履行党章赋予职责的根本要求，是推进全面从严治党的现实需要，是重塑良好政治生态的坚强保障。各级纪检监察机关要深刻认清形势任务，持续加强自身建设，强化监督执纪问责，用最果断的措施遏制违纪腐败增量，不断取得新成效。

从严管党、从严治党要牢固树立严管厚爱的理念，把抓早抓小作为治标之举、治本之策，用最果断的措施遏制腐败增量。要教育督促广大党员干部特别是领导干部遵守国家法律法规，自觉用党纪国法约束自己的一言一行。

一个地方、一个领域出现了严重的腐败增量，要追究腐败增量的领导责任。但也要研究防止领导干部为了防止被追究腐败增量的领导责任，对腐败增量进行保护和包庇，阻止纪检监察机关和检察机关对腐败增量进行查处，从而导致腐败增量的大量增加。

收受礼品、滥发奖金，摊派商品、公费旅游，江湖结义、投桃报李，购物卡、消费券四处发送等不正之风属于腐败范畴，实质是利用手中的权力，想方设法捞好处，这已经成为诱发腐败的直接动因，危害巨大，成为腐败氛围的关键。对这类行为要认真严肃查处，坚决给予党纪政纪处分，该“双开”的要“双开”，从而净化社会风气，促进反腐倡廉。

当前查处的许多腐败案件中，都有通奸行为，许多通奸行为实质是违法违纪的权色交易。要切实加强对新的违法违纪的权色交易的查处力度，对新的违法的权色交易要按照行贿受贿对双方当事人进行惩治，对新的违纪的权色交易要按照纪律和规定对双方当事人进行严肃处理；同时，对典型的新的违法违纪的权色交易在惩处或处理后要进行公开通报，通过警示防止新权色交易的蔓延。

严格执行八项规定

中央制定了关于改进工作作风、密切联系群众的八项规定，各地区各部门也相应制定了改进工作作风的有关规定。八项规定的指导思想就是从严要求，体现党要管党、从严治党，对人民群众期盼做出积极回应，对党风政风乃至整个社会风气发挥导向作用。

改进工作作风的任务非常繁重，八项规定是一个切入口和动员令。八项规定既不是最高标准，更不是最终目的，只是我们改进作风的第一步，是我们作为共产党人应该做到的基本要求。

工作作风上的问题绝对不是小事，如果不坚决纠正不良风气，任其发展下去，就会像一座无形的墙把我们党和人民群众隔开，我们党就会失去根基、失去血脉、失去力量。改进工作作风，就是要净化政治生态，营造廉洁从政的良好环境。

改进工作作风，各级领导干部要以身作则、率先垂范，说到的就要做到，承诺的就要兑现。领导干部的一言一行、一举一动，群众都看在眼里、记在心上。干部心系群众、埋头苦干，群众就会赞许你、拥护你、追随你；干部不务实事、骄奢淫逸，群众就会痛恨你、反对你、疏远你。

切实改变工作作风

2015年2月公款吃喝不降反升。从数据看，违规公款吃喝有所反弹。2月较1月上升了29.89%。这虽然与2月份刚好过春节不无关系，但也说明仍有一些党员领导干部依然把禁令当“耳旁风”，我行我素，用公款吃喝；但也说明腐败现象可能卷土重来，违法腐败可能重新蔓延。

工作作风是否确实好转，要以人民满意为标准。要广泛听取群众的意见和建议，自觉接受群众评议和社会监督。群众不满意的地方就要及时整改。中央纪委、监察部和各级纪检监察机关要加大检查监督力度，执好纪、问好责、把好关。要加大责任追究力度，严格执行有关纪律处分规定，以严明的纪律督促各级领导机关和领导干部改进作风。

各地区各部门要不折不扣执行改进工作作风相关规定，把要求落实到每一项工作、每一个环节之中。上级机关要切实负起领导和管理责任，对下级机关不符合规定的行为和现象，要责令整改、严肃纠正。各级党委和政府要把各项要求和责任落实到日常工作之中，每年要着力解决几个突出问题。

作风问题具有顽固性和反复性，抓一抓就好转，松一松就反弹，因此，必须持之以恒地抓下去。发布八项规定只是开端、只是破题，还需要下很大功夫。我们要以踏石留印、抓铁有痕的劲头抓下去，善始善终、善作善成，防止虎头蛇尾，让全党全体人民来监督，切实消除不正之风，切实杜绝违纪腐败。

狠刹奢靡浪费歪风

改进工作作风，最根本的是要坚持和发扬艰苦奋斗精神。历朝历代，奢靡之风兴盛都不是好兆头，正所谓“奢靡之始，危亡之渐”。能不能坚守艰苦奋斗精神，是关系党和人民事业兴衰成败的大事。我们一定要保持高度的政治警觉，始终坚持谦虚谨慎、艰苦奋斗的工作作风。

要坚持勤俭办事业，坚决反对讲排场比阔气，坚决抵制享乐主义和奢靡之风。各级领导干部要时刻把群众的安危冷暖放在心上，多想想困难群众，多想想贫困地区，多做一些雪中送炭、急人之困的工作，少做些锦上添花、花上垒花的虚功。

勤俭是我们的传家宝，什么时候都不能丢掉。广大干部群众对公款浪费行为特别是公款吃喝、旅游等反映强烈。要大力弘扬中华民族勤俭节约的优秀传统，大力宣传节约光荣、浪费可耻的思想观念，努力使厉行节约、反对浪费在全社会蔚然成风。

各级党政军机关、事业单位，各人民团体、国有企业，各级领导干部，都要率先垂范，严格执行公务接待制度，严格落实各项节约措施，坚决杜绝公款浪费现象。要加强监督检查，鼓励节约，整治浪费。各级党委和政府要采取有力措施，持之以恒抓下去，狠刹浪费之风。

开会、考察与旅游

公务人员在工作中经常会去外地开会，也需要去外地甚至外国考察学习。例如,许多干部特别是年轻的新干部去北京开会、学习、考察,那么,可以去天安门广场看升国旗吗?可以去参观毛主席纪念堂吗?可以去参观故宫吗?可以登长城吗?

建议明确规定,经过上级批准,在开会、学习、考察中可以到当地的风景名胜区进行旅游,但由此产生的门票、交通、住宿、餐饮等全部费用必须由个人承担;会议也可组织参加会议的人员到当地的风景名胜区进行旅游,但由此产生的门票、交通等全部费用必须由个人承担。

建议明确规定,经过上级批准,因公去国外、境外进行工作、学习、考察中可以到当地的风景名胜区进行旅游,但由此产生的门票、交通、住宿、餐饮等全部费用必须由个人承担;各级组织要严格审查考察活动,防止考察活动成为变相的公费旅游。

这样可以更好地结合实际,既有利于反腐倡廉,还可以促进消费,促进旅游业的发展,促进经济发展,有利于爱国主义和革命传统的教育,有利于干部开阔眼界、增长见识、陶冶情操,有利于干部身心健康。

公务活动与礼品

中国是礼仪之邦,公务人员在公务活动中经常会遇到礼品问题,在公务活动中需要向对方赠送礼品,也需要接受对方赠送的礼品,关键是要结合实际,制定出明确的严格的规定,要求公务人员认真执行,解决好这个问题。

建议借鉴新加坡、香港地区的成熟的管理经验,制定自己的有关规定。新加坡政府制定的《公务员指导手册》规定,官员收受的礼品要一律上交,若要留作纪念,可由专人估价后自己出钱买下;收受红包或礼品超过80新元就属违法。

新加坡政府制定的《公务员指导手册》规定,政府官员借给别人钱时,不能收取利息;向别人借钱时,不得以自己职务为名,做各种交易;政府官员严禁参加任何形式的赌博;不准直接或间接拥有在新加坡营业的任何公司的股份或证券;决不允许官员的子女借父母地位非法经商或营私。

第十一节 用好巡视这把反腐利剑

巡视是党章赋予的重要职责，是党内监督的战略性制度安排；巡视是全面从严治党的有力支撑和重要举措，是反腐败斗争的利剑；巡视是发现问题、维护党纪、改进作风的重要途径。为落实全面从严治党要求，加强党内监督，规范巡视工作，修订了《中国共产党巡视工作条例》。

巡视目的

党的十八大以来，以习近平为总书记的党中央对巡视工作高度重视，旗帜鲜明，领导有力。中央政治局常委会多次听取情况汇报，对加强和改进巡视工作做出了系列重大决策部署。习近平总书记10次发表与巡视有关的重要讲话，提出一系列新观点新思想新要求，确立了中央巡视工作方针，聚焦党风廉政建设和反腐败斗争这个中心，围绕“四个着力”，发现问题、形成震慑，做到巡视全覆盖、全国“一盘棋”。

巡视工作要坚持从严治党、依规治党，落实中央巡视工作方针，聚焦党风廉政建设和反腐败斗争，发现问题，形成震慑，推动党的先进性和纯洁性建设。中央巡视组要当好“钦差大臣”，要当好“千里眼”，善于发现问题，不仅要找出“老虎”，而且要发现成群的“苍蝇”，抓住违纪违法问题的线索。要落实监督责任，要敢于碰硬，真正做到早发现、早报告，遏制腐败蔓延的势头。

巡视工作要着力发现违反政治纪律和政治规矩，存在违背党的路线方针政策的言行，有令不行、有禁不止，阳奉阴违，拉帮结派等问题；违反廉洁纪律，以权谋私、贪污贿赂、腐化堕落等问题；违反组织纪律，违规用人、拉票贿选、买官卖官，以及独断专行、软弱涣散、严重不团结等问题；违反群众纪律、工作纪律、生活纪律，搞形式主义、官僚主义、享乐主义和奢靡之风等问题。

要发挥巡视的遏制和震慑作用。巡视中发现凡是涉及腐败问题的，决不姑息，要一查到底。对涉及买官卖官、工程建设、矿产资源、土地出让、房地产开发等重点领域的违法腐败，要坚决查处，要集中惩处，绝不能姑息，绝不能养虎成患。对违纪的腐败要认真查处，给予开除公职、开除党籍、降级降职、行政记过、严重警告等处分，对涉及一般性问题的，要通过反馈、谈话、教育、警示、诫勉等形式，做到“治病救人”。

巡视成果

党的十八大以来，多轮巡视风暴形成强烈震慑，被反腐专家称为“先头部队”的中央巡视组，促使整个反腐败局面得以改观。巡视工作的力度、强度、效果大幅提升，前所未有，成为党风廉政建设和反腐败斗争的重要平台，是党内监督和群众监督相结合的重要方式，是上级党组织对下级党组织监督的重要抓手，为全面从严治党提供了有力支撑，得到中央充分肯定和广大干部群众的拥护支持。

随着2015年7月初的新一轮巡视，十八大以来中央巡视已推进了七轮，涉及118个地区、部门和单位，实现对31个省区市和新疆生产建设兵团、55家中管国有重要骨干企业的全覆盖，巡视对象覆盖面近一半。截至目前，中纪委立案审查的中管干部中，一半以上是根据巡视移交的问题线索查处的。

中央巡视组向前6轮巡视的92个被巡视党组织和主要负责人反馈巡视发现的问题，提出整改意见建议375条。累计与干部群众谈话2万多人次，受理各类信访120余万件。中组部结合中央6轮巡视，对31个省区市、新疆生产建设兵团和54家中央单位开展了选人用人专项检查，共处理纠正和追究问责1149人，有力遏制了用人上的不正之风。

据媒体初步统计，下面被调查的省部级官员的线索均来自中央巡视组，包括全国政协原副主席苏荣、广州市委原书记万庆良、海南原副省长谭力、全国人大环境与资源保护委员会原副主任委员白恩培、辽宁省政协原副主席陈铁新、遵义市委原书记廖少华、天津市公安局原局长武长顺、黑龙江省人大常委会原副主任隋凤富、河北省委组织部原部长梁滨、广东省政协原主席朱明国，以及山西“塌方式腐败”落马的7名省部级官员。

中央巡视组紧扣“四个着力”，发现问题越来越准、越来越多，发现问题的能力越来越强，震慑作用持续增强，发挥了遏制和治本作用，顺党心、合民意。中央巡视工作转变方式、创新方法，探索专项巡视，机动灵活、出其不意，巡视强度和力度全面提升、效果显著。

加强巡视成果运用，对问题线索分类处置，做到件件有着落。公开发布巡视组反馈意见，督促被巡视党组织切实整改，并向社会发布整改情况，接受监督。巡视不仅剑指贪腐分子，更起到强大震慑作用，不少官员涉嫌贪腐的线索通过巡视发现，巡视已成反腐倡廉行动不可或缺的重要部分。

党的十八大以来，各省、自治区、直辖市和新疆生产建设兵团按照中央要求，落实中央巡视工作方针，加大巡视力度，聚焦党风廉政建设和反腐败斗争，围绕“四个着力”，发现问题，形成震慑。据中央纪委监察部网站9月19日公布的数据，截至2015年6月，已巡视3738个地区单位，发现厅局级干部问题线索5100个。湖北省发现厅局级干部问题线索最多，达到450个，其次是河南省448个，再次是山西省316个。

巡视全覆盖是党的十八届三中全会做出的重大部署。按照全覆盖要求，省区市巡视对象8865个。2014年各地巡视发现厅局级干部问题线索1709件、处级干部问题线索6292件，分别是2013年的8.3倍和8.2倍；根据巡视移交的问题线索，共对106名厅级、842名处级干部进行立案调查，分别是2013年的5.3倍和9.1倍。

巡视完善

2013年9月，习近平总书记在听取2013年中央首轮巡视情况汇报时便明确指出，要抓紧修订《巡视条例》。中共中央政治局常委、中央纪委书记、中央巡视工作领导小组组长王岐山多次对修订《巡视条例》提出明确要求，并先后主持召开4次专题会议、2次中央巡视工作领导小组会议研究审议修订工作。

中央巡视工作领导小组坚决贯彻中央要求，与时俱进、探索实践。随着形势的变化和实践的发展，巡视工作的地位、作用越来越强化。中央和各省（区、市）创造和积累了一些有效经验和做法，有的需要以制度形式固定下来。与此同时，影响和制约巡视工作深入开展的体制机制、队伍建设等方面问题也日益凸显，亟须通过完善制度加以解决。

《巡视条例》的修订坚决贯彻了党的十八大和十八届三中、四中全会精神，贯彻了习近平总书记系列重要讲话精神，充分吸收了巡视工作实践创新成果，注重解决了巡视工作面临的新情况新问题，进一步明确了巡视工作定位，围绕党的政治纪律、组织纪律、廉洁纪律、群众纪律、工作纪律和生活纪律，深化了巡视监督内容，对机构设置、工作职责、方式权限、纪律要求等做出了明确规范，对于推动依法依规开展巡视，更好发挥巡视利剑作用具有重大意义。

各级党委要从全面从严治党的战略高度，充分认识加强和改进巡视工作的重要性和必要性，加强对《巡视条例》实施的组织领导，认真学习好、宣传好、贯彻好《巡视条例》。广大党员、干部特别是领导干部，要深刻理解《巡视条例》的精神实质，提高党章党规党纪意识，增强监督和接受监督的自觉性和坚定性。要着力抓好督促落实，以学习贯彻《巡视条例》为契机，加强和改进党内监督，提高依法治国、依规治党水平。

全面从严治党永远在路上，制度建设没有终极版，只有进行时。建议中央巡视组每两年或三年对省区市进行一次全覆盖的巡视，每两年或三年对中央部门和企事业单位进行一次全覆盖的巡视，对部门和企事业单位的巡视可以采取“一拖二”甚至“一拖三”的办法。建议省区市巡视组每两年对市州地进行一次全覆盖的巡视，每两年或三年对省区市直部门和企事业单位进行一次全覆盖的巡视。

《巡视条例》的修订将党的十八大以来许多行之有效的巡视工作方针和经验做法，以党内法规的形式固定下来，使这把党内监督的利剑更准、更快、更灵活。今后的巡视工作将会以新版巡视工作条例出台为契机，进一步加快制定完善配套制度，从而逐步形成以党章为根本、以条例为主体、以相关配套制度为支撑的巡视制度体系，确保依规依纪开展巡视。

巡视利剑

“工欲善其事，必先利其器。”中央纪委紧紧围绕发现问题的总要求，不断创新巡视方式。这“七种武器”助推新版巡视工作条例最终出炉。依靠这些灵活机动、针对性强的巡视方法，发现了被巡视党组织在“四个着力”方面存在的一些突出问题，特别是一些领导干部涉嫌违纪违法问题线索，其中有价值的线索比过去增加了5倍。

武器一：问责和追责。新版条例明确规定如果领导巡视工作不力、发生严重问题，将被追责。违反规定不支持配合巡视工作，造成严重后果的，将被追责。被巡视地区(单位)及其工作人员有隐瞒不报或者故意向巡视组提供虚假情况；指使、强令有关单位或者人员干扰、阻挠巡视工作，或者诬告、陷害他人；对反映问题的干部群众进行打击、报复、陷害等情形的，将面临纪律处分甚至司法处理等追责。巡视工作人员有超越权限，造成不良后果；不如实报告巡视情况，隐瞒、歪曲、捏造事实等情形的，将面临纪律处分甚至司法处理等追责。

武器二：“三个不固定”。2013年开启的第一轮巡视就探索实行“三个不固定”，即组长不固定、巡视对象不固定、巡视组和巡视对象的关系不固定。巡视组长不搞铁帽子，“一次一授权”，建立和完善组长库。组长人选“一次一授权”，增强了机构和人员的动态性。现在“一次一授权”，工作更具有针对性，也能提高巡视人员本身的责任感。“三个不固定”让一些想打“人情牌”的被巡视单位很难提前“做准备”，有利于巡视组长、副组长及巡视人员坚持原则，铁面无私，依规依纪，做好巡视工作。

武器三：专项巡视+“回马枪”。专项巡视更加机动灵活，打法“灵准狠”、节奏“短平快”、人员“专兼广”，出其不意，攻其不备，巡视强度和力度因此全面提升，效果显著。专项巡视指向明确，循着问题线索而去，哪里有问题就巡视哪里，谁问题突出就巡视谁，可以针对一件事、一个人、一个单位、一个工程项目、一笔专项经费开展，或针对已巡视过的地方和部门杀个“回马枪”，把巡视从程序、时间、对象等固化模式制约中解放出来，不拘泥于复杂的工作流程，突破对象类别、巡视批次、条块级别等限制，使党内监督不留空白，让心存侥幸者感到震慑常在。

武器四：中央+省级“双剑合璧”。中央巡视工作领导小组统筹谋划，层层传导压力，层层落实责任，完善体制机制，进一步强化省级巡视基础作用，“双剑合璧”发力，上下联动遏制腐败蔓延势头。中国幅员辽阔、人口众多，中央的巡视只能集中于重大问题和关键领域，对于微观层面的问题，尤其是来自基层的问题，需要省级巡视来完成，将巡视监督职能进一步向下延伸。自2015年1月开始，全国各地均启动了省级巡视工作，增加了省级巡视组的数量和巡视频次，多地设立了省委“五人小组”加强了省级巡视工作的领导。

武器五：85份“巡视整改清单”。党的十八大以来，中央巡视组已形成了85份巡视反馈情况报告。小官巨腐、能人腐败、领导干部“一家两制”、玩风甚重、“山头主义”、团团伙伙、拉票贿选……这些均是巡视反馈的“问题清单”里频频出现的“新词”，越发尖锐犀利，更是直击暗疮。这些新词语频频出现，说明巡视工作发现问题的水平大幅度提升。“巡视清单”有利于“把脉”当前反腐形势，为党风廉政和反腐败斗争找准着力点。“巡视清单”既是巡视模式的创新，也是一份承诺，把问题查找出来，然后就去解决它。

武器六：巡视工作“一拖二”+不拘一格的用人风格。2015年首轮中央巡视打破惯例，采取分领域、分行业的巡视方法，首次实行“一拖二”的形式，即每个组巡视两家单位，并抽调了10名国有重要骨干企业监事会主席担任副组长；7月2日全面启动的2015年第二轮中央巡视,继续打破惯例,出现了13位首次参加中央巡视的副组长。只要有中央授权,有责任担当,有能力水平,级别低一些的也能当巡视组长。这样不拘一格的用人风格,更有利于发现共性问题,破解推进改革和制度建设的难题,是巡视工作的又一重要创新。

武器七:全覆盖。新版条例的巡视对象增加了省区市人民法院、人民检察院党组主要负责人;副省级城市的四套班子;中央部委领导班子及其成员,中央国家机关、人民团体党组(党委)领导班子及其成员;中央管理的国有重要骨干企业、金融企业、事业单位党委(党组)领导班子及其成员;体现出"全覆盖、无死角、不遗漏"的纪检监督思路。十八大以来,中央巡视已实现了31个省区市及新疆建设兵团的全覆盖。2015年中央决定完成对中管国有重要骨干企业和金融企业巡视全覆盖,这是巡视工作的又一个全覆盖。

第十二节　打一场反腐的人民斗争

习近平总书记曾深刻指出:"腐败问题越演越烈,最终必然会导致亡党亡国。"腐败就像非典,它会迅速传播、迅速蔓延,对社会公平和正义的杀伤力极大。我们必须全党动员、全国动员、全军动员、全民动员(即全社会动员),反腐败必须像抗击非典一样,必须"零容忍、全覆盖、无禁区",坚决彻底地打击新的违法腐败、违纪腐败,打赢这场必须赢的反腐败的人民斗争。

腐败的严峻性

前一段时期,我国违法腐败和违纪腐败蔓延,腐败现象进入社会各个方面,以习近平为总书记的党中央以巨大的政治勇气和历史担当,加大反腐败斗争力度,严肃查处腐败分子,广大干部群众拍手称快、坚决拥护。但反腐败斗争形势依然严峻复杂,容不得半点松懈和停顿,反腐没有"休止符"。

从反腐败的严峻性上看,近年来腐败现象趋于严重,区域性腐败、系统性腐败、家族式腐败、塌方式腐败等不断发生,特别是在反腐败斗争高压下,有些人还在顶风作案、我行我素。

从反腐败的复杂性上看,区域性腐败和领域性腐败交织,用人腐败和用权腐败共存，体制外和体制内挂钩，权钱交易、权色交易、权权交易同在，利益关系错综复杂、盘根错节，形成了“共腐关系圈”。甚至官商勾结、上下勾连，腐败问题和政治问题相互渗透，严重危害党的领导和党的团结统一。

反腐败斗争实践告诉我们，腐败问题具有顽固性、反复性，越到紧要关头越不能“一篙松劲”，越是胶着状态越要持续加压发力。如果管一阵放一阵、严一阵松一阵，群众会加倍失望，更无法向历史交账。

腐败产生的原因

产生腐败的原因主要有社会的、制度的、经济的、环境的、道德的、社会心理的等原因，但权力滋生腐败已是一个颠扑不破的事实，虽然权力≠腐败，但是腐败=权力 。人的私欲是产生腐败的原动力，权力不作为、乱作为是产生腐败的首要原因。

腐败的滋生和蔓延是权力失控和失范的表现，既有权力过分集中的问题，也有对权力的制约和监督不到位的问题。从根本上说，它是由各种不合理的权力配置机制造成的，不合理的权力配置机制构成了滋生腐败的土壤。

腐败的产生有的是权力行为者故意逃避监督，以实现自身的腐败目的；有的是因监督机制不健全、监督机关履行责任不力，有意无意地放弃监督，给权力的膨胀提供了机会。无论是权力者个人逃避监督，还是监督机关监督失效，其结果必然是滋生腐败。

多年来反腐倡廉斗争的实践告诉我们，监督缺失必然产生腐败。许多典型腐败案件的发生，归根结底，就是在一些地区和部门出现了对权力监督的缺失，当掌权者手中的权力约束不力或不受约束的时候，腐败也就容易产生了，权力监督的缺失是腐败的一个诱因。

加强反腐监督

阳光是最好的防腐剂，监督是最好的净化剂。腐败治理一方面要规范权力，降低权力“含金量”，最大程度消除寻租空间；约束权力，将公权力关进制度的笼子，不让它随便撒野。另一方面，强化对权力的监督，提高体制监督刚性与效率，完善加强新闻监督和群众监督，让腐败无处藏身。

加强监督是防治腐败现象滋生的关键。只有严格的程序、严密的监督、严厉的惩处，才能起到惩前毖后的效果。要不断完善监督机制，强化监督检查力度，变单一监督为立体监督，以解决监督不力、不愿监督、不敢监督的问题。

强化监督的重中之重是要切实加强对领导干部尤其是“一把手”的监督，保持反腐倡廉的强大压力，确保“一把手”行使权力不独断、不武断、不离谱。要不断加强对容易发生腐败问题部位的监督，有效防止关键领域产生腐败问题。

建立健全自上而下的反腐倡廉措施，加强反腐倡廉立法，健全反腐倡廉规定，完善反腐倡廉纪律，加强反腐倡廉执法执纪，对党员干部进行不定期的反腐倡廉教育，做到“以民为本，德治社会，执政为民”的社会主义执政体系，完善法律对政府的监督体系，让制度和权力在阳光下运行。

制定由立法、执法和人民群众共同参与的长效反腐倡廉机制。群众的眼睛是雪亮的，人民的监督将使腐败无藏身之地。为人民打开畅所欲言的大门，净言直谏；为政府开通倾听民意的渠道，纳言敏行。只有批评和监督，才能从根本上杜绝腐败滋生蔓延，才能保障人民的权利和幸福。

只要我们群策群力，上下一心，坚定信念，下定决心，强化对权力的监督制约力度，加快相关体制和制度的建立、改革、完善，消除腐败滋生的土壤，就一定能够把腐败问题解决好，从而实现我国经济与社会的繁荣稳定，实现新的跨越和发展。

群众反腐作用大

人民群众是腐败的最大受害者，也是反腐败的生力军。党的十八大报告指出：“依靠群众的支持和参与，坚决遏制腐败现象。”我党在反腐败斗争的实践中，一直鼓励群众广泛参与。

党的十八大以来，中央查处的违纪违法、贪污腐败案件中，群众举报的案件占了相当大的比例，总量也不断攀升，群众举报在反腐败中发挥着重要作用。2015年3月，中央纪委信访室一位负责办理群众来信的工作人员说，某省的群众来信在2013年之前，每月不过几百封，目前达到了每月近3000封。

群众举报在检察、审计等反腐战线上也发挥了重要作用。2015年6月开展的第17个全国检察机关举报宣传周中，各地检察机关集中通报了2014年以来检察机关受理群众举报线索的情况，群众举报已经成为各地检察机关深挖贪腐案件的重要线索来源。河南省人民检察院有关负责人表示，全省检察机关查办职务犯罪案件40%以上来源于群众举报。

反腐败斗争面临的新形势、新要求需要更加广泛的群众支持。在当前反腐败高压态势下，一些“四风”问题，穿上“隐身衣”，进了“青纱帐”，改头换面。人民群众是“老虎”“苍蝇”身边的监督员，任何蛛丝马迹都逃脱不了他们“雪亮的眼睛”。盯住“四风”新动向，不仅要靠各级纪检监察机关，也要靠广大群众。

清除群众反腐障碍

党的十八大以来，从中央到地方“打虎拍蝇”力度不断加大，大大提振了人民群众参与反腐的信心和热情。但要看到，仍有一些地方和部门的腐败现象未得到有效遏制，有的甚至还很严重，其主要原因之一，就是这些地方群众的反腐败积极性还没有真正调动起来或者面临障碍。

由于宣传、教育不到位等原因，一些群众对党纪政纪、法律法规和当前的反腐败形势、要求等了解不深不透，对于身边发生的一些不良现象无法判断是否违纪或者违法，如老师、医生等收“红包”，很多群众认为这是正常现象。还有一些群众对歪风邪气深恶痛绝，但不知道如何举报，当自己遇到问题或难事，往往也会送钱送礼说情解决。

在一些地方和行业中，执法执纪单位有法不依、执法不严，失之于宽、失之于软，监督形同虚设，导致问题长期存在，甚至出现了违纪违规人员口出“你告吧，能告倒我算你行”这样的狂妄言语，损害了群众监督举报的信心和积极性。就算不得不举报，有的也宁可舍近求远，越级举报。

2015年4月14日，山西省委书记王儒林在忻州座谈会上透露，2014年山西省纪委接受越级信访举报数量53177件次，其中越级反映县处级以下干部的问题37027件次，比重高达69.6%，比2013年增长86.7%。

举报人信息被泄、遭打击报复的案例时有发生，这是让群众不敢举报的重要因素。一些地方的举报渠道不安全、不畅通或是花架子，甚至发生举报信件被搁置、泄密，举报者遭受打击、报复、陷害的事件，群众由于担心暴露身份、害怕被打击报复，不敢举报，或者多采用匿名举报。

社会还未形成强大的监督氛围，自发主动举报少。基层干部群众反映，对于身边的腐败虽然深恶痛绝，但是投诉举报往往是在自身利益受损时的被动行为。

强化群众反腐监督

为了让群众对腐败的认识更加深入，要大力宣传反腐败的方针政策、党纪政纪、法律法规,使群众知道反对什么、提倡什么和应该怎么做,扩大群众参与举报监督的知情权。

党的十八大以来,一些重大典型案件公开处理,查处结果及时公布于众。剖析根源,总结教训,扩大反腐败声势,激发了人民群众支持和参与反腐败斗争的政治热情,提振了群众参与反腐的信心。

随着网络时代的来临,网络举报比重越来越高。因此,要虚实结合,在改进群众来访、来信、来电举报渠道和平台的同时,也要注重网络举报平台的创新完善,为群众提供更加便利、顺畅的监督渠道。

2014年以来,中央纪委在方便群众监督、拓宽监督渠道方面动作频频。2014年12月9日,中央纪委监察部网站开通反腐败国际追逃追赃线索举报平台,接受海内外人士对党员和国家工作人员逃往国(境)外,或者向国(境)外转移涉嫌违纪违法资产等行为的举报。

2015年6月,中央纪委监察部网站在客户端推出"反'四风'一键通",操作简单,可以传照片、视频和文字,还可接受匿名举报,目的就是为群众举报搭建一个便利、快捷、直接的监督平台,形成无处不在的监督网。

让群众安心放心地去主动监督举报,需要机制保障。王岐山同志在十八届中央纪委二次全会上强调,要"坚持有案必查、有腐必惩",同时,"要健全腐败案件揭露、查处机制,畅通信访举报渠道,完善保护证人、举报人制度"。

"有案必查、有腐必惩",换来的是群众信任;"完善保护证人、举报人制度",换来的是群众放心。中央纪委信访室有关负责人透露,十八大以来,举报量持续增多,受到实名举报"优先办理、及时回复"的鼓舞,署名举报比例大幅提升。"这些都从一个侧面反映出群众对反腐败工作的满意度不断提高,对反腐败工作的信心不断增强。"

群众监督是有力推进党风廉政建设和反腐败斗争的重要力量,让更多群众积极参与反腐,对打赢反腐败这场"持久战"起着至关重要的作用。要充分依靠群众,发挥群众监督作用,一手坚持有案必查、有腐必惩,保持反腐败高压态势;一手抓信访举报工作,畅通、拓宽举报渠道,为群众监督创造便利条件和良好环境。

必须赢的斗争

十八大以来,在以习近平为总书记的党中央坚强领导下,坚决打击各种违法腐败、违纪腐败、腐败现象，违法腐败和违纪腐败蔓延势头得到遏制，腐败现象明显减少，客观证明，只要持之以恒，坚决打击腐败，腐败是能够遏制的，腐败是能够铲除的。

反腐败是党心民心所向。有党心民心做力量源泉，依靠群众、相信群众，反腐败斗争必定胜利。反腐败是一场必须赢的较量，是一场输不起的斗争。我们横下一条心来反腐败，绝非一时兴起，也不是和谁过不去，而是要承担起历史和人民赋予的责任。

现在中央是腐败分子的克星，是人民群众的福星。经过十八大以来坚决反腐的不懈努力，我们党进入重塑政治生态的历史新时期，中国社会迎来清气上扬、浊气下降的发展新境界。调查显示，91.5%的领导干部、87.8%的普通干部、84.8%的企业人员、75.8%的城乡居民对反腐败抱有信心。

中国共产党与腐败水火不容，人民对腐败深恶痛绝。不得罪成百上千的腐败分子，就要得罪13亿人民，也要得罪听党话、守规矩的广大党员干部；任凭腐败蔓延就会亡党亡国，真反腐败才能兴党兴国。

反腐败斗争没有禁区，没有特区，也不能有盲区，要求反腐败斗争必须始终态度不能变、决心不能减、勇气不能泄、尺度不能松。反腐败的高压态势必须保持，发现一起查处一起，发现多少查处多少，不定指标、上不封顶，让那些想搞腐败的人断了念头、搞了腐败的人付出代价。

打一场反腐败的人民斗争，建立一个廉洁社会，我们必须从自己做起，我们每一个人都需要严格要求自己，不谋取法律、法规、规定之外的任何利益，不谋取任何不当的利益。人人反腐败，人人不腐败，从而解决过去存在的“人人恨腐败，人人想腐败”的问题，从而解决过去存在的“人人求人，事事求人”的问题。

反腐败是党心民心所向，惩治腐败是为了赢得党心民心，这是一场严肃重大的生死斗争，必须赢得胜利。在党中央的坚强领导下，中央纪委等反腐机构坚决反腐倡廉，彻底打击腐败，全党动员，全民动员，全社会动员，对腐败“人人喊打，人人打”，打一场反腐败的人民斗争，铲除腐败土壤，根除腐败，从而建设一个廉洁的中国。

第十三节　共建小康廉洁法治社会

世界发达国家或地区基本都是经济发达，生活富裕，共同建成了富裕社会、廉洁社会、法治社会。在发展经济的同时，坚决肃贪倡廉，依法行政，推进经济、廉洁、法治的共同发展。廉洁是法治的根本，司法腐败不可能建成法治社会，世界所有的法治社会都是廉洁的。

全面建成小康社会

小康社会是古代思想家描绘的诱人的社会理想，也表现了普通百姓对宽裕、殷实的理想生活的追求。“小康”一词最早出自中国古代典籍《礼记》，原意是指古代自然经济条件下比较宽裕的生活状态，是比理想中“天下为公”的“大同”社会较低级的发展阶段和社会形态。

1979年12月6日，邓小平同志在会见来访的日本首相大平正芳时提出，中国现代化所要达到的是小康状态。他曾经说：“翻两番，国民生产总值人均达到八百美元，就是到本世纪末在中国建立一个小康社会。这个小康社会，叫做中国式的现代化。”

专家学者认为，小康是介于温饱和富裕之间的一个生活发展阶段。不仅要从生活水平的角度来理解，还应把小康社会作为一个更加具有理论内涵的新概念，是一个体现经济和社会全面协调发展的新概念。其发展目标包括人民生活目标、经济发展目标、政治发展目标和社会发展目标等方面的内容。小康社会是一个经济发展、政治民主、文化繁荣、社会和谐、环境优美、生活殷实、人民安居乐业和综合国力强盛的经济、政治、文化全面协调发展的社会，是中华民族走向伟大复兴的社会发展阶段。

全面的小康社会不仅仅是解决温饱问题，而是要从政治、经济、文化等各方面满足城乡发展需要。党的十六大报告中，从经济、政治、文化、可持续发展的四个方面界定了全面建设小康社会的具体内容，特别将可持续性发展能力的要求包含在其中。具体就是六个“更加”：经济更加发展、民主更加健全、科教更加进步、文化更加繁荣、社会更加和谐、人民生活更加殷实。

经过全党和全国各族人民的共同努力，20世纪末，我国人民生活总体上开始达到小康水平，这是中华民族发展史上的一个新的里程碑。党的十六大以来，我们已经朝着全面建设小康社会的目标迈进了坚实的步伐。党的十七大顺应国内外形势的新变化和各族人民过上更好生活的新期待，把握经济社会发展趋势和规律，坚持中国特色社会主义经济建设、政治建设、文化建设、社会建设的基本目标和基本政策构成的基本纲领，在十六大确立的全面建设小康社会目标的基础上，对我国的发展提出了新的更高要求。

全面建成小康社会是党和国家到2020年的奋斗目标，是全国各族人民的根本利益所在。党的十八大指出，发展中国特色社会主义是一项长期的艰巨的历史任务，必须准备进行具有许多新的历史特点的伟大斗争。我们一定要毫不动摇坚持、与时俱进发展中国特色社会主义，不断丰富中国特色社会主义的实践特色、理论特色、民族特色、时代特色。

到2020年全面建设小康社会目标实现之时，我们这个历史悠久的文明古国和发展中大国，将成为工业化基本实现、综合国力显著增强、国内市场总体规模位居世界前列的国家，成为人民富裕程度普遍提高、生活质量明显改善、生态环境良好的国家，成为人民享有更加充分民主权利、具有更高文明素质和精神追求的国家，成为各方面制度更加完善、社会更加充满活力而又安定团结的国家，成为对外更加开放、更加具有亲和力、为人类文明做出更大贡献的国家。

党的十八大报告根据我国经济社会发展实际和新的阶段性特征，在党的十六大、十七大确立的全面建设小康社会目标的基础上，提出了一些更具明确政策导向、更加针对发展难题、更好顺应人民意愿的新要求，以确保到2020年全面建成的小康社会，是发展改革成果真正惠及十几亿人口的小康社会，是经济、政治、文化、社会、生态文明全面发展的小康社会，是为实现社会主义现代化建设宏伟目标和中华民族伟大复兴奠定了坚实基础的小康社会。

根据中国特色社会主义五位一体总体布局，十八大报告从以下五方面充实和完善了全面建成小康社会的目标：

——经济持续健康发展。主要有六点要求：第一，转变经济发展方式取得重大进展；第二，在发展平衡性、协调性、可持续性明显增强的基础上实现两个“倍增”，即国内生产总值和城乡居民人均收入比2010年翻一番；第三，通过增强创新驱动发展新动力，使科技进步对经济增长的贡献率大幅上升，进入创新型国家行列；第四,通过构建现代产业发展新体系,促进工业化、信息化、城镇化、农业现代化同步发展,使工业化基本实现,信息化水平大幅提升,城镇化质量明显提高,农业现代化和社会主义新农村建设成效显著;第五,通过继续实施区域总体发展战略,充分发挥各地区比较优势,区域协调发展机制基本形成;第六,通过培育开放型经济发展新优势,使对外开放水平进一步提高,国际竞争力明显增强。

——人民民主不断扩大。当前和今后一个时期,推进政治体制改革、加强政治建设,总的就是要在党的领导下,发展更加广泛、更加充分、更加健全的人民民主,使民主制度更加完善、民主形式更加丰富,人民积极性、主动性、创造性进一步发挥;更加注重发挥法治在国家和社会治理中的重要作用,维护国家法治的统一、尊严、权威,实现依法治国基本方略全面落实,法治政府基本建成,司法公信力不断提高,人权得到切实尊重和保障。

——文化软实力显著增强。主要有四点要求:第一,社会主义核心价值体系是兴国之魂,决定中国特色社会主义发展方向,必须使之深入人心;第二,全面提高公民道德素质是社会主义道德建设的基本任务,必须坚持依法治国和以德治国相结合,使公民文明素质和社会文明程度明显提高;第三,让人民享有健康丰富的精神文化生活,是全面建设小康社会的重要内容,必须实现文化产品更加丰富,公共文化服务体系基本建成,文化产业成为国民经济支柱性产业;第四,文化越来越成为国际竞争力的重要元素,要不断增强中华文化的国际影响力,必须使中华文化走出去,迈出更大步伐。

——人民生活水平全面提高。要做到:第一,基本公共服务均等化总体实现,这是人民生活水平全面、普遍提高的重要标志;第二,全民受教育程度和创新人才培育水平明显提高,进入人才强国和人力资源强国行列,教育现代化基本实现,这是实现人的全面发展的基础;第三,就业更加充分,这是民生之本得到保障的具体体现;第四,收入分配差距缩小,中等收入群体持续扩大,扶贫对象大幅减少,这是发展改革成果惠及全体人民的重要体现;第五,社会保障全民覆盖,人人享有基本医疗卫生服务,住房保障体系基本形成,这是实现老有所养、住有所居、病有所医的必然要求;第六,社会和谐稳定,这是人民安居乐业的必要前提。

——资源节约型、环境友好型社会建设取得重大进展。要在以下方面取得明显成效:一是优化国土开发格局,使主体功能区布局基本形成;二是全面促进资源节约,初步建成资源循环利用体系;三是加大生态环境保护力度,单位国内生产总值能源消耗和二氧化碳排放大幅下降，主要污染物排放总量显著减少；四是实施重大生态修复工程，实现森林覆盖率提高，生态系统稳定性增强，人居环境明显改善。

全面建设法治社会

法治社会是和人治社会相对而言的；法治是指国家权力和社会关系按照明确的法律秩序运行，并且按照严格公正的司法程序协调人与人之间的关系解决社会纠纷，在法律面前人人平等，而不是依照执政者的个人喜好以及亲疏关系来决定政治、经济和社会等方面的公共事务。一个成熟的法治社会，必须具备精神和制度两方面的因素，即具有法治的精神和反映法治精神的制度。

法治的精神方面主要是指整个社会对法律至上地位的普遍认同和坚决支持，养成了自觉遵守法律法规，并且通过法律或司法程序解决政治、经济、社会和民事等方面的纠纷的习惯和意识。在法治民主的社会中，法律和行政法规等由规范的民主程序产生和制定出来，并且其司法和执行过程通过规范的秩序受到全社会的公开监督。

法律在社会系统中居于最高的地位并具有最高的权威，任何组织和个人都不能凌驾于法律之上。法治作为一种治国的基本规则，要求法律成为社会主体的普遍原则，不仅要求公民依法办事，更重要的在于制约和规范政治权力。所以，法治在政治上，是对公民权利的保障和对政治权力的规制，是民主的制度化、法律化。法律是否至上，特别是权力的运行有没有纳入法律设定的轨道，是区分法治与非法治的主要标志。要实现法治，立法机关就要依法立法，行政机关就要依法行政，司法机关就要依法审判，执政党就要依法执政。

法治强调的是“法律至上”的思想。法治思想的根源是民主，人民主权，是人民通过立法创造了法，法律旨在保护公民的自由。依法治国要求：一是对国家法不允许即为禁止，强调国家必须依法履行职能；二是对公民法不禁止即为允许，强调是保护公民的自由。法治强调法在调整各种关系中的正当性。

什么是法治？亚里士多德认为法治是相对于人治而言的。他对法治的注解是：“法治应包含两重意义：已制定的法律应获得普遍的服从；而人们所遵从的法律本身应该是成文的和良好的。”也就是说，法在全社会应该具有至高无上的权威，社会的治理应该遵从良好的法律。托马斯·潘恩曾精辟地论述：“在专制政府中，国王便是法律，同样地，在自由的国家中法律便应该成为国王，而且不应该有其他的情况。”

我国正处于社会主义初级阶段,全面建成小康社会进入决定性阶段,改革进入攻坚期和深水区,国际形势复杂多变,我们党面对的改革发展稳定任务之重前所未有、矛盾风险挑战之多前所未有,依法治国在党和国家工作全局中的地位更加突出、作用更加重大。面对新形势新任务,我们党要更好统筹国内国际两个大局,更好维护和运用我国发展的重要战略机遇期,更好统筹社会力量、平衡社会利益、调节社会关系、规范社会行为,使我国社会在深刻变革中既生机勃勃又井然有序,实现经济发展、政治清明、文化昌盛、社会公正、生态良好,实现我国和平发展的战略目标,必须更好发挥法治的引领和规范作用。

我们党高度重视法治建设。长期以来,特别是党的十一届三中全会以来,我们党深刻总结我国社会主义法治建设的成功经验和深刻教训,提出为了保障人民民主,必须加强法治,必须使民主制度化、法律化,把依法治国确定为党领导人民治理国家的基本方略,把依法执政确定为党治国理政的基本方式,积极建设社会主义法治,取得历史性成就。目前,中国特色社会主义法律体系已经形成,法治政府建设稳步推进,司法体制不断完善,全社会法治观念明显增强。

法治建设还存在许多不适应、不符合的问题,主要表现为:有的法律法规未能全面反映客观规律和人民意愿,针对性、可操作性不强,立法工作中部门化倾向、争权诿责现象较为突出;有法不依、执法不严、违法不究现象比较严重,执法体制权责脱节、多头执法、选择性执法现象仍然存在,执法司法不规范、不严格、不透明、不文明现象较为突出,群众对执法司法不公和腐败问题反映强烈;部分社会成员尊法信法守法用法、依法维权意识不强,一些国家工作人员特别是领导干部依法办事观念不强、能力不足、知法犯法、以言代法、以权压法、徇私枉法现象依然存在。这些问题,违背社会主义法治原则,损害人民群众利益,妨碍党和国家事业发展,必须下大气力加以解决。

全面推进依法治国,必须贯彻落实党的十八大和十八届三中全会精神,高举中国特色社会主义伟大旗帜,以马克思列宁主义、毛泽东思想、邓小平理论、“三个代表”重要思想、科学发展观为指导,深入贯彻习近平总书记系列重要讲话精神,坚持党的领导、人民当家做主、依法治国有机统一,坚定不移走中国特色社会主义法治道路,坚决维护宪法法律权威,依法维护人民权益、维护社会公平正义、维护国家安全稳定,为实现“两个一百年”奋斗目标、实现中华民族伟大复兴的中国梦提供有力法治保障。

全面推进依法治国，总目标是建设中国特色社会主义法治体系，建设社会主义法治国家。这就是，在中国共产党领导下，坚持中国特色社会主义制度，贯彻中国特色社会主义法治理论，形成完备的法律规范体系、高效的法治实施体系、严密的法治监督体系、有力的法治保障体系，形成完善的党内法规体系，坚持依法治国、依法执政、依法行政共同推进，坚持法治国家、法治政府、法治社会一体建设，实现科学立法、严格执法、公正司法、全民守法，促进国家治理体系和治理能力现代化。

全面建成小康社会、实现中华民族伟大复兴的中国梦，全面深化改革、完善和发展中国特色社会主义制度，提高党的执政能力和执政水平，必须全面推进依法治国。依法治国是坚持和发展中国特色社会主义的本质要求和重要保障，是实现国家治理体系和治理能力现代化的必然要求，事关我们党执政兴国，事关人民幸福安康，事关党和国家长治久安。

全面推进依法治国是一个系统工程，是国家治理领域一场广泛而深刻的革命，需要付出长期艰苦努力。全党同志必须更加自觉地坚持依法治国、更加扎实地推进依法治国，努力实现国家各项工作法治化，向着建设法治中国不断前进，具体如下：

——推进科学民主立法，完善法律法规体系。法律是治国之重器，良法是善治之前提。建设中国特色社会主义法治体系，必须坚持立法先行，发挥立法的引领和推动作用，抓住提高立法质量这个关键。要恪守以民为本、立法为民理念，贯彻社会主义核心价值观，使每一项立法都符合宪法精神、反映人民意志、得到人民拥护。要把公正、公平、公开原则贯穿立法全过程，完善立法体制机制，坚持立改废释并举，增强法律法规的及时性、系统性、针对性、有效性。

——深入推进依法行政，加快建设法治政府。法律的生命力在于实施，法律的权威也在于实施。各级政府必须坚持在党的领导下、在法治轨道上开展工作，创新执法体制，完善执法程序，推进综合执法，严格执法责任，建立权责统一、权威高效的依法行政体制，加快建设职能科学、权责法定、执法严明、公开公正、廉洁高效、守法诚信的法治政府。

——切实保证司法公正，努力提高司法公信力。公正是法治的生命线。司法公正对社会公正具有重要引领作用，司法不公对社会公正具有致命破坏作用。必须完善司法管理体制和司法权力运行机制，规范司法行为，加强对司法活动的监督,努力让人民群众在每一个司法案件中感受到公平正义。

——增强全民法治观念,推进法治社会建设。法律的权威源自人民的内心拥护和真诚信仰。人民权益要靠法律保障,法律权威要靠人民维护。必须弘扬社会主义法治精神,建设社会主义法治文化,增强全社会厉行法治的积极性和主动性,形成守法光荣、违法可耻的社会氛围,使全体人民都成为社会主义法治的忠实崇尚者、自觉遵守者、坚定捍卫者。

——加强和改进党的领导,加快法治队伍建设。党的领导是全面推进依法治国、加快建设社会主义法治国家最根本的保证。必须加强和改进党对法治工作的领导,把党的领导贯彻到全面推进依法治国全过程。全面推进依法治国,必须大力提高法治工作队伍的思想政治素质、业务工作能力、职业道德水准,着力建设一支忠于党、忠于国家、忠于人民、忠于法律的社会主义法治工作队伍,为加快建设社会主义法治国家提供强有力的组织和人才保障。

全面建设廉洁社会

廉洁社会是“人人不求人、事事不求人”的公开、公平、公正的社会,是一切按法律、法规、规定办理的社会,是“不敢腐、不能腐、不想腐、不必腐”的社会。廉洁社会中牟取或牟得违法、违纪利益的行为极少极个别,牟取或牟得违法、违纪利益的行为必将受到惩处。

壬辰仲夏,清风徐来。在全国各族人民以优异成绩迎接党的十八大胜利召开之际,第五届中华廉洁文化论坛的代表汇聚中央党校,共议构建廉洁社会主题。2012年9月26日,第五届中华廉洁文化论坛发出《构建廉洁社会倡议》,倡议社会各界和广大公民齐心协力,共同构建廉洁社会!

廉洁社会的基本标志是:文化观念上以廉为荣,以贪为耻;行为准则上道德为先,法律至上;人际关系上诚实守信,公平正义;社会风气上崇尚廉洁,拒绝腐败。这是人民幸福安康的重要条件,也是社会文明和谐、民族复兴繁荣的根本保证。

党和政府在大力推进改革开放的过程中,持之以恒地推进反腐倡廉建设,高度重视人民群众在反腐倡廉中的主力军作用,有效地维护了社会稳定。毋庸讳言,当前消极腐败现象仍呈滋长蔓延之势,反腐败的形势依然严峻,任务依然艰巨。党风尚不纯洁,官风尚不清正,民风也欠优良。腐败文化无论在官场,还是在民间都有不小市场。社会是否廉洁,其主导虽在党风、官风,但民风的影响不可小视。社会上见利忘义，笑廉不笑贪，容腐羡腐等，在一定程度上助推了腐败现象的产生发展。

腐败不除，国之大患！社会廉洁，人人有责！第五届中华廉洁文化论坛呼吁社会各界和广大公民积极行动起来，共建廉洁社会，坚决遏制腐败，为维护改革发展稳定大局出力，为党和国家长治久安尽责，为中华民族伟大复兴立功！

期待理论界、学术界特别是哲学社会科学界，深入社会转型期文化建设的实际，借鉴古今中外特别是发达国家和地区构建廉洁社会的实践经验，研究社会腐败文化形成和发生发展的根源，提出切实可行的构建中华廉洁社会的思路和方略，为构建廉洁社会提供智力支持、理论支撑和实践指导，不断提高防治腐败的制度化、科学化水平。

期待文艺界、影视界、戏剧界特别是新闻界，大力弘扬廉洁文化，鞭挞腐败文化，塑造高尚情操，摒弃低级趣味，形成廉洁社会舆论强势，为构建廉洁社会提供强大道义支持。

期待文化界、教育界特别是各级各类学校，努力融廉洁理念于文化教育之中，大力普及廉洁教育，使廉洁成为重要的价值标准，成为每个公民和未成年人的行为准则与生活方式，为构建廉洁社会提供坚实的思想基础。

期待政治界、法律界特别是各级党政机关，高度重视廉洁社会建设。企事业单位积极支持和投入廉洁社会建设活动，党政机关率先垂范，引导廉洁社会建设有序进行并提供制度保障，立法机关制定公民行为规范并为廉洁社会建设提供法律依据。

期待广大公民“从我做起，从现在做起，从小事做起”，廉洁从政，廉洁从业，对腐败现象和不正之风口诛笔伐，群起而攻之！对腐败零容忍！自觉发扬中华民族传统美德，自觉践行社会主义公德，当廉洁社会的动力，做廉洁社会的卫士！

构建廉洁社会，使命光荣，任重道远。“子规夜半犹啼血，不信东风唤不回”，我们坚信，只要万众一心，让清风吹大地，让廉洁成风尚，让正气满人寰，建设廉洁社会的目标一定能达到！

共建小康廉洁法治社会

新加坡是从1959年开始肃贪倡廉，通过贪污调查局对贪污的坚决打击，通过肃贪倡廉的综合治理，建成了廉洁社会，建成了法治社会，实现了繁荣富裕，人均国民生产总值从400美元上升至3万多美元。新加坡独树一帜的发展模式被广泛称赞,被誉为"新加坡模式",新加坡模式实质是以肃贪倡廉为龙头,富裕社会、廉洁社会、法治社会相互促进,共同建成。

1974年之前,香港贪腐达到了令人发指的程度,警察几乎是全部贪污,几乎到了无人不贪的地步。由于香港学生和市民反贪污大游行的巨大压力,香港通过了《廉政公署条例》,成立了廉政公署。从1974年开始肃贪倡廉,通过廉政公署对贪污的坚决打击,通过肃贪倡廉的综合治理,香港以肃贪倡廉为龙头,促进了廉洁社会、法治社会的共同建成,实现了繁荣富裕,人均国民生产总值从2163美元上升至3万多美元。

中国"不患寡而患不均,不患贫而患不安",小康社会解决"寡"和"贫"的问题,廉洁社会、法治社会解决"不均"和"不安"的问题。当前我国经济建设取得巨大成就,群众生活水平得到很大提高,群众温饱得到解决后,对公平、公正的期望更加迫切,群众对廉洁社会、法治社会的期待甚至超过小康社会,小康社会、廉洁社会、法治社会相互依托、相互促进、缺一不可,应该共同建设。

建议在加快经济发展的同时,要加强反腐倡廉,坚决惩治腐败,要推进依法治国,加快法治建设,推动经济、廉洁、法治的共同发展,推动经济、廉洁、法治的相互促进,推动小康社会、廉洁社会、法治社会的相互依托,共同加快小康社会、廉洁社会、法治社会的全面建设。新加坡、香港地区以肃贪倡廉为抓手,以肃贪倡廉为龙头,从而共同建成富裕社会、廉洁社会、法治社会的成功经验值得借鉴。

廉洁是法治社会的根本

1959年之前,新加坡一直是贪污盛行、腐败成风的地方,那时腐败猖獗,民怨沸腾。1951年10月,甚至出现三名警察伙同一批走私犯,在新加坡榜鹅抢走一批由警方保管为证物的1800磅(大约818公斤)鸦片。当社会腐败成风,警察、法官、检察官等司法人员贪赃枉法时,社会显然无法实现法治。人民行动党1959年执政后,廉洁成为国家战略,修订了《防止贪污法》,赋予贪污调查局极大权力,贪污调查局强力肃贪,警察、法官、检察官等司法人员开始廉洁自律,廉洁社会、法治社会互相促进,共同建成。

1974年之前,香港贪腐成风,腐败盛行,警察几乎是全部贪污,法官及律政署的律师大量贪赃枉法,法制遭到严重破坏。香港1974年成立了廉政公署,廉政公署坚决肃贪,特别是集中力量坚决打击警察贪污,通过肃贪倡廉的综合治理,警察、法官、律师开始遵纪守法、廉洁自律，促进了香港的法治。香港的法治推进和保障了肃贪倡廉，廉洁和法治互相促进，廉洁社会、法治社会共同建成。

廉洁是法治的根本和关键，世界所有的法治社会都是廉洁的，没有哪个法治社会是腐败的。法治社会的关键是公开、公平、公正，如果议员等立法者贪赃枉法、知法犯法，警察、法官、检察官、律师等执法者贪污腐败、徇私舞弊、执法犯法、司法不公，那么在司法腐败的情况下，不可能建成公开、公平、公正的法治社会。因此，铲除立法者、执法者的腐败是建设法治社会的关键，是建设法治社会的根本。

要建设法治社会首先要对警察、法官、检察官、律师等执法者进行坚决的反腐倡廉，警察、法官、检察官、律师等执法者的廉洁，必将推进和加快法治社会的建成。新加坡就是通过对警察、法官、检察官、律师等执法者及社会各界的肃贪倡廉，成功建成了廉洁社会，同时建成了法治社会。新加坡与我国地缘相近、人文相亲，在文化习俗、领导体制、管理体制等方面也有许多共通之处，新加坡建成法治社会的经验值得我们借鉴。

从法制建设到法治建设，从法制社会到法治社会，我国的法制建设和法治建设进行了很长时间，取得了巨大的成就，但还存在许多不适应、不符合的问题，群众对执法司法不公和腐败问题反映强烈。究其根本原因是在法制建设和法治建设中，反腐倡廉落实得还不够，一些执法者贪赃枉法，造成司法不公，破坏了法治建设。建议在全面推进依法治国的过程中，在法治建设的过程中，一定要切实加强司法领域的反腐倡廉，坚决惩治“知法犯法者”，坚决惩治“执法犯法者”。

廉洁是持久繁荣的保证

中国经历了夏王朝，商王朝，周王朝，秦帝国，西汉、东汉，三国魏、蜀、吴，西晋、东晋，南北朝，隋王朝，大唐，五代，北宋、南宋、辽、金，元帝国，明王朝，清王朝的繁荣、衰败、灭亡，中国历史出现“繁荣—衰败—灭亡”的规律，中国出现“繁荣—衰败”的魔咒，也就是黄炎培“其兴也勃焉，其亡也忽焉”的定理，关键的根本原因是腐败，腐败毁灭了中国的贞观之治、康乾盛世，腐败毁灭了中国的小康社会，给中华民族带来了深重的灾难。

社会主义国家苏联和东欧剧变的关键原因是实行计划经济体制，没有实行市场经济，经济没有搞好。法制不全，枉法徇私，特别是腐败蔓延，造成许多严重的社会问题，共产党失去群众的支持。多民族的苏联和南斯拉夫不仅发生剧变，还出现国家分裂、国家解体的剧变，出现了战争——车臣战争、波黑战争、科索沃战争等，造成人员巨大的伤亡，造成经济的巨大破坏，苏联和南斯拉夫的解体与战争值得多民族的中国认真借鉴。腐败导致亡党亡国不是耸人听闻，而是铁的事实，古今中外都是如此。

腐败是中国衰败的关键原因，腐败是国家繁荣的天敌，腐败是人民幸福的天敌，腐败会导致亡党亡国。从历史看，从长期看，中国最大的敌人是腐败，中国最大的危险是腐败。外因是变化的条件，内因是变化的根据，外因通过内因而起作用，腐败是内因，是关键，是根本，许多外因通过腐败这个内因起作用，导致了许多国家和许多王朝的衰败、灭亡。

通过新加坡、香港地区肃贪倡廉的成功经验来看，贪污调查局、廉政公署的肃贪倡廉导致了司法人员的廉洁自律，推动了法治；廉洁和法治推动了新加坡、香港地区经济快速发展，保证了新加坡、香港地区的持久繁荣。因此，在全面小康社会的建成过程中，我们一定要建设严明高效的执纪机构，打造独立强大的反腐利器，以“全覆盖、无禁区、零容忍”的态度，坚决铲除违纪违法的新腐败，推动小康社会、廉洁社会、法治社会的共同建成。

第十四节　切实落实简政减官减员

在延安时期，陕甘宁边区出现了严重的困难，党外人士李鼎铭先生提出了“精兵简政”的好建议，中国共产党做出了“精兵简政”的决定，要求精简机关，充实连队，加强基层，提高效能，节约人力和物力。由于实行了精兵简政，收到了显著的成效，达到了精简、统一、效能、节约等目的。

“简政”成绩可喜

在当前的新时期，中国需要进行新的“精兵简政”。本届政府积极加快政府职能转变，深入推进简政放权、放管结合，不断健全完善“权力清单”和“负面清单”制度，在精政、简政方面做了大量的工作，取得了可喜的成绩。

2014年国务院各部门全年取消和下放246项行政审批事项，取消评比达标表彰项目29项、职业资格许可和认定事项149项，再次修订投资项目核准目录，大幅缩减核准范围。着力改革商事制度，新登记注册市场主体达到1293万户，其中新登记注册企业增长45.9%，形成新的创业热潮。

裁减军队30万

2015年9月3日，中共中央总书记、国家主席、中央军委主席习近平在纪念中国人民抗日战争暨世界反法西斯战争胜利70周年大会上的讲话中宣布：中国将裁减军队员额30万。中国裁军30万显示出中国人民对和平的殷切期盼，是中国履行"和平发展，永不称霸"承诺的实际行动。

中国裁减军队30万，军队人数将由230万降至200万。我国将坚定不移地走中国特色的精兵之路，把军队建设得更加精干、高效。这次裁减军队员额30万，重点是压减老旧装备部队，精简机关和非战斗机构人员，调整优化军队结构。这次裁减军队员额将分步实施，2017年底基本完成。

公务机构臃肿

当前，地方的党务机构、政府机构、社会团体的臃肿越来越严重，必须尽快进行"简政减员"，特别是地方的事业机构臃肿得非常厉害，增加了许多机构，许多机构人员增加了几倍。地方政府的税收现在主要是发工资，维持运转，地方的建设资金主要靠银行贷款，长期下去地方政府必将破产。

据2015年9月17日的《经济参考报》，中国政府层级多，人员多，行政成本自然就高，再加上政府花钱少有节制，因而导致行政成本持续升高。例如，目前大约是23个纳税人养活一个财政供养人员。这与改革开放初期的67∶1和1995年的40∶1相比，财政供养人员的比重攀升之快，是史无前例的。

据《经济参考报》，财政部2012年的统计资料显示，到2009年底，全国不包括中央的地方财政供养人口为5392.6万人。中国还存在大量的准财政供养人员，估计准财政供养人员总人数超过1000万。加上这部分准财政供养人口，到2014年底，中国财政实际供养人数远超过6400万，超过了英国的人口总量。中国行政成本之高，远超过世界各国的平均水平。

解决政府机构的臃肿首先是合理精简机构的数量，其次是合理确定机构的级别。例如某省会城市的正县级的行政局，管理着4个正县级、4个正科级的全额财政拨款的事业单位，4个正县级事业单位每个设2名正县级，共有8名正县级干部、

9名副县级干部，具体工作却由副县级的副局长分管领导正县级的事业单位及正县级领导，正县级的事业单位确定为副县级的事业单位更有利于管理，更有利于提高效能，更有利于节约人力和物力。

西部某省的一位很有魄力的省委常委、省会城市的市委书记讲，该省会城市有2300多名县级干部，他认为有1/3的县级干部认真努力工作就可以做好这个城市的工作。笔者的分析研究也证实这一判断，现在领导干部职数减少20%，一般干部职数减少10%，工作效率可以提高30%。当前行政机关特别是事业单位数量急剧增加，机构急剧膨胀，越来越臃肿。

某省会城市2005年分家组建的正县级的行政局，当时全系统有1名正县级干部，有6名副县级干部，有2个下属事业单位，共有80多名干部。2014年底全系统有1名正县级干部，有14名副县级干部，有7个下属事业单位，共有270多名干部。9年来，副县级领导干部增加了1.3倍，干部增加了2.4倍。这个行政局是新组建的行政局，应该适当增加领导和干部职数，但这种增加速度令人惊叹，其规模在该省位列第一，其工作业绩却位列该省之末，可见并不是机构越多、领导越多、人员越多，工作效率就越高就越好。

部门副职太多

地方政府的“简政减员”要首先从“简政减官”开始，官员越多越容易互相扯皮，越容易造成效率低下，地方政府官员的臃肿和膨胀非常厉害。当前，反腐败正在推向深入，一些地方、一些部门腐败很严重，坚决不能出现腐败的官员被抓了，空出的位置带病提拔的情况。

地方政府各单位需要尽快开始逐渐减少副职的数量，许多单位的副职平均每人只管理两三个部门，就是个部门领导，这些部门这么多还是近期增加的。例如，地方的人大、政协有两三个副职就可以了，地方政府的各单位有两个副职就可以了，个别管理面宽的综合单位可以有三个副职。

高薪必须减员

高薪厚禄可以使人不必贪，如果没有有效的监督和有效的惩处，高薪厚禄并不能满足贪欲，高薪厚禄仍然贪腐。长期的低薪也非常不利于反腐倡廉，因此，随着廉洁中国的建设，必须逐步提高公务人员的薪酬，使公务人员不必腐。

中国财政供养人员包括公务员、军队、武警及数以千万的事业单位人员；公务员不仅包括政务，还包括党务及人大、政协、民主党派、工商联，还包括工会、妇联、共青团等群众团体，甚至还包括科协、文联等协会。

中国目前官民比越来越高，财政供养人口比也越来越高，财政养人的负担也越来越重。中国要减轻财政负担，要逐步提高公务人员的薪酬，必须进行“简政减员”，必须合理减少公务人员的数量。

在廉洁中国、廉洁社会的建设中，不仅应该依法严厉惩处违法的腐败分子，还要依纪依规做好违纪违规的公务人员的处理，该开除公职的要开除公职，该降级降职的要降级降职。

在廉洁中国的建设中，在政府简政的过程中，一定要同时减少某些部门的编制和人员，落实本届政府提出的财政供养的人员只减不增。在现有机构和人员中，要科学调剂，减少一些部门的编制和人员，加强增加一些急需部门的编制和人员。

在机构编制人员的科学调剂方面，应该向中央纪委学习。中央纪委全面履行党的纪律检查和政府行政监察两项职能，在内设机构、行政编制、领导职数总量不变的情况下，进行机构调整，增设纪检监察室，组建组织部、宣传部、纪检监察干部监督室，监督执纪力量大为增强。

第十五节　公务人员申报个人事项

对“小官大贪”，人们称之为“虎蝇”。“虎蝇”贪腐行为均发生在群众身边，他们官虽小但手上有着“绝对权力”，而监督机制未能发挥约束效力。“虎蝇”与基层群众打交道，与民生关联度更高，对群众的危害更大，有些危害甚至“猛于虎”。

“小官大贪”危害严重

“虎蝇”手上握有局部领域的“绝对权力”，在具体工作中利用手中的权力寻租轻而易举，相关敛财方式也是花样众多。一些基层官员利用手中掌握的审批权力，向前来办理业务的单位和个人索取贿赂。

发生“小官大贪”的部门虽然级别不高，但都是一些权力集中的部门，其中也包含一些关键岗位。如涉及土地、房产、拆迁、招投标的岗位人员，有财务人员、街道和社区干部等。

近两年来，先有国家能源局煤炭司原副司长魏鹏远家中搜出现金折合人民币2亿余元，后有北戴河供水总公司总经理马超群家中搜出现金上亿元、黄金37公斤，这些“小官大贪”的案例令人震惊。

据有关资料，在2014年各地纪检部门公布的“反腐成绩单”中，基层“小官”占比不断增加，其中不乏“虎蝇”。西安市纪委2014年查处的乡科级及以下干部占贪腐类案件总量的87.9%，个别案件涉案金额上亿元；北京市纪委2014年共查处“小官”贪腐案件194人，违纪金额3.58亿元，其中千万元以上4人。

遏制“小官大贪”

要加大查处和警示教育力度，让广大基层官员不敢贪。要加大查办和预防发生在群众身边、损害群众利益的职务犯罪专项工作的力度，尤其对群众身边的“小官大贪”，深挖严查、一查到底。

要科学合理配置权力，进一步实施简政放权，建立健全“管审分离”“管办分离”等相关制度，避免因权力垄断产生腐败问题，严格规范权力运行流程，压缩官员利用权力寻租的空间，让广大基层官员不能贪。

一些重要的基层岗位其实权力很大，但有些官员一干就是十几年乃至几十年，长期处于关键岗位又缺乏监督就很容易形成监管“盲区”，从而导致“小官大贪”，严重损害群众的利益，对这些重要岗位要实行轮岗制度。

报告个人事项

公务人员申报个人事项是许多国家行之有效的成熟的监督办法。当前，已开始要求县级以上领导干部按规定报告个人有关事项，也加强了对领导干部个人有关事项的核查，核查比例已提高到10%，并且实行“凡提必查”，取得了一些成绩。

乡镇领导、县（区、市）直部门领导、街道领导等都是基层领导，直接为群众服务，掌握着实权。建议首先要求科级和副科级干部报告个人有关事项，然后再要求所有公务人员报告个人有关事项。

建议科级和副科级干部报告个人有关事项工作具体由县（区、市）组织部门或纪检监察部门负责。所有公务人员报告个人有关事项具体由单位人事部门负责，当然，也可由纪检部门和纪检组负责。

所有公务人员报告个人有关事项的工作量并不是很大，主要是所有公务人员填写《个人有关事项报告表》。要对所有公务人员实行“凡提必查”，不仅查当年，而且查往年。随着信息化的加快，个人有关事项的核查越来越容易、越来越简单。

第十六节 加强公有资金资产监管

从查处的许多国有资产私分、贱卖等案件来看，从查处的许多私分公款和公款行贿、吃喝、旅游等案件来看，关键原因是单位财务人员长期不交流，单位领导与单位财务人员勾结，关键原因是单位不报批、不报告，甚至瞒天过海。因此，要着力完善公有资金资产监管制度，强化对权力集中、资金密集部门和岗位的监管，着力加强对国有单位和企业领导特别是一把手的监督。

行政机关财务人员统一调配

郑重建议财政部门要对行政机关的财务人员进行统一调配、统一任命、定期交流，防止单位领导与财务人员勾结，从而防止财政资金的贪污和浪费。

事业单位财务人员统一调配

郑重建议财政部门要会同事业单位的主管部门对事业单位的财务人员进行统一调配、统一任命、定期交流，防止单位领导与财务人员勾结，从而防止财政资金的贪污和浪费。

国有企业财务人员统一调配

郑重建议国有资产管理部门要对国有企业的财务人员进行统一调配、统一任命、定期交流，防止单位领导与财务人员勾结，从而防止国有资金和国有资产的贪污和浪费。

财政资金流动实时监管

郑重建议明确规定财政资金使用单位按规定使用财政资金、公有财产后，要立即通过网络向财政管理单位报告，接受财政管理单位的监管。

郑重建议在中国人民银行及银监会的支持下，财政部门要建立财政资金、公有资产的实时监管系统，实时监管人员可以随时掌握每一笔财政资金、公有资产的流动情况，发现异常，立即报告，要求涉及部门说明情况，规范资金和资产使用，对违法违纪使用资金和资产的，依纪依法进行严肃处理。

国有资金流动实时监管

郑重建议明确规定国有企业按规定使用国有资金、国有资产后，要立即通过网络向国有企业管理单位报告，接受国有企业管理单位的监管。

郑重建议在中国人民银行及银监会的支持下，国有资产管理部门要建立国有资金、国有资产的实时监管系统，实时监管人员可以随时掌握每一笔国有资金、国有资产的流动情况，发现异常，立即报告，要求涉及部门说明情况，规范资金和资产使用，对违法违纪使用资金和资产的，依纪依法进行严肃处理。

第十七节　探讨建立新公积金制度

人为财死，鸟为食亡。贪污受贿主要是为了钱，通过财产重刑，没收高额公积金，打击贪污受贿针对性很强，是“以钱制钱”“以毒攻毒”的有效反贪措施，财产重刑对贪污贿赂者不只是一时一事的威慑，而可能是一生一世的影响。建议借鉴新加坡的公积金制度，探讨建立符合中国实际的新公积金制度。

新加坡的公积金制度

新加坡的中央公积金制度是涵盖养老、医疗、住房、教育、投资等内容的社会保障制度，法律规定每个国民不分职业，只要是受雇员工，都要缴纳20%的薪水到他个人的公积金账户里，雇主则要缴纳16%到员工的账户内。就是说每个职工享有工资36%的公积金。

新加坡法律规定，凡是有贪污、受贿等违法行为者，一律全部撤销其公积金，违法者将失去全部养老金。如果工作30年到退休时，公积金将有80万～90万新元，相当于人民币400万～500万元。如果在职时廉洁奉公，没有贪污贿赂和违法行为，退休后，可以保证全家生活富裕、安居乐业。

新加坡的公积金制度在防贪促廉方面是非常成功的，特别是对资深公务人员的防贪促廉更加成功，资深公务人员往往有自由裁量权。中国却恰恰相反，出现了腐败高发的“59现象”。资深公务人员临近退休，提拔希望不大，即将失去权力，于是出现“有权不用、过期作废”的思想，在退休之前往往利用手中权力大肆贪污受贿，甚至大肆索贿，成为公务人员的腐败高发期。

住房公积金制度

住房公积金是指国家机关、国有企业、城镇集体企业、外商投资企业、城镇私营企业及其他城镇企业、事业单位、民办非企业单位、社会团体及其在职职工缴存的长期住房储金。

住房公积金性质：(1)保障性，住房公积金制度为职工较快、较好地解决住房问题提供了保障；(2)互助性，建立住房公积金制度能够有效地建立和形成有房职工帮助无房职工的机制和渠道，体现了职工住房公积金的互助性；(3)长期性，每个城镇职工自参加工作之日起至退休或者终止劳动关系，都必须缴纳个人住房公积金；职工所在单位也应按规定为职工补助缴存住房公积金。

住房公积金特点：(1)普遍性，城镇在职职工都必须按照规定缴存住房公积金；(2)强制性，单位必须办理住房公积金缴存登记，为本单位职工办理住房公积金账户，缴纳住房公积金；(3)福利性，除职工缴存的住房公积金外，单位须为职工交纳一定的金额，而且住房公积金贷款的利率低于商业性贷款；(4)返还性，职工离休、退休等，缴存的住房公积金将返还职工个人。

住房公积金缴纳：职工和单位住房公积金的缴存比例均不得低于职工上一年度月平均工资的5%；有条件的城市，可以适当提高缴存比例。具体缴存比例由住房公积金管理委员会拟订，经本级人民政府审核后，报省、自治区、直辖市人民政府批准。

单位养老保险制度

事业单位养老保险制度是中国社会保障制度的重要组成部分。长期以来事业单位实行退休金制度，2015年1月14日，国务院印发《关于机关事业单位工作人员养老保险制度改革的决定》，决定从2014年10月1日起对机关事业单位工作人员养老保险制度进行改革。

按照党的十八大和十八届三中、四中全会精神,根据《中华人民共和国社会保险法》等相关规定,为统筹城乡社会保障体系建设,建立更加公平、可持续的养老保险制度,国务院决定改革机关事业单位工作人员养老保险制度。

机关事业单位工作人员养老保险制度改革应遵循以下基本原则:公平与效率相结合的原则;权利与义务相对应的原则;保障水平与经济发展水平相适应的原则;改革前与改革后待遇水平相衔接的原则;解决突出矛盾与保证可持续发展相促进的原则。

基本养老保险费由单位和个人共同负担。单位缴费的比例为本单位工资总额的20%,个人缴费的比例为本人缴费工资的8%,由单位代扣。按本人缴费工资8%的数额建立基本养老保险个人账户,全部由个人缴费形成。

基本养老保险个人账户储存额只用于工作人员养老,不得提前支取,每年按照国家统一公布的记账利率计算利息,免征利息税。参保人员死亡的,个人账户余额可以依法继承。

本决定实施后参加工作、个人缴费年限累计满15年的人员,退休后按月发给基本养老金。基本养老金由基础养老金和个人账户养老金组成。退休时的基础养老金月标准以当地上年度在岗职工月平均工资和本人指数化月平均缴费工资的平均值为基数,缴费每满1年发给1%。个人账户养老金月标准为个人账户储存额除以计发月数,计发月数根据本人退休时城镇人口平均预期寿命、本人退休年龄、利息等因素确定。

本决定实施前参加工作、实施后退休且缴费年限(含视同缴费年限)累计满15年的人员,按照合理衔接、平稳过渡的原则,在发给基础养老金和个人账户养老金的基础上,再依据视同缴费年限长短发给过渡性养老金。具体办法由人力资源社会保障部会同有关部门制定并指导实施。

基本医疗保险制度

医疗保险指通过国家立法,按照强制性社会保险原则基本医疗保险费应由用人单位和职工个人按时足额缴纳。医疗保险是为补偿疾病所带来的医疗费用的一种保险,是职工因疾病、负伤、生育时,由社会或企业提供必要的医疗服务或物质帮助的社会保险。中国职工的医疗费用由国家、单位和个人共同负担,以减轻企业负担,避免浪费。发生保险责任事故需要进行治疗是按比例付保险金。

医疗保险具有社会保险的强制性、互济性、社会性等基本特征。因此，医疗保险制度通常由国家立法，强制实施，建立基金制度，费用由用人单位和个人共同缴纳，医疗保险金由医疗保险机构支付，以解决劳动者因患病或受伤害带来的医疗风险。

1988年，中国政府开始对机关事业单位的公费医疗制度和国有企业的劳保医疗制度进行改革。1998年，中国政府颁布了《关于建立城镇职工基本医疗保险制度的决定》，开始在全国建立城镇职工基本医疗保险制度。

基本医疗保险制度实行社会统筹与个人账户相结合的原则，将社会保险和储蓄保险两种模式有机地结合起来，实现了"横向"社会共济保障和"纵向"个人自我保障的有机结合，既有利于发挥社会统筹共济性的长处，也有利于发挥个人账户具有激励作用和制约作用的优点，比较符合我国的国情，容易为广大职工所接受。

基本医疗保险基金原则上实行地市级统筹。基本医疗保险覆盖城镇所有用人单位及其职工；所有企业、国家行政机关、事业单位和其他单位及其职工必须履行缴纳基本医疗保险费的义务。用人单位的缴费比例为工资总额的6%左右，个人缴费比例为本人工资的2%。

单位缴纳的基本医疗保险费一部分用于建立统筹基金，一部分划入个人账户；个人缴纳的基本医疗保险费计入个人账户。统筹基金和个人账户分别承担不同的医疗费用支付责任。统筹基金主要用于支付住院和部分慢性病门诊治疗的费用，统筹基金设有起付标准、最高支付限额；个人账户主要用于支付一般门诊费用。

在基本医疗保险之外，各地还普遍建立了大额医疗费用互助制度，以解决社会统筹基金最高支付限额之上的医疗费用。国家为公务员建立了医疗补助制度。有条件的企业可以为职工建立企业补充医疗保险。国家还将逐步建立社会医疗救助制度，为贫困人口提供基本医疗保障。

新公积金制度

根据我国的现行法律和法规，公务人员一旦违法判刑，将被开除公职，开除公职就失去了退休工资，失去了每年大约4万到6万的退休工资，如果以退休后领取20年计，不计利息达80万到120万，还没有包括医疗保险的损失。现在人类寿命延长，许多人领取时间远远超过20年；同时人老了，病就多了，特别是大病重病多了，失去医疗保险损失非常巨大。失去医疗保险和退休工资，意味着就失去了晚年的幸福。

我国公务人员住房公积金缴存比例是个人和单位分别不低于5%;我国公务人员养老保险缴存比例是单位缴费20%,个人缴费8%;我国公务人员医疗保险缴存比例是单位缴费6%,个人缴费2%;三项总计,单位缴费31%,个人缴费15%,合计达到46%,比新加坡的36%还要高。

建议探讨将公务人员(机关事业单位工作人员)的住房公积金、医疗保险、养老保险,学习借鉴新加坡的成功经验,整合成符合中国实际的新公积金制度,增加防贪促廉的功能,通过"以钱制钱"的有效反贪措施,防止资深公务人员(主要是领导干部和有自由裁量权的干部)的贪污贿赂,防止"59岁"腐败高发期的蔓延,成功遏制腐败的泛滥,从而实现"不想腐、不必腐"。

建议探讨将住房公积金、医疗保险、养老保险整合成新公积金制度,首先是实现"显化",根据公务人员的缴存总额和视同缴费年限,初步计算出将来可能领取的退休金,在每年年底将公务人员的个人公积金缴存总额、单位缴存总额、将来可能领取的退休金,通过短信或微信告知每个公务人员,希望公务人员廉洁自律,不要因小失大,不要辛辛苦苦一辈子,到老却失去自由去坐牢,还失去退休工资,失去非常需要的医疗保险。

第十八节　加强对腐败的新闻监督

腐败是在黑暗中进行的肮脏交易,担心暴露在光天化日之下,使之成为千夫所指的丑闻。新闻舆论对腐败的监督是通过在新闻媒体公开曝光的途径,对腐败进行监督。"不怕通报,就怕登报"反映了新闻舆论监督在反腐败中的独特作用。一些单位领导甚至讲,要防火、防盗、防记者。

新闻监督作用重大

国际反腐败组织"透明国际"的调查发现,反腐败机制中最重要的、排在第一位的是新闻监督,该组织认为只要能充分发挥媒体的监督作用,大部分的腐败就可铲除。

新闻监督对防止和发现腐败具有特别的意义,是反腐成本最小、效果最好的方式，如果有完善的新闻监督，很多腐败案件可能不会发生；即使发生，通过新闻监督，可以较早发现官员丑闻，发现腐败线索，推动官方机构进行调查。

新闻舆论监督是制衡权力、预防腐败的重要力量。政治权力需要制衡机制，不受制约的权力必然会滋生腐败。在制衡权力的各种因素中，新闻舆论监督是一种力度强、影响广的重要因素，对政治权力机构起着“防腐剂”的作用。

我国是处于社会主义初级阶段的发展中国家，从初级阶段迈向成熟，经济、政治、文化、社会生活方方面面都在矛盾中不断发展，如果没有新闻舆论监督，钱权交易、买官鬻爵、贪赃枉法、草菅人命、巧取豪夺等等腐败现象就会肆意蔓延。

新闻舆论监督是权力机制监督腐败的得力助手。新闻舆论不是政治实体，属于非权力型的监督机制，因而不同于行政和法律的直接监督，它属于间接式的监督。新闻舆论监督的这种间接性和权力机制监督的直接性是相辅相成、互相作用的。

新闻媒体监督发现的诸如决策失误、贪赃枉法、干部渎职、道德败坏等腐败行为，为行政和法律监督提供纪检、监察和司法依据。权力机构的直接监督，往往借助于新闻媒体的舆论监督，才能形成“言出法随”和“令行禁止”的良性社会环境。

新闻舆论监督在反腐倡廉斗争中具有独特的优势。由于新闻舆论监督遵从新闻传播的规律，具有新闻的特点，新闻舆论监督具有监督的广泛性、监督的及时性、监督的公开性。

新闻舆论监督的层次越高，反腐倡廉的力度就越大。新闻舆论监督的层次和社会效应相关，其层次越高，影响越广，社会效应也越显著。对高层次的权力机构和政府官员的腐败行为的监督，往往具有显著性和震动性的社会效应。

对高层权力机构中重大要案公之于众，则会引起振聋发聩的社会效应，对全局性的清除腐败、从政廉洁起到举足轻重的作用。高层权力机构欢迎新闻批评，支持舆论监督，就能广开言路，破除禁区，使舆论监督起到上行下效的作用。揭露某些典型的“小官巨贪”，对反腐败也会引起广泛影响。

鼓励新闻有序监督

通过新闻监督不仅可以及时发现腐败，还可以提高行政行为的透明度，让民众了解权力的行使过程，使已有制度的运行机制更加完善，阻止腐败的发生。新闻媒体被认为是产生于权力，却又相对独立于权力的“第四权力”，具有群众普通自由言论所不具备的强大力量。

郑重建议加快新闻监督的立法。没有法律的保护,新闻监督的作用就不能充分发挥,功能就会削弱。没有法律的约束,新闻监督可能被滥用。郑重建议加快《反贪污贿赂法》的立法,在《反贪污贿赂法》中明确规定和完善新闻监督的立法,从而使新闻监督做到依法依规科学合理监督。

郑重建议采取有效的有序措施,进一步支持鼓励新闻媒体对地方的具体腐败行为、腐败现象进行监督,加强新闻媒体对地方的具体行政行为进行监督,特别是要积极鼓励支持新闻媒体对十八大以来新腐败的监督力度。新闻监督是最有效的反腐败措施之一,新闻监督是群众监督的延续。

郑重建议有序调整新闻媒体的监管,具体是中央和国家各部(委、局、办)、省(市、区)党委可以保留一份机关报、两份杂志,市(州、区)党委、省(市、区)综合部门原则上可以保留一份综合性的机关报或杂志。都市媒体、社会媒体都直接接受国家管理部门派驻单位的管理,从而切实加强新闻媒体对十八大以来地方新腐败的监督力度。

新闻媒体在新闻监督中,对有把握的事实清楚地通过新闻报道的形式进行监督,发现了腐败的线索、苗头、现象的,可以将记者采访撰写的资料转送纪检监察部门、检察机关的反腐部门,由反腐部门进行进一步的调查。反腐部门查实后,建议对新闻媒体给予通报嘉奖,对新闻记者也给予奖励。

第十九节　落实对腐败的全民监督

一定要正确认识和充分发挥人民群众在反腐倡廉斗争中的重要作用,切实解决影响制约人民群众监督作用发挥的体制机制性障碍,让人民群众能够参与监督、愿意进行监督、敢于实施监督,最大限度地发挥人民群众的监督功效,是有效应对和源头解决各类腐败问题,整体提升反腐倡廉建设水平的重要基础和条件。

风闻监督

古代社会有时进行“风闻言事”的监督。群众听说腐败的事情、腐败现象可以向有关监督部门进行反映,有关部门接到群众反映后,要进行落实,如果是苗头性的问题，要对有关人员进行诫勉谈话。如果属于腐败线索，进行认真查处。

群众没有搜查权，也不是执法机关，不能要求群众的监督必须有明确的证据，有腐败的线索、苗头即可。“风闻言事”的监督不能通过新闻媒体进行报道，但向有关监督部门进行反映不是诽谤，欢迎群众实名监督。

电子监督

要充分发挥网络方便、快捷、高效的特点，完善各级纪检监察机关的监督网站，把全方位的群众监督与现代化的网络媒体监督结合起来，加强并完善电子举报信箱，做好网上举报保密工作，方便群众网上投诉，提出建议和意见，鼓励群众网上举报和监督。

对腐败行为要实行全民监督，每一个公民都有权监督，每一个公民都能够监督。现在智能手机已经普遍，大家发现腐败行为、腐败现象都可以随手拍下来，通过网络发送到监督部门进行监督，也可以通过微信发到监督部门进行监督，由纪检监察部门和反贪部门依法依纪进行处理。

奖励监督

公安机关抓捕逃犯常常对提供线索的人给予奖励，效果非常明显。群众的眼睛是雪亮的，我们要相信群众、依靠群众。纪检监察部门、检察机关的反腐部门也可以考虑建立反腐败的表彰奖励制度，建立反腐败的奖励基金，实现精神奖励与物质奖励的结合，对提供腐败特别是新腐败线索的人给予奖励，甚至给予重奖。

在表彰奖励群众监督的制度下，如果出现专门的反腐败的职业监督人员，我们也要给予支持，鼓励他们监督，对他们进行培训，提高他们依法监督的水平，但要明确他们没有执法权，一定要依法依规依纪进行监督。

监督反馈

要提高群众反腐败监督的积极性，要实现群众反腐败监督的持续性，必须完善群众反腐败监督的反馈机制。要做好反腐败监督的保密工作，要加强反腐败监督的反馈工作。

对于实名进行反腐败监督的一定要进行认真调查，对有关当事人一定要进行“有则改之、无则加勉”的诫勉谈话，向举报人实事求是地反馈认真调查的情况，反馈诫勉谈话的情况。

对于网络特别是证据确凿的网络反腐败监督，一定要进行认真的调查，对有关当事人也要进行“有则改之、无则加勉”的诫勉谈话，通过网络向举报人反馈调查的情况，反馈诫勉谈话的情况。

对于实名、匿名举报人举报违法违纪的新腐败，一定要认真调查，认真核实，认真处理。腐败具有隐蔽性，没有发现可以理解，但群众举报了，要高度重视。不认真调查，敷衍塞责，甚至通风报信，则是失职、渎职，要追究相关人员和相关领导的责任。

第二十节　廉洁中国建设路径探讨

中国常常是“不患寡而患不均，不患贫而患不安”，小康社会解决“寡”和“贫”的问题，廉洁社会、法治社会解决“不均”和“ 不安”的问题。当前，许多群众对廉洁社会、法治社会的期待甚至超过小康社会。我国应该学习借鉴新加坡、香港地区的反贪倡廉、法治社会及经济建设经验，全面加快小康社会、廉洁社会、法治社会的共同建设。

廉洁中国建设的目标

廉洁社会就是实现群众希望的“人人不求人、事事不求人” 的“一切按法律、法规、规定办”的“不敢腐、不能腐、不想腐、不必腐”的公开、公平、公正的社会。

经过十年的努力，建成廉洁中国，建成廉洁社会，从而使小康社会、廉洁社会、法治社会全面共同建成，14亿人口的中国既实现富裕，又实现廉洁和法治，将是人类社会的新奇迹，将是对人类社会的新贡献。

廉洁中国建设的战略

以习近平为总书记的党中央高度重视党要管党，从严治党，坚决落实从严治党的战略。2014年12月，习近平总书记要求“协调推进全面建成小康社会、全面深化改革、全面依法治国、全面从严治党”，新增了“全面从严治党”，纳入了“四个全面”的战略布局。

党风廉政建设和反腐败斗争关系党和国家的生死存亡，是我们必须抓好的重大任务。党风廉政建设和反腐败斗争是从严治党的重要内容，是新形势下进行具有许多新的历史特点的伟大斗争的重要内容，是协调推进“四个全面”战略布局的重要保证。

廉洁中国建设的领导

以习近平为总书记的党中央具有非常坚定的反腐败意志和非常坚定的反腐败决心，以强烈的历史责任感、深沉的使命忧患感、顽强的意志品质推进党风廉政建设和反腐败斗争，遏制了腐败蔓延的势头，取得了反腐败工作的阶段性成绩，深得党心、军心和民心。

在以习近平为总书记的党中央坚强领导和坚决支持下，实行立法、行政、司法三权制衡，相互配合，通过全面从严治党，通过反腐倡廉的立法、立纪和立规，通过整合打造反腐利器，通过反腐倡廉综合治理，必将能够成功建成廉洁中国，全面建成廉洁社会。

廉洁中国建设的模式

全世界治理腐败的成功模式有以权力制约权力的西方模式、设立独立反腐机构的新加坡模式，香港的成功反贪学习借鉴了新加坡模式。西方模式的关键是以权力制约权力的三权分立，新加坡模式的关键是设立独立、专业、强大、垂直的反腐机构。

以权力制约权力的西方模式显然不符合中国的国情和实际，中国应该选择学习借鉴设立独立反腐机构的新加坡模式，这是东方社会的成功模式，与中国地缘相近、人文相亲，在文化习俗、领导体制、管理体制等方面也有许多共通之处。

新加坡首先立法通过了《防止贪污法》，赋予了贪污调查局强大的调查权，贪污调查局坚决惩戒贪污。香港首先立法通过了《廉政公署条例》，成立了有强大侦查权的廉政公署，廉政公署坚决惩戒贪腐。在反腐倡廉前期一定要以惩治为主，加快立法、立规、立纪，完善反腐机制和体制，打造反腐利器，以“不敢腐、不能腐”为主。

在遏制腐败蔓延之后，新加坡和香港地区仍然坚持“零容忍”的态度，依法坚决惩戒腐败，同时完善法律、法规、规章、制度，继续打造反腐利器，惩治与预防结合，加强廉洁教育，逐步提高公务人员的薪俸，以实现“不敢腐、不能腐、不想腐、不必腐”。积薪养廉、高薪养贤、轻罪重罚都是后期的有效措施。

廉洁中国建设的关键

紧紧抓住反腐倡廉这个龙头。新加坡将廉洁作为国家战略，作为国策，新加坡“国父”李光耀以身作则，对肃贪倡廉坚强领导、坚决支持，以肃贪倡廉为龙头，坚定反贪，实现了廉洁，促进了法治，吸引了投资，推动了经济发展，共同建成了廉洁社会、法治社会、富裕社会。我们要紧紧抓住反腐倡廉这个龙头，通过反腐推进廉洁，促进法治，推动经济发展，共同建设廉洁社会、法治社会、小康社会。

打造独立强大的反贪利器。新加坡、香港地区肃贪倡廉的主要成功经验是肃贪倡廉必须有独立、专业、强大、垂直的反贪机构——贪污调查局、廉政公署。我们与新加坡、香港地区在反腐倡廉方面最大的差距是反贪机构，建议由最高检察院的反贪污贿赂总局、渎职侵权检察厅及相关部门与中央纪委、监察部的部分纪检监察室，合并设立反贪污贿赂部，打造独立、专业、强大、垂直的反贪执法机构。

坚决铲除违法违纪新腐败。香港肃贪倡廉过程中，出现了警察暴动，游行示威打砸廉政公署，当时的港英当局迫于压力，对1977年1月1日前的贪污实行特赦，但廉政公署对1977年1月1日后的新贪污实行坚决彻底的惩戒，遏制了新贪污的产生，建成了廉洁社会。廉洁中国的建设在减少腐败存量的同时，要集中力量坚决遏制腐败增量，对违法新腐败要严判重罚，对违纪新腐败要从严处理。

廉洁中国建设的可能

新加坡、香港地区是华人为主的社会，是东方社会，没有实行西式民主，在腐败很严重的情况下，在市场经济的条件下，新加坡在人民行动党一党长期执政领导下，建成了廉洁社会，建成了法治社会；过去，香港地区在港督长期专制集权的领导下，建成了廉洁社会，建成了法治社会。

中国与新加坡地缘相近、人文相亲，在文化习俗、领导体制、管理体制等方面也有许多共通之处，因此，中国在以习近平为总书记的党中央坚强领导下，发挥集中力量办大事的优越性，持之以恒坚决反腐倡廉，打一场反腐败的人民斗争，完全可以铲除腐败，建成廉洁中国，共同建成小康社会、廉洁社会、法治社会，从而确保中国的持久繁荣。

廉洁中国建设的基础

根据我们通过微信、电话、谈话、问卷等形式进行的调查，98%的被调查者认为，十八大以来，遏制了腐败蔓延的势头。97%的被调查者认为，“八项规定”遏制了腐败现象蔓延的势头。95%的被调查者认为，对违法违纪腐败的惩治遏制了腐败蔓延的势头。

十八大以来，在以习近平为总书记的党中央坚强领导下，在中央纪委的具体领导下，对违法违纪腐败的惩治遏制了腐败蔓延的势头，反腐倡廉取得了阶段性的成绩，为廉洁中国的建设开了好头，奠定了良好的基础，已经为治本赢得了最佳的时机，通过标本兼治，通过惩治和预防相结合，我们必将建成廉洁中国。

廉洁中国建设的时机

新加坡和香港地区曾经腐败蔓延、贪污盛行，通过新加坡贪污调查局、香港廉政公署坚决的肃贪倡廉，新加坡和香港地区分别建成了廉洁社会。根据新加坡和香港地区的成功经验，中国完全可以通过反腐倡廉，建成廉洁社会、法治社会，建成廉洁中国、法治中国。

从天时地利人和看，目前是中国建设廉洁中国和法治中国的最佳时机，我们一定要在以习近平为总书记的党中央坚强领导下，在中央纪委的具体领导下，一定要抓住这个千载难逢的最佳时机，发挥集中力量办大事的优越性，打一场反腐败的人民斗争，铲除腐败，将中国建成真正的全面的廉洁社会，将中国建成真正的全面的法治社会。

廉洁中国建设的功绩

贪污贿赂被查处的概率很低，犯罪成本就会很低，贪污贿赂就会大规模地蔓延。在贪污贿赂已经盛行和泛滥的情况下，反腐必须进行雷霆万钧之势的惩治，必须对新腐败进行“零容忍”的坚决打击，切实提高贪污贿赂的查处概率，击溃贪污贿赂者的侥幸和观望心理，取得反腐倡廉的阶段性成果。

贪污贿赂常常造成巨大的不可估量的政治、经济、文化、社会等损失，廉洁中国的建成必将得到人民群众的高度拥护，必将前所未有地巩固和提高党的领导，必将取得巨大的政治、经济、文化、社会效益，必将铲除中国最大的敌人——腐败，必将使中国能够实现持久的繁荣昌盛,功在当代,利在千秋,必将彪炳史册,是空前绝后的伟大成就。

廉洁中国建设的阶段

第一,遏制腐败蔓延势头(2年时间:2013—2014)。以严厉惩治违法腐败和违纪腐败为主,遏制腐败蔓延的势头,基本实现“不敢腐”。现在已成功遏制了腐败蔓延的势头,取得了阶段性的巨大成绩,开了廉洁建设的好头,奠定了廉洁建设的基础。

第二,初步建成廉洁中国(5年时间:2013—2017)。以严厉惩治新的违法腐败和违纪腐败为主,加快反腐倡廉的法律法规、党规党纪、行政规章的制定,打造反腐利器——反贪污贿赂部,加强反腐倡廉的宣传教育,初步建成廉洁中国,基本实现“不敢腐、不能腐、不想腐”。

第三,建成廉洁中国(10年时间:2013—2022)。以严厉惩治新的违法腐败和违纪腐败为主,完善反腐倡廉的法律法规、党规党纪、行政规章,加强反贪污贿赂部门,加强反腐倡廉的宣传教育,逐步精简机构、精减人员,适当提高公务人员的工资,实现“不敢腐、不能腐、不想腐”,建成廉洁社会,实现小康社会、廉洁社会、法治社会三位一体的共同建成。

第四,全面建成廉洁中国(20年时间:2013—2032)。以严厉惩治新的违法腐败和违纪腐败为主,进一步完善反腐倡廉的法律法规、党规党纪、行政规章,进一步加强反贪污贿赂部门,进一步加强反腐倡廉的宣传教育,继续逐步精简机构、精减人员,大幅提高公务人员的工资,实现“不敢腐、不能腐、不想腐、不必腐”,全面建成廉洁社会,争取实现富裕社会、廉洁社会、法治社会的全面共同建成。

廉洁中国建设的比较

新加坡从1959年开始,香港从1974年开始,都坚决反贪倡廉,都建成了廉洁社会。与新加坡、香港地区相比,中国内地在廉洁社会建设的基础、领导、司法方面还具有优势,在体量方面具有劣势,我国具有建成廉洁社会的可行性,经过坚决的反腐倡廉,我国能够建成廉洁社会。

——廉洁中国建设的基础比较。中国内地:曾经腐败蔓延,经过十八大以来的坚决反腐,2015年腐败蔓延势头被遏制。新加坡:腐败蔓延,贪腐盛行,1959年新加坡人民行动党上台执政，开始强力肃贪。香港地区：腐败猖獗，腐败曾经令人发指，1974年香港被迫成立廉政公署，开始坚决肃贪。

从廉洁社会的基础来比较，当时新加坡、香港地区腐败猖獗，香港地区腐败曾经令人发指，中国内地现在的腐败程度要比当时新加坡、香港地区要轻，我国开始建设廉洁社会的基础要比新加坡、香港地区要好要强。

——廉洁中国建设的领导比较。中国内地：中国共产党长期执政，中国共产党及其领导的政府、立法、司法。新加坡：新加坡人民行动党一党长期执政，人民行动党及其领导的政府、立法、司法。香港地区：港英时期，香港总督长期专制集权，香港总督及其领导的政府、立法、司法。

从廉洁社会的领导来比较，新加坡、香港地区肃贪倡廉，建设廉洁社会时，领导权都是非常集中的。中国共产党的宗旨是全心全意为人民服务，与腐败水火不容，中国共产党的领导力和执行力很强，具有集中力量办大事的优越性，可以集中力量铲除新腐败。

——廉洁中国建设的司法比较。中国内地：法律制度以大陆法系为基础，同时借鉴了英美法系的一些做法，在此基础上形成了具有中国特色的法律体系。新加坡：受原英属殖民地的影响，法律体系属于英美法系，但在具体的法律制定上，与一般英美国家区别较大。香港地区：全盘接受英国的法律传统，法律体系属于英美法系。

从廉洁社会的司法来比较，中国是以大陆法系为基础，借鉴英美法系，形成的具有中国特色的法律体系；新加坡、香港地区属于英美法系的英国支系；中国内地法律、法规比新加坡、香港地区更加注重犯罪事实，更有利于惩治贪污受贿，我国更容易通过司法惩治贪污受贿，建设廉洁社会。

——廉洁中国建设的体量比较。中国内地：面积广大，人口13.68亿。新加坡：718平方公里，人口547万。香港地区：1104平方公里，人口726万。

从廉洁社会的体量来比较，新加坡、香港地区实质是城市，中国内地面积和人口远远超过新加坡、香港地区，我们的反腐倡廉、建设廉洁社会的难度要超过新加坡，要超过香港地区。

——廉洁中国建设的时间比较。新加坡：从1959年开始反贪倡廉，1965年独立后坚决反贪倡廉，建成了廉洁社会。香港地区：从1974年开始坚决肃贪倡廉，1977年11月被迫特赦1977年以前的旧贪腐，1977年11月后坚决惩处新贪腐，建成了廉洁社会。

从廉洁社会的时间来比较，新加坡、香港地区的肃贪倡廉都是5年初见成效，基本建成廉洁社会；10年大见成效，建成廉洁社会；20年获得成功，建成了全面的名副其实的廉洁社会。经过坚决的反腐倡廉，中国内地应该可以5年初见成效，初步建成廉洁社会；10年大见成效，建成廉洁社会；20年获得成功，全面建成廉洁社会。

廉洁中国建设的措施

廉洁中国的建设必须坚持反腐倡廉的综合治理，反腐倡廉的综合治理必须坚持以惩治为中心，必须坚持打造强大的反腐利器，因为贪污贿赂的惩治、反腐法律的执行等需要独立、专业、强大的反腐机构去落实，反腐法律和规定的修订、反腐倡廉的教育等需要独立、专业、强大、垂直的反腐机构去推动去协调。没有独立、专业、强大、垂直的反腐机构，反腐的有法必依、执法必严、违法必究就无法有效落实和执行，可能成为空话。

1.制定严明的反腐法律。

我国目前反贪污贿赂的法律相对分散、滞后，操作上存在一些实际困难，建议由全国人大牵头进行反贪污贿赂立法，由最高人民法院、最高人民检察院及反贪污贿赂总局、监察部等部门配合，加快制定明确、详细、缜密、严厉的《反贪污贿赂法》。建议反贪污贿赂立法要打造独立、专业、强大、垂直的反贪污贿赂机构，负责贪污贿赂的侦查，建议贪污贿赂的起诉由检察院负责，审判由法院负责，实行侦查、起诉、审判的相互监督和相互制约。

2.打造强大的反腐利器。

独立、专业、强大、垂直的反腐机构是落实惩治、推动修法的关键，建议探讨通过立法将最高检察院的反贪污贿赂总局、渎职侵权检察厅及相关部门划归中央纪委、监察部，与中央纪委和监察部的部分纪检监察室合并成立反贪污贿赂部，形成中央纪委、监察部、反贪污贿赂部三位一体的由中央纪委具体领导的反腐格局。通过法律赋予反贪污贿赂部门的强大调查权，使其可以查清一切违法违纪的新腐败。反贪污贿赂部门实行业务和人财物的垂直管理，从而解决对地方腐败监督太软太远太难的问题。

3.惩治力度节奏不能变。

反腐倡廉永远在路上，我们面临的反腐形势越复杂，肩负的任务越艰巨，越要保持坚强的政治定力，有静气、不刮风，不搞运动、不是一阵风，踩着不变的步伐，把握节奏和力度，持续保持高压态势，依纪依法反腐惩腐。惩治腐败的力度和节奏绝对不能变，惩治腐败的步伐一刻不能停歇，因为如果惩治腐败的力度和节奏变慢，步伐停歇，一些人就会认为反腐惩腐是一阵风，就会产生侥幸心理，就会伸手贪污受贿，腐败就可能重新泛滥蔓延。

4.切实提高惩治查处率。

坚决惩治是反腐倡廉综合治理的中心和关键，是反腐预防、反腐教育的基础，反腐必须首先落实坚决惩治。如果惩治腐败的查处概率很低，或者根本不查，那贪污受贿就是“无本万利”，腐败成本太低，必将变相鼓励贪污受贿，导致腐败盛行蔓延。我们必须坚决查处新增的违法腐败和违纪腐败，切实提高腐败的查处概率，有效地增加腐败的法律成本、经济成本、精神成本，使人们从腐败廉洁抉择中选择廉洁，防止腐败重新蔓延。

5.实行反腐的财产重刑。

人为财死，鸟为食亡。贪污受贿主要是为了钱、为了财产，大多都是爱财贪财之人，通过财产重刑，打击贪污受贿针对性很强，是“以钱制钱”“以毒攻毒”的有效反贪措施，财产重刑对贪污贿赂者不只是一时一事的威慑，而可能是一生一世的影响。建议通过反贪污贿赂立法，加强我国财产刑的惩罚，积极追缴贪污贿赂的财产，积极追缴流失的国有资产及利息，使贪污贿赂者赔了夫人又折兵、得不偿失，从而遏制贪污腐败。

6.反腐惩治须连锁惩罚。

反腐要使贪腐者“在政治上身败名裂，在经济上倾家荡产”，就是要对贪腐者实行严厉刑事处罚、判处足额罚金、追回贪腐财产等连锁惩罚，使贪腐者付出极大的代价，这样犯罪成本高，警示性强，警示效应明显，使人不敢以身试法、铤而走险，轻易冒险贪腐，从而遏制贪腐的犯罪行为。新加坡如因贪腐判刑，那将失去可贵的自由、高薪的职业、高额的公积金、社会的尊重、公众的信任、做人的尊严，成为“人人喊打的过街老鼠”，我国反腐倡廉要切实加强连锁惩罚。

7.霹雳反腐应壮士断腕。

我们不需要腐败的GDP，腐败的GDP是饮鸩止渴，腐败的GDP付出了巨大的经济和社会代价,得远远偿不了失。我们必须坚持“零容忍、全覆盖、无禁区、强警示”,以猛药去疴的决心、壮士断腕的勇气、坚忍不拔的毅力、采取霹雳手段,抓铁有痕,踏石有印,坚决惩治腐败,特别是十八大以来的新腐败,坚决遏制新腐败的产生,这会使许多干部“不敢腐、不想腐”,这会使成亿的群众“不受害”,这是“惩前毖后”,这是“治病救人”,这实质是“菩萨心肠”。

8.坚决防止“破窗效应”。

习近平总书记强调,法规制度的生命力在于执行,要不留“暗门”、不开“天窗”,坚决防止“破窗效应”。我国反腐必须对新的腐败增量坚定地实行零容忍、无禁区、全覆盖,对新的违法腐败一定要坚决地依法从严惩处,对新的违纪腐败一定要坚决地依纪依规从严查处,不以权势大而破规,不以问题小而姑息,不以违者众而放任,不留“暗门”、不开“天窗”,坚决防止“破窗效应”,切实提高对新腐败的惩治率,才能防止新腐败的重新蔓延。

9.用好巡视“这把利剑”。

巡视是党章赋予的重要职责,是加强党内监督的重要举措,是从严治党、维护党纪的重要手段。党的十八大以来,巡视工作的力度、强度、效果大幅提升,成为党风廉政建设和反腐败斗争的重要平台,为全面从严治党提供了有力支撑。要加强对巡视工作的领导,创新巡视工作的形式,不断完善巡视制度,更好依纪依法巡视。建议中央巡视组每两年或三年对省(区、市)进行一次全覆盖的巡视,省(区、市)巡视组每两年对市(州、地、盟)进行一次全覆盖的巡视。

10.反腐倡廉须综合治理。

反腐倡廉要构建完整的贪腐惩治机制、权力制约机制、廉洁教育机制、廉洁激励机制,加强对权力运行的制约和监督,把权力关进制度的笼子里,形成不敢腐的惩戒机制、不能腐的防范机制、不易腐的保障机制。反腐倡廉必须进行综合治理,但惩治是中心,惩治是关键,惩治是根本,惩治是龙头,因为没有惩治,只有法律、法规、教育、高薪,腐败仍会继续泛滥蔓延。经常接受法规教育、拿着高薪的个别国企高管大肆贪污受贿就是佐证。

11.严判重惩新违法腐败。

香港由于警察的暴动,对旧腐败实行了特赦,但香港廉政公署坚决惩治新的违法腐败,从而建成了廉洁香港。对新的违法腐败必须保持高压态势绝不放松,坚决果断及时惩治,必须坚持“零容忍”的态度更坚、猛药去疴的决心更定、刮骨疗毒的勇气更强、严厉惩处的尺度更严，发现一起查处一起，发现多少查处多少，把反腐利剑举起来，真正做到“无禁区、全覆盖、零容忍”严厉查处违法新腐败，遏制违法新腐败的产生，这是廉洁中国建设关键的关键。

12.依法惩治违法新行贿。

没有行贿就不会有受贿，必须依法加大对新行贿的惩治力度，降低贿赂犯罪的概率，从而遏制腐败增量。要严厉惩治在干部选拔任用中的新行贿犯罪，严厉惩治严重侵害民生民利引发群体性事件或重大责任事故的新行贿犯罪，严厉惩治党的十八大以来不收敛、不收手的新行贿犯罪。要充分发挥自由刑、财产刑的刑罚功能，对不择手段、情节恶劣、后果严重的新行贿犯罪，坚决依法从严从重惩治，加大对行贿违法所得的追缴力度，提高行贿犯罪成本，形成强大威慑。

13.从严处理新违纪腐败。

许多新的腐败没有违反法律，但违反了党规党纪，违反了行政规章制度，破坏了社会的公开、公平、公正。党规党纪和行政规章要严于法律，对新的违纪腐败必须严厉处理，抓早抓小，必须把纪律和规章挺在法律前面，真正做到“纪”在“法”之前，真正做到“规”在“法”之前，用纪律和规章管住大多数，只有这样才能铲除新腐败的滋生土壤，遏制违纪新腐败的产生，才能打赢反腐败的人民斗争，这是廉洁中国建设的关键。

14.依法减少腐败的存量。

我们要用最果断的措施遏制腐败增量，用最坚决的态度减少腐败存量，对腐败存量坚决依法查处。腐败存量是指过去的腐败，查处一些就会减少一些腐败存量，查处一批就会减少许多腐败存量。中央坚持以零容忍态度惩治腐败，开展大规模海外追逃追赃行动，是减少腐败存量有效的重要措施。大规模海外追逃追赃行动是针对既有违法腐败的合法追惩，而追惩对某些尚未东窗事发、正在国内蓄谋外逃的人，也能起到巨大的震慑作用。

15.关严关实“权力笼子”。

严密明确的规定，对法律和规定“有漏即补”，堵塞贪腐漏洞，使人没有贪污贿赂的机会和途径，从而减少贪污贿赂。建议学习借鉴新加坡和香港地区的成熟规定，结合我国自己的实际，制定出符合中国实际的法律和规定，制定出符合中国实际的党规党纪和行政纪律，切实加强对权力运行的制约和监督，把制度的“笼子”编实、编密、编牢，把制度的“笼子”关严关实，形成“不能腐”的防范机制，切实落实好习近平总书记提出的“把权力关进制度的笼子里”。

16.强化廉洁社会的信心。

社会上流传着反腐亡党论、腐败没治论、西式民主反腐论、东方社会腐败论、华人社会腐败论等错误观点，就是东方社会、华人社会容易腐败，根本无法铲除腐败，只有西式民主才能根治腐败，反腐败就会亡党等等。新加坡、香港地区建成了廉洁社会，用事实证明非西式民主的东方社会、华人社会完全可以铲除腐败。我们具有集中力量办大事的优越性，只要我们像清除非典一样清除新腐败，就可以铲除新腐败，当新腐败极少极个别时，那就建成了廉洁中国，建成了廉洁社会。

17.反腐防腐要警钟长鸣。

要通过观看反腐警示片、参观监狱、听服刑人员现身说法等多种形式，切实加强对公务人员的警示教育。要按照“有则改之、无则加勉”的原则，按照“抓早”“抓小”的原则，防止“小苍蝇”变成“大老虎”，按照级别和职级对腐败苗头和腐败现象进行诫勉谈话，真正做到警钟长鸣。要通过文件、法检两院通告等形式，再次明确告诫党员干部和社会各界，新贪污、新受贿、新行贿必将依法严厉惩治，从而减少新腐败的产生，促进廉洁中国建设。

18.领导干部要以身作则。

在反腐倡廉工作中，我们一定要紧紧抓住领导干部这个“关键少数”，引领广大干部这个“最大多数”。领导干部坚定的反贪污意志和坚定的反贪污决心，是防止腐败滋生、保证社会廉洁的关键。领导干部在反腐倡廉上必须率先垂范，以身作则，严格要求自己，严格要求家人，做自律的典型，做廉洁的榜样，带头落实党风廉政建设和反腐败工作责任制。领导干部在反腐倡廉上的引领示范作用非常巨大，上行而下效，上率而下行，率先垂范是前行中的澎湃力量。

19.廉洁教育要常抓不懈。

我国的廉洁教育应该从娃娃抓起，从小进行廉洁教育，在小学、中学、大学设立廉洁课程，培养廉洁的美德，树立廉洁的榜样，教育青少年“贪污贿赂是刑事犯罪，是严重的社会犯罪”。特别要首先加强幼儿园、小学、中学、大学的反腐倡廉，防止学校腐败给学生造成极坏的负面影响。采取讲座、座谈、展览等方法，通过报纸、电视、电台、杂志等媒体进行反腐倡廉教育，促使“廉洁光荣、贪贿可耻”成为全社会的共识，培养出知耻的廉洁文化。

20.强化公有资产的监管。

贪污贿赂常常涉及公有资金和公有资产，必须切实加强公有资金和公有资产的管理，从而釜底抽薪，遏制贪污贿赂。郑重建议财政部门会同有关部门对行政机关和事业单位的财务人员进行统一调配、统一任命、定期交流。郑重建议国有资产管理部门对国有企业的财务人员进行统一调配、统一任命、定期交流。郑重建议财政部门、国有资产管理部门分别建立财政资金和资产、国有资金和资产的实时监督系统，实时监管资金、资产的流动情况。

21.有效遏制腐败高发期。

我国公务人员养老保险、住房公积金、医疗保险缴存比例是单位缴费31%，个人缴费15%，合计达到46%，比新加坡的36%还要高，建议学习借鉴新加坡的成功经验，探讨将公务人员的养老保险金、住房公积金、医疗保险金整合成符合中国实际的新公积金制度，增加防贪促廉的功能，通过“以钱制钱”的有效反贪措施，防止资深公务人员（主要是有自由裁量权的领导干部）的贪污贿赂，防止“59岁”腐败高发期的蔓延泛滥，努力实现“不想腐、不必腐”。

22.“简政减官减员提薪”。

高薪可以促进廉洁，但没有及时有效的监督，没有及时有效的惩治，高薪绝对不会实现廉洁，因为欲望是无法满足的。个别国企高管年薪达到几十万，但仍然大肆贪污受贿。低薪确实不利于反腐倡廉，新加坡的经验是“先廉洁后提薪”，我国要逐步精简机构，要逐步精减官员，要逐步精减人员，要及时有效地监督和惩治，要逐步提高公务人员的薪资，使公务人员的薪资达到合理的水平，实行“先廉洁后高薪”，努力实现“不必腐”。

23.加强反腐的新闻监督。

新闻舆论监督是现代反腐败斗争的重要手段，被认为是成本最低的反腐倡廉机制，甚至被认为是最重要的排在第一位的反腐倡廉机制，甚至被认为只要能充分发挥新闻舆论的监督作用，大部分的腐败就可铲除。新闻舆论监督与其他监督相互作用、相互补充，共同形成防止腐败的强大阵地。新闻监督具有公开性、广泛性、及时性，因此，新闻监督具有威慑遏制、监督促进、警示挽救、教育引导、信息传达等巨大作用。建议完善新闻监督腐败的立法，采取有效有序措施，切实加强新闻舆论对腐败和反腐机构的监督。

24.强化反腐的群众监督。

群众路线是中国共产党的根本工作路线,中国共产党在长期斗争中形成了一切为了群众,一切依靠群众和从群众中来、到群众中去的群众路线。历史经验充分表明,党的成长与壮大、革命的胜利与发展,都与群众路线息息相关。人民群众是反腐败斗争的主体力量、不竭动力、信息来源、胜利保证和创新源泉。新加坡和香港通过积极接受群众举报取得了非常好的反贪效果。建议完善群众监督腐败的立法,采取有效有序措施,切实加强群众对腐败和反腐机构的监督。

25.加快推进廉洁与小康。

新加坡和香港地区通过肃贪倡廉,建成了廉洁社会,同时促进了经济的快速发展,分别成为亚洲"四小龙"之一,实现了廉洁社会和小康社会的共同建成。中国常常是"不患寡而患不均",小康社会解决"寡"的问题,廉洁社会解决"不均"的问题。廉洁社会和小康社会是相互补充、相辅相成的,小康社会是廉洁社会的基础,廉洁社会是小康社会的保证。在全面建设小康社会的过程中,我们必须全面从严治党,坚决惩治腐败,加快推进廉洁社会与小康社会的共同建成。

26.协调推进廉洁与法治。

廉洁是法治的根本和关键,世界所有的法治社会都是廉洁的,如果社会腐败盛行,那么司法也就腐败了,不会有公开、公平、公正的法治社会,廉洁社会和法治社会是相互补充、相辅相成、缺一不可的。新加坡和香港地区通过反贪倡廉,铲除了司法界特别是警界的严重贪污贿赂,实现了廉洁社会和法治社会的共同建成,值得我们借鉴。习近平总书记多次强调,要全面依法治国,要全面从严治党,必将推动中国法治社会和廉洁社会的建设,中国的法治社会和廉洁社会必将相互促进、相互推动、共同建成。

27.共同促进廉洁与市场。

腐败是权力失去有效监督和及时惩治导致的,腐败与市场经济没有直接因果关系。没有实行市场经济的奴隶社会、封建社会腐败令人发指,实行计划经济的社会主义国家仍然存在严重腐败。腐败不是市场经济造成的,腐败破坏市场经济。市场经济是法治经济,市场经济通过市场配置资源,削弱了官员的权力,减少了腐败的机会,减弱了腐败的程度。建议加强全面深化改革,进一步完善市场经济体制和机制,充分发挥市场经济的巨大作用。

28.反腐利器的制约监督。

我国目前由各级检察机关的反贪污贿赂部门、反渎职侵权部门进行职务犯罪的侦查，并向法院起诉，由法院审判，侦查与起诉由同一机关负责；同时检察机关工作职责多，无法集中全部力量实施反腐侦查。建议探讨成立反贪污贿赂部，专门负责贪污贿赂的侦查工作。检察院、法院通过起诉、审判进行监督，实行侦查、起诉、审判的制衡。反贪污贿赂部由党中央、国务院领导和监督，具体工作由中央纪委和监察部领导和监督。同时，反贪污贿赂部门加强内部监督，实行积薪养廉、高薪促廉。

29.反腐倡廉的三权制衡。

西方的立法、行政、司法三权分立不符合东方社会的实际。新加坡是人民行动党一党领导下的立法、行政、司法三权制衡，取得了经济建设、反贪倡廉、法治社会的空前成功。在以习近平为总书记的党中央坚强领导下，实行立法、行政、司法三权制衡，相互配合，在全国人民的共同努力与奋斗下，必将成功发展经济，全面建成小康社会；通过全面依法治国，必将能够成功建成法治中国，全面建成法治社会；通过全面从严治党，必将能够成功建成廉洁中国，全面建成廉洁社会。

主要参考文献

[1]习近平.习近平谈治国理政[M].北京:外文出版社,2014:1-488.

[2]习近平.之江新语[M].杭州:浙江人民出版社,2007:1-273.

[3] 中共中央纪律检查委员会,中共中央文献研究室.习近平关于党风廉政建设和反腐败斗争论述摘编[M].北京:中央文献出版社,中国方正出版社,2015:1-148.

[4]王岐山.坚持党的领导 依规管党治党 为全面推进依法治国提供根本保证[N].人民日报,2014-11-03.

[5]王岐山.发挥巡视监督作用 助力全面从严治党[N].人民日报,2015-08-21.

[6]赵洪祝.深入推进党风廉政建设和反腐败斗争的强大思想武器[N].人民日报,2015-03-02.

[7]邱学强.坚决把反腐败斗争进行到底[N].人民日报,2014-05-06.

[8]黄晓阳.廉政:香港反腐风云[M].北京:光明日报出版社,2012:1-381.

[9]何亮亮.解密香港廉政公署[M].北京:中信出版社,2006:1-248.

[10]何亮亮.零容忍:香港廉政公署40年肃贪记录[M].北京:中信出版社,2012:1-280.

[11]吕元礼.新加坡为什么能[M].南昌:江西人民出版社,2010:1-168.

[12]刘平.廉署档案[M].北京:中国工人出版社,2000:1-443.

[13]王春瑜.中国反贪史(上,中,下)[M].北京:人民出版社,2000:1-524.

[14]中央纪委监察部.保持坚强政治定力 落实全会任务部署[N].中国纪检监察报,2015-07-06.

[15]孟庆顺.澳门廉政制度研究[M].北京:中国方正出版社,2013:1-228.

[16]迟双明.动真格:中国历代肃贪廉政得失[M].北京:北京理工大学出版社,2014:1-308.

[17]杨绪盟,黄宝荣.腐败与制度之"笼"[M].北京:人民出版社,2014:1-258.

[18]孙晓莉.国外廉政文化概略[M].北京:中国方正出版社,2007:1-333.

[19]娄曾泉,颜章炮.明朝史话[M].北京:中国国际广播出版社,2009:1-267.

[20]葛剑雄,安震.中国历代王朝兴衰录:大明王朝[M].北京:人民出版社,2013:1-240.

[21]赵克生,许文继.一本书读懂明朝[M].北京:中华书局,2010:1-256.

[22]姜洁.中纪委让群众举报更畅通[N].人民日报,2015-03-24.

[23]姜洁.国企反腐,清除"蛀虫"护航改革[N].人民日报,2015-03-31.

[24]李光明,寇学军.权力监督与廉政法律制度建设研究[M].北京:经济日报出版社,2009:1-220.

[25]高四维,卢义杰.那些"贪腐父子兵"[N].中国青年报,2014-12-11.

[26]曹晶晶.中国人,你能不能不求人少求人[N].新快报,2013-03-09.

[27]李斌."团团伙伙"坏了政治规矩[N].人民日报,2014-11-06.

[28]人民日报社评论.习近平为何一批再批"团团伙伙"[N].人民日报,2014-12-30.

[29]李浩燃."一端一窝"的警示[N].人民日报,2012-12-19.

[30]薛刚凌.行业腐败,是谁惹的祸?.[J]时代潮,2003(1).

[31]周美玉.代表呼吁出台《反贪污贿赂法》[N].劳动午报,2014-03-12.

[32]刘向文,王圭宇.俄罗斯联邦反贪污贿赂立法及其对我国的启示[J].俄罗斯中亚东欧研究,2012(1).

[33]光明网评论员.海外追逃加码也是在减腐败存量[OL].[2015-04-12].http://guancha.gmw.cn/2015-04/12/content_15347640.htm.

[34]宋伟.遏制腐败增量:严惩行贿不可少[N].人民日报,2015-01-20.

[34]新华社.权力"任性"致"虎蝇"凶猛[N].深圳商报,2015-03-31.

[36]汪俊英.单位腐败的经济原因探析[J].文明与宣传,1997(5).

[37]汪俊英.试析单位腐败不能有效遏制的法治缺陷[J].学习论坛,1997(4).

[38]刘科,梁枫.中国单位腐败犯罪立法之缺陷与完善[C]//2007年度中国刑法学年会论文集,2008.

[39]汪玉凯.大力反腐与深化制度建设改革相结合才能彻底铲除腐败土壤[N].经济网-中国经济周刊,2015-04-07.

[40]光明网评论员.消除腐败土壤是治理腐败的根本[OL].[2011-03-17].http://guancha.gmw.cn/2011-03/17/content_1728090.htm.

[41]谢鹏程.滋生腐败的土壤究竟是什么[N].学习时报,2015-04-29.

[42]李坚.新闻监督是反腐败的利器[N].东莞日报,2007-11-26.

[43]练洪洋.腐败=权力÷监督[N].广州日报,2014-03-16.

[44]杨宇冠.我国反腐败机制完善与联合国反腐败措施[M].北京:中国人民公安大学出版社,2007:1-671.

[45]王晖.香港廉政制度体系[M].北京:中国方正出版社,2005:1-289.

[46]黄晓阳.廉政公署全传[M].北京:中国长安出版社,2006.1-294.

[47]刘国雄.新加坡的廉政建设[M].北京:人民出版社,1994:1-120.

[48]李少.军队反腐无禁区　不能放过中高级干部腐败[N].解放军报,2015-03-03.

[49]昆仑岩.军队反腐必须走在前面[N].环球时报,2014-05-12.

[50]李何荣.家风正则作风淳[N].解放军报,2015-04-13.

[51]侯志山.反腐败呼唤新闻舆论监督[J].学术界,1995(1).

[52]刘黔明.新闻舆论监督在反腐倡廉中的作用[J].新闻窗,2007(4).

[53]熊沨.从反腐败看新闻舆论监督的现状[J].新闻前哨,2004(12).

[54]余细香.成本最低的反腐败是新闻监督[J].中国社会导刊,2003(4).

[55]蔡成.论反腐倡廉中新闻舆论监督的功能[J].湘潭师范学院学报:社科版,2009(5).

[56]毛蔚兰.论新闻监督在反腐倡廉建设中的作用[J].新闻爱好者,2010(3).

[57]王言卓.新闻舆论监督在反腐倡廉中的作用[J].青年记者,2007(8).

[58]李建中.论新闻舆论监督与反腐败斗争[J].江西师范大学学报:社科版,2001(2).

[59]池秀梅.浅谈当前反腐败形势下的新闻舆论监督[J].福建商业高等专科学校学报,2003(6).

[60]李超玲.构建人民群众广泛参与的反腐倡廉机制[J].党政干部论坛,2010(8).

[61]岂俊荣.开展反腐败斗争必须注意发挥人民群众的监督作用[J].山西大学师范学院学报:社科版,1998(3).

[62]李志军.人民监督是反腐倡廉的重要保证[J].浙江省政法管理干部学院学报,1995(1).

[63]杨方明.充分发挥人民群众在反腐败斗争中的积极作用[G].新时期反腐倡廉研究文集,2007.

[64]欧真志.反腐败重在靠法制[J].广东行政学院学报,2003(2).

[65]丁磊.反腐败的法治思考[J].黑龙江省社会主义学院学报,2009(12).

[66]王菊芳.法制建设是反腐败的治本之策[J].四川职业技术学院学报,2004(5).

[67]吕元礼,李超.以法制权:从权力反腐走向制度反腐[J].学习论坛,2006(6).

[68]鄯爱红.中国行政伦理法制建设与制度反腐[J].玉溪师范学院学报,2005(1).

[69]张立群.加强反腐倡廉的法制建设[J].攀登,2008(2).

[70]张荣华,杨然.改革开放以来我国反腐倡廉法制建设的成就及经验[J].山东理工大学学报:社科版,2008(7).

[71]娄海玲.论法制反腐[J].青海社会科学,2003(6).

[72]黄树勋.论市场经济与反腐倡廉[J].学术界,1994(3).

[73]林树祥.论市场经济与反腐倡廉[J].上海金融高等专科学校学报,2002(9).

[74]詹复亮.论市场经济发展中反腐败机制的完善对策[J].政治与法律,1996(4).

[75]马庆钰.论社会主义市场经济建设中的反腐败问题[J].北京社会科学,1997(1).

[76]王君.市场经济条件下反腐倡廉机制的研究[J].哈尔滨工程大学学报,

2002(1).

[77]石坤.市场经济条件下反腐倡廉机制的研究[J].时代经贸,2007(3).

[78]孙刚,陆铭,张吉鹏.反腐败、市场经济与经济增长[J].经济学,2005(10).

[79]袁爱姣,雷蕾.检察机关反腐机构设置研究[J].法制与社会,2012(3).

[80]黄绛文.我国反腐机构设置的弊端及改进措施[J].重庆科技学院学报:社科版,2009(8).

[81]肖艾比.新加坡反腐败的经验及其借鉴[J].湖北行政学院学报,2007(5).

[82]孙明霞.60年来我国反腐败机构的建立与发展[J].宁夏党校学报,2010(3).

[83]初殿清.反腐败机构体系的模型研究[J].天津市政法管理干部学院学报,2007(3).

[84]柯荣住,章伟坤.政府规模及其变迁:经济实证分析[J].浙江社会科学,1999(11).

[85]时延安.接轨:挑战与机遇的来临[J].当代法学,2004(11).

[86]任建明.我国未来反腐败制度改革的关键:反腐败机构与体制[J].理论参考,2011(7).

[87]吴高庆.建立我国反腐败专职机构的构想[J].甘肃社会科学,2005(3).

[88]张祥涛.世界著名反腐机构的运行特点及对我国反腐败斗争的启示[J].中共杭州市委党校学报,2006(1).

[89]黄雁玲.中国共产党是反腐败斗争的坚强领导者[J].经济与社会发展,2001(10).

[90]康殷.廉署完成对前特首曾荫权的调查[N].南方都市报,2015-01-27.

[91]徐伯黎.八成官员腐败案与家人密切相关 多有不良家风[N].检察日报,2015-06-09.

[92]中新社.香港廉政公署去年接获2362宗贪污举报 按年跌11%[OL].[2015-06-24].http://www.chinanews.com/ga/2015/06-24/7363876.shtml.

[93]钟魁润,等.全军和武警部队官兵表示坚决听党指挥为实现强军目标作贡献[N].解放军报,2015-08-02.

[94]谢正平.反腐肃贪再出重拳 强国强军势不可挡[OL].[2015-07-30].http://www.81.cn/jwgz/2015-07/30/content_6607160.htm.

[95]郭媛丹.郭伯雄落马成最大军老虎　与徐才厚有四大相似点[N].环球时报,2015-07-30.

[96]完颜平.全面从严治党须用纪律管住大多数[N].光明日报,2015-04-09.

[97]王姝.十八大后反腐被抓的“父子兵”:敛财手段各有绝活[N].新京报,2015-08-06.

[98]王少伟.让巡视利剑更锋利——《中国共产党巡视工作条例》诞生记[N].中国纪检监察报,2015-08-15.

[99]刘欢,张晓松,杨丁淼.新版中共巡视工作条例出台　党内监督利剑愈加锋锐[OL].[2015-08-13].http://news.xinhuanet.com/legal/2015-08/13/c_1116248396.htm.

[100]卢俊宇.“七种武器”助力新版巡视工作条例出炉[N].[2015-08-14].http://news.xinhuanet.com/politics/2015-08/14/c_128121462.htm.

[101]肖艾比.新加坡反腐败的经验及其借鉴[J].湖北行政学院学报,2007(5).

[102]贾凌,王君祥.新加坡反腐败刑事司法合作的相关法[J].中共云南省委党校学报,2010(11).

[103]杨达昆.新加坡廉政建设的成效及启示[J].安阳工学院学报,2014(1).

[104]邓崇专.新加坡刑法对行贿罪的规制及其对我国治理“隐性腐败”的启示[J].广西社会科学,2013(11).

[105]肖宇.国家认同与腐败治理:新加坡的经验及其启示[J].中共浙江省委党校学报,2011(5).

[106]陈文,孔德勇,黄卫平.新加坡权力制约与监督的做法和经验[J].中国党政干部论坛,2015(3).

[107]李建华,卓小蕾.行政“一把手”腐败的预防机制[J].文史博览,2013(1).

[108]李路曲.文化、政治与腐败[J].东南亚研究,2005(1).

[109]朱华顺.新加坡高薪养廉制度对我国反腐体系建设的启示[J].科技信息,2013(11).

[110]崔冰.新加坡的公务员制度及其启示[J].人民论坛,2012(8).

[111]卢军.论警察腐败的遏制与预防[J].消费导刊,2010(7).

[112]于学强.新一届中央领导集体的反腐思想和实践述论[J].理论导刊,2015(2).

[113]曹卫国.国营企业领导干部的廉洁从业思考[J].理论探索,2009(2).

[114]陈国梅.浅谈如何建立领导干部廉洁自律的长效机制[J].经济研究导刊,2010(8).

[115]陈宏彩.反腐机构绩效制约因素与互动模式[J].中国行政管理,2013(11).

[116]谢亚军.论领导干部廉洁从政的"五慎"之道[J].保险职业学院学报,2010(10).

[117]杨平.新形势下领导干部务必做到"廉洁自律"[J].辽宁行政学院学报,2014(12).

[118]罗晶,傅汴玲,李乐刚.论反腐倡廉与领导干部的生活作风建设[J].社会主义研究,2007(5).

[119]杨艳,杨绍安,甘路有.略论党的三代中央领导集体的反腐倡廉思想[J].绍兴文理学院学报,2008(3).

[120]沈其新,杨正武.论廉洁文化与领导干部优良生活作风的形成[J].湖南师范大学社会科学学报,2006(9).

[121]李益杰.十八大以来中央领导集体反腐倡廉的总体思路[J].理论探讨,2014(2).

[122]黄栋梁,吴红英.关于加强领导干部廉洁自律的思考[J].中共珠海市委党校珠海市行政学院学报,2007(3).

[123]高志卿.从民主反腐到法治反腐[J].理论探索,2004(4).

[124]黄庆丰,李仲元.领导干部应以廉洁为底线[J].海军工程大学学报:综合版,2009(9).

[125]杜治洲.论反腐败成效的提升[J].理论探索,2011(4).

[126]郭真明.论党员领导干部的反腐倡廉教育[J].湖南行政学院学报,2006(2).

[127]黄宝玖.腐败排行榜中廉洁国家廉政建设的经验及启示[J].三明学院学报,2005(3).

[128]林博.对我国反腐机构设置的反思和建议[J].法制与社会,2011(5).

[129]刘海飞.廉洁自律与廉洁从政[J].中共四川省委党校学报,2010(3).

[130]孙应帅.十八大以来新一届中央领导集体反腐倡廉的理论与实践[J].沈

阳工业大学学报:社会科学版,2015(2).

[131]许卫阳.反腐倡廉环境下创新国有企业领导人员经济责任审计内容探讨[J].广西财经学院学报,2014(12).

[132]吕元礼.新加坡严惩"微型贪腐"举措及其效应[J].人民论坛,2015(5).

[133]许春华.新加坡如何让腐败"得不偿失"[J].南风窗,2013(12).

[134]高培勇,于树一.预防腐败的财政措施及国际经验[J].中国社会科学院研究生院学报,2011(1).

[135]宋伟.亚太国家和地区廉政治理比较研究[J].国外社会科学,2015(4).

[136]李玉华,杜晓燕.全面剖析新加坡、中国公共治理现状[J].华东经济管理,2009(12).

[137]颜颖颛.新加坡如何反腐败[J].文史月刊,2010(6).

[138]付春,任勇.试论新加坡的反腐败:基于制度与文化的视角[J].大连干部学刊,2007(9).

[139]崇维祥,安娜青.作为一项社会工程的反腐斗争[J].群文天地,2011(10).

[140]田芸.新加坡廉政文化建设研究[J].学理论,2014(10).

[141]刘国新,刘瑜.新加坡廉政建设的主要制度架构及启示[J].吉林师范大学学报:人文社科版,2014(3).

[142]田湘波.新加坡和香港廉洁政府建设的经验与启示[J].湖湘论坛,2013(6).

[143]黎莉.新加坡反腐败的经验及启示[J].行政事业资产与财务,2012(5).

[144]刘宸.中国和新加坡反腐制度的比较研究[J].安徽行政学院学报,2014(8).

[145]王秀芬,王艳宁.世界主要国家反腐败经验对中国预防腐败的启示[J].河北学刊,2008(7).

[146]舒艾香,李妙颜,崔巧霞.新加坡的廉政机制及其启示[J].廉政文化研究,2012(5).

[147]兰大贤.新加坡惩治和预防腐败的经验与启示[J].沧桑,2013(2).

[148]赵付科,季正聚.新加坡人民行动党廉政建设的基本经验及启示[J].科学社会主义,2013(1).

[149]金子琳,林英奇.政府腐败与反腐败的中新比较[J].中共福建省委党校

学报,2013(10).

[150]孙明霞.新加坡的监督机制及其对我国的启示[J].哈尔滨市委党校学报,2009(5).

[151]程海亮,韩俊丽.构建多元性腐败治理体系的理论探索与实践尝试[J].内蒙古社会科学,2012(11).

[152]王胜伟.新加坡反腐经验及对中国治理商业贿赂的借鉴研究[J].华北电力大学学报,2013(6).

[153]陈诚.美国、日本和新加坡反腐败机制对我国的启示[J].金华职业技术学院学报,2013(8).

[154]熊辉,胡柳娟.新加坡人民行动党的执政经验及其启示[J].国外理论动态,2013(8).

[155]黄存金.新加坡廉政文化建设及其对我国的现实启示[J].学习与实践,2010(9).

[156]师雯,李路曲.新加坡治理腐败的政治与文化基础[J].理论探索,2006(1).

[157]张广勇.新加坡如何预防和治理腐败[J].中国监察,2011(9).

[158]朱新光,苏萍.西方国家公民廉洁教育比较研究[M].北京:北京大学出版社,2014:1-253.

[159]艾吾."宁断一指、不伤九指"意义重大[N].中国纪检监察报,2015-08-22.

[160]金波.新加坡的制度反腐经验[J].国际关系学院学报,2009(4).

[161]段江卫.反腐也需要朝阳群众[N].中国纪检监察报,2015-09-06.

[162]方烨.四项经济改革亟须推进[N].经济参考报,2015-09-17.

[163]温如军.5100个厅官线索被发现[N].法制晚报,2015-09-19.

[164]张晓松.中央巡视覆盖面近半　下步指向中管金融企业等[OL].[2015-09-19]. http://news.xinhuanet.com/politics/2015-09/19/c_1116614938.htm.

后 记

《廉洁中国——如何建设廉洁社会》主要由贺有利编著,第一章由李绚编写,第二章由贺有利、车菊英、贺鸿璘、甘政法、李绚编写,第三章由贺有利、甘政法、李绚、贺鸿璘、车菊英、安佳编写,引言、第四章、第五章、第六章由贺有利编写。

在这里首先衷心感谢吕元礼、黄晓阳、何亮亮等研究新加坡、香港的专家学者,本书的编写主要参考了他们的研究成果;衷心感谢甘肃省及兰州市的领导和朋友,衷心感谢甘肃农业大学的领导和老师,衷心感谢兰州市社科院的领导和同事,他们为本书的编著给予了大量的支持。特别感谢兰州大学出版社的相关领导和同志。